I.

Die Mongolei ist ein wildes, windgepeitschtes Land voller Kälte und Gefahren. Von dort stürmten einst Dschingis Khans Horden gen Europa und seine Erben ziehen heute noch als Reiternomaden durchs Land. Touristen verirren sich selten dorthin. Die Einsamkeit ist groß und Wölfe sind zahlreich.

Wollte Dana dort wirklich den Neuanfang wagen?

Natürlich nicht.

Kein Mensch klaren Verstandes ging dafür in die Mongolei. Schon gar nicht ein Topmodel wie Dana. Selbst dann nicht, wenn man seine Karriere und den Verlobten verloren hatte, wenn man keine Zukunft mehr sah und sich von allen verlassen fühlte. Man wanderte aus, nach Neuseeland vielleicht oder in die USA. Man schloss sich Selbsthilfegruppen an und strapazierte das soziale Netz des Staats. Man unternahm alles mögliche, nur in der Mongolei von vorn beginnen - das plante man nicht.

Sie würde es auch nicht wagen, obgleich sie das Gegenteil behauptet hatte.

Es konnte nicht mehr lange dauern, dann hatte der Spuk hier ein Ende. Jens, der Verlobte aus glücklichen Tagen, würde auftauchen, wahrscheinlich mit seiner und ihrer Mutter im Schlepptau, womöglich samt Agentin und Alice, ihrer Freundin aus der Modelwelt. Ein wenig drängte die Zeit jetzt schon. Jens machte es spannend. In ihrem Magen kribbelte es. Sie saß in der Abflughalle Berlin-Tegel und blickte auf die Uhr.

Das war ein Fehler.

Die Zeit wurde knapp. Sie hatte nur noch zwanzig Minuten bis zum Einchecken. Noch saß sie nicht im Flieger. Solange die Türen nicht geschlossen waren, konnte sie noch aussteigen. Die Zeit verrann, sie verging einfach und nahm das Leben mit. Ihr bisheriges Leben mit Jens. War es möglich, dass er wirklich nicht kam?

Sie konzentrierte sich auf das Geschehen in ihrem Umfeld. Das war nicht hilfreich. Die Erinnerung an das, was gewesen war und nie wieder sein würde, lauerte überall. In ihrem Blickfeld passierten Flugbegleiter der Mongolian-Air die Absperrung: die Herren in dunkelblauer Uniform, die Damen in schimmernder exotischer Tracht.

Konnten die Damen nicht ein kleinwenig hässlich sein? Mit Pickeln im Gesicht und einer Knollennase? Statt dessen leuchteten ihre gleichmäßigen Gesichtszüge mit dem feinen östlichen Lächeln über den Blusen aus jaspisroter Seide und goldenen Blütenranken vor Schönheit und Selbstvertrauen.

Wenn sie nur einen Mitesser entdecken könnte, einen schief stehenden Zahn oder eine Falte auf der Stirn, würde sie Trost finden.

Umsonst. Die Gesichter waren makellos. Ohne Wenn und Aber. Dana blickte den Mongolen nach. Es waren die ersten Mongolen, die sie sah, abgesehen von jenem mongolischen Gespenst, das sie seit Wochen narrte.

„Iii", sagte das kleine Mädchen auf dem Schoß der dicken Frau, die ihr gegenüber saß, und starrte sie ungeniert an. Dana zog den weißen Schal enger um den Kopf. Er kratzte auf Wange und Stirn, dort, wo sie nichts mehr hätte spüren dürfen, weder Kälte noch Berührung, weder Hitze noch Schmerz.

Behaupteten die Mediziner.

Dana wusste es besser. Die Verbrennungsnarben auf ihrem Gesicht stammten von einem Autounfall, der sie fast das Leben gekostet hatte und ihre Zukunft ruinierte. Sie pochten bei Aufregung, brannten bei Kälte, juckten unter der Dusche, spannten bei Sonnenlicht und erinnerten sie zu jeder Zeit an den Tag X, als alles anders wurde.

Ihr Taxi war auf einen Lastzug geprallt. Es hatte eine Stichflamme gegeben wie bei einem Grillfest. Und ähnlich wie frisch versengte Schweineschwarte sah ihr Gesicht jetzt aus. Zumindest die eine Hälfte. Die andere war intakt, verriet ihr das Spiegelbild.

Sie hatte viele Spiegel besessen. Kleine für die Handtasche, Designerware und Billigprodukte, Ganzkörperspiegel und hochromantische mit Goldrahmen und Brokatperlen.

Sie blickte nie mehr hinein.

Am Tag X war ein ganzes Sortiment an Beauty-Fakes auf ihrer Haut verglüht. Damals befand sie sich als Starmodel auf dem Weg zu ihrem Rechtsanwalt, auf dem Weg zu Ruhm und Reichtum. Eine Kosmetikfirma lockte mit einem lukrativen Vertrag, der sie verzückte und tollkühn über den Glanz kommender Zeiten spekulieren ließ. Um sich als beispiellose Werbefläche zu präsentieren, hatte sie zu fast allen Hilfsmitteln der Branche gegriffen und ihr einzigartiges Aussehen gestylt: faszinierend, inspirierend, zeitlos schön, künstlerisch verspielt, voll Harmonie, Glamour und Geschmeidigkeit mit individueller Tiefe. Sie schwebte kurzfristig im siebten Himmel und bald zwischen Leben und Tod.

Der Satz falscher Wimpern, in Büscheln zwischen die eigenen Härchen dicht am Lidrand geklebt, schmolz und zerstörte Teile ihres linken Augenlids. Dabei brannte er sich wie Trauerflor in die Haut ein. Die künstlichen Wimpern aus feinen dunklen Polyesterhaaren, deren Anbringen viel Geschick und eine halbe Stunde Zeit benötigten, zerstörten ihr Aussehen in Bruchteilen von Sekunden. Der ausdrucksstarke Lidstrich aus schwarzem Kajal zerfloss, nicht ohne dabei ihre Haut zu ätzen, und der korallenrot bemalte Kussmund platzte wie ein Ballon. Der Bräunungspuder, der in dieser Saison *in* war, um jemanden den ‚Rich-n-stylish-Look' auch ohne Karibikaufenthalt zu geben, kerbte sich in die Gesichtshaut ein. Die ‚Bronzing Pearls' mit Metallic-Effekt explodierten auf der Haut. Ihr Rückstand fraß sich in den Poren fest und gab ihr das Aussehen einer Pockenkranken. In der Klinik tröstete man sie: Ihre rechte Gesichtshälfte habe nicht gelitten, und obendrein sei es ein Wunder, dass sie noch lebe.

Es war aber kein Wunder, es war die Hölle.

Ihre beste Freundin Linda, mit der sie bisher das Appartement, den Catwalk und die neuesten Trends geteilt hatte, war eines Tages an ihr Krankenbett gestürmt: Makelloser Pfirsichteint und rote Lippen im ‚Wanted-Rouge-Stil' über einem Ozelotmantel, der Danas Schrank entstammte. „Ich trage ihn für dich, sonst nimmt er Schaden. Du liegst ja sicher noch lange hier." Ihr dunkelroter Mund hauchte ihr ein Küsschen zu. „Mein armer Schatz." Sie hatte Dana eine Tasche, einen Spy-Bag aus New York mitgebracht und erklärt, der Knautschappeal passe perfekt zu ihrer neuen Persönlichkeit.

In der Nacht nach Lindas Besuch erwachte Dana schweißgebadet im Bett ihres Krankenzimmers. Am Tag ihres Unfalls hatte sie ein Strickkleid mit Fuchskragen getragen. Die Sanitäter hatten ihr die angekohlten Sachen vom Leib geschnitten und in einen Plastiksack gesteckt. Jetzt hörte sie es ganz deutlich in diesem Sack neben dem Schrank rumoren. Im matten Schein der Nachtbeleuchtung, die über das Oberlicht vom Stationszimmer zu ihr hereindrang, erkannte sie einen Fuchs, geduckt durch ihr Zimmer schleichen. Er war so real wie die grüne Herzstromkurve auf dem Bildschirm ihres EKG-Geräts. Sie klingelte nach der Schwester. Die Tür ging auf, ein fremder Mann in einem karneolroten Mantel erschien und trat an ihr Bett. Der Fuchs kauerte unter dem Fenstersims. Dana wies mit zitternden Fingern auf ihn. Der großgewachsene Unbekannte mit dem tiefgebräunten Gesicht, den hohen Wangenknochen und den dichten schwarzen Brauen über dunklen Augen neigte sich zu ihr und lächelte sie an. Sie war verwirrt und brachte kein Wort hervor. Ihr modebewusstes Auge nahm die seltsame Kluft des Fremden wahr, den asymmetrisch geschnittenen Mantel aus dunkelrotem Wollfilz, der am Hals und an der Seite mit Perlen aus Silberblech und Stoffschlaufen geschlossen wurde, den gelben Seidenschal als Gürtel um die Taille geschlungen und den Kappenhut mit der bronzefarbenen Wollknäuelspitze, die wie eine Antenne zum Himmel wies. Halb aufgerichtet im Bett sitzend, sah sie ihm zu, wie er in schweren Lederstiefeln zum Fenster stapfte, es öffnete, den Fuchs hinausließ, mit einem großen Schritt ins Freie stieg und im Klinikgarten verschwand. Das Fenster blieb weit offen stehen und ein Hauch von feuchter Erde und Wacholderbeeren wehte durch den Raum.

Sie hatte einen Mongolen gesehen. Damals wusste sie das noch nicht. Niemand konnte es ihr sagen. Sie musste selbst darauf kommen. Alle Fragen nach ihm blieben offen und die

Deutungen so verworren, dass sie bald ihren eigenen Augen nicht mehr traute. Bei der Morgenvisite erzählte sie von ihrem Erlebnis. „Was war das?"

„Eine Halluzination." Der Stationsarzt kritzelte etwas aufs Krankenblatt. „Kommt vom Antidepressivum. Ich reduziere die Dosis."

Dana fixierte die rotgeränderten Augen im graublassen Gesicht des Arztes mit den Bartstoppeln vom Vortag. Der Mediziner sah kaum gesünder aus als sie. „Halluzination? Was erlauben Sie sich? Ich spinne doch nicht! Ich habe die beiden wirklich gesehen. Der Mann hat das Fenster aufgemacht." Sie deutete auf den weit offenstehenden Flügel. „Ich war das nicht. Wie auch?" Ihr Blick glitt über die Plastikschläuche und Elektroden, die von ihrem Körper zu den Urinbeuteln, Infusionsflaschen und Überwachungsgeräten führten. „Könnten Sie darüber nachdenken, ohne mich gleich als Verrückte abzustempeln?"

Der Arzt nickte müde. „Könnte ich, will ich aber nicht. Ich sag Ihnen auch, warum." Er holte Luft und hielt Dana einen längeren Vortrag. Er habe die ganze Nacht Dienst gehabt, Schussverletzungen durch Kleinkalibergewehre vom Jahrmarkt versorgt, selbstbeigebrachte Schnittwunden Liebeskranker genäht, Stichverletzungen bei streitenden Hobbystrickerinnen sondiert, Junkie mit Entzugserscheinung an Infusionen angeschlossen und ein Schädelhirntrauma nach Schlägerei mit dem Bierkrug geröntgt. Die Welt sei voller Wahnsinnigen, die ihn nicht schlafen ließen. Sie hielten ihn von seinen ursprünglichsten Bedürfnissen ab. Im Dienst gelänge es ihm kaum, einen Schluck Kaffee zu trinken und einen Müsliriegel zu essen. Meist riss ihn der Dienstfunk von der Toilettenbrille, wenn er sich gerade darauf niederlassen wolle, so dass ihm auch das Urrecht auf entspanntes Pinkeln verwehrt werde. Von anderen Geschäften ganz zu schweigen. Seinen dreijährigen Sohn habe er das letzte Mal beim Kindergeburtstag eines Kollegen gesehen und seine Frau erschrecke ihn mit einer neuen Kurzhaarfrisur, von der sie behaupte, sie trüge sie schon seit einem halben Jahr. Jetzt waren also ein Fuchs und ein Fremder in dieses Krankenzimmer spaziert. Das würde sich ändern, wenn Danas, von Medikamenten berauschtes Hirn geläutert sei. Er hoffe nur, der Ernüchterungsprozess setze noch vor seinem nächsten Nachtdienst ein, sonst könne noch ein halber Zirkus hinzukommen, der hier durchs Krankenzimmer marschiere. Das offenstehende Fenster und der lehmige Abdruck einer Pfote hätten nichts zu sagen. Die Erschöpfung des letzten Dienstes und der Arbeit mit all den Überstunden balle sich inzwischen bei ihm zu einem einzigen dunkelgrauen, nach Schlaf und Freizeit gierenden Gedanken zusammen, der ihn jeder Lust beraube, über etwas anderes als seinen verwehrten Schlummer nachzusinnen, solange es nur um Danas Träume gehe, die sie beunruhigten. Deshalb wische er jetzt die Lehmspur fort und schließe das Fenster. Träume und Trugwahrnehmung durch Medikamente. Nichts weiter.

Das Fenster wurde geschlossen, und Dana blieb der Mund offen stehen. Sie hatte nur eines herausgehört: die Probleme des Arztes waren mit ein paar Stunden Schlaf zu beheben und ihre interessierten ihn nicht.

So wenig, wie Jens, ihr Verlobter, an ihrem Schicksal Anteil nahm. Nein, das stimmte nicht. Er nahm Anteil, aber auf seine Art. Und dies trieb sie hierher vor den Schalter der Mongolian-Air. Jetzt wurde es aber verdammt knapp. Für diese Folter musste er mindestens einen Platz im ‚La Strada' reservieren, ein Rosenbukett besorgen, Champagner kaltstellen, eine Pferdekutsche mieten, auf Kerzenlicht achten, die Presse fernhalten und Tickets für einen Urlaub im Ayurveda-Wellness-Center von Thailand aus der Tasche ziehen. Neben einem Schächtelchen mit erlesenem Schmuck natürlich.

Jens kam nicht. Er rief auch nicht an. Statt dessen dröhnte der Aufruf der Mongolian-Air durch die Halle, sich für den Flug mit der MIAT nach Ulan Bator über Moskau einzuchecken. Danas Gedanken tickten präzise wie eine Atomuhr. Eine viertel Stunde blieb Jens noch. Sie strich den Ayurveda-Urlaub und den Schmuck. Bald darauf erließ sie ihm ‚La Strada' und die Pferdekutsche und schließlich auch Champagner und Rosenbukett. Ein Klingeln des Handys würde genügen, aber es blieb stumm.

Stumm wie der Fremde, der Dana nachts im Krankenhaus besucht hatte und wiederkam. Manchmal hatte er einen Hund dabei, meist war er allein. Er sprach nie zu ihr, abgesehen davon, dass hinter seinen Augäpfeln ein sanftes Licht schimmerte, das ihr irgend etwas sagen wollte. Doch sobald sie sich in dieses Licht vertiefte, schlief sie ein.

Als sie von Alice, einer Kollegin aus der Modelbranche erfuhr, dass ihre Freundin Linda sich nicht nur Danas Garderobe, sondern auch Jens genommen hatte, kam der Stationsarzt mit dem Psychologen, den Seelsorgern beider Konfessionen und einem Vertreter aus der Selbsthilfegruppe der Unfallgeschädigten. Sie standen um Dana herum, die mit der gläsernen Infusionsflasche den Bildschirm des EKGs zertrümmerte. „Ich hasse Spiegel!", brüllte sie dabei und sank schließlich keuchend zurück aufs Bett. Apathisch ertrug sie den Zuspruch der Herbeigeeilten. Teilnahmslos nahm sie die nutzlosen Ratschläge hin, genauso wie den venösen Zugang und den Blasenkatheter.

In dieser Nacht ließ sich der Fremde nicht blicken. Er kam erst zwei Nächte später. Dana hörte Sand knirschen, als er an ihr Bett trat. Ein großer schwarzer Hund an seiner Seite stupste sie mit der Schnauze an. Sie zuckte zurück. Sie hatte Angst vor Hunden. Der Fremde schnippte mit den Fingern, der Hund verschwand. Dann war auch er fort.

Am nächsten Morgen zeichnete sie ein Phantombild des Fremden. Sie suchte in ihrer Handtasche nach einem Lippenstift aus der Bella-Mia-Serie, um seinem dunkelroten Filzmantel den richtigen Schimmer zu geben. Der Stationsarzt warf einen Blick auf die Zeichnung eines großen und knochigen Mannes im weiten Mantel mit rundem Hut und Spitze. Er füllte ein Formular aus und schickte die Schwester damit fort. Der konsiliarisch herbeieilende Psychiater riet Dana, noch mehr Zeichnungen anzufertigen, es sei wichtig, ihren unbewussten Ängsten Gestalt zu geben. Sie wies auf die Zeichnung. „Er macht mir keine Angst, sondern das da.“ Sie tippte gegen die goldgefasste Brille des Psychiaters. „Mein Spiegelbild.“

Noch zwölf Minuten bis zum Einchecken. Um Dana herum wurden Taschen und Tüten geschoben, man stieg über ihre ausgestreckten Beine und stellte sich am Abflugschalter an. Dana musterte die Mitreisenden. Sie schienen ihr mittelmäßig und farblos zu sein; plump oder knochig, faltig im Gesicht, unreif oder verbraucht, fahrig in der Bewegung oder pedantisch und kleinkrämerisch im Gehabe, mal vorwärts drängelnd, mal gedankenlos den Ablauf durch Herumstehen störend. Sie waren gewöhnlich. Nicht einer von ihnen hatte ein von Narben entstelltes Gesicht. Sie waren mit herkömmlichem Aussehen, mit durchschnittlichen, alltäglichen Gesichtszügen und damit mit Glück gesegnet und wussten es nicht.

Sie hingegen war etwas Besonderes.

Sie las es aus den Blicken, die sie trafen. Die Leute erschraken, wenn sie sie sahen. Sie starrten sie an und blickten weg. Und heimlich schauten sie wieder hin. Genauso wie einst, als sie ihnen gefallen hatte. Es war noch gar nicht so lange her, als ein Fotograf auf Model- und Talentsuche Dana nach einer Vorlesung angesprochen und zu Probeaufnahmen gebeten hatte.

Tags darauf war sie ein Star.

Seine Agentur hatte begeistert auf das Ebenmaß ihrer Gesichtszüge reagiert, auf ihre anmutige Figur und die natürliche Begabung, sich in Pose zu setzen. Sie konnte ‚gehen‘, ‚drehen‘, ‚posen‘, wie man das in der Modelbranche nannte. Sie passte ihre Bewegungen dem Stil der zur Schau gestellten Mode an und präsentierte sie voller Überzeugung. Sie war ein Naturtalent, eine Jahrhundertentdeckung. Die Agentur katapultierte sie von heute auf morgen auf den Catwalk. Mit einer gewagten Kollektion schräg geschnittener Pelz- und Kaschmir-Capes startete sie zur Prêt-à-porter-Show auf den Laufsteg im Centre Pompidou. Vierhundert Objektive richteten sich auf das neue, unverbrauchte, ausdrucksstarke, makellose Gesicht, auf ihre Hüften, die langen Beine und den Schwung ihres Schritts. Sie klickten Dana in die vorderste Reihe der begehrtesten Models. Danach schien alles so einfach zu sein, fast wie von selbst zu gehen. Es dauerte Wochen, bis sie begriff, dass sie ihr Germanistikstudium zugunsten harter Arbeit inmitten erbarmungsloser Konkurrenz, unter dem Damoklesschwert von Alter und Verfall und einer ungewissen Zukunft aufgegeben hatte. Sie geißelte ihren Körper mit Nahrungsentzug und entsagte den meisten zwischenmenschlichen Beziehungen. Denn jeder in der Branche, der sich an sie heranmachte, schien mit einer dicken Maske falscher Freundlichkeit geschminkt zu sein. Darunter lauerte der Wunsch, Dana von ihrem kometenhaften Aufstieg abzubringen. Notgedrungen entwickelte sie eine milde Form von Autismus und hielt strenge Diät: Keine falschen Freunde, weder rauchgeschwängerte Luft oder durchtobte Nächte mit ausgiebigem Sex noch zuviel Fett und Zucker, weder Alkohol noch Drogen oder Nikotin. Dana lachte inmitten der Reisenden laut auf. Kein Nikotin! Es verdirbt den Teint.

Das hatte ihrer Mutter gefallen. Das war das Gute, das sie in der Laufbahn ihrer Tochter als Model sah. Mutter hatte immer an das Reine, Natürliche geglaubt. „Deine Reinheit kommt von deiner guten Kinderstube“, pflegte sie zu sagen. Sie wusste nichts von Gesichtsmasken, Peeling und den millimeterdicken Schichten eines raffinierten Make-up. Nichts davon, dass man zumindest seine Seele, wenn nicht auch den Körper verkaufen musste, um in diesem Geschäft hip zu bleiben. Sie kannte die Stylingtricks nicht, mittels Brust-Tapes den Busen oben und dank Klebepads die Brustwarzen in erigiertem Zustand und damit das Interesse der Männer hochzuhalten. Sie hatte keine Ahnung von den nicht-auftragenden-Strings mit aufgelaserten Nähten am Beinausschnitt und Slips mit künstlichem Schamhaar in Kuschelqualität.

In der Klinik, wo die nervenzehrende Arbeit der Schwestern beim Leeren der Bettschüsseln, dem Umstöpseln der Urinbeutel und dem Reinigen von alten oder frisch gefüllten Betteinlagen den Teint stumpf und glanzlos machte, verschenkte

Dana alle Kosmetika, die ihr je ein strahlendes Äußeres verliehen hatten. Sie wurde dabei weniger von der generösen Seite ihres Wesens getrieben, als von einem juckenden und nässenden Hautauschlag im unversehrten Gesicht. Sie reagierte neuerdings allergisch auf jedes Mittel jenseits harmloser Babycreme. Sie trug es dem Arzt vor und bekam Tabletten. Die Tabletten machten müde. Sie schlief zuviel, sie wurde träge, ihr Darm auch.

Damals war sie gerade auf der Bettpfanne gesessen und hatte auf einen natürlichen Stuhlabgang ohne Klistier gehofft, als ihre Mutter auftauchte. Mutter redete zu laut und zu fröhlich, hantierte an Nachtkästchen und Esstisch herum, rückte Blumen zurecht, die rechtmäßig herumstanden und legte schließlich ein Heft für ‚Spätberufene' auf den makellosen Krankenhaustisch.

„Ich soll ins Kloster gehen?" Seit ihrem Unfall war Danas Sehvermögen auf dem linken Auge eingeschränkt. Eine Brille konnte sie nicht tragen. Die geringste Berührung ihrer verbrannten Haut machte sie nervös. Eine Kontaktlinse verbot sich von selbst. Das Auge tränte. Dafür konnte sie Gedanken lesen. Schlanke, hübsche und fröhliche Menschen wurden bevorzugt. Wer das nicht vorweisen konnte, sollte positive Energie ausstrahlen. Dana lauschte ihrer eigenen griesgrämigen Stimme, wusste um ihr Aussehen und empfand sich als schwarzes Loch, das selbst Sonnen verschluckte. Sie sollte sich in Sack und Asche kleiden. Mutter wollte die Menschheit vor ihr schützen. Das war ihre Botschaft.

Dana strich sich über die aufgedunsene Haut ihrer Arme. Cortison und Antidepressivum hatten sie schwammig gemacht. Die Bettpfanne blieb leer, dafür prickelte ihre Kopfhaut und die Finger kribbelten. Danas Mutter sprach unbeirrt vom stillen Glück in einer abgeschiedenen Welt.

Dana schwieg so beredt, dass Mutter das Thema wechselte. Sie pries jetzt die Variante an, das beschauliche Wohlsein in einer gut bürgerlichen Ehe, schwärmte von einem Biedermann, der eines Tages kommen würde, jemand, dem es um innere Werte gehe.

Dana dachte an ihre Verdauung, die nicht in Gang kam, an das drohende Klistier, die Bauchkrämpfe, die üblen Gerüche, die damit verbundenen Geräusche und die Peinlichkeit der halböffentlichen Sitzung. Zudem war heute Mittwoch. Mittwochs hatte ein Pfleger Dienst. Das machte die Sache nicht lustiger.

Mutter träumte noch immer vom häuslichen Glück: „Es gibt viele bescheidene, aber anständige Männer."

„Du meinst einen Blinden?", fragte Dana.

Andere Besucher hatten andere Tipps parat gehabt, erinnerte sie sich. Sie kamen in Scharen, musterten sie, beglückwünschten sich heimlich zu ihrem eigenen unversehrten Gesicht und stockten freiwillig die Beitragszahlungen in die Unfallversicherung auf. Kolleginnen wollten von ihr wissen, wie viel ihr die Versicherung zahle. „Ich meine, so, wie du jetzt aussiehst, muss es doch ein Vermögen sein?" Sie habe es versäumt, beizeiten ihre Versicherungssumme zu erhöhen, erklärte sie dann ein Dutzend Mal, bis ihr die Galle hochkam und sie beharrlich zu diesem Thema schwieg. Sie wollte auch nichts mehr von Lebenshilfe und philosophischer Weisheit hören, geschweige denn Trost bei Jesus oder Buddha finden. Die Preisungen der Schönheit des Geistes machten Dana rasend. Sie entdeckte einen neuen Gedankensport. Sie malte sich aus, was Alter oder Krankheit im Gesicht ihres Besuchers verursachen würden. Sie sah Falten um Augen und Mund und Narben, wo keine waren. Diese Vorstellung kräftigte sie. Ihr müdes Gesicht belebte sich. Ein neues dunkles Glühen zog in ihre Augen ein. Die Besucher sahen es, hörten auf zu plappern und blieben fort. Die Freunde entschwanden. Dana dachte darüber nach und sah es positiv: keine Freunde – keine Enttäuschungen mehr.

Mit blecherner Stimme rief die Flughafenansage die Passagiere zum Einchecken nach Ulan Bator über Moskau auf. Dana sah den übergewichtigen Frauen zu, die sich noch schnell einen Snack mit Limonade genehmigten, um das Warten auf den Imbiss im Flugzeug zu überbrücken. Der Hunger nagte an ihnen wie ihr Selbstzweifel. Sie glaubten, nicht mehr bewundert, geliebt, gelobt, geheiratet, in Versuchung geführt oder begehrt zu werden. Essen, das war die allerletzte Leidenschaft und Hingabe an den Körper. Wenn nichts mehr war wie früher, blieb jedenfalls der Hunger. Dana lauschte in sich hinein. Sie war satt von allem, was geschehen war. Nicht einmal Hunger war ihr geblieben.

Jens hatte sie verlassen. Sicher nicht für immer. Das konnte nicht sein. Vorübergehend war er mit Linda liiert, dem Topmodel, das Danas Wohnung geteilt hatte. Männer machten so etwas. Es hatte keine Bedeutung. Es war einfach nur naheliegend und praktisch. Jens musste nur das Schlafzimmer wechseln. Er liebte praktische Lösungen. Ein einziger Anruf von ihm würde genügen und alles wäre verziehen. Aber er rief nicht an. Jens, dem eine glänzende Karriere in der diplomatischen Laufbahn bevorstand, hatte seine Mutter ins Krankenhaus geschickt, um ihr dieses ungeheuerliche und zugleich praktische Angebot zu machen. „Wir versichern dir unser Mitgefühl und zählen gleichzeitig auf dein Verständnis." Jens Mutter im knielangen schwarzem Wollkostüm und einem Baronesse-Seidentuch in zarten Orangetönen hatte in ihre Ponyfelltasche gegriffen und ein amtlich aussehendes Schreiben herausgezogen. Sie las Jens Anliegen wohlgemut vor. Ihre Stimme, nicht unähnlich den Tönen der freundlichen Glücksfee mit den Lottozahlen, klang keineswegs irritiert. Jens müsse sich von ihr trennen und die Verlobung lösen, vernahm Dana. Er sähe keine gemeinsame Zukunft mehr. Dana sei zweifellos klar, dass er im Interesse seines Berufs und seines gesellschaftlichen Standes keine Frau mit einem zerstörten Gesicht an seiner Seite haben könne. Er böte ihr deshalb eine gewisse Summe als Entschädigung an.

Dana hörte das Rascheln von Papier, als Jens' Mutter ihr das Formular in die Hand drückte. In seiner Schärfe ähnelte das Knistern dem Züngeln winziger Flammen auf brennender Haut. „Warum kommt er nicht selbst?" Sie war nur eine Fremde, eine unbeteiligte Person, die den Fall Jens gegen Dana verhandelte. Die Medikamente hatten ihren Verstand in Watte gehüllt.

„Termine, du weißt schon." Jens Mutter erhob sich vom Besucherstuhl. Ein Dufthauch von Rosen und Flieder schwebte durch den Raum. „Dieser Betrag wird deinem Konto gutgeschrieben, sobald du schriftlich versicherst, dass du keinen Medienskandal aus der geplatzten Verlobung machst." Sie strich sich eine gepflegte Locke ihres silbern getönten Haars hinter das Ohr und zupfte das Seidentuch glatt. Sie straffte die Schultern, winkte mit behandschuhten Händen ein ‚Tschüßchen' herüber und beendete ihre Mission ohne ein weiteres Wort. Nur ihre Absätze klapperten ein Stakkato auf den Boden.

Immerhin bin ich ein Topmodel, das für Schlagzeilen sorgt, erinnerte sich Dana. Sekunden später sickerte eine neue Erkenntnis durch ihre gedämpfte Psyche: Sie war ein Topmodel gewesen. Auf dem Papier vor ihren Augen tanzten die Zahlen auf und ab. Sie verschwammen, weil ihr linkes Auge wieder zu tränen begann. In ihrem feuchtfröhlichen Reigen schienen die Ziffern Notengestalt anzunehmen: Kantaten und Tonleitern für den Schlussakkord.

Draußen, vor dem Klinikfenster, sang eine Amsel.

In der Abflughalle entstand ein Tumult. Eine Gruppe Männer erschien schnaufend und drängte an den Schalter. Einheitlich in grüne Drillichanzüge gekleidet, sahen sie wie Großwildjäger aus. Großwildjäger in der Mongolei? Dana hatte keine Ahnung von der fremden Welt, in die sie reiste. Sie hatte nur ein einziges Bild von der Mongolei gesehen: weites Land – weiter Himmel, kein Baum, kein Strauch, nur Einsamkeit.

Dorthin wollte sie ganz sicher nicht.

Nach dem Besuch von Jens Mutter hatte es eine Woche gedauert, bis seine Absage ihr Bewusstsein erreicht hatte. „Mein Verlobter hat mir gekündigt", klagte sie bei der Visite dem ewig müden und lustlosen Arzt. „Er hat mir die Liebe und das Leben mit ihm gekündigt. Ich will nicht mehr leben."

Dana erwartete einen besorgten Aufschrei der Schwester, ein Tätscheln ihrer Hand durch den Arzt und die Versicherung, er würde auf der Stelle alles in die Wege leiten, damit Jens an ihr Bett eile. Mit einer Selbstmorddrohung war nicht zu spaßen. Der Mediziner wurde tatsächlich munter. Er erwachte schlagartig aus seiner Morgentrance nach einem Nachtdienst mit zwei Schwerverletzten und einer OP-Schwester, die das sterile Besteck hatte fallen lassen. Dana sah zum ersten Mal ein interessiertes Funkeln in seinen Augen. „Tatsächlich?"

Sie fand, dass es alarmierend begeistert klang.

Schwungvoll zog er eine Liste aus seiner Kitteltasche und las ihr Namen vor: „Margret, dreiundvierzig Jahre, dekompensierte Herzinsuffizienz; Julian, achtzehn Jahre, Zystenniere, Melanie, zweiundzwanzig, juveniler Diabetes im fortgeschrittenen Stadium. Sie warten alle auf neue Organe." Er musterte Dana mit sezierendem Blick und hielt ihr einen Organspenderausweis vor das Gesicht.

Dana fuhr aus dem Bett hoch. „Was fällt Ihnen ein?"

Sie blieb wütend und empört zurück und beschloss, ihm keinesfalls vorzeitig ihre funktionstüchtigen Organe zu überlassen. Was erlaubte sich der Kerl? Jetzt würde sie erst recht leben und hundert Jahre alt werden! Die nächsten Tage trainierte sie die Selbstständigkeit. Man befreite sie von den Überwachungsgeräten, zog die Katheter und Kanülen und entließ sie kurz darauf. Als erstes kündigte sie die Wohngemeinschaft mit Linda und zog bei Alice ein. Mit einem kleinen Gazeverband im Gesicht wagte sie es schließlich, in ihrer Agentur vorbeizuschauen.

„Aber ich bitte dich! Dieser grauenhafte Unfall!" Ihre Agentin war wirklich entsetzt. Sie schob die getönte Brille zurecht und ließ sich ein Schriftstück bringen. Ihre langen, dünnen Finger mit den gelben Nikotinspuren schnippten Dana das Schreiben zu. Sekundenlang glaubte sie, es handle sich um einen neuen Auftrag. Sie redete sich ein, dass jeder Cent, den sie verdient und abgegeben hatte, für sie spräche.

„Unser Vertrag ist erloschen", hörte Dana. „Komm nie wieder her. Das ist nicht gut fürs Geschäft. Es ist hart genug."

Dana musterte das Papier. „Noch eine Kündigung?"

„Was dachtest du?"

„Ich könnte eine Maske tragen. Meine Figur ... "

„Ein Laufsteg für Behinderte? Ein Festival für Hässliche? Darling, die Welt orientiert sich an Schönheit und Reichtum. Und du bist eine Zumutung. Genau. Das ist das Wort: Zumutung."

Beim Hinausgehen prallte Dana fast mit einer Schwangeren zusammen, die ihre Hände schützend auf den gewölbten Bauch legte. Sie sah das Entsetzen im Blick der anderen und Mitgefühl. So viel davon, dass es für zwei Gruselgesichter reichte. „Kann ich Ihnen helfen?", fragte die Mitleidstante.

„Verpiss dich!", schrie Dana vor Wut über ihre Wirkung auf die Menschen und stürmte auf die Straße hinaus. Verschwommen sah sie Passanten stehen bleiben. Sie riss sich den Gazeverband vom Gesicht. Sie war ein Monster, das Ungeborene erschreckte. Sie konnte tun, was sie wollte, sich benehmen, wie es ihr gerade einfiel. Jetzt war alles egal, das Nette wie das Böse. Unter ihrer Fratze war es gleichgeschaltet. Also fort mit den Bemühungen, sich in die Reihe harmloser Steuerzahler erneut einzugliedern. Ihr war nach Mord zumute, nach Blut und Chaos. Die Menschen um sie herum hielten Abstand, Entgegenkommende wichen aus. Danas Schal flatterte um ihren Hals, er schützte das Gesicht nicht länger. Die Nachmittagssonne brach sich auf ihrem braunen Haar und den kupferroten Frankensteinnarben auf Hals und Stirn. Sie eilte vorwärts.

Ein Mann vor ihr wollte nicht schneller gehen. Er hinderte sie daran, weiterzukommen, wohin auch immer. Sie wollte nach ihm treten, ihn schubsen und stoßen, als ihr der dunkelrote Wollmantel auffiel, der nichts ähnelte, was sie bisher gesehen hatte, mit Ausnahme der Kleidung jenes Fremden an ihrem Krankenhausbett.

Dana wollte nach ihm greifen, nach dem Phantom, das sie nächtelang genarrt hatte. Er verschwand in einer Passage. Sie hetzte hinterher. Er war fort und wartete jenseits der Straße vor einem Schaufenster. Sie rannte hinüber, die Autos hupten, Bremsen quietschten. Der Kerl stand einfach da, drehte ihr den Rücken zu, reglos wie ein Denkmal. Sekunden später erkannte sie warum.

Er war nur ein Bild jenseits des Schaufensterglases, Teil eines Plakats mit lebensgroßen Figuren, die standen oder am Boden kauerten, Tee tranken, Zigaretten austauschten und ihre struppigen schwarzen Haare unter runde Hüte und Schirmmützen stopften. Im Hintergrund waren ganze Pferdeherden vor einem weiten graugrünen Horizont zu sehen. ‚Mongolia' stand in riesigen Lettern über das Plakat geschrieben: ‚Land ohne Spiegel.'

So war das also. Sie war einem Traumbild gefolgt, das in ein Foto schlüpfte. Das war Hokuspokus vom Feinsten, eine Mischung aus Wahnsinn und Voodoo. Sie fror und schwitzte zugleich. Deuteten Passanten mit Fingern auf sie? War schon ein Martinshorn zu hören, ein Trupp aus Sanitätern im Einsatz, die Irre einzufangen, in eine Zwangsjacke zu stecken und in die geschlossene Abteilung zu bringen? Der Alltag brandete teilnahmslos an ihr vorbei. Die Welt hielt wegen ihres Wahnsinns nicht den Atem an. Sie brauchte Hilfe und Zuspruch. Sie dachte an den Arzt. Sein Interesse an ihren Organen fiel ihr ein. Sie fühlte ihr Herz schmerzhaft pochen und wollte es noch eine Weile behalten. Trotz allem.

Sie ging weiter, im großen Bogen um die Straßencafés herum, ohne Blick in die Schaufenster und immer nur zu Boden starrend. Sie sah einzig ihre Füße im Straßenstaub und endlich die Treppe, die zu ihrer Wohnung führte. Sie schloss die Tür auf, betrat den Gang und lauschte in die Stille des Appartements hinein. „Alice?"

Alice war nicht da.

In der Küche stand benutztes Geschirr auf dem Tisch, eine Fliege brummte gegen die Scheiben. Der Abfalleimer war randvoll. Dana trug ihn nach draußen. Einige Kinder auf Rollerblades jagten an ihr vorbei. An der Straßenecke stoppten sie jäh und schauten zu Dana zurück. Sekundenlang trafen sich ihre Blicke. „Mann!", rief ein Junge und wurde blass. „Ein Alien!"

Dana rannte ins Haus. Sie lehnte sich an die Küchentür. Der Abfalleimer stank, sie musste ihn auswaschen. Im Bad nebenan reinigte sie danach ihre Hände. Auf der Ablage war alles durcheinandergeraten. Cremetöpfe standen offen herum und die Wimperntusche war nicht zugeschraubt. Dana bröselte schwarze, angetrocknete Klumpen vom Marmorbrett. Alice hatte ihren Kamm benutzt. Er war voller dunkler Haare. Ein nasser Waschlappen lag auf dem Fensterbrett. Wasser tropfte zu Boden und bildete eine schaumige Pfütze. Dana ging in die Hocke. Sie setzte sich auf die Fliesen mit dem Rücken zur Badewanne. Sie sah den Staubfäden zu, die durch das goldene Nachmittagslicht segelten.

Die Sonne ging unter, allmählich wurde es düster und ein wenig kalt. Dana blieb die ganze Nacht so sitzen: die Beine zur Brust gezogen, die Arme um die Knie geschlungen. Als der Morgen dämmerte, ging sie unter die Dusche und wagte einen Blick in den Spiegel. Die Ringe unter ihren Augen schimmerten jetzt violett, und die Narben glühten. Sie tastete mit den Fingerkuppen über ihr zerfurchtes Gesicht. Die linke Seite glich einer Kraterlandschaft und erinnerte an den Mond mit seinen Meteoriteneinschlägen.

„Mare triste“, sagte sie tonlos. „Das große Meer der Traurigkeit.“ Niemand würde sie anlächeln, niemand sich ihr nähern wollen. Nur der seltsame fremde Mann an ihrem Krankenhausbett hatte sie angelacht. Er war zugleich dort gewesen in dem desinfizierten weißen Raum voller summender und zischender Geräte, den Stromkabeln, Monitoren und Sauerstoffmasken - und auch wieder nicht. Er ging über die Straßen dieser Stadt mitten hinein in ein Mongolei-Plakat. Er blieb dort stehen mit dem Rücken zu ihr und blickte auf das weite, menschenleere Land, in dem es keinen Spiegel gab.

Der Morgen war kühl. Ein graublauer Himmel hing über den Dächern. Missmutige Menschen eilten zur Arbeit. Dana ließ sich von diesem Strom zur Uni tragen. Sie spurtete die Stufen zur philosophischen Fakultät hinauf, stürmte ohne anzuklopfen in das Vorzimmer des Dekans, drängte die Sekretärin zur Seite und versperrte ihm den Weg. Die Vorzimmerdame beäugte Dana über den Rand ihrer Brille, ließ den Mund offen stehen und das Telefon klingeln, bis es von selbst verstummte. Im Hintergrund des Gebäudes ertönte ein Gong. Türen schlugen, Fenster klirrten. Studenten und Dozenten eilten die Gänge entlang. Der Dekan wollte es ihnen gleichtun. Er kam nicht an Dana vorbei. Sie drängte ihm ihre Unterlagen auf. Sie wippte mit den Zehenspitzen auf und ab. Sie trommelte mit den Fingern auf das Glanzleder ihrer Handtasche. Ihre Schuhe klimperten auf dem marmornen Boden. Schweißperlen traten auf seine Stirn. Seine von Tafelkreide gebleichten Finger fuhren durch die Unterlagen ihres abgebrochenen Germanistikstudiums. Sie könne ihr Studium nicht wieder aufnehmen, ließ er sie wissen. Aus den Schweißtropfen wurden Bäche. Sein Gesicht glänzte. Er würde es ihr lieber schriftlich geben, nicht so unter Druck zwischen Tür und Angel. Ob sie wiederkommen könne?

„Um es schriftlich zu kriegen? Mann, o Mann! Spucken Sie's schon aus. Ich hab Sie was gefragt."

Sie habe, sagte er unter Räuspern und Hüsteln, ihr Studium zu einem höchst ungünstigen Zeitpunkt aufgegeben, die neue Studienordnung, sie wisse schon.

„Das ist nicht alles." Dana rückte heran. Ihre Narben waren seinen Wangen nahe. „Mongolei", erinnerte sie ihn. „Hören Sie nicht zu? Wenn ich hier nicht weiterkomme, gehe ich als Deutschlehrerin in die Mongolei. Haben Sie einen Kontakt?"

Zumindest jetzt sollte der Dekan umdenken. Selbstverständlich machte man Ausnahmen für Unfallopfer. Sie erwartete, dass er sich wortreich entschuldigen und ihre Rückkehr ins Studium ermöglichen würde. Er sollte erschrecken, ihr alle Steine aus dem Weg räumen und sie bitten, in Deutschland zu bleiben.

Statt dessen floh er in sein Büro und verbarg sich hinter einem dicken Ordner. Dana schubste die Sekretärin beiseite, drängte hinterher und sah ihm auf die Finger. Er riss ein Schreiben aus einer Mappe und hielt es ihr hin. „Diese Adresse des Kollegen Zaysan in Ulan Bator ist alles, was ich habe." Sein umherirrender Blick, der Dana mied, fand Halt bei Schillers Gipskopf im Regal. „Ich weiß nichts über den tatsächlichen Bedarf an Deutschlehrern in der Mongolei", erzählte er dem Dichterhaupt. „Aber wenn Sie das unbedingt wollen?"

Sie nahm die Adresse. Noch konnte er sie stoppen. Man ließ doch niemanden in die Mongolei fahren! Um einen solchen Menschen sorgte man sich und gab sein Bestes, ihn abzuhalten! Tatsächlich griff er nach ihrer Schulter, ohne sie anzusehen. Seine graublauen Augen hinter der randlosen Brille wirkten groß wie Untertassen. „Reisende soll man nicht aufhalten!"

Das war niederschmetternd. Dana ging. Was hätte sie auch tun können? Sie kaufte sich ein Ticket nach Ulan Bator und beantragte ein Visum für die Mongolei. Niemand wies ihren Antrag zurück. Sie packte ihre Sachen, schickte Jens eine SMS und unterrichtete ihn von ihrem Vorhaben. Er antwortete nicht. Sie setzte sich mit ihrem Rechtsanwalt in Verbindung, kündigte das Abonnement einer Modezeitschrift, gab ihrem Friseur Bescheid, verschenkte die Schnittlauchtöpfe, verkaufte einen Großteil ihrer Garderobe und deckte sich mit Sojamilchpulver ein. Natürlich hatte sie nicht wirklich damit gerechnet, dass ihr die Verkäuferin im Reformhaus bohrende Fragen stellen würde oder ihr Friseur an ihren Plänen Anteil nähme. Aber ein klein wenig besorgt hätten sie schon sein können. Zu guter Letzt rief sie ihre Mutter an, den absoluten Notanker, den einzigen Menschen, der sie zurückhalten würde, sich um sie grämte und vor Kummer nicht schlafen konnte. „Ich gehe in die Mongolei", erklärte Dana.

„Gute Idee." Mutters Stimme klang begeistert.

„Wie bitte?" Dana blickte aus dem Fenster. Dort lief der Alltag ab. Menschen mit sorgenvollen oder fröhlichen Mienen hetzten durch die Straßen oder bummelten an Geschäften vorüber. Keinem einzigen von ihnen stand das Schicksal mit brandroten Narben und höckerigen Pusteln ins Gesicht geschrieben. Allein der Gedanke an die Mongolei ließ Dana schaudern. Mit diesem Land verband man barbarische Sitten, Gnadenlosigkeit und Kälte. Niemand ließ sein Kind in die Mongolei ziehen, schon gar nicht die einzige Tochter, die jetzt viel Sorge, Pflege und Zuspruch brauchte. Sie stellte sich eine luxuriöse Privatklinik vor, in der ein Aufenthalt ein Vermögen kostete. Von morgens bis abends sollte sie von Menschen umgeben sein, deren liebevolles Bemühen allein ihrer körperlichen Verletzung und ihrer Seele galt. Mutter musste sich verhört haben. Sie würde ihre Lebensversicherung opfern, um Dana diese Genesungswochen möglich zu machen. Mindestens.

„Das ist weit weg", sagte ihre Mutter. „Das ist gut so. Da kannst du Abstand gewinnen."

„Es sind Mongolen, Mama! Hast du nie etwas von Dschingis Khan gehört?"

„Muss ein toller Mann gewesen sein. Damals hielten nur zehntausend Mongolen Millionen Chinesen unter der Knute. Dschingis Khans Leute waren hochgebildet. Sie sprachen alles Mögliche, mandarin und arabisch, um die eroberten Völker zu regieren."

„Sie haben die Menschen abgeschlachtet. Rücksichtslos!"

„Das haben viele gemacht. Und?"

„Was und? Was meinst du, was sie mit mir machen?"

„Ich glaube, sie gelten inzwischen als tolerant."

„Das glaubst du nur? Die Mongolei ist menschenleer. Dort leben nur ein paar Viehzüchter, Nomaden, die mit ihren Herden übers Land ziehen. Keine Kultur, nichts. Wenn mir da etwas passiert ... "

„Warum sollte dir dort etwas passieren? Dein Unfall geschah hier, wo es vor Autos und Menschen wimmelt. Und wie du schon sagtest, die Mongolei ist menschenleer."

„Dort gibt es sogar Wölfe."

„Ja, ja. Davon habe ich gehört. Die Mongolei ist fast ein Zufluchtsland für diese Tiere geworden. Weltweit hat man sich ja bemüht, sie auszurotten. Zum Glück denkt man heute um. Es muss phantastisch sein, in der Nacht die Wölfe heulen zu hören."

„Ich werde dich nicht oft anrufen können. Wer weiß, ob es zuverlässige Verbindungen gibt?"

„Das ist gut so, Dana. Heilsames Schweigen, meditative Ruhe. Es wird dir helfen."

„Weißt du noch, wie Vater den Tatar nannte, den er am liebsten mit rohem Ei und Zwiebel aß? Er nannte ihn ‚gehackter Hund'. Die Mongolen essen Hunde!"

„Ich glaube, das sind die Chinesen. Aber, was regst du dich auf? Du magst keine Hunde. Mongolen essen wahrscheinlich Yaks, Schafe, Ziegen, vielleicht auch Pferde. In der Salami ist auch Pferdefleisch."

„Ja, wenn das so ist, Mama, dann bis bald."

„Ach, noch was, Dana. Mach dir keine Sorgen um Jens. Der kommt schon klar. Und ich natürlich auch. Belaste dich nicht damit."

„Wie schön, Mama."

„Kind?", fragte ihre Mutter mit einem bittenden Unterton. „Tust du mir einen Gefallen?"

Dana wurde es warm ums Herz. Bitte bleib, würde ihre Mutter sagen. Bei aller Begeisterung für die Mongolei. Ich lasse dich nicht ziehen. Ich werde alles tun, um es dir hier schön zu machen, wenn du nur dableibst. „Ja, Mama?"

„Bringst du mir etwas Sand aus der Gobi mit?"

„Wenn ich jemals zurückkomme."

„War ja nur eine Bitte", sagte ihre Mutter. „Das eilt ja nicht."

Jetzt war es soweit. Sie musste einchecken. Jens hatte sich nicht mehr gemeldet. Ihr Handy funktionierte doch? War er aufgehalten worden? Steckte er im Stau? Sie blickte beschwörend auf ihr Handy und versuchte, dem Schicksal durch schiere Willenskraft einen Schubs zu geben. Die Anstrengung ging ins Leere. Sie erhob sich, machte erst einen Schritt, dann noch einen. Niemand hielt sie zurück. Jens nicht und auch nicht Alice. Nicht einmal ihre Mutter kam an den Schalter geeilt. Sekundenlang gab sich Dana der Vorstellung hin, jemand lege seine Hand auf ihren Arm und bäte sie zu bleiben. Die rettende Hand erschien nicht. Ihre Kehle wurde eng.

„Ja oder nein?", ein Passagier vor ihr schüttelte den Kopf und stellte sich am Schalter an. MIAT las Dana. Flug über

Moskau nach Ulan Bator. Ankunft am nächsten Tag. Sie sah auf ihr Gepäck. Das war jetzt ihr Leben, der Rest ihres Lebens. Unaufhaltsam wurde sie vorangeschoben. Der Schalter kam immer näher. Sie musste handeln. Sie schickte eine SMS an ihren Rechtsanwalt: ‚Von Jens nichts Neues. Ich nehme das Geld und fliege in die Mongolei.'

Der Anwalt würde anrufen. Er würde sie aufhalten. Sie konnte sich ein wenig zieren, doch dann würden seine vernünftigen Worte sie überzeugen. Er hatte Zeit gehabt, sich alles zu überlegen. Um ihrer Absicht den Anschein der Ernsthaftigkeit zu geben, hatte sie den unterzeichneten Auflösungsvertrag mit Jens in der Kanzlei hinterlegt.

In Gedanken sah sie das freudig erregte Gesicht ihres Anwalts vor sich, als sie ihn damals aufsuchte. „Das ist eine hübsche Summe", hatte der Jurist sie wissen lassen, als sein Blick auf die Entschädigungszahlung gefallen war. „Sehr hübsch sogar." Er hatte beim Anblick der Zahlen gestrahlt, hatte einen Goldzahn entblößt und die dicken Lippen zu einem Grinsen verzogen. Dana hatte ihm zugesehen, wie er mit feisten Fingern über das Papier strich und in Gedanken seinen Anteil zählte. Du isst zuviel, hatte Dana gedacht. Du bist fett und unbeweglich. Bald wirst du einen Bypass brauchen, einen Schrittmacher und später einen Rollstuhl. Glaube nicht, dass du das von meinem Honorar bezahlen kannst. Sie hatte ihn wissen lassen, dass hübsch ein Wort sei, das sie nicht leiden könne und dass er sich bemühen solle, sie nicht zu verärgern, es gäbe genügend Anwälte, die Feingefühl nicht für einen exotischen Begriff hielten, und dass er sich zum Teufel scheren möge, wenn er weiterhin versuchen würde, ihre Geschäfte mit seinen unpassenden Bemerkungen zu würzen. Er reagierte geschockt und vergaß fast zu atmen. Sie musterte sein Hemd, das straff über dem Bauch saß, den Kragen, der am Hals spannte, und die Hängebacken über schwammigem Doppelkinn. Sie holte zur nächsten Attacke aus. Sie schraubte seine Honorarforderung auf ein Mindestmaß herunter, was nicht so einfach war. Es war ihr abstoßendes, furchterregendes Gesicht mit dem stechenden Blick unter halbverkohltem Augenlid und verbrannter Stirnhaut, das ihr den Sieg brachte. Er wollte sie loswerden. So kam es, dass er die Klausel im Vertrag zu ihren Gunsten änderte, eine historische Handlung, die ihm wahrlich ans Herz ging, denn er rang nach Luft und legte die Hände auf die Brust. „Ihr Puls rast", hatte Dana diagnostiziert. „Sie essen zu viel. Das Fett lagert sich ab und verstopft die Gefäße. Es fehlt Ihnen an Sauerstoff und Energie. Einen schönen Tag noch."

So eine Mandantin vergaß man nicht. Er würde sich an Dana erinnern und sie anrufen. ‚Dana, ich bitte Sie! Bleiben Sie hier. Ich habe gute Vorschläge, wie Sie Ihr Geld anlegen und vielleicht noch mehr herausholen können. Darf ich Sie zum Essen abholen? Wir können ja beide nur Diät essen, haha. Seien Sie nicht zu streng mit mir. Bei einem Arbeitsessen entwickle ich die besten Ideen. Jens sollte nicht so einfach davonkommen und Sie natürlich nicht in die Mongolei reisen. Auf keinen Fall!'

Sie schüttelte das Handy. Es war intakt. Ein Reisender hinter ihr schob sie zum Schalter. Es ging los. Die Waage bebte unter ihrem Gepäck. Sie zahlte den Aufpreis und verlangte einen bestimmten Platz im Flugzeug.

„Tut mir leid." Das Lächeln der Dame vom Bodenpersonal blieb unverändert inhaltslos. „Den gewünschten Platz kann ich Ihnen nicht mehr geben. Ich habe nur noch einen Platz am Fenster der rechten Reihe frei."

Dana verabscheute diese piepsige Stimme und das falsche Grinsen. „Das nützt mir nichts. Ich will den Platz auf der linken Seite."

„Das geht nicht. Sie sind zu spät dran." Die Angestellte lächelte unverdrossen. Sie hatte Schichtdienst. Noch zwei Stunden lächeln, dann heimfahren, ein wenig joggen, ein wenig essen, die Muskeln entspannen, das Gesicht glätten, endlich grimmig schauen, ernst oder verdrießlich, ganz wie sie wollte. Einkaufen gehen, die Kassiererin anblaffen, sich nicht entschuldigen und niemals lächeln, nie wieder. Zumindest für heute.

„Tauschen Sie die Plätze aus!"

Die Dame vom Bodenpersonal modulierte ihre Stimme sehr sorgfältig, denn das saure Ziehen in den Mundwinkeln setzte wieder ein. Muskelkater vom Lächeln, so etwas gab es. Die Lippen spannten, das Kinn schmerzte. „Ich bedaure. Das ist nicht möglich. Checken Sie jetzt bitte ein."

„Auf diesem Platz fliege ich nicht mit."

„Einen Moment, bitte. Ein Platz erster Klasse? Könnte Sie das entschädigen? Er ist zwar nicht auf der linken Seite, dafür haben Sie mehr Beinfreiheit?"

Konnte sie nein sagen? Sie nahm die Bordkarte an sich und stapfte zur Passkontrolle hinüber. Ihre Absätze hackten auf den Boden ein. Jens konnte sie noch ausrufen lassen. Immer noch. Noch war nichts verloren.

Die Uniformierte am Zoll blickte kurz auf, sah auf Danas Pass und befragte den Computer. „Nehmen Sie bitte das Kopftuch ab."

„Das ist kein Kopftuch sondern ein Kaschmirschal."

„Nehmen Sie ihn bitte ab."

„Genügt Ihnen mein Ausweis nicht? Und das ärztliche Attest?" Dana schnippte ihr ein Formular zu, das ihre Verbrennungen beschrieb.

„Ist das neu?", fragte die Polizistin.

„Brandneu!"

Hinter Dana drängten die Großwildjäger nach. „Geht's auch mal ohne Theater?", knurrte einer.

Dana fuhr herum und zog sich dabei den Schal vom Kopf. Zwei Männer prallten zurück, traten den Nachdrängenden auf die Zehen und liefen rot an. Der Meckerer schnappte nach Luft, seine Miene war eine Mischung aus Faszination und Grauen. Sein Blick huschte von Danas Gesicht zum Ausschnitt ihres Kleides, klebte an ihrer schmalen Taille, fuhr die schlanken Beinen hinab und hinauf und landete auf ihrem Mund. Das Entsetzen aus seinem Gesicht wich und machte großem Interesse Platz. Dana kannte diese Typen. Er war stattlich, ein Kerl im besten Mannesalter. Sein Blick war gierig, aber nicht eindeutig, etwas bremste ihn noch. Einmal jenseits der Landesgrenze angelangt, verloren Kerle wie er die Scheu, fragten nicht nach Alter oder Herkunft, nahmen, was sich ihnen anbot und genossen ihren Tag und auch die Nacht am liebsten im Bett oder Pool, von ein, zwei oder mehreren kindlichen Schönheiten umzingelt, die ihnen das Handy reichten und auch sonst zu Handlangerdiensten bereit waren. Waren sie auch noch Jäger, so mixten sie das Hobby mit der Leidenschaft, gaben sich dem zwanghaften Drang hin, zu bekommen, was sie bezahlen konnten, zu jagen und zu erlegen, was ihre Wege kreuzte. Auch dieser hier sah aus, als könne er mächtig zupacken, die Beute festhalten und ausbluten lassen. Seine Kumpanen standen wartend herum. Sie blickten auf ihre Tickets und Gepäckstücke und scharrten mit den Füßen.

„Sind Sie jetzt glücklich?“ Dana nickte dem Mann zu, weit weniger ungnädig als vorhin. Sie hatte ihr Schicksal, sie brauchte keinen weiteren Feind. Sie ging die Polizistin an und grinste böse durch die Plexiglasscheibe. „Zufrieden? Ja? Bin ich Ihnen genügend bloßgestellt? Noch nie was von Takt gehört?“

„Danke, das genügt, bitte gehen Sie weiter.“ Die Stimme der Polizistin blieb gelassen, doch ihre Wangen färbten sich dunkel. Trotz ihres Trainings im Umgang mit Psychopathen, Kriminellen, Wirtschaftsflüchtlingen, schreienden Kleinkindern, entnervten Familienvätern, zankenden Reisegruppen, Stars, Behinderten, Politikern, Geistlichen und Größenwahnsinnigen wurde ihr heiß im Gesicht. Sie hatte ihr soziales Jahr in einem Heim für geistig behinderte Kinder verbracht, sie hatte im Außendienst den Opfern grauenhafter Unfälle beigestanden, sie liebte ihren Beruf und gab ihr Bestes. „Ich mache nur meine Arbeit.“

„Tja“, antwortete Dana und griff nach ihrem Ausweis. „Die kann man gut oder schlecht machen oder grottenschlecht.“ Sie warf den Schal über den Kopf und ging fort. Sie passierte die Sicherheitskontrolle, drehte sich um und sagte laut: „Dämliche Zicke.“

„Moment!“ Ein Polizist hielt Dana auf. „Wiederholen Sie das!“

Endlich, Dana atmete auf. Man würde sie festhalten wegen Beleidigung oder so. Man wusste ja, wie empfindlich deutsche Beamte waren. ‚Was für ein Glück, Dana, Liebes', würde Jens sagen. ‚Sonst verwünsche ich ja diese Art unserer Polizei. Aber diesmal war sie Gold wert. Du wärst glatt in die Mongolei geflogen und ich hätte dich verloren. Ich werde dem Beamten ein Trinkgeld geben. Mein Gott, er hat unsere Zukunft gerettet!'

Tatsächlich griff jemand nach ihr. Nur war es nicht Jens.

„Gibt es ein Problem mit meiner Patientin?" Ein schlanker Mann, ein Mitreisender, den Dana bisher nicht bemerkt hatte, erschien an ihrer Seite. Plötzlich war er da, tauchte neben ihr auf, veränderte den Tag und alles in seinem Umfeld, wies den Pass vor und neigte sich vertraulich zu dem Beamten hin.

„Ich bin Doktor Robert Olson. Meine Patientin steht noch unter starken Medikamenten mit entsprechenden Nebenwirkungen." Er tippte dezent an seine Stirn. „Sie wissen schon." Seine Stimme wurde leise, war fast nur ein Flüstern. Der Beamte flüsterte auch. Sie steckten die Köpfe zusammen, dieser Fremde und der Polizist. Sie nickten beide, sie verstanden sich. Ganz zart tätschelte der Fremde Danas Arm. „Komm, meine Liebe. Ich hatte dich doch gebeten, auf mich zu warten."

Er zog sie mit sich fort, bis sie das Gate erreichten. Sein Zugriff wurde fest, dann ließ er ihren Arm fahren, wie man etwas Lästiges zu Boden fallen lässt, einen groben Klotz zum Beispiel. Seine Stimme hatte alle Sanftheit verloren, laut sagte er: „Die dämliche Zicke bist du." Er sah gut aus, auch wenn er zornig war. Die Sonnenbräune stand ihm. Schlank war er, sportlich obendrein, kraftvoll, sehr männlich, sehr attraktiv und zweifellos auf Streit aus.

Dana lupfte ihren Schal. „Duzt du immer, ohne zu fragen?"

„Meine Patienten schon."

„Du bist also wirklich Arzt?"

„Tierarzt." Er wandte sich ab und ließ sie stehen.

Sie sank auf einen Stuhl. Sie regte sich auf, ihr Gesicht brannte, sie hätte schreien mögen. Verkrampft betrachtete sie ihre sorgfältig lackierten Fingernägel, dunkelrot im Waldbeeren-Look. Die Vorstellung, sich mit den langen Nägeln die Wangen aufzukratzen, bis sie bluteten, machte sie schwindelig vor

Verlangen. Das Brennen ging jetzt auf ihren ganzen Körper über. Sie saß tatsächlich hier und wartete aufs Einsteigen. Ihr Magen zog sich zu einem Knoten zusammen. Wollte Jens sie wirklich verlassen? Oder quälte er sie nur? Warum musste ihr gerade dieser Tierarzt zu Hilfe kommen? Er interessierte sich doch gar nicht für sie. Sie war Luft für ihn. Er griff ihren Blick nicht auf, sondern sah traumverloren in eine mystische Ferne hinein voll schöner und sanfter Menschenwesen.

Alles an ihm ist echt, fand Dana. Ihr geschultes Modelauge erkannte die Originalität und Selbstverständlichkeit seiner lässigen, doch aufrechten Haltung, die keineswegs einstudiert schien, ganz im Gegensatz zum Auftreten männlicher Models, die sie kannte.

Die Modezare der Szene trainierten ihre männlichen Models wie Zirkustiere, sie dressierten und schikanierten sie, bis sie endlich genau diese Ausstrahlung von Abenteuer und Freiheit verströmten und sei es nur für den Moment des Auftritts. Kehrten sie danach gedemütigt vom Meister in den Alltag zurück, sanken sie in sich zusammen wie Gummipuppen.

Dieser Robert Olson hingegen sah widerstandsfähig aus. So einer wie er aß gegrillte Heuschrecken zum Frühstück, pulte Maden aus der Erde und verschlang sie roh. Schleimig, aber eiweißreich, würde er sagen. Er konnte einer Spei-Kobra Paroli bieten und Kaiman-verseuchte-Flüsse auf Baumstämmen queren. Dabei würde er nicht einmal mit den Wimpern seiner hinreißend dunklen Samtaugen zucken, geschweige denn wie ein Anfänger das Shirt mit Schweiß durchtränken. So, wie er aussah, zähmte er wilde Tiere allein durch Anschnauzer zu rechter Zeit, schoss lähmende Pfeile mittels Blasrohr in die Hinterbacken skrupelloser Wilderer und lockte im Dschungel den Jaguar durch Brunftschreie an.

Olson trug eine lehmfarbene, mit vielen Taschen und Knopfleisten versehene Hose. Sie konnte nur aus der neuesten Outdoor-Kollektion ‚to move you' stammen, die es bisher einzig in New York zu kaufen gab. Die abgeschabte Lederjacke mit dem Pelzkragen frisch erlegter Beutetiere hielt Dana für den letzten Schrei der Hollywood-Fashion-Boutique von ‚His and Yours'. Poloshirt, Sweatshirt, Hut, Weste und Schuhe ließen die sündhaft teure High-Perfomance-Kollektion ‚Luxus für echte Aussteiger' vermuten. Dabei wirkte der Kerl vollkommen gelassen in seinem Tausend-Dollar-Kultlook. Danas Blick tastete sein schmales Gesicht unter nussbraunem Haar ab, folgte seinen Zügen bis zum markanten Kinn und den vollen Lippen. Sie maß seine Schulterbreite und den Brustkasten ab und blieb an den schmalen Hüften hängen.

Sie sah sich um. Himmelten auch andere Frauen ihn an? Die Blicke der Damen hier sprachen Bände, ihre Münder Worte, die Dana verstand, ohne sie zu hören. Olson, der ruhende Pol inmitten hektischer weiblicher Aufmerksamkeit und lasterhaftem Ansinnen, das versteckt oder deutlich an ihn herangetragen wurde, sonnte sich im Eifer all jener, die ihm gefallen wollten.

Das laienhafte Bemühen ihrer Geschlechtsgenossinnen amüsierte Dana. Dem war sie gewachsen. Bis Jens sie ausrufen ließ, konnte sie sich die Zeit vertreiben. Sie streckte ihre langen, schlanken, glänzenden Beine aus, bis schließlich doch sein Augenmerk auf ihnen ruhte und kleine heiße Löcher in ihre hautfarbenen Open-Toe-Strümpfe mit dem selbsthaftenden Spitzenrand am Oberschenkel stanzte. Sie drapierte ihr transparentes, plissiertes Tüllkleid im zarten Nude-Ton um ihre Schenkel, bis es gewagt das Bein umspielte. Sie schlüpfte mit einem rosafarbenen Fuß aus ihrem hochhackigen Pythonpumps wie Aschenputtel auf dem Ball des Königs. Jede Bewegung saß mit perfekter natürlicher Eleganz. Nicht eine Muskelregung überließ sie dem Zufall. Dieses Talent hatte ihr neben dem makellosen Gesicht mit dem reinen Teint die Position eines Topmodels eingebracht.

Sie zuckte zusammen. Sie hatte ihr Gesicht vergessen! Als Frau war sie für alle Zeiten aus dem Rennen. Aus, vorbei, für immer, Ende. Die Narben spannten. Bis dass der Tod uns scheidet, war dort eingebrannt. Schluss mit lustig. Sie war ein Monster. Und Jens meinte es ernst. Sie schaltete ihr Handy aus. Ihre Finger waren kalt und zittrig.

An Bord der Maschine hörte sie die ersten Worte in mongolischer Sprache. Nicht einmal aus dem Tonfall konnte sie erahnen, um was es dabei ging. Sangen die Leute oder stritten sie? Was wollte sie in einem Land, dessen Sprache sie nicht kannte? Konnte man so verrückt sein? Sie zog den Schal über Gesicht und Schultern und flüchtete unter ihr Tuch wie ein Kind unter die Bettdecke. Die Maschine hob ab und flog Richtung Osten in die Zukunft hinein, in ein Leben so unberechenbar wie die Laune eines Modezars.

Eine Hand erschien in ihrem Gesichtsfeld und reichte ihr ein Glas Wasser. Sie nahm es teilnahmslos und trank.

„Du sabberst." Die Hand kam wieder und hielt ihr ein Papiertaschentuch hin. „Dir läuft das Wasser aus dem Mundwinkel. Sieht nicht schön aus."

„Was?" Dana blickte zur Seite und erkannte den Tierarzt. „Wieso sitzt du neben mir?"

„Ich hab's mir nicht ausgesucht."

Sie nahm den Schal vom Kopf. Ihr war unerträglich heiß. Sie tupfte sich Mund und Kinn ab. „Deswegen wollte ich links sitzen, verstehst du? Links sitze ich mit der verbrannten Seite am Fenster. Ich habe kaum Gefühl in den Lippen."

„Kein Grund sich gehen zu lassen. Du isst und trinkst und kontrollierst mit den Fingerspitzen, ob nichts danebengegangen ist. Deine Finger sind doch in Ordnung." Der Tierarzt griff nach ihrer Hand und brachte ihre Fingerkuppen an sein Kinn. „Und? Was sagst du?"

„Rasier dich mal!"

„Siehst du, geht doch. Ich bin Robert."

„Dana."

„Was treibt dich nach Moskau?"

„Moskau? Ich fliege nach Ulan Bator."

„In dem Outfit? Charmant, wirklich charmant." Sein Blick hat was, fand Dana. Er sah flüchtig über ihre Narben hinweg und taxierte genauer ihren Busen, die Beine, die ganze Figur im transparenten Kleid. Ihm gefiel, was er sah, seine Augenbrauen zuckten nach oben, sein Lächeln wurde breit. Die Augen strahlten, jedoch nicht allzu lange. Schon wurde er wieder ernst und pingelig. „Es gibt zwei Sorten Wetter in der Mongolei. Zu heiß oder zu kalt. Meist hat man beides. Glühende Sonne und eisigen Wind. Auch im Sommer. Deine Schuhe!“

„Und? Ulan Bator ist eine Stadt!“

Robert wies auf seinen Trekkingschuh. „Die sind sinnvoller, du wirst schon sehen.“

Dana verstand genau, was er sagen wollte. Er wusste alles besser und hielt sie trotzdem nicht zurück. Wo blieb sein Verantwortungsgefühl? ‚Jemand in deiner Lage, sollte nicht in die Mongolei reisen', hätte er vorbringen sollen. ‚Was kann ich für dich tun, damit du Verstand annimmst und von Moskau zurückfliegst? Ich habe Angst um dich, bitte!'

Sie würde sich weiterhin unwissend geben. „Ich sehe einen perfekt durchgestylten Mann im Outdoor-Look. In Kulthosen. Kann ich mir jetzt leider nicht mehr kaufen. Die gibt es nur in New York.“

„Wieso New York? Ich habe sie in Ulan Bator auf dem schwarzen Markt gekauft. Kommen aus China, kosten zwölf Dollar und halten dreimal Mongolei von Nord nach Süd aus. Frauen tragen sie auch. In die vielen Taschen kannst du alles stopfen, was du brauchst: Klopapier, Lederschnüre, Gummibärchen, Schnupftabak, Kohletabletten und Schusterahlen. Die Baumwolle ist dick genug. Zecken, Mücken und andere Blutsauger kommen da nicht durch. Dabei ist die Hose ausreichend weit. Der Sand fällt oben rein und unten wieder raus. Ein Hund kann bei der ersten Attacke den Stoff nicht durchbeißen, und wenn dich ein Kamel anspuckt, wird das Bein nicht gleich nass. Die Jacke ist aus Russland und hält Sandstürme und zerschlagene Wodkaflaschen aus. Fünfzehn Dollar unter Freunden. Den Fellbesatz hat mir ein Mongole gemacht für Hilfe bei Pferdekolik.“

„Pferde - was?“

„Pferdekolik? Manche Pferde haben Wurmkoliken. So viele Würmer, dass der Darm damit verstopft ist.“ Robert zog den Ärmel seines Pullis nach oben. Er präsentierte einen muskulösen Unterarm mit feinen goldenen Haaren, der Dana den

Darmverschluss der Gäule auf der Stelle vergessen und sie an Sonnenkringel auf weißen Bettlaken nach fröhlicher Gemeinsamkeit denken ließ. Robert schien ihr Traumbild nicht zu teilen, hielt an seinen Würmern fest und holte sie in die Wirklichkeit zurück. Er streckte die Finger aus und schloss dabei die Hand zu einer schmalen Form. „So, siehst du? Du langst rein und holst die Würmer raus. Inzwischen ist der Fellkragen fertig." Er blickte einen Moment auf seine Nägel, als ob er sie jetzt reinigen müsse und rollte den Ärmel zurück. Dana fand das schade, aber er blieb beim Thema: „Ein Mongole wird es dir ewig danken. Es gibt Tausende von Pferden, aber jeder Reiter hat seinen Liebling. Das ist ein Tier, dem er blind vertrauen kann, von dem nicht gerade sein Leben, aber sein Wohlsein abhängt. Pferd und Reiter sind eins. Jeder hat sich an die Marotten des anderen gewöhnt. Wenn er sich in der Mittagshitze unter den Bauch des Pferdes setzt, pinkelt es ihn nicht an. Dafür gibt es keine Hiebe, wenn es sich vor dem Wasser fürchtet. Pferde lieben Wasser, aber fremde Flüsse mit Strudeln machen ihnen Angst. Der Reiter weiß das und geht voraus. Dazu eignen sich seine Stiefel. Acht Dollar auf dem schwarzen Markt. Für einen Mongolen viel Geld."

Dana erinnerte sich, dass ihr plissiertes Kleid von ‚Alberta' über zweitausend Euro gekostet hatte. Für die Mongolei war es vollkommen ungeeignet. Das würde er ihr gleich sagen. Er tupfte tatsächlich sanft auf die Falte ihres Rocks. Der Druck seines Fingers hinterließ einen kleinen, glühenden Krater auf ihrer Haut. „Das Kleid ist gar nicht schlecht. Du kannst es als Moskitonetz verwenden oder zum Fischfang nehmen. Und die Schuhe kannst du gegen Stiefel und eine warme Jacke tauschen."

Sie hörte nicht zu. Roberts Finger auf ihrer Haut war etwas ganz anderes als das Dilettantengepule übernächtigter Medizinstudenten, die morgens zum Blutabnehmen gekommen waren und seit dem Unglückstag für den einzigen Körperkontakt gesorgt hatten. So also waren Roberts Hände! Das schrie nach Zugabe. „Was kostet ein Pferd in der Mongolei?"

„Zugeritten und handzahm zwischen fünfzig und hundert Dollar."

Sie hielt ihm ihren Pythonpumps-Fuß hin und dachte an den Preis ihrer Schuhe. „Sechs Pferde", sagte sie und wippte mit den Zehen. „Sechs an jedem Fuß!"

Er griff tatsächlich nach ihrem Bein. „So viel? Ist das nicht irgendwie unanständig?"

„Echte Schlange", antwortete Dana. Wer sich in solchen Schuhen in die Mongolei aufmachte, dem konnte man nur abraten. Und wirklich hielt Robert ihren Fuß lange fest. War sie ein Pferd? Wollte er sie beschlagen? Er prüfte tatsächlich ihr Sprunggelenk, fuhr mit seinen Fingern über den Außenknöchel und tastete nach der Achillessehne. „Sensationell", murmelte er. „Superschlank und doch voller Kraft. Du kannst was aushalten."

In Moskau mussten sich die Passagiere der MIAT für eine Stunde in den Transitbereich begeben. Dana folgte den Mitreisenden über die langen Gänge. Menschengruppen saßen am Boden, spielten Karten, dösten in sich zusammengesunken, aßen, tranken, stritten und küssten sich. Sie machte große Schritte über weggeworfene Zeitungen, zerknüllte Tüten und leere Becher. In der Toilette kauerten grell geschminkte Mädchen auf dem gefliesten Boden. Ihre Gesichter waren verbraucht, ihre Haut war aufgedunsen und in ihrem Blick lag Hoffnungslosigkeit. Sie tranken Bier aus Dosen und rülpsten laut. Die Luft stank nach Alkohol, Schweiß und Urin. Dana schnappte nach Luft, die Mädchen grölten. Sie floh in eine Toilettenkabine. Mit dem spitzen Absatz ihrer Pumps blieb sie in einem benutzten Papiertuch hängen, das dort am Boden lag.

Sie eilte zum Duty Free. Den Kopf leicht angehoben, folgte sie den vertrauten Gerüchen nach teuren Kosmetika, Zigaretten und hochprozentigem Alkohol. Ihre Nerven beruhigten sich beim Anblick in Glanzpapier verpackter Cremedosen, goldgefasster Flakons und bunt schillernder Farbpaletten für Nagellack und Eyeliner. Sie schaltete ihr Handy wieder ein.

Kein Anruf? War das zu glauben? Wartete Jens vielleicht in Ulan Bator auf sie? Sah er das Ganze als Kraftprobe? Würde er sie in der mongolischen Hauptstadt in die Arme nehmen und um Verzeihung bitten? War er ihr vorausgeflogen, damit die Überraschung perfekt war?

Sie sah Robert, der an den Regalen mit dem Hochprozentigen stand. Die Großwildjäger umringten ihn. Sie diskutierten über die Tauschkraft schottischen Whiskys bei einer Autopanne in der mongolischen Gobi. Sie waren in ihrem Element. Jeder gab eine Geschichte zum Besten. Männerlachen umwehte sie wie ein unsichtbarer Schleier. Fachausdrücke wirbelten durch die Luft. Man war sich einig. Man half sich weiter. Für Außenseiter war kein Platz. Da erschien Dana und sofort wurde es still.

Jener Platzhirsch, den Dana vom Abflug kannte, drehte sich nach ihr um. „Ahh!", äußerte er, was gar nichts und viel sagte. Alle Männer folgten seinem Blick. In seiner Stimme musste ein weltweit verständlicher Ton mitgeschwungen haben, der den Männern seit Steinzeittagen signalisierte, dort drüben gäbe es etwas zu holen, was sich als lohnendes Gut zum Kochtopf oder auf die fellbesetzte Lagerstatt schleppen ließ. Denn alle gafften jetzt Dana an. Die russischen Wachmänner ebenso, wie der Herr vom Geheimdienst mit dem mitleidslosen Blick und der Zigarette im Mundwinkel, der Kellner von nebenan, der gerade zum Wechseln an der Kasse erschien und vor Interesse die Geldscheine in seiner Hand knetete, die beiden gewichtigen Popen, die nach Zigaretten Ausschau hielten, die Touristen, an deren Armen plötzlich misslaunig gewordene und aufs Höchste alarmierte Ehefrauen zerrten sowie die Gruppe agiler junger Männer, die in den Shirts mit dem Aufdruck vom Kreml wühlten. Selbst die Kassiererin hörte auf zu tippen und hob den Kopf.

„Dana!" Ein vollkommen schwarz gekleideter Mann mit kahlgeschorenem Kopf löste sich aus der Gruppe der Starrenden. Er hechtete zu Dana hinüber, blieb am Regal für sündhaft teure Düfte stehen und zückte sein Objektiv. Weitere Kamerataschen schwangen um seine Schultern hin und her.

Sein Gesicht war angespannt. Dana glaubte, die Haut über seinen Wangenknochen würde reißen. „Lass mich ein Bild machen, Dana. Ich flehe dich an! Das ist durch nichts zu toppen, das ist sensationell!"

Sein Interesse konnte nicht allein ihr gelten. Instinktiv blickte sich Dana um. Auf einem meterhohen Bildschirm in ihrem Rücken geisterte ihr eigenes Abbild aus früheren Tagen über die glatte gläserne Fläche: Dana auf dem Laufsteg, Dana im Café. Dana mit dem Kreml im Hintergrund. Dana in St. Petersburg. Ihr unversehrtes Gesicht warb strahlend schön für die jugendliche Leuchtkraft eines Fluid Make-up. Dana an den Ufern der Newa, wie sie mit wiegenden Schritten in rauschenden Taftröcken mit den Oberteilen aus Samt und Seide das ‚Nouveau Russe' vorstellte. Danas nackter Rücken, sie selbst über ihre Schulter blickend und für den neuen Lipgloss werbend. Dana, das Topmodel aus glücklichen Zeiten.

„Halt, Pierre!" Ihre Hand schoss nach vorne und packte den Arm des Fotografen. „Was willst du mit einem Bild von mir?"

„Dana damals und jetzt. Das reißt man mir aus der Hand. Komm, sei ein Schatz, nur ich exklusiv. Sei lieb, bleib stehen, nicht so ... "

„Was zahlst du?" Dana hielt seine Kamera fest.

„Zehn?"

Sie lachte ungnädig. „Beeile dich, ich muss zum Flugzeug."

„Fünfzehn?"

„Aber, Pierre." Sie ließ ihn los und wollte gehen.

„Mensch, Dana, nimm Verstand an! Ich habe gar nicht mehr dabei." Der Fotograf wühlte in seiner Hosentasche. „Carl, Mario!" Er rief nach seinen Begleitern. Ein sechshändiges fieberhaftes Suchen setzte ein. Pierre hielt Dana das Sammelsurium verschiedenster Dollarscheine hin. „Zwanzig. Letztes Angebot."

Dana griff Pierre in die rechte Brusttasche. Sie holte ein Bündel Dollarnoten hervor. „Und was ist hiermit? Ich weiß doch, wo du dein Geld versteckt hast." Ihre rotlackierten Nägel fuhren durch die Scheine. „Zwei lasse ich dir. Damit kommst du noch ins Hotel. Gib mir die anderen zwanzig!

Und jetzt beeil dich!" Niemals würde Pierre so viel bezahlen. Man würde sich darauf einigen, dass Dana solange in Moskau bliebe, bis Pierre das Geld aufgetrieben hatte. Das konnte ein, zwei Tage dauern. Inzwischen würde die Agentur verzückt auf die neuen Fotos reagieren und Dana einen Vertrag anbieten. Besser konnte es nicht kommen.

„Okay", willigte Pierre ein. „Um diese Fotos zu machen, schlafe ich auch unter Brücken. Und jetzt los, damit du den Flieger nicht verpasst!" So schnell wie das Geld in Danas Tasche verschwand, so flink wuselte der Fotograf um Dana herum, ging in die Knie, stellte sich auf Zehenspitzen und Hocker, grinste hinter dem Objektiv hervor, pfiff durch die Zähne, stöhnte, ächzte und schmatzte mit den Lippen, lobte, bat, lockte, tadelte, bettelte, warf sich auf den Boden, sprang wieder auf, ließ sich von seinen Begleitern auf die Schultern heben und folgte jeder ihrer Bewegungen mit seiner Kamera.

Dana ließ die rubinrote Seidenjacke, die sie über dem Kleid trug, über die Schultern gleiten. Knisternd rutschte das Tuch über den sanften Schwung ihres Schultergelenks. Nackte glänzende Haut leuchtete zu den Zuschauern hinüber. Die Popen griffen an ihre Kreuze an der Brust und hielten sich daran fest. Dana warf den Kopf in den Nacken, der verhüllende Schal fiel zu Boden, ihr fratzenhaft zerstörtes Gesicht leuchtete mit ihrem glatten Antlitz von einst auf dem flimmernden Bildschirm ihres eigenen Werbespots um die Wette. Die Kamera summte und klickte. Dana drehte sich, ließ noch mehr unbedeckte reine Haut sehen, die weißen wohlgeformten Arme, die Beine bis zu den Hüften und die zarten Fußknöchel auf den hochhackigen Pumps. Das Kleid sank bis weit an den Ansatz ihrer Brust herunter. Bordeauxrote Spitzen unter der Plissierung blitzten auf. Der Geheimdienstmann saugte am längst verglühten Zigarettenstummel. Ein Wachmann kniete nieder und reichte Dana den Schal. Pierre drückte wie verrückt auf den Auslöser. Dana bückte sich weiter hinab. Die dunkelroten Spitzen sanken noch tiefer. Makellose helle glatte füllige Brüste hoben sich gegen den Spitzenbesatz ab. Der Ausschnitt des Kleides gestattete den Blick bis hinunter zu der schimmernden Bauchhaut. Und über all dem Glanz, der Traumfigur, der reinen Haut und der Grazie der Bewegung hing Danas für alle Zeiten zerstörtes Gesicht.

„Stopp! Dein Abflug!“ Pierre ließ die Kamera sinken.

Jetzt umringten fremde Menschen Dana und drängten auf Tuchfühlung heran. Das Mädchen von der Kasse kämpfte sich nach vorn und hielt ihr bittend eine Moskauer Modezeitschrift mit Danas unversehrtem Gesicht auf der Titelseite hin. „Autogramm!“, flehte sie mit großen Augen, doch maskenhaft starr unter der dicken Make-up-Schicht. Dana nahm den Stift und setzte zum Schreiben an. Plötzlich hielt sie inne und blickte auf. Sie sah die Neugierigen und Gaffenden um sich herum. Niemand bat sie zu bleiben. Es war nicht zu glauben! Mit dem Kugelschreiber zerfetzte sie ihr eigenes Abbild und ließ die Angestellte stehen. „Pech gehabt, Kleine!“ Sie schritt davon, stieg mit dem Absatz ihrer hohen Pumps auf die Zehen der Umherstehenden und kümmerte sich nicht darum. Es wurde ganz still um sie. Doch sie bemerkte es nicht. In ihrem Kopf rauschte und dröhnte es. Die alten Horrorbilder drängten in ihr Bewusstsein: Flammen schlugen über ihr zusammen, Sirenen heulten, Glas splitterte, ein Spreizgerät fuhr knirschend durch das Autoblech, um sie aus dem Feuer zu schneiden.

„Das war zuviel.“ Robert hatte Dana untergehakt und drückte sie auf ihren Sitzplatz im Flugzeug.

Sie schien aufzuwachen. „Wieso zuviel?“ Die rote Narbe auf ihrer Stirn pochte. „Ich hätte ihm mehr als achtunddreißig abknöpfen sollen. Er macht ein Vermögen mit den Fotos.“

„Ich dachte an die Aufregung.“

Dana schnallte sich an. „Was für eine Aufregung? Das war mein letzter Auftritt. Ich hab es viel zu billig gemacht. Nur achtunddreißigtausend Dollar. Ich könnte mich ohrfeigen!“

„Lass mich es tun!“ Robert hielt ihr seine Hände hin. „Ich tät' s mit Freuden. Achtunddreißigtausend Dollar? Du hast dich für ein Wahnsinnsgeld verkauft, für entsetzliche, erschreckende und betörende Fotos! Du hast dich in einer Weise dargestellt, die einen verrückt vor Verlangen macht und zugleich zutiefst abstößt. Das sind sensationelle Bilder. Das habe auch ich begriffen. Warum zerstörst du das kleine Glück einer russischen Angestellten? Warum hast du ihr nicht das Autogramm gegeben? Du bist eine Göttin für sie. Du bist ihr begegnet. Was für eine Sensation! Sie hat das Schöne in dir gesehen, sie hat dich angebetet. Konntest du ihr nicht gnädig sein, ihr eine Freude machen?"

„Warum sollte ich?"

Robert erstarrte förmlich auf seinem Sitz, bis die Stewardess mit dem Abendessen kam. Er ließ die Hälfte zurückgehen. „Keinen Appetit."

Sie schwiegen, bis sie den Ural überflogen. „Willkommen in Asien!" Robert prostete Dana mit einem Becher Tee zu. „Schon mal dagewesen?"

Sie fühlte sich so elend wie selten zuvor. ‚Willkommen in Asien!' Das war ja wohl ein Witz. Sie wollte doch gar nicht dorthin. „Ja", murmelte sie matt. „Immer wieder. Ich erinnere mich nicht so genau. Fotoshooting in Peking, Singapur, Tokio und Hongkong. Es ist überall gleich. Fünf-Sterne-Hotels ähneln sich wie ein Ei dem anderen. Das Personal ist international gedrillt, die Fotografen sind aufdringlich. Manchmal fällt die Klimaanlage aus, dann merkt man einen Unterschied."

„Aber das Essen?"

„Ist ohnehin kein Thema. Ich esse nicht, ich trinke nicht. Ich führe meinem Körper eine genau berechnete Dosis an Eiweiß, Kohlenhydraten, Fett und Vitaminen zu, dazu Wasser und hin und wieder Kaffee, ganz wenig Tee, denn er färbt die Zähne."

„Muss toll sein."

„Ganz recht. Viele aus meiner Branche werden verrückt, mampfen ungebremst, stecken sich den Finger in den Hals und kotzen, nehmen Drogen, flippen aus. Aber für die wenigen Jahre, die man auf dem Laufsteg ist, kommt man zurecht. Starmodels, die länger hip sein wollen, kompensieren den ewigen Hunger und den Schwindel, die Kraftlosigkeit und die Kopfschmerzen mit Wut. Sie leiden an Lebenswut. Sie hassen sich selbst, alle Männer, das Essen, die verdammten Klamotten, die Hitze der Beleuchtung und jede andere Frau in ihrer Nähe. Sie quälen ihre besten Freundinnen, überwerfen sich mit der Familie, beschimpfen Behörden und legen sich mit der Presse an."

„Gratuliere! Gemessen an deinem Benehmen bist du weit gekommen. Es ist widerlich."

„Danke." Dana nahm es als Kompliment. „Ich gebe mir die größte Mühe."

„Ich habe wohl so richtig Glück gehabt im Leben. Bei meiner Arbeit werde ich höchstens gebissen, gestochen oder getreten. Manchmal auch angespuckt. Kamele spucken. Sie schauen dich an und wenn ihnen was an dir nicht passt, machen sie eine lange Schnute und spritzen dir zentimetergenau grünen Verdauungssaft ins Gesicht. Stinkt wie die Pest nach Aas und Scheiße. Inzwischen habe ich gelernt, auf die Lippen eines Kamels zu achten. Sobald das Maul zur Schnute wird, trete ich zurück und entschuldige mich für die grobe Behandlung. Sie lassen mit sich reden. Wie ein Hund, der erst die Lefzen hochzieht, dann knurrt und schließlich beißt. Tiere verfügen über ganz ausgezeichnete Kommunikationsformen in feinen Abstufungen. Man muss sie nur zu deuten wissen."

„Und welches ist dein Lieblingstier?"

„Das gesunde natürlich. Ich lebe davon, dass Tiere meine Hilfe brauchen, aber ich liebe sie, wenn sie gesund sind. Wenn sie leiden, spüre ich das." Robert klopfte auf seine Brust. „Wenn sie gesund sind, geben sie mir etwas von ihrer Kraft. Das ist fast so, als ob unsere Zellen eine gemeinsame Schwingung hätten."

„Und mit welchem Tier schwinge ich mit?"

„Mit dem Trampeltier", sagte er prompt. „Unter allen Kamelarten, die ich kenne, scheint es das sensibelste zu sein. Trampeltiere haben wunderbare Wimpern und Lippen. Wenn diese Lippen, die so gnadenlos zupacken können, über deine Haut streifen ... " Sekundenlang schwieg er verträumt. „In der Gobi braucht ein Dornbusch Jahre, um zu einem halbmeterhohen Gesträuch heranzuwachsen. Da kommt ein Trampeltier und reißt den Busch mit einem Biss aus. Vernichtet, für immer. Ohne Wenn und Aber. Doch wenn du mit ihm sprichst, schnobert es an deinem Hals herum und bläst dir leise grunzend die Mücken vom Kragen. Jeden Morgen, ehe du es belädst, beriecht es dich. Damit testet es deine Verfassung, ob du krank bist, ob es dir gut geht, wie du gelaunt bist. Das ist wichtig für sein eigenes Wohlbefinden. Es geht mit diesen weitausholenden, wiegenden Schritten über den Sand. Du spürst die große Kraft, aber auch die Zartheit, die in ihm steckt. Wenn es die Düne bergab geht, möchte es am liebsten traben oder galoppieren. Das ist für einen Reiter nicht so schön. Du kannst vorher mit ihm reden und einen Deal aushandeln. Warst du erfolgreich, nimmt es den Kopf zurück und schreitet langsam abwärts. Zum Dank darf es Maul und Nase an deinem Knie abschmieren. Bist du aber schlecht drauf, verwandelt es sich in einen Holzklotz. Jede Bodenunebenheit überträgt sich ungebremst auf deine Beckenknochen und die Wirbelsäule. Du merkst richtig, wie das Trampeltier mit Absicht seine Knochen in deine Muskeln bohrt. Es kommt wunderbar alleine zurecht. Es wälzt sich im Schlamm und schüttelt die Parasiten ab. Wenn es was zu holen gibt, schnappt es das den anderen vor dem Maul weg. Wenn es sein muss, legt es sich mit Wölfen an und brüllt vor Wut. Es kann dich umbringen oder dich schützen. Hängt ganz von dir ab."

„Aber was hat das alles mit mir zu tun?"

„Habe ich das nicht gerade erklärt?"

Dana tippte sich an die vernarbte Stirn. „Du bist vielleicht komisch." Sie wühlte in ihrer Tasche herum. „Hast du schon Cortison, Serotoninwiederaufnahmehemmer und Schmerzmittel auf einmal geschluckt? Nein? Bei der Mischung sieht man Dinge, die gar nicht da sind. Wenn du mich in einem Trampeltier wiedererkennen kannst, dann habe ich gesehen, wie sich in der Klinik die Nachtschwester und der Arzt in einen Fuchs und einen Mongolen verwandelt haben. Man hat meine Medikamente reduziert, aber die Mongolenbesuche nachts an meinem Krankenbett wiederholten sich. Und das, obwohl ich noch nie zuvor einen Mongolen gesehen hatte. Mein Kerl trug einen roten Filzmantel und hatte Fuchs und Hund dabei. Er roch nach Erde und Wacholder. Manchmal knirschte auch der Sand unter seinen Stiefeln. Ja, jetzt erinnere ich mich. Das müssen so Stiefel gewesen sein, mit denen man dem Pferd voraus durchs Wasser watet. Schließlich wurde ich aus der Klinik entlassen. Aber die Medikamente haben nachgewirkt. Denn ich bin dem Mongolen aus meinen Träumen mitten in der Stadt begegnet. Genaugenommen habe ich ihn nur von hinten gesehen. Ich bin ihm nachgegangen und wollte ihn fragen, was der Quatsch soll. Aber er war nicht wirklich. Er war nur ein Bild auf einem Plakat in einem Reisebüro." Sie hatte endlich gefunden, was sie suchte und hielt Robert ein Bild hin. „Man hat mir eine kleine Kopie gemacht. Das ist alles, was ich von der Mongolei weiß."

Spätestens jetzt sollte er sie tröstend bei der Hand nehmen und ihr versichern, dass er in Ulan Bator sofort für ihren Rückflug sorgen würde. Statt dessen sagte er: „Donnerwetter! Das ist Munk! Er kann es einfach nicht lassen! Das ist typisch für ihn." Robert hielt das Plakat in den Händen und deutete mit dem Finger auf den großen, hageren Mann, der mit dem Rücken zum Fotografen stand. „Er heißt Munk. Ihn hast du gesehen."

„Und woher willst du das wissen? Der Rücken sieht aus, wie tausend andere Rücken auch."

„Ich kenne Munk gut, aber vor allem sein Pferd. Siehst du den Schecken dort? Schecken sind selten in der Mongolei. Ich habe ihn behandelt. Er lahmte ein bisschen. Auf dem Bild entlastet er noch die rechte Hinterhand. Siehst du?"

Dana starrte auf das winzige Pferd. „Ist nicht größer als ein Fliegenschiss. Und der Mann könnte sonst wer sein."

„Aber nur Munk kann reisen."

„Wie bitte?"

„Traumreisen. Schamanen nennen das ‚auf die Reise gehen'. Sie können den Ort wechseln, das geht ganz schnell. Munk war bei dir in der Klinik."

„Du meinst, er ist mit der MIAT nach Deutschland geflogen?"

Robert lachte. „Munk hat noch nie die Mongolei verlassen. Er ist ein ganz armer Pferdezüchter. Lebt quasi von der Hand in den Mund. Aber er schamanisiert auch. Das hat er sich nicht ausgesucht, das kam zu ihm und ist eine schwere Last. Wenn er es loswerden könnte, würde er es sicher tun. Aber so bleibt ihm nichts anderes übrig, als diese Bürde zu tragen. Er ist schon Mitte dreißig und hat noch immer keine Frau gefunden. Denn einen Schamanen zum Mann zu haben, ist kein Vergnügen. Sein Leben ist hart. Er muss sich selbst versorgen. Ich mag ihn. Einmal sind wir um die Wette gelaufen. Eine Kamelstute hatte gefohlt, es war Nacht, Wölfe waren in der Nähe. Wir rannten los, um ihr zu helfen. Ich bin ein guter Läufer. Wir sind aus der Jurte raus und Munk verschwand in der Dunkelheit. Als ich nach einer viertel Stunde bei der Stute ankam, war das Kamelfohlen schon geboren und alles bestens. Munk stand daneben. Er hat nicht mal gekeucht. Ich hab ihn was gefragt, aber er blieb stumm. Mir wurde es mulmig. Ich bin zurück zur Jurte gerannt, da saß er am Ofen und kochte Tee. Ich habe ihn nie nach dieser Nacht befragt. Ich habe mich einfach nicht getraut. Denn einer von den beiden Munks an diesem Abend war nicht wirklich, wenn du verstehst, was ich meine."

„Ich verstehe kein Wort."

„Du willst nicht verstehen. Munk kann nicht anders. Er ist Schamane. Wenn jemand seine Hilfe braucht, muss er kommen. Wie das tatsächlich abläuft, weiß ich nicht. Vielleicht ist es nur ein Traumbild, aber es ist so real, dass du es nicht von einer Person unterscheiden kannst. Er kann sich dagegen nicht wehren und du auch nicht. Es passiert einfach. Mongolen glauben, dass die Menschen nur ein Teil des Kosmos sind. In jedem Stein steckt auch ein Stück von uns und umgekehrt. Zwischen Munk und den Menschen oder Tieren, die seine Hilfe brauchen, gibt es irgendeine Verbindung. Wir können sie noch nicht messen und in Laborlisten eintragen, aber sie ist da. Das hört sich doch ganz vernünftig an."

„Die Erklärung des Arztes, dass ich im Medikamentenrausch halluziniere, hat mir besser gefallen. Vermutlich habe ich früher einmal das Plakat der Mongolei gesehen und es in meinem Unterbewusstsein gespeichert. Wieso willst du mir einreden, ich hätte diesen Munk erlebt, der von der Mongolei aus eine Traumreise als Schamane macht und mich in der Klinik besucht? Obwohl er mich nicht kennt und nichts von mir weiß?"

„Es gibt eine Verbindung zwischen dir und ihm. Gemeinsame Zellen, wenn du so willst, gemeinsame Schwingungen. Irgendwann einmal wart ihr eine Einheit. Das Leben geht doch immer wieder in den Erdenkreislauf ein und wird neu gemischt. Er hat Signale von dir empfangen, weil ihr auf der gleichen Frequenz liegt. Was hat dich denn sonst in die Mongolei geführt?"

„Das da." Dana wies auf den Satz: ‚Mongolia – Land ohne Spiegel.' Noch so eine Schnapsidee. Robert würde sie ihr ausreden. Menschen mit solchen Vorstellungen von der Mongolei hielt man davon ab, dorthin zu reisen.

„Das hast du Munk zu verdanken. Ohne ihn hättest du das Plakat nicht wahrgenommen. Weißt du, was ‚ohne Spiegel' bedeutet? Den Mongolen auf dem Land ist der Spiegel immer noch unheimlich. Sie glauben, etwas von ihrem Bild bleibe im Spiegel zurück, und ein Teil ihres Wesens gehe dabei verloren. Nur ein Schamane ist stark genug, einen Spiegel zu benutzen. Sie sagen, wer sich zu oft im Spiegel betrachtet, nutzt seine Seele ab. Deshalb ist Munk zu dir gekommen."

„Na klar, Herr Klugscheißer, du siehst tatsächlich so aus, als ob du den ganzen Quatsch glauben würdest. An harten Arbeitstagen habe ich vielleicht hundertmal in den Spiegel geschaut. Und? Ich bin immer noch ganz. Abgesehen davon, dass meine linke Gesichtshälfte verbrannt und meine Karriere vernichtet ist. Aber das hat nichts mit einem Spiegel zu tun, sondern etwas mit einem Autounfall. Und selbst wenn ich nach dem Unfall nie in einen Spiegel geblickt hätte, wüsste ich, dass mein Gesicht zerstört ist. Ich kann es fühlen. Und wenn ich es nicht wüsste, wüssten es die anderen. Mein Verlobter hat unsere Verbindung gelöst, als er mich sah. Dazu hat er seine Augen und keinen Spiegel benutzt. Hältst du mich für blöd? Du willst mir suggerieren, dass meine Seele Schaden genommen hat, weil ich ein Topmodel war und meine Arbeit perfekt gemacht habe? Weil ich mein Aussehen ständig im Spiegel überprüfte, vor dem Spiegel Haltung und Gang geübt habe und vorhin in Moskau einer kleinen Angestellten das Autogramm verweigerte? Weil ich in die Mongolei reise, ohne in zeckendichten Hosen zu stecken und nicht deiner Vorstellung von einer Frau entspreche, die ihre Ärmel hochkrempelt, um einem Gaul die Würmer aus der Nase zu ziehen? Ich bin keine Umwelt- oder Esoteriktusse und Tiere habe ich am liebsten schön durchgebraten auf dem Teller oder als Pelz verarbeitet und als Lederschuh am Fuß. Der Rest dazwischen interessiert mich nicht. Sag das deinem Mutz oder wie auch immer er heißt."

„Er heißt Munk. Und Munk heißt Ewigkeit."

„Sag ihm für alle Ewigkeit, er soll mich in Ruhe lassen. Das gleiche gilt für dich. Hör auf, deine Tiefenseelsorge in Naturmensch-Hokuspokus zu packen. Ich bin nicht verrückt. Aber dein Munk ist es."

„Da könntest du recht haben. Er muss wirklich verrückt sein, wenn er dir helfen will." Robert rollte das Plakat ein. „Der einzige alte Spiegel der Mongolei befindet sich in der Geierschlucht, Gnädigste, mitten in der Gobi, ganz im Süden. Menschen, denen die Seele verlorenging, wandern dorthin, um wieder ganz zu werden."

„Na und? Andere pilgern nach Lourdes. Wenn ich das wollte, wäre ich nicht hier. Ich würde auf Knien zu einem Wallfahrtsort rutschen und Votivtafeln stiften. Ich bin hier, weil ich noch richtig ticke. Ich weiß, was ich kann, und welche Möglichkeiten ich noch habe. Ich werde in der Mongolei arbeiten. So einfach ist das."

Sie wartete auf eine flammende Gegenrede. Auf eine Aufzählung aller Hindernisse, der Bezahlung, der Arbeitslosenzahl, der Aufenthaltsschwierigkeiten und so fort. Sie wartete auf Anteilnahme, auf einen Menschen, der ihr gutmütig die Mongolei verbat. Sie wartete vergeblich. Robert schwieg.

II.

Natürlich war nichts in der Mongolei einfach. Sie hätte es allen Leuten vorab sagen können, die sie verantwortungslos in dieses Land reisen ließen. Alles war viel schwerer, als gedacht. Es begann damit, dass Dana nach einem langen Flug, bei dem sie kaum geschlafen hatte, unsanft geweckt wurde. Die Flugbegleiter knipsten ohne Vorwarnung das Oberlicht an und forderten die Fluggäste auf, die Sessel gerade zu stellen und sich anzuschnallen. Sie verteilten kochendheißen Tee und eine zuckersüße Schokoladenschnitte aus China mit künstlichem, rosarot gefärbten Milchschaum. Dana sah, wie Robert Teetropfen in alle Himmelsrichtungen versprengte. „Ehe du mich anpflaumst", brummte er, statt ihr guten Morgen zu wünschen, „das ist ein Opfer für die Geister. Du wirst es brauchen."

„Ich pfeife auf deine Geister!"

„Ich weiß nicht, wie sie das finden. Aber ich kann mich mal umhören." Robert blickte sich tatsächlich um, als wäre er von Geistern umzingelt. „Na lass", knurrte er. „Du wirst es selbst merken."

„Du hast doch ein naturwissenschaftliches Studium hinter dir?", hakte Dana nach. „Wann hast du die Seiten gewechselt?"

„Habe ich nicht. Im Westen spricht man von der Psyche und dem Hirnstoffwechsel, hier spricht man von den Geistern. Das läuft auf dasselbe hinaus. Du kannst deine Psyche mit Freundlichkeit auffrischen, was deinem Auftreten, deiner Gestik und Mimik eine angenehme Ausstrahlung verleiht oder du versuchst, die Geister gnädig zu stimmen. Wie auch immer, du bemühst dich um eine positive Grundeinstellung. Hier sind wir in der Mongolei und hier sind es die Geister." Er trank seinen Tee aus und vertiefte sich in den Anblick der freundlich lächelnden Stewardess.

Die Maschine tauchte in eine Dunstglocke ein und landete. Robert stand auf, nahm sein Gepäck und drückte Dana seine Bordtasche in die Hand. „Du bist dran." Er ließ sie ohne weitere Erklärung stehen.

Dana drängte sich schwer beladen auf den Gang. „Was soll das? Was ist in deiner Tasche drin?"

„Zollpflichtige Medikamente, die ich nicht durchbekomme. Du erledigst das für mich. In Deutschland habe ich dir geholfen, jetzt hilfst du mir. Lektion Nummer eins. Und Lektion Nummer zwei: Mach nicht so ein Theater, sonst wird man auf uns aufmerksam."

Dana wankte mit der gewichtigen Tasche hinterdrein. Sie sah nur sein halsstarriges Genick vor sich und den Pelzkragen, von dem wohlgelaunte Kamele Mücken zu blasen pflegten. Sie grinste. Mit seiner erzieherischen Maßnahme kam er ihr zu Hilfe. Mit ihrem Übergepäck und seinen Medikamenten kam sie niemals ungeschoren durch den Zoll. Sie würde im Transitbereich auf den nächsten Rückflug warten müssen. Die mongolischen Zollbeamten warfen einen Blick auf Danas Gepäck, das sich auf zwei Wägen türmte, einen weiteren Blick auf ihr Gesicht, ignorierten vor Schreck die Medikamententasche, nickten demutsvoll, erst einmal, dann noch einmal und winkten sie eilig durch. Sie betrat neben Robert den Ankunftsbereich vor dem Flughafengebäude und ließ seine Tasche zentimetergenau neben seinem Fuß auf den Asphalt plumpsen. Wo war Jens? Ihr Blick erfasste gelbe Taxis, die wie an allen Orten der Welt auf Kunden warteten, eine zäh fließende Autoschlange vor Allerweltsgebäuden und gepflasterten Auffahrten, Busse, Reisende und Gepäck und schließlich eine Stadt namens Ulan Bator aus nichtssagenden Betonbauten, die irgendwo in der Ferne zwischen Wolken umhüllten Bergen unter Dunstschwaden lag.

Nur der wütende Wind war anders als anderswo. Er wirbelte Staub auf, traf mit seinen Minigeschossen millimetergenau ihre Augen und die empfindlichen Narben, schleuderte Schmutz auf ihr plissiertes Kleid und peitschte ihre Beine unter dem dünnen Stoff. Ein Sonnenstrahl durchbrach wie ein Schwerthieb die dumpfen Wolkenschwaden und versengte sekundenlang ihr Gesicht. Sie fühlte sich wie gegrillt und schockgefroren zugleich. Der Wind schüttelte sie erneut. Ihre Zehen krümmten sich vor Kälte in den dünnen Schuhen, während stechende Hitze ihr Gesicht verkohlte.

„Du kannst mit mir fahren", bot Robert an.

Dana wartete auf Jens und beachtete Robert nicht. Nach wenigen Minuten änderte sie ihren Entschluss. Es war zu kalt, um auf Jens zu warten. Sie steuerte auf das näherkommende Taxi zu. Der Fahrer riss die Tür auf, musterte ihr Gesicht, schlug die Tür wieder zu und fuhr davon. Zwei Meter weiter bremste er und nahm Robert mit. „Was ist?", rief der Tierarzt ihr zu. „Steig ein, fahr mit mir!"

Dana winkte das nächste Taxi herbei. Die Szene wiederholte sich. Sie hielt den Schal vor das Gesicht, doch das änderte nichts. Man ahnte ihre Entstellung und gab Gas. Ein Fluggast nach dem anderen fuhr davon. Inzwischen tränte ihr linkes Auge und kurz darauf das rechte. Sie weinte, wenn sie es genau bedachte. Doch an und für sich weinte sie nie. Die Tränen mussten an Ulan Bator liegen und seinem Wind.

Die Großwildjäger drängten jetzt auf den Platz. Verschwommen sah Dana meterlange Gepäckstücke in dunkelgrüner Verpackung. Die Männer nahmen immer zu zweit ein Taxi. Die sperrigen Requisiten wurden im Wageninneren verstaut. Die mongolischen Taxifahrer handhabten die Fracht mit bemerkenswerter Routine, und die Jäger beobachteten sie dabei mit Argusaugen.

„Steig ein!", rief der Platzhirsch in der Drillichhose, die über seinem Bauch ein wenig spannte. Unter seiner jägergrünen Jacke lugte ein weißes Hemd mit Hirschhornknöpfen hervor. Eine Goldkette glitzerte an seinem linken Handgelenk mit den erwartungsvoll glänzenden Augen um die Wette. Sie gefiel ihm, das konnte Dana in seinem Gesicht lesen. Sie reizte ihn auf eine wilde, unanständige Art. Eine lohnende Beute eben, die zu erlegen um so mehr Spaß machte, da sie ein wenig waidwundgeschlagen in der Falle zappelte. Hätte sie ihn beachtet oder sogar Avancen gemacht, hätte sie ihn weit weniger erregt. Ihre hoffnungslose Lage und Abneigung machten ihn an. Er hoffte darauf, sie vielleicht sogar gegen ihre Zustimmung in seine Gewalt zu bringen. Man fragt ja ein Tier auch nicht vorher, ob es abgestochen werden will.

In Danas Analysen über die geheimen Wünsche des Mannes kroch die mongolische Kälte vom Boden durch ihre Fußsohlen bis in die Beckenknochen hinein. Dazu schickte sich die stechende Sonne an, ein Loch in ihre Stirn zu brennen. Dies schien ihr kein gutes Klima für weitere Bedenken zu sein.

„Hat das noch Platz?", sie wies auf ihr Gepäck. Das war ein Fehler, wie sie gleich feststellte. Adrian, so hatte sich der Großwildjäger vorgestellt, verstaute reichlich Taschen im Wageninneren, bis es so voll war, dass er eng an sie rückte, über ihre Schulter langte und sein meterlanges Gepäckstück festhielt. Dana roch das Deodorant unter seiner Achsel. „Eine Waffe?", fragte sie mit Blick auf das sperrige Gut.

„Verschiedene Angeln. Wir sind Fischer. Friedfischer, wenn dir das etwas sagt. Wir sitzen stundenlang im Boot und warten, bis einer anbeißt. So richtig wild werden wir erst nach Sonnenuntergang." Er zwinkerte ihr zu. „Ein schönes Gesicht ist nicht entscheidend. Mir kommt es auf innere Werte an." Er vertiefte sich in ihren Ausschnitt, ehe sein Blick hinab zu ihren Beinen glitt.

Dana versuchte, jenseits der Angelruten etwas von Ulan Bator zu sehen.

„Der meiste Dreck kommt von dort drüben." Adrian, jetzt ganz in der Rolle des Weitgereisten, wies auf die Schornsteine eines Kraftwerks. „Im Winter kriegst du hier kaum Luft. Denn alle haben in den Jurten das Öfchen an. Aus Mangel an Brennbarem verheizen sie Plastikmüll." Er nutzte die Gelegenheit, um Danas Schulter zu ergreifen, damit sie aus dem Fenster blicken könne.

Eine trostlose, schmutzigbraune, weite Landschaft zog an ihr vorüber. Unter den üblen Rauchschwaden duckten sich Jurten aus hellem Filz, oft genug mit Plastik bespannt und mit Kartons geflickt. Halbnackte Kinder mit hochroten Gesichtern und abstehenden schwarzen Haaren liefen barfuß über die festgetretene Erde. Sie entdeckte keine einzige dieser hohen Gestalten im Mantel, die Munk glichen. Die Leute trugen westliche Kleidung, langweilige Sakkos, Jeans und T-Shirts, genauso, als befände sie sich auf europäischem Boden und nicht auf exotischem Land. Dafür sah sie Ziegen neben der Hauptstraße weiden und abgemagerte Kühe aus einem mit Unrat fast zugeschütteten Flussbett trinken. Die Jurtenlandschaft erstreckte sich bis hin zur Stadt mit den hohen monotonen Plattenbauten und ihren verrußten Fassaden, den Wäscheleinen und zerschlagenen Fenstern. In den bröckelnden Mauern und finsteren Höfen wohnte die Traurigkeit. Dana hatte die Mongolei für eine unberührte Landschaft gehalten, in der ursprüngliche Menschen als Lebenskünstler der Natur trotzen. Als die Verkehrsdichte zunahm und der Fahrer das Tempo drosselte, sah sie noch mehr, was sie nicht sehen wollte: Betrunkene Männer und Frauen lagen einfach so hingestreckt auf dem Boden herum, schliefen neben Bushaltestellen ihren Rausch aus oder taumelten schwankend durch die Straßen.

„Die Hälfte der Gesamtbevölkerung lebt in Ulan Bator", erklärte Adrian. „Etwa ein bis zwei Millionen Mongolen. Der Rest lebt auf dem Land. Dort ist die Luft rein und die Jurten sind sauber. Sie haben sechzig Jahre Kommunismus hinter sich, das ist ihnen nicht bekommen. Früher war alles besser, heißt ihre Lieblingsklage, da bekam man alles umsonst." Er nahm seine Hand von Danas Schulter, nicht, ohne sie dabei über ihren Rücken gleiten zu lassen. Sie fühlte die Hitze seiner Finger durch ihre Seidenjacke hindurch.

„Fahren wir ins Hotel Gobi?", fragte sie.

„Da landen wir alle. Alle Touristen, die diesen Flug bei der MIAT gebucht haben, werden dort abgeliefert. Erst einmal ins Bett und ein paar Stunden schlafen, danach kann jeder weitersehen. Was hast du vor?"

„Ich werde hier arbeiten, als Deutschlehrerin." Inzwischen roch Dana auch den Whiskydunst aus Adrians Mund. Die Wärme seiner Beine durchströmte den dünnen Stoff ihres Kleides. Nach der windzerzausten Zeit am Flughafen war das gar nicht so unangenehm, aber sie wusste, dass es beim harmlosen Körperkontakt nicht bleiben würde, ginge es nach ihm. Er war scharf auf sie. Er wollte nicht mit ihr quatschen. Ihm war es egal, was sie in der Mongolei tat. Ihm ging es nur darum, bald das Hotel zu erreichen, mit ihr an der Seite und das, solange seine Hochform anhielt. Sie hörte sein heftiges Atmen. Sie spürte seinen Blick auf ihren Narben, seine Augen, die sich an ihrem Körper festsaugten. Er wollte mit einem Monster schlafen. Mal was Neues.

„Ich werde mich sofort mit meinem zukünftigen Arbeitgeber zusammensetzen und morgen schon mit dem Unterricht beginnen. Mein Arbeitgeber, Herr Zaysan, wird mich schon erwarten." Sie schwieg überrascht. Woher hatte sie den Stuss? Nichts davon war geplant. Sie wollte Jens treffen, Versöhnung feiern und nach Hause fliegen.

„Und ich dachte schon, du wärst nur eine von diesen Luxuspuppen." Straßenkurven und Bremsmanöver des Fahrers machten es ihm möglich, noch näher an sie heranzudrängen.

Dana hielt den Blick geradeaus gerichtet. Sie tat, als spüre sie weder seine Hitze noch die glühenden Blicke auf ihren Schritt. Hatte sie ihn ermuntert? Sie hatte seine Einladung angenommen. Wie tief war sie gesunken! Sie war ein Starmodel gewesen. Nie zuvor hatte sie diese unerwünschte Nähe zu einem Mann und seine plumpe Anmache ertragen müssen. Sie war unberührbar gewesen, unerreichbar für den gewöhnlichen Sterblichen. Jetzt genügte ein kalter Wind, um sie greifbar zu machen.

Vielleicht war es der aufmerksame Blick des mongolischen Taxifahrers im Rückspiegel, vielleicht war es Danas gletscherstarre Haltung, die Adrian bremste und ihn schließlich abrücken ließ, bis sie das Hotel Gobi erreicht hatten. Die Dame an der Rezeption erschrak bei Danas Anblick. Doch sie war gut geschult und setzte sogleich wieder ihr sanftes Lächeln auf. Ein Portier schleppte beflissen Danas Gepäck aufs Zimmer. Sie war nicht gewohnt, Trinkgeld zu geben. Bei ihren Reisen übernahm das die Agentur. Sekundenlang blickten sich Dana und der Portier ratlos an. Unsicher, was zu tun sei, reichte sie ihm einen Fünfdollarschein. Seine kleine schmächtige Gestalt versank fast in den flauschigen Fasern des Teppichs, als er danach griff. Mit gesenktem Kopf huschte er, sich stetig verbeugend, rückwärts aus dem Zimmer.

Dana lächelte gequält. Sie hätte vorhin am Taxistand nicht mit der Hand, sondern mit einem Bündel Geldscheine winken sollen. Sie ließ sich aufs Bett fallen und nahm noch im Einschlafen das Dröhnen der Autos vor dem Fenster und den unverkennbaren Geruch von Mottenkugeln wahr.

Als sie erwachte, gab es noch immer keine Nachricht von Jens. Sie musste Herrn Zaysan aufsuchen. Er würde ihr die Stelle als Deutschlehrerin verweigern, und sie konnte guten Gewissens heimfliegend. Um sich bei ihm vorzustellen, hatte sie sich entschlossen, in einem klassischen Etuikleid in Salz-und-Pfeffer-Optik aufzutreten. Darüber trug sie eine schwarzblaue Kaninchenfelljacke mit dreiviertellangen Ärmeln. Sie hatte den Blick in den Ganzkörperspiegel ihres Hotelzimmers vermieden. Trotzdem wusste sie, dass sie ihr Aussehen mit Satin-Peep-Toe-Schuhen mit Schmetterlingsbrosche auflockern musste. Solchermaßen gekleidet lief kein Mensch in Ulan Bator herum. Schon deshalb würde er sie heimschicken.

Herr Zaysan vom Institut für fremde Sprachen gab sich von Dana beeindruckt. Um sie zu empfangen, eilte er von einer Konferenz in sein Sprechzimmer, ließ Tee servieren, sprach lange und ausführlich über seine eigene Studienzeit in Deutschland, lobte die hervorragende Zusammenarbeit zwischen den deutschen und mongolischen Behörden, die freundliche Unterstützung des fernen Landes in Westeuropa, den regen Studentenaustausch und seinen sehnlichsten Wunsch, durch seine bescheidenen Fähigkeiten einen kleinen Dankesbeitrag leisten zu können.

Dana hörte den Verkehr draußen vorbeibrausen. Polizisten betätigten Trillerpfeifen, Musik dröhnte und Türen wurden zugeschlagen. „Sie geben mir also die Stelle?“, fragte sie etwas bestürzt ob seines Entgegenkommens.

„Aber selbstverständlich nicht." Herr Zaysan lächelte wohlwollend und verbeugte sich, als habe er ihr gerade den großen Preis der Nationen überreicht. „Sie sprechen kein Wort mongolisch, Sie haben keine abgeschlossene Ausbildung, keine Arbeitserlaubnis, keine Empfehlungen, Zeugnisse und andere Kleinigkeiten dieser Art. Aber das ist nicht das Ausschlaggebende. Meiner Meinung nach sind Sie vollkommen ungeeignet."

Dana dachte nach. Diese Antwort gefiel ihr nicht. Er sollte ihr nicht sagen, dass sie untauglich sei. Er sollte sich entschuldigen und darauf hinweisen, dass die Bedingungen in der Mongolei einfach unzumutbar wären. Dass er sie aus Rücksicht auf ihre Herkunft und ihr soziales Umfeld nicht anstellen könne. Dass es seine Schuld sei, dass sie hier nicht arbeiten könne.

„Wer soll eine Sprache lernen? Ihre Schüler oder ich? Da ich kein Wort mongolisch spreche, wie Sie ganz richtig bemerkt haben, werde ich niemals nachgeben können, um faulen Schülern den Unterricht zu erleichtern. Sie werden mich verstehen müssen, denn sie haben keine Wahl. Und ich habe die besten Voraussetzungen für diese Aufgabe. Ich war Topmodel. Haben Sie auch nur ansatzweise eine Vorstellung, was das bedeutet?" Sie ging im Zimmer auf und ab, als befände sie sich auf dem Laufsteg, erklärte, wie viel harte Arbeit und gnadenlose Disziplin nötig seien, um diesen Beruf auszuüben, dass sie Kurse in Gang, Gestik, Mimik, Gesang und Tanz sowie Choreographie, Yoga, Ernährungslehre, Meditation, Farbenlehre, Maskenbildung, Design und Marketing belegt hätte, dass ihr Tag sehr früh beginne, und naturgemäß auch zeitig ende, dass weder Drogen noch Nikotin oder Alkohol je eine Rolle gespielt hätten, dass andere Lehrer, die sie auf dem Gang gesehen hätte, im Vergleich zu ihr einen Lebenswandel pflegten, der geradezu skandalös ihren Körper ruiniere, ihre Gesundheit schädige, ihre Arbeitsfähigkeit damit vorzeitig schwäche und mit Sicherheit auch ihre intellektuellen Talente verfrüht verkümmern ließe und, um es kurz zu machen, ihren Schülern nicht immer ein gutes Beispiel gäben.

Dana überragte Herrn Zaysan um mindestens fünfzehn Zentimeter. Sie blickte auf ihn, der sich ebenfalls erhoben hatte, hinab. „Disziplin, mein Herr", fuhr sie fort, „wer könnte Ihren Schülern mehr davon vorleben?" Sie ergriff seine Hände und legte sie um ihre Taille. „Idealmaße. Glauben Sie, das kommt von einem Bandwurmbefall? Möglicherweise meinen Sie, dass dicke und träge Menschen glückliche Menschen wären. Sie sind nicht lange glücklich. Bald schmerzen die Gelenke und Bandscheiben, der Stoffwechsel entgleist, sie werden zuckerkrank, leiden an verstopften Arterien, erleiden Schlaganfälle und Herzerkrankungen und sterben einen jämmerlichen frühzeitigen Tod." Ihr Blick glitt von seinen prallen Backen hinunter zu seinem Bauch und die stämmigen Beine entlang. „Als Dschingis Khan sein Reich bildete und der Mongolei Weltbedeutung verlieh, waren körperliche Härte und geistige Geordnetheit gleichermaßen Bedingung. Es wird höchste Zeit, sich daran zu erinnern."

„Ich bin Ihr ergebener Diener." Herr Zaysan verbeugte sich wieder, ganz Freundlichkeit und Charme. „Treten Sie bitte näher." Er wies auf eine Karte der Mongolei. „Dalanzadgad." Sein Finger vollführte eine längere Reise von der Hauptstadt Ulan Bator am 3000 Meter hohen Hangay Bergland entlang und hinunter durch die Wüste Gobi und längs des Gobi Altai hin, bis er schließlich tief im Süden auf einem winzigen Ort kleben blieb. Herrn Zaysans mandelförmige Augen lächelten. „Dalanzadgad. Ihr neuer Unterrichtsort. An der Grenze zu China, unser südlichstes Städtchen. Dort ist die Disziplin besonders schlecht."

Dana stockte der Atem. Dalanzadgad lag ganz unten am Kartenrand und mitten in der Gobi. Ein Blick auf die Klimakarte nebenan bestätigte ihre Vermutung: Die Sommer waren brüllend heiß, die Winter bitterkalt, kein Baum, kein Strauch, so entnahm sie der Vegetationskarte, würden dort den wütenden Wind abhalten. Auf der zoologischen Karte, die netterweise auch für Ausländer und absolute Laien lesbar war, erkannte sie winzige Tierabbildungen in diesem Bereich: Luchs, Wolf, Wildkamel, Wüstengazelle, Wildesel und Wildschaf. Besonders unter letztere Lebensformen würde sie sich mühelos einreihen können. Sie stutzte. Östlich von Dalanzadgad war das Symbol für Geier eingezeichnet. Sie hob die Augenbrauen.

„Sehr richtig", sagte Herr Zaysan. „Das ist Yolyn Am, die zweihundert Meter tiefe Geierschlucht."

„Dort soll sich der einzige Spiegel der Mongolei befinden?"

Herr Zaysan zuckte die Schultern. „Eine Legende, mehr nicht."

Dana spürte ein feines Prickeln unter ihrer Kopfhaut. Sie hielt nichts von Visionen und Orakelsprüchen, aber eben so wenig von puren Zufällen. Genau dort, wo Herr Zaysan sie hinschicken wollte, befand sich auch die von Robert heißempfohlene Geierschlucht.

Herr Zaysan strahlte jetzt fernöstliche Glückseligkeit aus. Seine dicken Backen glänzten und seine Augen leuchteten. Sie konnte fühlen, wie er diesen wunderbaren Witz genoss, der sie ans Ende der Welt katapultierte oder sie, würde sie ihn zurückweisen, ihr Gesicht verlieren ließ. Dana tastete über die höckerige Narbenhaut auf ihrer Wange. Sie spürte einen Speichelfaden im Mundwinkel. Sie wischte ihn fort. Sie hatte ihr Gesicht schon einmal verloren. „Wann kann ich beginnen?"

Herr Zaysan schnappte nach Luft. „Nun", sekundenlang zeigten sich Risse in der Fassade seiner undurchsichtigen Höflichkeit. „Es gibt noch einige Formalitäten, die ich für Sie erledigen muss. Vielleicht nutzen Sie die Zeit und statten Dalanzadgad einen Besuch ab?" Er deutete auf die Verkehrsverbindungen. „In einer gewissen Entfernung", erklärte er vage, „gibt es nördlich der Siedlung einen Wüstenflugplatz. Er wird von hier aus angeflogen, wenn die Bedingungen günstig sind."

Dana vermied eine törichte Frage nach den Bedingungen. Sie konnte sich Sandstürme, Kälteeinbrüche und anderes mehr vorstellen, was die Flüge zu einem unkalkulierbaren Unternehmen geraten ließen. „Sie können selbstverständlich auch ein Auto benutzen", fuhr Herr Zaysan fort. „Wir haben einige Expeditionsausstatter in Ulan Bator, die Sie beraten können und Auto mit Fahrer vermieten. Allerdings ist die Straße in keinem sehr guten Zustand.“ Sein Finger folgte wieder einer dünnen Linie in den Süden. „Genaugenommen ist der Zustand der Straße sehr schlecht, eigentlich handelt es sich gar nicht um eine geteerte Straße, auch nicht um eine befestigte Straße, sondern um eine Piste, deren Verlauf sich den wechselnden Gegebenheiten anpasst. Deshalb brauchen Sie einen Fahrer.“

„Den wechselnden Gegebenheiten?“, echote Dana.

„Nun ja, Sandverwehungen, Hangabbrüche, Gerölllawinen, reißende Flüsse, Schneeschmelze, Sumpflandschaften, Steilhänge, Unterspülungen durch Wildwasser und ähnliches.“

„Verstehe.“ Danas Finger wies jetzt auf eine Markierung südlich von Dalanzadgad. „Die Mauer des Dschingis Khan. Ich dachte, die wäre in China?“

„China liegt Dalanzadgad quasi vor der Haustüre, der Jurtentüre sozusagen. Es handelt sich nicht um die weltberühmte ‚Große Mauer‘.“ Herr Zaysan liebte es, seine Schüler zu belehren.

„Dieser Wall grenzt nur die mongolische Gobi gegen die chinesische Gobi ab. Wobei sich der Wind, mit Verlaub gesagt, nicht an menschliches Machwerk hält. Er trägt den Sand der Gobi bis nach Peking. Zur Zeit der großen Khane führte ein Karawanenweg durch die Wüste. Heute ist er unbedeutend, obwohl es hin und wieder Expeditionen in dieses Gebiet gibt. Ich glaube, Sven Hedin hat den Weg benutzt. Die Mauerreste sind nicht renoviert oder in irgendeiner Weise sehenswert, denn in diese Gegend kommen nicht einmal mehr Touristen. Ich selbst war noch nie dort.“

„Sie waren noch nie in Dalanzadgad?“

„Ich werde hier gebraucht.“

Dana überlegte, wie viel Zeit seit der Expedition von Sven Hedin in die Gobi vergangen sein mochte.

Herr Zaysan sah dem Staub zu, der durch die Fensterritzen drang.

„Unterbringung, Unterrichtsmaterial?“, fragte sie.

Der Staub schien ihn zu fesseln und an Dalanzadgad denken zu lassen, das Städtchen, das er nicht kannte. „Nehmen Sie keine Wohnung. Gehen Sie in eine Jurte. Die Häuser auf dem Land sind kalt, zugig und schlecht zu heizen."

Dana überlegte. Es war Sommer, draußen durchdrang die Sonne hin und wieder den milchigen Dunst. Wieso sprach er von Kälte? Und wieso stand sie noch immer hier? Wenn sie ein Taxi nahm, konnte sie den nächsten Flug nach Europa erwischen.

„Ich kann Ihnen nur einen befristeten Vertrag anbieten", fuhr Herr Zaysan fort. Er würde dieses Spiel, Dana eine Stelle zu geben, die es nicht gab und die er keinesfalls mit ihr besetzen würde, wenn es sie denn gäbe, bis zum Ende treiben. „Und die Bezahlung orientiert sich an unserem Standard. Befristet deshalb, weil ich nicht sicher bin, wie lange Sie durchhalten."

Das war die Höhe! Er traute ihr nichts zu. „Soll ich ihn gleich unterschreiben und mich verpflichten?"

Jetzt kam Herr Zaysan in Bedrängnis. Er betätigte die Tastatur seiner Gegensprechanlage und beauftragte seine Sekretärin Danas Unterlagen zu kopieren. „Wir Mongolen", begann er in einem letzten Versuch, Dana von Dalanzadgad abzuhalten, ohne seinerseits einen Rückzug machen zu müssen, „reisen per Pferd und Kamel dorthin, wenn aus gegebenen Gründen ein Flug nicht möglich ist. Das ist nichts für Sie." Er taxierte dezent, aber unübersehbar Danas Kleidung und ihr Schuhwerk. Sein Blick blieb an ihren hauchdünnen Strümpfen hängen und den rubinrotgefärbten Zehennägeln, die im Schuhausschnitt schimmerten. Sie waren farblich perfekt auf die schillernden Flügel des Schmetterlings auf ihren Knöchelriemchen abgestimmt.

Was fiel dem Mann ein? Hielt er sie für blöd? „Auf dem schwarzen Markt werde ich mich ausstatten können. Zeckendichte Hosen aus China, Reitstiefel und so weiter." Diese Runde ging an sie, denn Zaysans Augenbrauen schnellten anerkennend in die Höhe. Die Sekretärin kam mit den Unterlagen. Herr Zaysan überreichte sie zusammen mit einer kleinen Broschüre. „Kleine Informationslektüre für unterwegs." Er lächelte jetzt voller Vorfreude.

Dana glaubte, in seinen Augen zu lesen, wie sie von Mückenschwärmen geplagt und Sandstürmen gepeitscht, heulend durch die Gobi wankte. Genugtuung kam auf. Sie war ein verwöhntes Model, das stimmte, aber er hatte keine Ahnung, was sie wirklich aushalten konnte. Sie fürchtete sich zwar vor den meisten Tieren und der Dunkelheit, konnte Zelte und Schlafsäcke nicht leiden, brauchte zweimal am Tag eine warme Dusche und einen wohltemperierten Raum zum Regenerieren, doch neuerdings war ihr das nebensächlich. Denn niemand hatte sie darauf vorbereitet, aus einem brennenden Auto geschnitten zu werden und bei vollem Bewusstsein die eigene verglühende Gesichtshaut zu riechen. Das hatte sie ohne Survivaltraining und Selbstfindungscamp aus eigener Kraft überleben müssen. Außerdem hatte Jens sie verlassen. Gegen diesen Schock war die Reise nach Dalanzadgad ein Morgenspaziergang.

„Das Bürokratische wird einige Wochen dauern, sagen wir, so lange, bis Sie Dalanzadgad auf dem Landweg erreicht haben", wiegelte Herr Zaysan ab. „Setzen Sie sich einfach mit mir in Verbindung. Sie haben immer wieder die Möglichkeit, mich unterwegs von diesen Siedlungen aus telefonisch zu erreichen oder umzukehren." Sein Finger wies auf irgendwelche Punkte auf der Karte. Dana machte sich nicht die Mühe hinzusehen. Sie hatte schon begriffen. Sie sollte sich auf einem Vierbeiner durch das Land schlagen, das ihr nach kilometerlanger Ödnis und Einsamkeit in abgelegenen Siedlungen hin und wieder die Möglichkeit bot, ein Telefon zu benutzen. „Und falls ich mich nicht melde?" Sie rechnete damit, dass er ein Suchkommando ausschicken würde.

„Dann haben Sie wohl aufgegeben."

So war das also. Er würde sie nicht suchen lassen. Wenn sie in der Wildnis von Wölfen zerrissen wurde, war sie eine Niete und bestätigte nur, was er ohnehin von ihr dachte. „Einverstanden."

Ein vielfältiges Händeschütteln und Verbeugen begann, eine Versicherung, wie gut man sich doch verstanden und wunderbar geeinigt habe und wie sehr man sich auf die Zusammenarbeit freue. All dies wurde unterstrichen von Lächeln und Nicken und Rückwärtsgehen, wie es unter den besten Geschäftspartnern üblich war oder unter den Teilnehmern einer blutigen Schlacht zur Zeit der großen Khane. Es galt, das Gesicht zu wahren, koste es, was es wolle.

Der Junge war ihr schon vorhin beim Betreten des Instituts für fremde Sprachen aufgefallen. Vielleicht hatte sie ihn aber auch heute Morgen am Hotel Gobi gesehen. Dana wusste es nicht mehr. Für sie sahen alle Bewohner Ulan Bators gleich aus. Und richtig. In seiner Nähe lungerten weitere Kinder herum mit demselben stumpfen Gesichtsausdruck und derselben Glanzlosigkeit im Blick. Dana tippte auf Alkohol oder Verwahrlosung, auf steten Hunger oder Misshandlung und schließlich, als die Kinder näher kamen, auf eine Mischung von allem.

Danas Kleidung, vor allem ihre Schuhe, waren vollkommen ungeeignet, sich durch die Stadt zu bewegen. Sie befand sich zwar auf dem Sukhbaatar-Platz, der, umgeben von Regierungsgebäuden, Museen und Monumenten jedem anderen Zentralplatz einer beliebigen, aus dem Boden gestampften Stadt glich, doch der heftige Wind machte auch hier nicht Halt. Sie fror, obwohl sie schwitzte, und ihre spitzen Absätze verfingen sich in den Unebenheiten. Mongolinnen mit noch viel höheren Absätzen schritten graziös über Abfall und Löcher im Straßenbelag hinweg. Dana fixierte einen Punkt in der Ferne und ging darauf zu. Sie kannte ihr Ziel nicht.

Die Straßenkinder witterten ihre Unsicherheit und hefteten sich an ihre Fersen. Um zum Institut zu gelangen, hatte sie vorhin ein Taxi genommen, das ihr vom Hotel gerufen worden war. Vielleicht beobachtete sie Herr Zaysan jetzt. Vielleicht sah er, wie sie mit Dollarscheinen nach einem Taxi winkte, das trotzdem an ihr vorbeifuhr? Sie zog ihren Stadtplan heraus. Ein Windstoß riss ihr fast den Plan aus der Hand. Die kalte

Luft fuhr zwischen ihre Kaninchenfelljacke bis auf ihre Knochen. Die Felljacke ließ sich nur mit einer einzigen Glitzerschlaufe schließen, was keinerlei Schutz bot. Auf dem Laufsteg war ihr das nicht aufgefallen.

Dafür registrierte sie, wie viele Mongolinnen Kopftücher trugen oder ihre Haare zu strengen Frisuren gekämmt hatten. Sie stöckelten auf hochhackigen Schuhen und in sehr engen Jeans einher, aber sie bändigten mit Klammern und Knöpfen alles, was der stete Wind ihnen sonst um die Ohren schlug. Viele trugen sogar um diese Zeit noch wattierte dicke Jacken mit einer wunderbar durchgehenden Knopfleiste, die wunderbare Wärme hinter ihren doppelten Stofflagen versprach. Dana zerrte die Kaninchenjacke vor ihrer Brust zusammen. Sie warf der nutzlosen Glitzerschlaufe einen bösen Blick zu und orientierte sich nach rechts. Auf dem Stadtplan war dort ein großes Warenhaus eingezeichnet. Sie wollte sich nur umsehen, nicht einkaufen, natürlich nicht, schließlich hatte sie in fünf Koffern alles dabei, was der Aufenthalt erforderte. Denn soviel war klar - in ihrer exklusiven Garderobe wie dieser Kaninchenjacke beispielsweise, die sie knapp viertausend Euro gekostet hatte, fror man nicht. Die Kälte und das stete Frösteln waren nur Einbildung und Ergebnis ihrer angespannten Nerven.

Sie machte sich auf den Weg eine große Straße hinunter, die so gesichtslos und alltäglich war wie tausend andere Straßen weltweit. Nichts an ihr machte auf die Mongolei aufmerksam. Sie sah kein Denkmal, keine exotische Fassade, keinen Boulevard oder auch nur ein Café, das die Besucher zum Verweilen eingeladen hätte. Das Flair fehlte, das Typische, das Charakteristische oder auch das Sonderbare. Neonreklamen und Karaoke-Bars lösten sich ab. Dazwischen gab es Maschendrahtzäune und Baulücken. Gegen Staub und Wind vermummte Frauen standen am Straßenrand und vermieteten Satellitentelefone. Geländewagen bogen kreischend um die Straßenecken. Dana beschleunigte den Schritt. Die Gegend wurde wohnlicher. Sie erblickte eine Allee. Ein paar traurige Bäumchen vegetierten am Straßenrand, eingefasst von dünnen und vielfach verbogenen Drahtgittern, die verwelkenden Beetblumen den letzten Halt gaben. Selbst Staub und Unrat, die reichlich herumlagen, hatten keinerlei Originalität. Alles erinnerte Dana an die Trostlosigkeit jener Städte, die die Zeiten kommunistischer Regime hinter sich hatten.

Eine schmutzige Kinderhand erschien in Danas Blickfeld und näherte sich bittend ihrer Handtasche, einer streng limitierten Sonderedition eines Swiss Bag. Das Betteln störte sie nicht, sondern der mögliche Fingerabdruck auf ihrem tadellosen, von Schmutzflecken freien Zubehör. Dana fuhr herum, als züngle eine Klapperschlange nach ihr. Ein Mädchen sprang zurück, erblickte Danas Gesicht, das jetzt, wutverzerrt furchterregend war und floh schreiend. Die anderen Straßenkinder rannten hinterher. Passanten blieben stehen, erblickten Dana, wandten die Augen ab, senkten den Kopf und gingen eilig weiter. Nur der Junge von vorhin betrachtete sie ohne Scheu, aber aus sicherer Entfernung. Sie setzte ihren Weg fort, er folgte ihr.

„Ich greife nicht", sagte er ganz leise an ihrer Seite in bruchstückhaftem Deutsch.

„Hau ab!", zischte Dana ebenso leise wie eindringlich. Sie sah Polizisten näherkommen. Sie wollte nicht bestohlen und nicht bedrängt werden, aber sie wollte auch kein Aufsehen erregen.

„Ich arbeite für dich." Der flüssige Satz ließ darauf schließen, dass er dergleichen Sätze schon öfter probiert hatte.

„Es heißt, ich werde für dich arbeiten oder ich würde gerne für dich arbeiten", verbesserte ihn die zukünftige Deutschlehrerin, die Unterricht in einem Wüstenkaff halten sollte, dessen Name sie schon wieder vergessen hatte. „Hör auf, mich zu duzen. Das gehört sich nicht. Und jetzt verschwinde!"

„Ich höre gut. Und du?"

Dana lachte freudlos. „Dein Deutsch ist miserabel. Lass mich in Ruhe!" Sie stieg die breiten Treppen zu dem großen Kaufhaus hinauf und verlor ihn aus den Augen.

Er tauchte prompt wieder auf, als sie den belebten, von Menschen und Polizisten wimmelnden Platz vor dem Kaufhaus verlassen hatte und die verkehrsberuhigte Straße Richtung Hotel einschlug. „Kein Kauf?“, fragte er, da sie ohne Tüten und Päckchen einherging. Dana schwieg. Doch er fuhr munter fort: „Ich weiß, warum.“ Ein brauner Finger mit Schmutzkruste zeigte auf Danas Kleidung. „Schön“, sagte er. „Genug schön. Wunderschön.“

Dana blickte den Jungen zum ersten Mal richtig an. Der Kerl ging barfuß, trug eine weite, blaue und an vielen Stellen zerrissene Jogginghose und darüber einen verwaschenen Pullover unbestimmter dunkler Farbe. Sein Gesicht war rund und rotwangig mit hohen Backenknochen, die Augen mandelförmig, die Lippen voll, das Haar schwarz und dicht wie das Fell eines struppigen Wildtiers. Sie schätzte ihn auf vierzehn oder fünfzehn Jahre und darauf, dass er sich seit Wochen nicht mehr gewaschen hatte. „Wie alt bist du?“

Er zuckte die Schultern. „Ich arbeite für dich.“

„Blödmann.“ Dana blickte fort. Als sie wieder nach ihm Ausschau hielt, war er verschwunden. Dafür begegneten ihr Sekunden später zwei Streifenpolizisten. Sie nutzte die Gelegenheit, um den Jungen endgültig abzuhängen, wechselte die Straßenseite, umrundete ein hohes Amtsgebäude mit eingezäuntem Grünstreifen davor und sah den Burschen auf einer niedrigen Mauer sitzen. „Weiter Weg zum Hotel“, sagte er tonlos, ohne eine Miene zu verziehen, genau so, als hätte er gewusst, dass sie hier entlanggehen würde. Er sprang von der Mauer und schlich wieder neben ihr her. „Ich rufe Taxi.“

„Ich brauche kein Taxi. Ich brauche eine Karte, eine Landkarte, falls du weißt, was das ist. Aber sicher hast du mit deinem frühkindlichen Dachschaden, den dir der Alkohol beschert hat, noch nie etwas von einer Landkarte gehört. Wozu auch? Es gibt ohnehin keine Straßen übers Land, und die Pisten müssen sich den Gegebenheiten anpassen. Man miete ein ortskundiges Expeditionsteam oder schlage bei Sven Hedin nach, möglicherweise auch bei Marco Polo, der vermutlich einer der letzten war, der euer gottverdammtes Wüstenkaff in der Gobi mit seiner Anwesenheit beehrte. Dazwischen liegen ein paar Jahrhunderte, in denen der Westen einen kulturellen

Aufschwung ohnegleichen nahm, Erfindungen die Menschheit revolutionierten und sie in verwickelte Kriege stürzte – bis zum heutigen Tag und in Ewigkeit Amen. In dieser Zeit wurde ein neuer Kontinent namens Amerika entdeckt, Pferdestärken wurden in Autos verwandelt, Astronauten hinterließen Spuren auf dem Mond, der Trickfilm wurde erfunden und die Antibaby-Pille in Mode gebracht. Ganz zu schweigen von schnell trocknendem Nagellack, dem Facelifting und den Plastikimplantaten bei Hängebusen. Aber ich bin mir sicher, dass in diesem niedlichen Gobistädtchen noch alles beim Alten ist, seit Marco Polo das letzte Mal dort sein Wasser abschlug."

Dana redete unbeirrt weiter und war sich ziemlich sicher, dass ihn ein Wortschwall vertreiben würde, wenn es ihre knappen Bosheiten schon nicht vermochten. Schließlich musste auch sie einmal Luft schöpfen, und der Junge sagte: „Sieben Dollar. Gute Karte, gutes Geld."

„Sieben Dollar, und du haust ab?" Dana griff in ihre Tasche und händigte ihm den Betrag aus. Um Papparazzi loszuwerden, hatte sie schon viel mehr bezahlen müssen. Sie hatte bis zum Hotel noch eine weite Strecke vor sich, da lohnte sich die Investition. Der Junge würde sich für sieben Dollar einen billigen Fusel leisten, der noch einige Gehirnzellen mehr in seinem Dickschädel vernichten würde. Er würde betrunken zu Boden stürzen und ihr nicht weiter auf die Nerven gehen. Ihr Gemütszustand besserte sich schlagartig. Sie verglich den Stadtplan mit der Strecke, die noch vor ihr lag. Sie musste mindestens noch vierzig Minuten gehen, um ihr Hotel zu erreichen. Kein Problem für ein geübtes Model, das im Alltag stundenlang auf Catwalks unterwegs war.

Sie wanderte die Straßen der Hauptstadt entlang und überquerte ein Wasserrinnsal, das sie für die öffentliche Müllhalde hielt, bis sie es auf ihrem Stadtplan als Fluss identifizierte. Eine Brücke führte darüber, auf deren Scheitelpunkt ein trauriger steinerner Löwe saß. Die Abgase hatten tiefe Narben in sein Antlitz gegraben, und Dana ahnte, wie er sich fühlen mochte. Sie ging weiter an den grellen Neonreklamen entlang, zwischen Video-Shops, dunklen Bars und Hausruinen hindurch. Inzwischen hatte sie das ganz besondere Flair der mongolischen Hauptstadt begriffen. Es war die Weite, die unglaubliche Verschwendung von Raum und Ferne. Straßen zu überqueren, bedeutete, einen Marsch auf sich zu nehmen, so breit waren sie.

Am Straßenrand erschienen jetzt internationale Restaurants, ein Italiener reihte sich neben einem Koreaner und Mexikaner ein. Menschen saßen im Freien, obwohl auch hier der Wind kalt und peitschend durch die Stuhlreihen fuhr. Dana suchte sich das Thai-Restaurant aus und eine geschützte Ecke, die ihr minutenlang Windstille bescherte. Doch der Wind gewährte kein Entrinnen. Alsbald wirbelte er wieder Staub über das Tischtuch. Danas Gesichtshaut brannte unter seinen Peitschenhieben. Sie blieb beharrlich sitzen. Sie wollte der Kälte trotzen und den Blicken der Gäste. So leicht ließ sie sich nicht vertreiben. Sie bestellte ein komplettes Vier-Gänge-Menü, von dem sie nur winzige Portionen essen würde. Sie nippte am Gurkensalat mit Reisessig und Chilischote und wies den Kellner an, die anderen Speisen aufzutragen. Von der Reissuppe aß sie zwei Löffel, dabei überschlug sie ihren Kalorienverbrauch und zählte die Menge des mitgebrachten Sojamilchpulvers ab, das ihre Hauptnahrung bilden sollte. Zum Entsetzen des Kochs, der sie aus dem Inneren des Lokals beobachtete, rührte sie ein weißes Pulver in die Brühe und löffelte die angedickte Suppe aus. Als ihr das Hähnchen-Curry serviert wurde, erschien der Geschäftsführer persönlich.

„Wir können Ihnen gerne eine andere Speisenfolge servieren. Es tut mir sehr leid, wenn Ihnen unser Essen nicht zusagen sollte." Sein Englisch war so korrekt wie sein Benehmen. Er sah gekränkt auf das Fleisch hinunter, von dem Dana nur eine halbe Scheibe eines fingerhutgroßen Stücks gegessen hatte. Sie blickte den Geschäftsführer an und fand, dass sie ihn auf Anhieb nicht ausstehen konnte. Genügte es nicht, dass sie der Etikette gehorchend ein komplettes Menü bestellt hatte, musste sie es etwa auch noch essen? In Paris war es selbstverständlich, dass sie neunzig Prozent der Speisen auf dem Teller liegen ließ. Niemand erdreistete sich, sie deshalb anzusprechen.

„Ich esse wenig." Sie spießte einen einzigen Mangowürfel auf die Gabel und schob auch den Nachtisch beiseite. Zu süß. Ein Bissen mehr würde nur ihren Stoffwechsel durcheinander bringen. Der Koch hatte die Mango in Honigwein eingelegt und sie damit für Dana ungenießbar gemacht. Sie sah die beiden Kellner, den Geschäftsführer und den Koch im Restaurant tuschelnd beieinanderstehen. Sie hatte sie beleidigt. Dana wippte mit der Schuhspitze. Das gefiel ihr.

Sie war gerade elf Jahre alt gewesen, als sie verstand, dass Nahrungsverweigerung einen Mitmenschen rasend machen konnte. Ihr Vater, der auf tadellosen Essmanieren bestand und die Mahlzeiten mit seiner Familie nach einem strengen Ritual einnahm, war an ihr gescheitert. Damals, so erinnerte sie sich, hatte sie alles essen wollen und können, was in ihre Nähe kam. Schließlich war sie noch ein Kind gewesen. Doch der Wunsch nach einer Zwischenmahlzeit war ihrem Vater zuwider. Sie durfte nur zu den festgesetzten Zeiten essen. Eines Tages, als ihr Hunger so groß wurde, dass ihr Magen schmerzte, und ihr Vater ihr einen Joghurt zwischen Mittag- und Abendessen verbat, beschloss sie, gar nicht mehr zu essen und somit der Qual ein für alle mal ein Ende zu bereiten. Sie nahm nur noch eine genau kalkulierte Mindestmenge zu sich, gerade soviel, dass ihr die Zwangsernährung erspart blieb. Ihr Vater wurde fast wahnsinnig darüber. Er versuchte es mit Prügel, mit Strafen jeder Art, doch sie saß stocksteif mit besten Manieren und lächelnd bei Tisch und verzehrte ein Scheibchen Fleisch, das der Größe einer Münze entsprach. Seine Predigten und Drohungen glitten an ihr ab. Nur ein Jahr später stand sie ebenso teilnahmslos an seinem offenen Grab. Sie hörte, wie der Arzt ihrer Mutter erklärte, ihr Vater habe starre Gefäße gehabt, was auch immer das sein mochte. Sie mutmaßte, es könnte mit dem Essen zusammenhängen. Seit dieser Zeit hütete sie ihr Misstrauen gegenüber dem Essen wie einen Schatz. Nahrungsmittel waren nur vordergründig dazu da, einen Menschen am Leben zu halten. In Wahrheit führten sie und die Rituale um ihre Einnahme zum Tod. Sie wagte es nicht, mit jemandem darüber zu sprechen.

Nur Jens hatte sie auch ohne Worte verstanden. Ihm lag alles daran, dass sie ihre Starfigur behielt. Er ließ sich gerne mit ihr sehen, und er liebte es, die teuersten Lokale mit ihr aufzusuchen. Er bestellte fünfgängige Menüs für beide, obwohl mehr als die Hälfte zurückging. Er bezahlte astronomische Rechnungen und legte ein entsprechendes Trinkgeld obenauf. Nur ein Prolet hätte dabei herumposaunt, dass er sich diesen Luxus eben leisten könne. Jens war kein Prolet. Er war feinste Hamburger Gesellschaft, Politiker- und Geldadel auf dem Diplomatenparkett in aufregend schöner Begleitung, die sein Image hob.

Dana schrak aus ihrer Erinnerung auf. In der Seitenstraße startete ein Motorrad. Der Auspuff knallte wie unter Beschuss. Mit seiner Abfuhr hatte Jens sie mitten ins Leben getroffen. Würde er mit Linda in ihre Lieblingsfresstempel gehen, sie den Starköchen vorstellen und beim Champagner flüstern: „Tu mir doch den Gefallen und gehe zu den Toiletten. Ich möchte sehen, wie die Blicke der anderen Gäste an deinen Hüften hängen!“ Dana nahm ein Taschentuch aus ihrem Swiss Bag und tupfte sich Mangosaft aus dem Mundwinkel. Diese Tasche hatte Jens für sie reservieren lassen. Einmal in ihren Besitz gelangt, gehörte Dana damit weltweit zu den wenigen Auserwählten, die ein streng limitiertes Exemplar ihr Eigen nannten. Sie blickte die Tasche verächtlich an. Sie hatte heute erst festgestellt, dass sie das schwarze Ding nicht umhängen, sondern in der Hand tragen musste. Das war nichts für einen Marsch durch Ulan Bator. Sie kickte Staub auf die Goldbeschläge des Swiss Bag. Das blöde Ding aus diagonalgestreiftem Leder in zarten Schwarz- und Grauschattierungen spiegelte auch noch!

Plötzlich sah sie den Jungen. Wie ein Wiesel lugte er um die Hausecke und wedelte mit einer Karte in der Luft herum. Schon stürzten sich zwei Kellner wie dunkle Schatten auf ihn.

Sie traten und schlugen ihn. Er ging zu Boden und rappelte sich wieder auf. Die Karte hielt er noch immer in der Hand.

Die Szene war Dana bekannt. Kein Restaurant der Welt duldete Straßenkinder, die Gäste belästigten. Sie konnte nichts dagegen tun. Sie hatte kein Recht, sich in das soziale System einer fremden Gesellschaft einzumischen. Sie sah, wie den Jungen ein Boxhieb ins Gesicht traf. Jetzt blutete er aus Nase und Mund.

Dana rief nach dem Geschäftsführer. Sie wies auf die Prügelszene. „Stopp!“, verlangte sie mit unüberhörbarer Schärfe. Der Geschäftsführer reagierte nicht. Das Blut des Jungen drohte, auf ihre Landkarte zu tropfen. Sie hatte sieben Dollar dafür bezahlt. Es war ihr Eigentum, das dort beschmutzt wurde. Niemanden kümmerte dies. Sie versetzte ihrem Tisch einen Tritt, der ihn zum Umstürzen brachte. Das komplette Menü fiel zu Boden. Gläser und Teller zerbrachen, Garnelenspieße, Fleischhäppchen, Salatgarnituren und Duftreis ergossen sich auf die Terrasse. Der Geschäftsführer fuhr zu ihr herum. „Ich habe stopp gesagt.“ Sie wies auf die Schlägerei. Sie erhob sich, packte den Geschäftsführer am Arm und zog ihn mit sich zu den prügelnden Kellnern hin. Sie war weit über einssiebzig groß und hatte ganz besonders lange Beine. Sie machte Riesenschritte, als ginge sie über den Laufsteg, um eine aggressive Kollektion zu präsentieren. Der Mann musste neben ihr einherlaufen, um Schritt zu halten. Sie stieg mit ihren himmelhohen schlanken Beinen einfach über die kleine Einfassung der Terrasse hinweg, wohingegen er auf die niedrige Mauer klettern musste.

„Wischen Sie die Karte ab!“, verlangte sie, als er endlich neben ihr stand. „Diese Karte gehört mir.“ Bei ihren Worten schnippte sie mit den Fingerspitzen gegen die Kellner genauso, wie sie es bei Munk gesehen hatte, als er in ihrem Krankenzimmer den schwarzen Hund verschwinden ließ. Es musste etwas mit Magie zu tun haben. Die Männer wichen zurück.

„Wir werden Ihnen eine andere Karte besorgen.“ Der Geschäftsführer wedelte mit seinem weißen Seideneinstecktuch über die Karte. „Sie dürfen sich nicht an ein Straßenkind wenden. Das ist verboten. Wir werden ihn der Polizei übergeben. Man wird ihn einsperren und bestrafen. Bitte entschuldigen Sie das Missverständnis. Früher gab es keine Straßenkinder. Seitdem wir keine Kommunisten mehr an der Regierung haben ... "

„Halten Sie den Mund!" Dana nahm die Karte. „Ausgezeichnet. Genau die wollte ich haben. Der Junge ist kein Straßenkind. Er arbeitet schon seit einer Woche für mich. Ich habe ihn allerdings erst gestern noch angewiesen, sich ordentlich anzuziehen." Sie gab dem Jungen einige Geldscheine. „Das genügt für Schuhe, Hose und Pullover. Zum letzten Mal: Lass dich nie wieder in diesem Aufzug bei mir blicken!"

„Er arbeitet seit einer Woche für Sie?", der Geschäftsführer wollte seinen Ohren nicht trauen.

„Sagte ich doch. Wenn Sie damit ein Problem haben, kann ich es morgen bei der Botschaft ansprechen. Bringen Sie mir die Rechnung."

„Botschaft? Das ist nicht nötig!" Minuten später reichte er ihr einen weißen Beleg.

„So viel?" Dana verglich den Betrag mit ihrer Bestellung, strich einige Zahlen durch und bezahlte nur ihr Essen. Sie wies auf das zerbrochene Geschirr: „Das bezahle ich nicht. Es war Ihr Fehler."

„Madam!"

„Ich habe Sie gerufen, Sie wollten nicht hören. Dabei ging es um mein Eigentum." Sie wedelte mit der Landkarte vor seinem Gesicht herum. „Ich kann Ihren Laden nicht unbedingt weiterempfehlen. Rufen Sie mir ein Taxi, sofort!"

Man akzeptierte ihre Bezahlung, die den Schaden nicht deckte, glaubte ihren Lügen und kam ihren Wünschen nach. Dana war geschockt. Was musste sie noch tun, damit man sie des Landes verwies?

Für den Abend an der Hotelbar wählte sie ein reinweißes tiefdekolletiertes Kleid aus mehrlagigen Spitzen, asymmetrischen Trägern und einen Kaschmirbolero für ihre nackten Schultern. Langweiler würden zu dieser Garderobe weiße Schuhe tragen, aber sie gab ihren mitternachtsblauen Samt-High-Heels mit Strass- und Spiegelsteinen den Vorzug. Jederzeit konnte Jens noch eintreffen. Sie musste gewappnet sein und den Anschein erwecken, dass sie hier wunderbar zurechtkäme. Sie lehnte am Barhocker, hielt ein Glas Mineralwasser in der Hand und versuchte, den Blick zu der verspiegelten Wand hinter der Bardame zu vermeiden. Sie konzentrierte ihre Augen auf die Sammlung der Flaschen, die dort aufgereiht standen, nahm sich selbst nur als Silhouette wahr und registrierte doch jeden, der in ihre Nähe kam. Wer sie noch nie gesehen hatte, rückte merklich von ihr ab, sobald er ihr Gesicht erblickte, wer sie vom Flug her kannte, traute sich etwas näher heran. Die Stühle zu ihrer Rechten und Linken jedoch blieben leer.

„Noch ein Mineralwasser?" Die Dame von der Rezeption, die jetzt Bardienste leistete, beugte sich zu Dana. „Oder darf ich Ihnen einen Geheimtipp für ein langes und gesundes Leben geben?"

Dana nickte abwesend. Im Spiegel erkannte sie Robert, den Tierarzt, der mit einer mongolischen Schönheit an seiner Seite die Bar betrat. Die Frau war klein und zierlich, ihr Teint makellos, das runde Gesicht mit den feingeschwungenen Brauen über dunklen, leicht schräg stehenden Augen glatt und ebenmäßig. Sie trug irgend etwas Westliches, was sie entstellte. Die Hose war zu eng, der Pulli endete knapp über dem Bauchansatz, was sie kurz und viereckig erscheinen ließ und den Anblick ihrer schlanken Figur verdarb. Der kurze Pulli entpuppte sich obendrein als Rollkragen, der ihren Hals irgendwie optisch verkürzte. Die Frau war schön, doch ihre Kleidung war lieblos zusammengestellt und hatte nichts von jenem Raffinement, das Dana beherrschte. Wie zur Bestätigung suchte Danas Blick den Spiegel. Hinter einer Martiniflasche sah sie ihr Narbengesicht. Geschockt senkte sie die Augen und blickte direkt in eine Porzellantasse mit dampfender Flüssigkeit hinein.

„Heißes Wasser", erklärte die Bardame. „Wer auf seinen Körper achtet, trinkt heißes Wasser."

„Kostet?“, Dana hob die Augenbrauen. Möglicherweise handelte es sich bei diesem Gesöff um eine exotische Spitzenkreation zu unerschwinglichen Preisen.

„Umsonst, bitte!“ Die Frau spreizte die Finger. Dana gönnte ihr einen zweiten Blick. Sie war groß und schlank und das blauschimmernde Kostüm der Hoteluniform stand ihr ausgezeichnet. Aber ihre Beine endeten auf plumpen Plateausohlen-Schuhen und verdarben den Gesamteindruck.

Dana sah Robert im Spiegelbild zwischen Gin und Whisky herantreten. Er sah noch besser aus als in ihrer Erinnerung. Er zwinkerte ihr zu und kam näher.

Sie kostete von der Heißwasserspezialität. Gar nicht so übel, fand sie nach vier Schlucken, eine wahrlich aufregende Variante zum lauen Mineralwasser.

„Gut, nicht?“, flüsterte die Bardame. „Guter Tipp, nicht?“

„Was wollen Sie?“

Eine feine Röte zog über das ovale Gesicht. „Die Schuhe, Ihre wunderschönen Schuhe, darf ich sie sehen?“

Dana packte der Schabernack. Sie kletterte auf den hohen Barhocker und hob ihre Beine fast bis an die Kante des Tresens an. Zwei wunderschöne gerade gewachsene, überlange, elegant geformte, schmale, aber nicht kraftlose Beine zogen augenblicklich die Aufmerksamkeit aller auf sich. Das Spitzenkleid rutschte dezent über das Knie empor und gab vollendete Oberschenkel preis. Der Auftritt war einen Haufen Geld wert, hätte denn noch irgend jemand in Dana investiert. Sie hörte ein leises Ächzen. Die Bardame, gefangen in der Betrachtung der High-Heels mit den Glitzersteinen, hauchte ihre Verzückung in die alkoholgeschwängerte Luft. Die anderen Zuschauer hofften auf weiteres Zurückgleiten der Spitzenhüllen und applaudierten.

Der Junge verdarb Danas Auftritt. Plötzlich war er da, schlich hinter den Tresen und zupfte am Ärmel der Bardame. Die Bardame schielte zu den Gästen hinüber. Hatte man ihn gesehen? Sie schob dem Jungen einen Eimer hin. Er schnappte ihn sich und sauste davon. Sein Auftritt hatte nur Sekunden gedauert und die Mongolin hinter der Theke verhielt sich, als wäre nichts geschehen.

„Ihr Sohn?“, fragte Dana.

Die Frau zuckte die Schultern. „Kein Sohn, nichts.“

„Nichts hat einen Eimer genommen.“

„Bitte, das war nichts, gar nichts, nur ein kleiner Scherz.“

„Nichts bekommt Essen von Ihnen, Abfälle?“

„Es ist nichts, absolut nichts. Beruhigen Sie sich. Es hat alles seine Ordnung. Bitte. Noch einmal Wasser? Ich heiße Tsaka. Ich stehe Ihnen zu Diensten.“ Ihre Hand mit den langen, schmalen Fingern erschien und wollte Dana nachschenken. Blitzschnell griff Dana zu und hielt die Finger eisern fest. „Wer ist dieser Junge? Ich sehe ihn nicht zum ersten Mal. Er schleicht hinter mir her.“

„Niemand. Nichts.“ Jetzt standen Tränen in ihren Augen.

Dana beugte sich vor und verstärkte den Druck ihrer Finger. „Lügen Sie mich nicht an, Frau Tsaka! Los, erzählen Sie!“

„Ein Junge von Nirgendwo. Er kommt vom Land. Er hat hier niemanden. Er arbeitet manchmal für mich, kleine Botendienste, nichts Schlimmes.“

„Wie alt ist er?“

„Ich weiß nicht.“ Frau Tsaka entwand ihre Hand und mixte einen Drink. „Ich werde meine Arbeit verlieren, bitte, verstehen Sie!“

Dana zog die Oberlippe hoch. Widerlich war das. Der Eimer war ein Schweinetrog. Der Junge hatte Hunger und strotzte vor Dreck. Wahrscheinlich fraß er mit den Händen oder steckte gleich den Kopf in den Eimer.

Eine Hand berührte ihren Unterarm. „Darf ich dir Alan vorstellen?“ Aus Roberts Augen leuchtete so etwas wie Besitzerstolz. „Meine Führerin. Sie ist die beste, die man sich wünschen kann. Vielleicht brauchst du einen Rat? Sie kennt sich überall aus, reitet wie – na klar, wie eine Mongolin eben und ist eine hervorragende Pferdekennerin. Sie fährt aber auch mit dem Jeep sicher durch die Gobi.“

Und sie zieht sich ungeschickt an, fügte Dana im Stillen hinzu. Sie reichte Alan artig die Hand. Dabei gelang es ihr, den Bolero mit einem zarten Schulterzucken abzustreifen, bis er zu Boden fiel. Robert, ganz Gentleman, bückte sich, hob ihn auf und wollte ihn Dana um die Schultern legen. Sein Blick blieb einen Wimpernschlag zu lang auf ihrem Dekolleté und den bloßen Oberarmen hängen.

„Ist was?", fragte Dana.

„Die Symmetrie der Träger?" Er musterte erstaunt und amüsiert das verschlungene Machwerk aus unterschiedlich verlaufenden Stoffstreifen. Dana ließ, wie von Zauberhand berührt, beide Träger über die Schultern gleiten, ohne sich dabei zu bewegen. Ihre nackte Haut schimmerte rein und glänzend, als hätte jemand Goldpuder darüber gestäubt. „Jetzt sind beide Schultern gleich."

Die Gespräche verstummten für den Bruchteil einer Sekunde, bis der Bolero ihre Nacktheit einhüllte. Die Gläser klirrten erneut, das Summen der Stimmen drang wieder an ihr Ohr.

„Hallo, Unschuld." Adrian an Danas rechter Seite, drängelte heran. „Steht das Weiß für das Reine? Verbringst du deine Nächte im Kloster oder im Viersternekühlfach gleich neben den Eiswürfeln?"

„Lieber als bei tiefgekühltem Fisch."

„Hoppla, Mädel, schön langsam! Wer hat dir einen Platz im Taxi besorgt? Wer hat dich mitgenommen? Wer würde dich sonst mitnehmen?" Adrians Augen glitzerten. Er hatte zuviel Whisky im Blut. Seine Hand sank langsam herab. Eine ungeschickte Bewegung von ihr und diese Pratze würde auf ihrem Oberschenkel landen.

Sie war nicht in die Mongolei gereist, um sich von dem erstbesten Grobian anmachen zu lassen. Sie war hier, um Jens einen Denkzettel zu verpassen. „Ich komme überall hin, wohin ich will." Dana rückte millimeterweit von ihm ab. Ein Gespräch mit Adrian war nicht nach ihrem Geschmack.

„Habt ihr das gehört?" Adrian rief seinen Kumpanen von den Friedfischern ihre letzten Worte zu. „Sie kommt überall hin. Wetten, dass nicht?"

„Um was wetten wir?"

„Um dein Ansehen?“ Adrian grinste hinterhältig. „Frauen sagen ‚ja‘ und meinen ‚nein‘ oder umgekehrt. Ich habe noch keine getroffen, die hält, was sie verspricht. Du siehst ganz so aus, als würdest du nur Sprüche klopfen.“

Die Fischer drängten sich um Dana und Adrian. Ein kleiner Kerl mit einer Stupsnase und einem verschmitzt grinsenden Mund zog eine Landkarte hervor. „Dann wollen wir doch mal sehen. Gilt die Wette wirklich? Na dann!“ Sein Finger fuhr bis weit in den Westen zu Ulaangom hin. Adrian schüttelte den Kopf. „Wie wäre es damit?“ Der Fischer wies auf Baruun-Urt im Osten der Mongolei.

„Unsinn, alles Unsinn. Dahin gibt's Flüge“, knurrte Adrian.

Danas wies in den Süden. „Was ist damit? Dalanzadgad?“

„Zur Geierschlucht?“ Adrian lachte. „Alle Touren dorthin sind ausgebucht. Da kannst du monatelang warten. Danach ist Winter.“

„Nein, tun Sie das nicht!“ Die Mongolin Alan drängte sich zwischen die Fischer. „Diese Männer sind albern. Sie wollen Sie nur ärgern. Wie ungezogene kleine Kinder. Dumme Jungen. Reisen Sie nicht nach Dalanzadgad! Die Flugverbindung ist unsicher. Wenn Sie mit dem Auto fahren wollen, müssen Sie einen Fahrer und einen Führer nehmen. Jetzt ist Hauptsaison. Niemand ist frei. Die Fahrer, die jetzt noch keinen Job haben, sind unzuverlässig. Warten Sie, bis ich von meiner Tour mit Robert zurückkomme. Ich kann Ihnen helfen. Sie sind so ... ?“, die Mongolin suchte nach geeigneten Worten. Hilfesuchend wandte sie sich an Robert.

„Alan meint, du wärst nicht handfest. Mongolinnen können in der Wildnis überleben. Sie machen Feuer, bauen eine Jurte auf, finden den Weg, kennen sich mit Tieren aus, solche Sachen. Aber du?“ Robert war wirklich ein Schatz. Er sprach aus, was alle von Dana dachten.

Adrian trommelte mit den Fingern auf die Geierschlucht, gleich neben Dalanzadgad. „Die Wette gilt jetzt, nicht irgendwann. Du hast schon verloren, ehe es losgeht.“

„So kann man sich täuschen! Ich fliege nicht und ich brauche auch keinen Fahrer.“ Dana nahm einen großen Schluck heißen Wassers und genoss die andächtige Stille. „Ich werde reiten."

Sekundenlang wurde es noch stiller als zuvor, bis ihr brüllendes Gelächter entgegenschlug. „Niemand", sagte der mongolische Führer, der bei den Fischern stand, „leiht Ihnen ein Pferd. Die Strecke ist zu lang."

„Ich werde ein Pferd kaufen."

„Niemand verkauft Ihnen Pferde. Sie sind eine Frau. Eine Frau besitzt keine Pferde. Und selbst wenn es Ihnen gelingen sollte, Pferde zu kaufen, so brauchen Sie doch einen Führer. Keiner von uns ist ohne Auftrag. Wer soll Ihr Führer sein?"

„Niemand", antwortete Dana und winkte Frau Tsaka herbei. „Geben Sie mir noch einmal von Ihrem Luxuswasser und holen Sie Niemand her. Den Nichts von vorhin."

Die Hand der Mongolin bebte beim Einschenken. „Das kann ich nicht tun."

„Lass es sein, Dana", bat Robert. „Es ist gefährlich, allein zu reisen. Die Menschen sind alle hilfsbereit, aber die Natur ist gnadenlos. Und gegen die wird dir auch dein Geld nichts nützen. Wenn dir etwas zustößt, gibt es Ärger. Das ist nicht gut für den Tourismus hier. Er könnte Schaden nehmen."

Wohlgemerkt, er machte sich Sorgen um den Tourismus und nicht um Dana. Das hatte sie genau gehört. Sie stellte ihre Tasse klirrend ab. „Was ist, Frau Tsaka? Wo ist Niemand?" Sie sah die Bardame unschlüssig hinter der Theke stehen. Dana streifte ihre High-Heels ab, stellte sie auf den Tresen und schob sie der Angestellten hin. „Kommen wir ins Geschäft?"

Frau Tsaka stieß einen kleinen Schrei aus und bedeckte ihre Augen. Ganz vorsichtig lugte sie zwischen den Fingern hervor, erkannte Dana, die sich nicht in einen Geist verwandelt hatte, sah die High-Heels noch immer auf dem Tresen, verbeugte sich mehrmals und packte die Schuhe. Sie stieß kleine glückliche Gluckser aus, als sie die Objekte ihrer Sehnsucht in den Händen hielt, alarmierte damit den Portier, rief dem Mann eine Erklärung zu, bellte einen Befehl hinterher und griff sich ans Herz. Der Portier erschien mit eiligen Schritten, überblickte das Geschehen, machte auf dem Absatz kehrt und brüllte etwas in die Küche hinein. Töpfe klapperten, eine Tür schlug gegen den Rahmen. Minuten vergingen, Hunde kläfften, und die Türen schepperten erneut. Der Junge vom Nachmittag erschien. Er trug einen sauberen Pullover über sauberen Hosen und hatte Schuhe an den Füßen. Seine Augen waren noch etwas zugeschwollen von der Schlägerei und seine Nase zierte ein Bluterguss.

„Er arbeitet für mich", erklärte Dana. Sie fixierte den Jungen mit ihrem gesunden Auge. „Du und ich, wir reiten nach Dalanzadgad. Du bist mein Führer. Wir kaufen morgen die Ausrüstung. Du besorgst uns die Pferde."

„Er hat keine Lizenz!" Der mongolische Führer wollte nach dem Jungen greifen, doch dieser wich geschickt aus. Der Mann flüsterte Adrian etwas ins Ohr. Es klang nach Hetze und Aufruhr. „Das ist ein Straßenkind. Wir holen die Polizei."

„Sie täuschen sich, mein Herr. Wie heißen Sie noch mal? Doi? Ja, da steht es auf Ihrem Namensschild. Dass Sie sich täuschen, ist belanglos, Doi. Doch Sie ärgern mich, und das ist wirklich schlimm. Ich zweifle Ihre Lizenz doch auch nicht an oder sollte ich das tun? Soll ich Sie überprüfen lassen? Arbeiten Sie etwa schwarz? Sind Sie beim Tourismusbüro gemeldet und registriert? Ich habe weder Ihren Namen noch Ihr Gesicht auf der Liste der Empfohlenen gesehen, als ich mich heute in der Stadt nach einem Führer erkundigte. Die Liste hängt in diesem Touristen-Informations-Zentrum gleich neben der Polizei, nicht wahr? Aber das interessiert mich nicht wirklich. Denn mein Führer, dieser junge Mann da, ist kein Straßenkind und er hat eine Lizenz."

Wenn Dana log, war sie einfach unglaublich. Mit jeder Erfindung, die sie sich aus ihren wunderhübschen Fingern mit den frisch lackierten Nägeln saugte, gewann sie Boden unter den Füßen. Sie konnte so viele Geschichten und Lügen aus dem Ärmel ihres super kurzen Kaschmirboleros schütteln, wie sie wollte. Ihr genügten ein paar Eindrücke, die sie heute bei ihrer Wanderung durch Ulan Bator gewonnen hatte und schon wurde eine Geschichte daraus. Wer den lieben langen Arbeitstag mit Kollegen zu tun hatte, die sich Bauchspeck mit Korsetts wegquetschten, Falten mit Botulinusgift glätteten und Rippen herausnehmen ließen, um die Taille zu verjüngen, Beinverlängerungen durch Operationen anstrebten, Zähne gerade schliffen und falsche Strähnen in die getönte Mähne steckten, den Busen mit Fettpolstern aus dem eigenen Hinterteil aufpeppten und Atropin in Augen träufelten, den schreckte doch ein bodenständiger, biederer mongolischer Führer nicht. „Soll ich nachfragen, Doi, wann Sie Ihre letzte Ausnüchterungsnacht in einer Zelle verbracht haben?", gab sie dem erschrockenen Mann noch eins drauf.

„Quatsch nicht rum", brummte Adrian. „Wo ist die Lizenz des Jungen?"

„Was geht dich das an? Frage ich dich nach dem Resultat deines letzten Aids-Tests? Aber da es dich ja so brennend interessiert: Frau Tsaka hat die Lizenz und wird sie mir aushändigen." Dana wies mit dem Kopf zur Bardame hin, die noch immer die High-Heels umklammert hielt. Dana legte ihre Handtasche auf die Theke, jenes einmalige lizenzierte Exemplar eines Swiss Bag, das Jens ihr dank seiner diplomatischen Beziehungen besorgt hatte, das ein Vermögen kostete, aber keinen Trageriemen hatte, das Jens inniges Verhältnis zu den oberen Zehntausend widerspiegelte und die Alltagstauglichkeit vermissen ließ. Dana griff in das Tascheninnere, holte ihr Portemonnaie, ein Paket Taschentücher und einen Kamm heraus. Die Tasche war leer. Die Zeiten, in denen sie Kultbeutel mit einer kompletten Maskenausrüstung für die Fashion-Szene mit sich herumgetragen hatte, waren längst vorbei. Sie schob die Tasche Frau Tsaka hin.

„Ein echter Swiss Bag", hauchte die Angestellte. Ihre Lippen zitterten. Wenn jemand geglaubt hatte, an der Mongolei wären Modetrends und der Glamour der Celebrities vorbeigegangen, so täuschte er sich. Frau Tsaka wusste alles über diese einmalige Tasche aus dem fernen Land, konnte ihren Preis abschätzen und den ungeheuren Neid ermessen, den dieses Gebilde aus feinst verarbeitetem Leder bei ihren Kolleginnen erzeugen würde. Sie ahnte, was diese Tasche auf dem Schwarzmarkt wert war, und sie wusste ganz genau, was Dana von ihr wollte. Weder ihre noch Danas Kenntnisse des Englischen und der behördlichen Stolperschwellen waren so ausgefeilt, dass sie dieses komplizierte Tauschgeschäft -Tasche gegen Lizenz, mit all seinen unerquicklichen Ausweis-, Stempel-, Anträgen-, Genehmigungs- und Vollmachtproblemen hätten besprechen können und doch machten sie in dem Moment, als die Tasche ihre Besitzerin wechselte, alles miteinander aus.

„Die Lizenz?", hakte Dana unnötigerweise nach.

„Kein Problem." Die Mongolin schlüpfte aus ihren Schuhen, zog Danas High-Heels an, klemmte sich die Tasche unter den Arm und winkte den Portier herbei, damit er sie vertrete.

Dana hätte triumphieren können, wäre nicht Robert gewesen, der intervenieren musste. „Lass es!", wiederholte er und blickte sie einen Moment lang an, als ob ihm etwas an ihr läge. In diesem Augenblick schöpfte Dana Hoffnung. Noch war nichts verloren. Es gab Menschen wie Robert, denen sie wichtig war. So abstoßend und schrecklich war sie nun doch wieder nicht. Sie war ihm bedeutend, sie ging ihm nahe. Er hatte Angst um sie. Ausgerechnet Robert, ein Mann, der bei der holden Weiblichkeit auf höchstes Interesse stieß. Nicht eine Touristin hier im Hotel, die ihm nicht ein, zwei und noch mehr Blicke schenkte, sich solange im Foyer herumtrieb, bis sie zwangsläufig mit ihm zusammentraf, wie zufällig gerade dann den Aufzug nutzte, wenn er es tat, und sich allerhand Mühe gab, ihm nahe zu kommen. Und dieser wunderbare Robert fürchtete um ihr Wohlergehen! Sekundenlang war es so, als sei Dana wieder eine Frau unter ihresgleichen und nicht ein bedauernswerter Krüppel am Rande der Gesellschaft. Robert hätte jetzt den Mund halten können und alles wäre wieder ins Lot gekommen, trotz ihrer Narben. Statt dessen sagte er: „Ich wette gegen dich. Das schaffst du nie!"

Das war ein Volltreffer. Dana hatte seit ihrem Unfall ohnehin das Gefühl, in ihrer Brust klaffe eine riesige Wunde. Jetzt spürte sie ganz deutlich, wie sich Roberts Samtaugen in blitzende Klingen verwandelten und ihr Herz zerfetzten. Er hielt sie nicht nur für abstoßend, er traute ihr auch nichts zu. Sie fühlte, wie sie schrumpfte. Sie schmolz zu einem Niemand zusammen, einem Menschen, der nichts schaffte. Bei dieser Wette ging es nicht um die Narben in ihrem Gesicht. Es ging um ihre ganze Person, um ihren Willen, die innere Stärke und Durchsetzungskraft. Ganz zu schweigen von Eigenschaften wie Mut, Ehrgeiz, Selbstvertrauen, Fitness, Ausdauer und Stabilität. Er hielt sie für eine Null, eine narbige Null. Nicht nur Jens hatte sie verlassen. Selbst ein Fremder hielt nichts von ihr. Roberts Worte hatten wie das Schlussplädoyer vor dem Richter geklungen: ‚Euer Ehren, diese Frau ist unfähig. Schreiben Sie sie ab, lebenslang.'

Sie glaubte ja selbst nicht daran, die Wette zu gewinnen, wie denn auch? Außer einer ungebührlich großen Portion an kindlichem Trotzverhalten hatte sie der Mongolei nichts entgegenzusetzen. Für solche Abenteuer war sie nicht geschaffen. Aber der Straßenjunge blickte sie hoffnungsvoll an. Seine Haare standen ihm jetzt schon erwartungsvoll zu Berge, seine Augen waren groß und bittend auf sie gerichtet. Er kam aus der Gosse und wollte fort, egal wie, wenn es denn sein musste, sogar mit Dana.

„Ja?", fragte sie ihn und hoffte, er würde kneifen.

„Ja", bestätigte er mit glänzenden Augen. „Wir reiten!"

Alle hatten sich gegen sie verschworen. Niemand hielt sie zurück um ihretwillen. Man traute ihr nichts zu, ließ sie aber trotzdem ins Unglück rennen. Einzig der Junge glaubte an sie. Wieso weigerte sich dieser Bengel nicht, mit ihr zu reisen? Er musste verrückt sein. Sein Leben war ihm nichts wert. Er hatte nichts zu verlieren. Bei Dana hingegen ging es um alles. Jetzt gab es kein Zurück mehr. Sie nickte dem Straßenjungen zu und ging barfuß vom Tresen fort, ehe die Versuchung zu groß wurde, hysterisch aufzukreischen und ‚nein' zu schreien. Man blickte ihr nach, wie sie unvergleichlich anmutig mit großen Schritten und kerzengerader Haltung wie eine Siegesgöttin die Bar verließ. Man hätte die marmorne Gestalt der Nike nach ihren Maßen und nicht nach den Phantasien eines griechischen Bildhauers formen sollen. Das Spitzenkleid wippte um ihre Beine und der Bolero sank auf die nackte Rückenpartie herab. Keiner ahnte, wie sie sich fühlte. Sie hatte sich selbst eine Falle gestellt, aus der es kein Entrinnen gab.

Kurze Zeit später stand sie in der Dunkelheit ihres Hotelzimmers und blickte auf den Hinterhof hinab. Für ein Luxushotel war der Hof reichlich öde, ein ungeteerter Platz inmitten zerfallener Bauten und Mauerresten mit offenen Rinnsalen und Schutt in den finsteren Winkeln. Sie sah dem Jungen zu, der hinter große Steine kroch und im Lichtkegel der Hotelküche eine Decke aufhing. Er war aus seinen neuen Kleidern geschlüpft und trat in den alten, zerschlissenen Sachen ins Licht. Dana öffnete das Fenster. „Was machst du da?"

„Ich gehe schlafen!", rief er zurück.

Dana erschrak. Er hatte tatsächlich kein Zuhause. „Ist dir kalt?"

„Ich habe Arbeit."

„Dummkopf!" Sie knallte das Fenster zu. Das Geräusch alarmierte augenblicklich ein halbes Dutzend Hunde. Dana hörte sie kläffen und heulen. Als sie endlich verstummten, schlich sie noch einmal ans Fenster. „He", raunte sie in die Dunkelheit hinein. „Bist du noch da?" Hinten, an der Mauer zwischen dem Bauschutt bewegte sich etwas. Der Junge kam näher. „Wie heißt du?"

„Hoygar."

„Also gut, Hoygar. Für eine Nacht, aber nur für eine Nacht." Sie warf ihm die Kaninchenfelljacke mit dem Idiotenverschluss zu. „Und noch was: Wasch dich mal. Du stinkst. Ich kann es von hier aus riechen." Jetzt fror sie wirklich. Sie schloss das Fenster bis auf einen schmalen Spalt und ging ins Bett. Sie dachte an die Strecke zwischen Ulan Bator und Dalanzadgad, die vor ihr lag. Berge und Flusstäler waren auf der Karte eingezeichnet, endlose Steppen, tiefe Schluchten und Sandwüsten. Die Gobi. Die Mongolei. Entsetzlich! Das Land war viereinhalbmal größer als Deutschland. Es lag zwischen den sibirischen Ebenen und den Bergriesen Asiens. Die Kälte aus dem Norden drang ungehindert in das Land vor, um vom ewigen Eis der Gletscher reflektiert zu werden. Die mittlere Höhenlage bewegte sich um 1500 Meter über dem Meeresspiegel. Der Wind fand kaum einen Baum, der ihm Einhalt gebot. Das Land war einsam und von wilden Tieren bevölkert. Wölfe gab es massenhaft und Geier auch. Yolyn Am – die Geierschlucht. Sollte sie wirklich dorthin, in den legendären Spiegel blicken und ihre Seele wiederfinden? Hatte sie der mongolische Geisteralltag, das Opfern, das Wasserversprengen, Räucherstäbchenbrennen und Murmeln frommer Wünsche in dieser kurzen Zeit schon so weit beeinflusst? Sie kroch tiefer unter die Decke. Der Geruch von Waschmittel und Mottenkugeln hüllte sie ein. Die Decke war dünn und wärmte kaum.

Die Erinnerung an Roberts Verhalten ließ sie zittern. Wer seinen Grips beieinander hatte, wettete gegen sie. Das war verständlich. Aber wo waren die Beschützer, die Menschen, die sich um sie sorgten? Niemand kümmerte es wirklich, was sie vorhatte. Und wieso vertraute dieser Hoygar ihr? Wer hier als Straßenkind überleben konnte, musste die raue Wirklichkeit kennen. Musste wissen, dass sie draußen in der Wildnis fehl am Platze war. Der Junge war ein Dummkopf, aber bald würde er alles sein, worauf sie noch zählen konnte. Vorausgesetzt, er überlebte diese Nacht. Es war kalt in Ulan Bator. Kalt und lebensfeindlich. Sie lauschte in die Dunkelheit. Der Wind heulte durch die Bauruinen und ließ das Fenster beben. Draußen auf dem Hof klapperten Blechteile im eisigen Nachtwind.

III.

Unter dem schwarzen Markt von Ulan Bator hatte sich Dana eine verwinkelte Anlage aus finsteren Gassen mit Dämmerlicht und verborgenen Bereichen vorgestellt, wo an verbotenen Orten Unerlaubtes verkauft wurde. Sie hatte nicht erwartet, auf einem riesigen offenen Gelände zu stehen, auf dem sich die Buden und Stände ausbreiteten, weit und endlos wie das Land. Sie war völlig überrascht, dass sie Eintritt zahlen musste, um das Drehkreuz zum schwarzen Markt zu passieren. Hoygar, nach dem Sinn dieses Eintrittsgeldes befragt, zuckte die Schultern. Von Heimlichkeiten und schwarzen Geschäften keine Spur. Vor Danas Blicken breitete sich eine Anlage aus, die jedem spähenden Auge ebenso ungehindert Zutritt verschaffte wie dem allgegenwärtigen Wind.

Heute morgen war sie besser gerüstet. Sie trug einen muschelfarbenen Hosenanzug aus Wollcrêpe mit Jacke in Uniformstil, Taillengurt und großen Metallknöpfen. Die Hose war schmal geschnitten und mit Steppnähten und Schlag versehen. Spießer hätten dazu praktische Schuhe gewählt, sie als Stilikone musste aber statt langweiliger Treter Krokosandalen mit Keilabsatz tragen. Hätte sie Stiefel angezogen, was bei der Menge des Abfalls zwischen den Buden empfehlenswert gewesen wäre, so hätte sie, der inneren Stimme gehorchend, dazu ein Ballkleid anziehen müssen, um hip zu sein. Nach einem Ballkleid aber war ihr heute Morgen beim Anblick eines staubverwehten Himmels über der mongolischen Hauptstadt nicht zumute gewesen. Doch schon beim Betreten der ersten breiten Budengasse fragte sie sich, was sich das weltberühmte französische Modehaus beim Anfertigen dieses Anzugs wohl gedacht hatte. Die Farbe störte sie nicht, denn Empfindliches und Helles zu tragen sah sie als Protest gegen Sicherheitsdenken an, doch der Wollstoff hielt nicht, was sein Preis versprochen hatte. Er war glühend heiß. Hitze überflutete sie, während gleichzeitig eisige Windstöße durch die Maschen des Crêpes-Gewebes fuhren. Der Anzug war ausschließlich für künstliche Klimalandschaften gefertigt, in denen sich, abgesehen vom Wirbeln der Kreditkarten kein Lüftchen regte. Dabei atme der Stoff, wie das Modehaus versprochen hatte. Nun, dachte Dana zornig, er atmet die Kälte ein, lässt den Staub bis auf die Haut durch und staut die Hitze. Abwässer umspielten ihre Zehen in den ausgeschnittenen Sandalen und tränkten den weiten Schlag der Hose. Ihr wurde schlecht.

Hoygar blickte sich nach ihr um. „Zuerst die Stiefel", bestimmte er. Der Bursche hatte sich gewandelt. Er schien zwanzig Zentimeter gewachsen zu sein und sein Brustkorb weitete sich mit jeder Anweisung. Sie folgte ihm in die Stiefelgasse hinein, wo es nur Stiefel und sonst nichts zu kaufen gab. Trotz ihres unbestechlichen Auges konnte sie nicht durchschauen, warum er unter Hunderten von Schuhen ausgerechnet dieses Paar für sie wählte. Dana warf dem grob verarbeiteten schwarzen Leder mit dem aufgenagelten Absatz und den dicken Nähten nur einen Blick zu und wies die Stiefel zurück. „Niemals", entschied sie.

„Ohne Stiefel kein Pferd." Hoygar versenkte die Hände in den Hosentaschen. Die Verkäuferin hatte sich wieder zurückgezogen. Keine, der hier bei Tee und heißem Wasser sitzenden Mongolinnen in Stiefeln, Hosen, Westen und Pelzmützen machte Anstalten, Dana etwas aufzuschwatzen. Sie schienen sogar völlig desinteressiert an jeder Art von Geschäft zu sein. Obwohl der Markt vor Menschen wimmelte, bemerkte sie kein Feilschen und Verkaufsgebaren. „Wo sind die Pferde?", fragte Dana.

Hoygar lächelte.

„Grins nicht so blöd. Ich will die Pferde sehen." Dana konnte reiten, ohne etwas von Pferden zu verstehen. Sie saß sicher im Sattel, weil es zu ihrer Ausbildung gehörte. Sie wusste, dass Pferde auf Druck und Gegendruck reagierten und der Salami den besonderen Geschmack verliehen. Aber sie wusste nicht, wie sie ohne Hoygar an Pferde kommen sollte. Sie streifte eine Krokosandale ab und fuhr probeweise in den dargebotenen Stiefel. „Wieso stinkt er schon jetzt nach Mist?"

„Benutzt", erklärte der Junge.

„Sag mal, spinnst du?“ Sie griff nach dem erstbesten Stiefelpaar, das ihr ungetragen zu sein schien. Das Leder war steifer, ohne Falten, das Innere glatt und geruchsneutral. Der Stiefel saß wie ein Fangeisen am Fuß. Er war ein Unding schlechthin, eine Unmöglichkeit. Und mit ihm jeder weitere, den sie probierte. Die Stiefel waren zu groß und scheuerten doch, ihre Zehen hatten freien Raum und wurden trotzdem zusammengepresst. Sie riss sich auch den letzten Stiefel vom Fuß. Der Junge reichte ihr erneut sein erstes Angebot. Jetzt schlüpfte sie, ernüchtert und weichgeklopft gehorsam in beide Stiefel und ging probeweise umher. Keine Frage, in diesen Schuhen waren schon viele Zehen zu Hause gewesen. Sie hatten das zähe, steife Leder an den entscheidenden Stellen geweitet, die Innennähte geschmeidig gewetzt, den Fußgelenken freie Entfaltung dank Ausbeulungen an richtiger Stelle ermöglicht und den Schaft weichgebogen. Sie stanken nach Pferdemist und Schweiß und bescherten Dana zum ersten Mal auf mongolischem Boden warme Füße. Also kaufte sie die Stiefel.

Nach weiteren Stunden heftigen Einkaufens bestand Hoygar darauf, Säcke zu besorgen. Er hatte alle Waren an den Ständen hinterlegen lassen und sammelte sie jetzt wieder ein.

„Ich habe genügend Koffer!“, protestierte Dana.

Der Junge führte sie zu Bretterbuden, wo sie allen Taschen der jüngsten Modeszene begegnete. Sie kamen aus China und nannten sich gemäß ihrer angeblichen Hersteller Hermès, Fendi, Longchamp oder Armani, trugen wie ihre Originale die richtigen Markenzeichen an den richtigen Stellen und kosteten zwischen fünf und fünfzehn Dollar. Dana musste zweimal hinsehen, um den Unterschied im Leder, der Verarbeitung und den Verschlüssen zu bemerken. Eine eindrucksvolle Seite chinesischer Kunstfertigkeit breitete sich hier vor ihren staunenden Augen aus. Sie prüfte diese Taschen auf Haltbarkeit und Chic und fragte sich erschrocken, warum sie eigentlich für eine ‚Ferragamo‘ fünftausend Euro bezahlt hatte, wenn ihre Schwester ‚Made in China‘ ihren Zweck auch für acht Dollar erfüllte. Doch Hoygar zog sie mit sich fort, hin zu blauen und grünen Plastiksäcken. „Pferde tragen keine

Koffer." Damit war Danas Widerstand erstickt, noch ehe sie den Mund öffnen konnte. Und so kaufte sie Plastikverpackungen ohne zu murren, Blechschüsseln, alte Expeditionszelte und abgewetzte Schlafsäcke. Sie deckte sich mit Ersatzheringen ein, mit Zeltschnüren und Tellersteigbügeln. Als sie die hölzernen Sättel sah, die nur mit dünnem Filz unter hartem Leder unterlegt waren, sank ihr Mut. Sie dachte an Jens und das weiche Polster seiner Liebe, das ihr bisher das Leben wattiert hatte. Was hatte sie verbrochen, dass er sie zurückstieß?

Sie hatte sein Ansehen beschädigt. Sie hatte es gewagt, mit ihrer Verbrennung auf Stirn und Wangen einen Schatten auf das makellose Ansehen von Reichtum, Einfluss und Macht zu werfen. Sein glattes, rundes Gesicht erschien vor ihrem inneren Auge; seine manikürten Hände, die goldene Kreditkarte in seinen weichen Fingern, das süffisante Lächeln um die vollen Lippen. In ihrer Vorstellung sah sie seinen Mund, sah ihn, wie er sich zu Linda hinabbeugte und ihr Liebkosungen ins durchgestylte Ohr raunte. Sie spürte wieder diese unbändige Lebenswut, die sie seit der Trennung von Jens am Atmen hielt. Wenn dieses Feuer verlosch, war sie all dem, was sie hier erwarten mochte, nicht mehr gewachsen. Hatte er sie wirklich verlassen? Gab es niemanden, dem sie noch nahe ging?

„Affengeil!", rief Adrian, der Friedfischer zu ihr hinüber. Er und seine Freunde standen jenseits der Ladengasse und deckten sich mit Thermoskannen ein. Adrians Blicke taxierten Danas Figur im hellen Wollcrêpeanzug mit den ausgetretenen Mongolenstiefeln an den Füßen. Schließlich hörten sie auf, zwischen ihrem Gesicht und den Stiefeln hin- und herzupendeln und blieben dort hängen, wo es ihm am besten gefiel: an der Stelle, wo die beiden Hosenbeine aufeinander zuliefen und sich zu einem Vorder- und Rückenteil vereinten. Dana glaubte, der Stoff im Schritt würde sich unter Adrians Blicken in ihre Haut brennen.

„Hör nicht auf ihn", wies sie Hoygar an. „Sein Deutsch ist schlecht." Sie spürte, wie der Zorn auf Jens mühelos auf Adrian und seine unverblümte Begierde überging. Er benahm sich, als hätte sie ihn ermutigt, sich an sie heranzupirschen und zu erlegen: Mein größter Fang! - so würde er herumprahlen. Ein abstoßendes Gesicht, aber geile Schenkel!

Sie kniff die Augen zusammen. Diese Wut musste sie behalten. Sie war ihr Elixier, das sie handeln und hoffen ließ. Sie nährte es mit den hässlichen Erinnerungen und der unerfreulichen Gegenwart. Die Wut hielt sie am Leben, doch schreckte sie Hoygar. Er betrachtete Dana bange. „Die Pferde werden scheuen", hauchte er.

Dana lachte böse. „Dann kommen sie in die Wurst."

Zwischen den Pferden und ihrem Ritt durch die Mongolei lagen eintönige staubverwehte Tage, seitenlange Listen und Dokumentenmappen, die es zu unterschreiben galt. Abends an der Bar registrierte sie, dass auch Robert und die Friedfischer mit den Unabwägbarkeiten der Behörden kämpften. Gleichzeitig hoffte sie darauf, dass Frau Tsaka eines Tages sagen würde. ‚Sie haben wirklich alles versucht, Dana. Alle Achtung! Aber es ist nicht möglich. Bitte fliegen Sie nach Deutschland zurück!'

Dana hörte Robert mit Alan über sein Einsatzgebiet diskutieren. Auf seiner Stirn zeigten sich tiefe Falten, die sie in den Stunden im Flugzeug neben ihm sitzend nicht gesehen hatte. Alans Gesicht blieb unbewegt und offenbarte weder Verärgerung noch Erstaunen. Dana fragte sich, ob sich Alans Emotionslosigkeit möglicherweise in einen Flächenbrand rasender Leidenschaft verwandeln konnte, sobald die beiden allein waren. Alans zur Schau gestellte Gleichgültigkeit bestärkte Dana in ihrer Vorstellung, dass sich Alan im stillen nach Robert verzehre – eine Empfindung, in die sich Dana gut einfühlen konnte.

Frau Tsaka von der Rezeption trug seit jenem Wettabend an der Bar Danas High-Heels mit Grazie und die Verantwortung für Danas Fortkommen. Ihr blasses Gesicht unter der strengen Glatthaarfrisur blieb unerschütterlich zuvorkommend, wenn sie Dana wieder und wieder Dokumente zur Unterschrift vorlegte und ihr erklärte, dass es nur noch einige ‚kleine Tage' dauern würde, bis sie die Lizenz für Hoygar erhalte. In der Zwischenzeit sei sie gut beraten, ihre Ausrüstung zu komplettieren. Alan sei so freundlich gewesen, ihr eine Liste des Notwendigsten zusammenzustellen.

„Ich brauche ihre Hilfe nicht." Dana gab sich souverän.

Frau Tsaka neigte den Kopf. „Sehr richtig. Natürlich nicht."

Dana sah sie weiterhin mit Alan sprechen.

Am nächsten Morgen lag ein kleines Päckchen neben ihrem Frühstücksteller. „Eine Empfehlung von mir", ließ sie Frau Tsaka wissen. „Ein Seidenschlafsack. Er kommt aus China und ist so klein und leicht, dass er in jede Tasche passt. Benutzen Sie ihn unter Ihrem eigentlichen Schlafsack. Die Expeditionen im Himalaja rüsten sich damit aus, um nicht zu erfrieren."

Dana lag auf der Zunge, dass zwischen ihrem Ritt durch die Mongolei und einer Expedition auf einen Achttausender ein kleiner Unterschied bestehe und sie deshalb das Seidending nicht wolle, doch Frau Tsaka bedachte sie mit diesem unheilschwangeren Blick, den sie gerne mit Hoygar und oft mit Alan tauschte, wenn es um ihre Ausrüstung ging. Sie sah dabei aus, als blicke sie in irgendeine Ferne hinein, in der auf sturmgepeitschter Ebene bleiche Knochen im Frost knackten. „Wenn man alleine im Zelt schläft, kann es sehr kalt werden", orakelte Frau Tsaka.

Allein, das was Danas Stichwort. Immer wieder brachen Hotelgäste zu einer Fahrt durch die Mongolei auf, um die große Einsamkeit zu erleben. Dabei umgaben sie sich mit zahlreichen Führern und vielen Weggefährten aus dem heimischen Kegelclub und Kirchenchor. „Diesmal schläfst du am Eingang!", riefen sie einander zu und versicherten sich, dass im gemeinsamen Gepäck auch die Zahnbürste des anderen zu finden sei. Sie halfen sich beim Frühstück mit Kopfschmerztabletten und Slipeinlagen aus, sie teilten die Menge des mitzunehmenden Haarshampoos durch mehrere Köpfe und versprachen sich, einander nicht durch Rechthaberei beim abendlichen Kartenspiel zu nerven, wie sie es sonst gerne taten. Dana lernte eine ganz neue Sorte Menschen kennen, jene, die getrieben von der Sehnsucht nach Neuem und Einsamen sich dabei mit den Vertrautesten umgaben, die sie schon immer gelangweilt hatten. Bei manchen Frühstücksdebatten ließen die heftigen Worte ahnen, man habe diese teure und aufregende Reise nur deshalb angetreten, um endlich nach zwanzig Jahren gemeinsamen Lebens einzusehen, dass der Partner weder für das heimische Ehebett noch die Notunterkunft in der Gobi tauge. In diesen Momenten hämischer Zwistigkeiten und böser Schmähreden über die schon seit Jahrzehnten ertragenen Macken des anderen, nippte Dana wie erlöst an ihrem heißen Wasser. Sie musste nicht mit einem Schnarcher die Jurte teilen, einem Kerl – wie sie zu hören bekam, der seine Frau schon in der Hochzeitsnacht mit seinem Prusten und Grunzen um den Schlaf gebracht hatte, statt ihr mit Leidenschaft die Ruhe zu rauben.

Sie war ein Glückskind, ein echter Single. Für Leute wie sie begann die wirkliche Einsamkeit schon hier im lebhaft frequentierten Hotel Gobi. Dana brütete allein über ihren Plänen und Listen. Sie konnte mit niemandem besprechen, ob sie fünf Paar Socken mitnehmen solle oder fünfundzwanzig. Ihrem Bedürfnis, für jede modische Herausforderung gerüstet zu sein, hatte Hoygar, das ehemals in Lumpen gekleidete Straßenkind, ein jähes Ende bereitet. „Wir haben sechs Säcke für Zelte, Essen, Kleider. Wir müssen vier Pferde kaufen. Zwei zum Reiten, zwei zum Tragen." Er hatte dabei Danas Gepäck befingert und sich sogar an den Sack mit den persönlichen Kleidungsstücken gewagt.

„Dann kaufe ich eben sechs oder sieben Pferde", hatte sie erwidert, während er kurzerhand drei Paar Sandalen aus dem Sack fischte. Er könne nur zwei Pferde nebenher führen, hatte er zurückgegeben und die Schuhe fortgestellt. Dana hatte ihn unzufrieden gemustert. Dafür, dass er vor wenigen Tagen noch barfuß und bettelnd durch die Straßen gelaufen war, hatte er sich erstaunlich entfaltet. Er trug jetzt saubere mongolische Hosen, jene von Robert so warm empfohlenen, dazu einen neuen Pullover mit Weste, eine Kappe auf dem Kopf und Reitstiefel an den Füßen. Einerseits hatte es ihr Spaß gemacht, ihn auszustatten, andererseits fand sie, er sei reichlich frech. Noch bestimme sie, was mitgenommen werde, hatte sie behauptet. Lässig hatte er mit den mageren Schultern gezuckt. „Vier Pferde." Großspurig wie ein echter Mann war er aus Danas Hotelzimmer davon stolziert.

Dana saß im Frühstücksraum und trank heißes Wasser. Ihre Machtentfaltung über Hoygar hatte eine böse Einbuße erlitten. Sie sann erfolglos über einen Racheakt nach. Ihm das Essen oder die Ausrüstung zu kürzen, würde vor allem ihr schaden. Ihr Fortkommen war allein von seinen Fähigkeiten abhängig und dazu gehörte schließlich auch ein halbwegs gefüllter Magen. Sie hatte beobachtet, wie er tellerweise Nudeln mit Fleisch verschlang und fragte sich, ob sie an Stelle eines Proviantsacks nicht lieber eine Yakherde mitnehmen sollten. Man konnte, je nach Bedarf, die Yakkühe erst melken und schließlich, wenn der letzte Tropfen aus ihnen herausgepresst war, schlachten und aufessen. Yakkühe oder auch andere Kühe waren ihr egal, aber der Gedanke an einen riesigen Fleischberg, der, einmal geschlachtet, zügig in Verwesung überging, stieß sie ab. Womöglich würden sie mit einer Herde Schlachtvieh Raubtiere oder Hunde anlocken. Also musste Essbares beim Ritt rationiert und Hoygar bei Kräften gehalten werden. Er hatte in Ulan Bator schon seit Jahren als Straßenkind überlebt. Ihm die Kleidung zu nehmen, schien witzlos zu sein. Immerhin sanken hier die Temperaturen im Winter auf vierzig Grad Minus ab. Ein Großteil der Straßenkinder starb dabei, während die ganz Aufgeweckten sich zwei Meter tiefe Löcher in den Boden der Stadt gruben. Dort hockten sie in den übelriechenden dunklen Tunnel nahe beieinander und versuchten, in die Nähe der Heißwasser-Radiatoren zu kommen, mit denen hier die Häuser beheizt wurden. Wer so seit Jahren überleben konnte, der war auch Danas Schikane gewachsen. Sie entschloss sich, seine Deutschkenntnisse dahingehend zu erweitern, dass er verstehen könne, was sie ihm Unfreundliches zu sagen hatte. Inzwischen begnügte sie sich damit, Frau Tsaka anzuweisen, persönlich dafür zu haften, dass er ihr nur frisch geduscht, mit geschnittenen und gereinigten Nägeln und gewaschenen Haaren und Ohren unter die Augen kam.

Sie sei nicht mit ihm verwandt, wehrte Frau Tsaka ab.

Sie seien beide Mongolen, konterte Dana. Ihr selbst sei es leider nicht möglich, die Kluft der Hygiene, die zwischen ihr und den Gepflogenheiten hier klaffe, zu überbrücken.

Frau Tsaka blickte auf ihre High-Heels und erwiderte nichts.

Selbstverständlich würde Hoygar während der Reise in seinem eigenen Zelt schlafen und gehörigen Abstand zu ihr halten müssen, schloss Dana die Unterweisung und widmete sich wieder der Grübelei über dem dampfenden Wasser in ihrer Tasse.

Das Zelten an sich war ihr zuwider. Sie konnte sich noch genau an einen Schulausflug mit ihrer ersten und letzten Zeltnacht erinnern. Dreizehn Jahre war sie alt gewesen, ein staksiges Ding aus Haut und Knochen mit Zahnspange im Mund und der ersten Liebe im Herzen. Die begleitenden Lehrer, hier die weiblichen, dort die männlichen Lehrkörper – wie man so schön sagte, achteten mit Argusaugen darauf, dass zumindest bei den Schülern nicht eins und eins zusammenkam. Dana hatte mit ihren beiden Freundinnen bis weit nach Mitternacht wachgelegen und den verschämten Schritten derjenigen gelauscht, die im Schutz der Dunkelheit um die Zelte stolperten. Sie hatten sich an den Händen gehalten und schaurige Geschichten von entführten Bräuten erzählt.

Am nächsten Morgen gab es keine Dusche, dafür klamm gewordene Kleidung, pappige Marmeladenbrote und abgestandenen Tee. Ihre Lieblingslehrerin heulte, statt sich um die Mädchen zu kümmern, und der Mathelehrer kratzte sich am unrasierten Kinn. Der Junge Daniel, Danas Objekt ihrer unruhigen Nacht und unerfüllter Tagträume, würdigte sie keines Blicks, sondern stürzte zum Donnerbalken hinüber, den er bis mittags besetzt hielt. Ein Schulbus brachte die Kinder wieder heim. Es setzte Strafaufgaben für Lärmen im Bus und forschende Blicke für die Mädchen aus den oberen Klassen. Der Hauch Romantik, der sich beim Einbruch der

Dunkelheit abends zuvor breit machen wollte, ging während der Busfahrt in den Würgegeräuschen derjenigen unter, denen die Zeltnacht auf den Magen geschlagen war. Seit dieser Zeit fand Dana Zelten indiskutabel. Sie setzte es ganz zuoberst auf die Liste der Dinge, die sie im Leben nie mehr tun wollte.

Das war vor ihrem Unfall gewesen.

Jetzt betraten Robert und Alan den Frühstücksraum. Die zierliche Mongolin trug ein knappes T-Shirt westlicher Art, das ihre Taille verbreiterte, den Bauchumfang betonte und ihr an Stelle eines gerade gewachsenen Oberkörpers den Anschein eines Rundrückens verpasste. Dana stellte sich vor, wie hinreißend Alan in einer dieser figurbetonten mongolischen Blusen aus leuchtend blauer Seide ausgesehen hätte, und beglückwünschte sich zum schlechten Geschmack der Konkurrentin. Denn sie war die Letzte, die ihr einen Tipp geben würde. Alan bedeutete ‚die Schöne', benannt nach der Ahnfrau desjenigen Geschlechts, dem Dschingis Khan entstammte, das hatte sie inzwischen von Frau Tsaka erfahren. Alan grüßte jetzt mit entwaffnender Freundlichkeit, einem Gesichtsausdruck, den sie entweder ererbt oder jahrelang vor dem Spiegel geübt hatte. Dana nickte knapp. Ihr war nicht nach Verbrüderung unter Frauen, die um denselben Mann buhlten. Jetzt rückte Robert Alan den Stuhl zurecht und wünschte ihr einen erfolgreichen Tag, den sie wieder gemeinsam meistern wollten. Dabei lächelte er die Mongolin an, als sei sie geradewegs vom Himmel gefallen. Das Wissen, dass die beiden getrennte Zimmer bewohnten, konnte Dana nicht trösten. In ihrer Vorstellung teilten sie das Bett, eine Vision, die ihr Magenschmerzen bereitete und eine Falte am ohnehin vernarbten Mundwinkel vertiefte. Sie fühlte sich aufs Tiefste verletzt. Warum quälte Robert sie so? Genügte es ihm nicht, sie zu verachten? Musste er offen zur Schau stellen, dass ihm Alan gefiel?

Sie lauschte dem Chaos in ihrer Seele. Es brodelte in ihrem Kopf, es rauschte in den Ohren. Bittere Galle kam hoch und mischte sich mit den Tränen, die sie hinunterschluckte. Schließlich war der Anfall vorbei. Sie hörte die anderen Gäste im Frühstücksraum schlürfend den Tee einnehmen, sah sie übersüße und fetttriefende Gebäckstücke mit Stäbchen in den Mund befördern und vernahm das nervenzerfetzende Scharren der Stuhlbeine über raue Bodenfliesen, während im Fernsehen ein Trickfilm aus den USA lief, den sie schon als Kind nicht hatte leiden können. Von der Straße drang Lärm herein, und durch die Schwingtür im Foyer zogen die Abgase der Autos. Jenseits der staubigen Fensterscheiben sah sie Menschen in westlicher Kleidung die Bürgersteige entlang eilen, Kinder in Schuluniform an der Hand ihrer Mutter, und Männer in maßgeschneiderten Anzügen mit Aktentaschen unter dem Arm und Handys am Ohr. Nicht einer von ihnen sah aus wie jene Mongolen auf dem Plakat, das sie hierher gelockt hatte. Grelle Neonreklamen leuchteten durch den Morgendunst, Busse stießen dunkle Dieselwolken aus und Taxifahrer betätigten kreischende Bremsen. Mongolischer Stadtalltag rollte vor ihren Augen ab, ohne Reiz und Exotik. Was sie zu Hause nicht leiden konnte, wurde ihr auch hier geboten. Sie hätte daheim bleiben können. Der internationale Flughafen war nur eine halbe Stunde Fahrt entfernt und sie entschied sich für einen Ritt durch die Einöde. Dana glaubte kaum, was sie hier bannte und blieb doch wie festgenagelt auf ihrem Stuhl sitzen, nur um sich zu fragen, ob sie noch klaren Verstandes sei.

Ein Mongole betrat das Foyer und händigte Frau Tsaka einen dicken Umschlag aus. Frau Tsaka trat an Danas Tisch und reichte ihr die Papiere.

„Die Lizenz?“ Dana blätterte durch den Aktenstapel, auf dem ihr Foto neben zahlreichen amtlich aussehenden Siegeln und Angaben aus ihrem Reisepass prangte. Sie konnte weder lesen, was hier bestätigt wurde, noch was sie vor Tagen beantragt und unterschrieben hatte. Natürlich hatte sie auf einer beglaubigten Übersetzung ins Deutsche bestanden, doch ob das eine mit dem anderen übereinstimmte, hatte sie zwar teuer bezahlt, aber nicht wirklich überprüfen können. Für solch wichtige Angelegenheiten hatte sie sich einen seriösen Rechtsanwalt in einem Amtsgebäude vorgestellt, nicht einen Mongolen, der in einem schäbigen Anzug mit den Papieren im Foyer herumlungerte. Der Mann, ob er nun der Rechtsanwalt selbst oder nur sein Bote war, gefiel ihr nicht, wie ihr hier in der Mongolei überhaupt nichts gefiel. Sie zuckte mit den Schultern. Letztendlich konnte es ihr gleichgültig sein, ob sie Hoygar mit offiziellem Segen der Regierung anheuerte oder mit kriminellen Machenschaften, wichtig war nur, dass sie ihr Ziel erreichte. Denn was sollte sie von einer Regierung halten, die es zuließ, dass in der Hauptstadt des Landes knietiefe Löcher im Straßenbelag das Geschick eines jeden Verkehrsteilnehmers auf die Probe stellten? Solange sie keine weiteren Scherereien zu befürchten hatte, als viel Geld loszuwerden, interessierten sie die Belange von offizieller Seite nicht.

Der Bote warte auf die Bezahlung, drängte Frau Tsaka mit leichtem Zittern in der Stimme. Das war ein Ausbruch ungeheurer seelischer Not der stets beherrschten Frau. Dana wertete es als ungezähmten Aufruhr im Gleichmut der Mongolin und freute sich, sie beben zu sehen. Deshalb blieb sie erst recht sitzen und vertiefte sich in die Schriftstücke.

Madam Dana möge sich eilen, flehte Frau Tsaka jetzt und trat von einem High-Heel auf den anderen. Der Bote sei befugt, die Geldübergabe zu quittieren, erst dann erhalte sie den letzten entscheidenden Stempel, den er mit sich trage.

Er ist also kein Bote, sondern ein Winkeladvokat, der mit gefälschten Papieren handelt, schloss Dana und ließ sich Zeit. Wie hätte auch eine Regierung eine Lizenz für ein Straßenkind ausstellen können, nachdem es laut offizieller Erklärung gar keine Straßenkinder gab? Denn die mongolische Gesellschaft betrachtete sich immer noch als große Familie, in der sich die einen um die auch noch so entfernt verwandten anderen kümmerten. Hier musste niemand hungern oder frieren. Was die Touristen zu sehen glaubten, bestätigte nur, wie sehr ihre Sichtweise getrübt und durch westliche Propaganda verzerrt war. Der mongolische Anwalt warf einen gehetzten Blick durch die blinden Scheiben nach draußen. Wahrscheinlich war ihm schon die Polizei auf den Fersen oder die kriminelle Konkurrenz. In all das schien Frau Tsaka liebevoll eingebettet und eingliedert zu sein. Obwohl Dana die Lizenz herbeigesehnt hatte, nahm sie sich Zeit ohne Ende. Sie blätterte und wendete Unleserliches mit der Sorgfalt einer Steuer-prüferin. Sie glaubte, Frau Tsaka mit den Zähnen knirschen zu hören.

Wieder war es Robert, der ihr den Spaß verdarb. Sein Helfersyndrom, nicht seine Zuneigung zu Dana, so vermutete sie, ließ ihn aufblicken und Alan einen Hinweis geben. Gleich würden die beiden herankommen, das Unredliche aus den gefälschten Papieren herauslesen, den Betrug enttarnen und Dana durch ihre unerträgliche Hilfsbereitschaft als Idiotin abstempeln. Also setzte sie noch einmal schwungvoll ihren Namen unter längst Unterschriebenes.

Im Foyer über die Empfangstheke gebeugt, tauschte sie mit dem Anwalt ein Bündel Banknoten gegen den letzten Stempel aus, den er hastig unter ein Schreiben drückte. Dana verbreitete kühle Geschäftsmäßigkeit und absolute Souveränität. Frau Tsakas Augen, die beim Anblick der Geldmenge groß und weit geworden waren, schlossen sich wieder zu mongolischen Schlitzen. Ihr Gesicht war eine weiße Maske, vielleicht ein wenig weißer und maskenhafter als gewöhnlich, aber nicht wirklich aufschlussreich. Dana hingegen zuckte weder mit den Wimpern ihres unversehrten Auges noch mit den angekohlten Resten des anderen, als das Geldbündel in der Tasche des Anwalts verschwand. Sein hastiger Abzug sah nach Flucht aus.

Dana und Frau Tsaka betrachteten sich mit Distanz im Blick, ohne sich zu verständigen oder zu beglückwünschen, denn noch immer versuchte die eine, die andere in Gleichgültigkeit zu übertreffen. „Die Pferde?“, verlangte Dana. „Wo ist Hoygar? Jetzt müssen wir Pferde kaufen.“

Frau Tsaka indes hatte von Dana gelernt. Sie nahm erst einmal ein Telefongespräch an und ließ sich Zeit mit dem Geplauder. Als sie endlich auflegte, gab sie preis, Dana würde bald mittels Jeep und Fahrer an den Ögiy Nuur transportiert werden, einen See, nur ein paar Hunderte von Kilometern von Ulan Bator entfernt. Die Fahrt dorthin würde höchstens einen ganzen Tag dauern. Einmal dort angekommen, würde ihr der Fahrer zusammen mit Hoygar helfen, Pferde zu kaufen. Von dort aus könne sie dann aufbrechen.

Das sah anders aus als in Danas Tagträumen. In diesen war sie hoch zu Ross vor den staunenden Augen Roberts und der feixenden Miene Adrians vom Hotel aus davon geritten.

„Vielleicht gehen Sie in der Zwischenzeit noch einmal Ihre Liste durch?", empfahl Frau Tsaka behutsam.

„Nicht nötig. Was jetzt noch fehlt, werde ich mir unterwegs kaufen, und zur Not gehe ich in ein Hotel."

Frau Tsaka tippte mit einem Bleistift auf die Karte der Mongolei, die an der Rezeption auslag und senkte verschwörerisch die Stimme. „Auf dieser Strecke können Sie nichts kaufen. Es gibt keine Hotels. Gar keine, verstehen Sie? Hin und wieder gibt es bescheidene Jurten-Camps, mehr nicht. Ich habe mir erlaubt, Ihnen eine Jurte für heute Nacht am Ögiy Nuur zu reservieren."

„Eine Jurte? Kein Problem." Dana sah aus den Augenwinkeln, dass Alan und Robert sich von den Stühlen erhoben. Sie ging sofort auf ihr Zimmer, ehe die beiden sie einholen konnten und sank erschrocken aufs Bett. Was hatte sie vor? Sie wollte die Mongolei durchqueren? Sie verstand nichts von Pferden, vom Überleben in unwirtlicher Natur und dem Umgang mit Straßenkindern. Sie hatte keine Ahnung, was sie erwartete, und sie fühlte sich an ihren Unfall erinnert. Auch da hatte ihr niemand beigebracht, wie es sich als Topmodel mit einem verbrannten Gesicht lebe.

Schließlich meldete man ihr, Hoygar und ein Fahrer mit Jeep würden vor dem Hotel auf sie warten. Ob man ihr Gepäck verladen könne? Dana sah den blauen Säcken mit ihren wenigen Habseligkeiten hinterher, die hinausgetragen wurden und ihren fünf prall gefüllten Koffern, die Frau Tsaka in einem Abstellraum fortschloss. Dana rief ihre Mutter in Deutschland an. Dort musste es mitten in der Nacht sein, denn ihre Mutter klang schlaftrunken. „Möglicherweise kann ich mich in nächster Zeit nicht bei dir melden."

Ob alles so laufe, wie sie es sich vorgestellt habe, wollte ihre Mutter wissen, die plötzlich aufzuwachen schien und kein

Ende fand. Ob sie mitbekommen habe, dass ein grauenhaftes Bild von ihr durch alle Modemagazine gehe und ihr zerstörtes Gesicht im Moskauer Duty Free zeige? Ob ihre neue Stelle ihren Ansprüchen genüge und wie ihre Schüler wären?

„Inzwischen kann ich sie auseinanderhalten“, behauptete Dana, die immerhin Hoygars Gesicht von den Gesichtern anderer Mongolen unterscheiden konnte. „Und die Kollegen geben sich unaufgefordert große Mühe, mir zu helfen“, erzählte sie weiterhin in Erinnerung an Frau Tsaka, ihre High-Heels und den Swiss Bag. „Hat jemand für mich angerufen?“ Sie dachte an Jens und die Möglichkeit, dass er sich anders besonnen habe.

„Wer sollte das sein? Hier hat sich niemand gemeldet. Wartest du denn auf einen Anruf?“

Dana schloss entnervt die Augen. Ihre Mutter wollte nicht begreifen, was sie nicht aussprechen konnte.

„Wie ist denn deine Wohnung, elegant und sauber?“, fragte Danas Mutter.

„Alles perfekt. Besser könnte es nicht sein. Jeden Morgen kommt eine Frau zum Saubermachen und einmal die Woche werden die Fenster geputzt. Ich habe einen schönen Blick auf einen gepflegten Hof, in dem Kinder spielen.“ Sie dachte an die staubverhangenen Fensterscheiben im Hotel und Hoygars Nachtlager zwischen den Ruinen des Hinterhofs.

„Ich freue mich, dass es dir so gut geht. Bleib nur, solange es dir gefällt. Hier verpasst du nichts.“

Ich verpasse nichts, dachte Dana, nur das wirkliche Leben. Was sich hier in der Mongolei abspielt, ist nur eine Farce. Leben konnte man das nicht nennen. Aber wenn es ihrer Mutter und Jens so gleichgültig war, konnte sie ebenso gut in der Wildnis umkommen. Vielleicht würden die beiden ein bisschen Ärger mit dem Rücktransport ihrer Leiche bekommen. Vielleicht wachten sie dann auf und beklagten ihr Verhalten?

Dana lauschte auf die Nebengeräusche im Telefonapparat. Die Verbindung zu ihrer Mutter ließ zu wünschen übrig. Was sie einander zu sagen hatten, erreichte sie nur bruchstückhaft. Denn zwischen ihnen lagen mehr als ein paar tausend Kilometer. „Mach dir keine Sorgen", sagte ihre Mutter zum Abschied. „Mir geht es gut. Ich komme bestens zurecht."

Zu Beginn ihrer Fahrt dachte Dana, sie würden auf Nebenstraßen den Stadtkern umgehen. Dabei schienen sie mitten im Zentrum von Ulan Bator zu sein. All das, was in ihrer Vorstellung eine Stadt ausmachte, war hier der ungeheuren Weite des Raums geopfert worden. Urga, so belehrte sie der deutsch sprechende Fahrer, sei der ursprüngliche Name der Hauptstadt. Khan Zanabazar habe diesen Platz, an dem er seine Jurte im siebzehnten Jahrhundert aufstellte, so genannt. Urga heiße Prachtjurte, und das sei ihre Hauptstadt. Und die anderen Jurtenfreunde, warf Dana ein, hätten die immer mehr und mehr Jurten dazugestellt, bis aus Urga das Ulan Bator von heute geworden wäre? Hätte es keine Stadtplanung gegeben, einen zentralen Platz, Verkehrswege, einen Stadtkern, Außenbezirke, Kanalisation, Wirtschaftsgebäude, Krankenhäuser und Regierungsviertel? Aber ja, ließ sie der Fahrer wissen. Die Jurten wären selbstverständlich in der Nähe des Flusses Tuul errichtet worden und unterhalb des Bogd Uul, des heiligen Berges, wo die Geister wohnten. Perfekte Planung, nicht wahr?

Dana fragte nicht weiter nach, sondern widmete sich dem Anblick der selten werdenden Plattenbauten. Ein heftiger Satz des Jeeps durch ein Schlagloch alarmierte sie. War deshalb das Wageninnere so dick gepolstert? Es sah wie eine mobile Gummizelle aus. Schon wieder ging es durch ein Schlagloch und hinüber über eine Bodenwelle. Die asphaltierte Straßendecke wies unzählige Trichter auf, obwohl sie noch durch die Stadt rumpelten. Vereinzelte Jurten und kleine Häuser zeugten von Leben, dazwischen führten Fahrspuren ins Nichts. Waren sie bereits jenseits städtischer Umgebung, vielleicht schon in der Gobi? Ob das noch Ulan Bator sei, wollte Dana wissen.

Der Fahrer nickte energisch und hielt an einer Diesel-Station, um den Jeep zu betanken. Dana wollte vorsichtshalber noch einmal die Toilette der Tankstelle aufsuchen, solange sie noch auf Zivilisation und Kultur zählen konnte. Der Fahrer und Hoygar tauschten vielsagende Blicke aus, die sie missachtete. Was wussten Männer von dem Bedürfnis, sich vor einer Fahrt über das Land noch einmal die Hände zu waschen und frisch zu machen? Sie wanderte, etwas irritiert über den zugewiesenen Bau, den sie ansteuern sollte, zu der abgelegenen Bretterbude, öffnete die Tür des Verschlags, traute Nase und Augen nicht, musste würgen, schlug die Tür wieder zu und floh unverrichteter Dinge zurück. Hoygar, erfüllt von visionärem Wissen um ihre jüngste Erfahrung, tröstete sie: „Später. Auf dem Land."

Dana malte Kreise in die staubbedeckte Fensterscheibe neben ihrem Autositz. Wie mochte eine Toilette auf dem Land aussehen, wenn jene in der Stadt schon jeder Beschreibung spottete? Drei Stunden später wusste sie es.

Der Jeep war bisher über Schlaglochpisten gefahren und Dana hatte ihre Zeit einzig damit zugebracht, sich an die Griffe zu klammern und die Füße in den Aluminiumverstrebungen des Vordersitzes zu stemmen. Die Erinnerung an ihren Unfall hatte sie auf die Rückbank getrieben. Die Zeit verging schüttelnd und rumpelnd, bis der Fahrer plötzlich anhielt. „Toilette", sagte er.

Dana stieg zitternd aus. Die Fahrt hatte sie wie beim Joggen Muskelkraft gekostet. „Wo?"

Hoygar reichte ihr eine Rolle Klopapier und ließ den Finger von Nord nach Süd und West nach Ost kreisen. Dana folgte seiner Bewegung. Um sie herum sah sie kurzes, grünbraunes Gras über sanft gewellten Hügeln bis hin zum fernen Horizont. Ein atemberaubend weiter Himmel dehnte sich endlos über ihr aus, so leergefegt wie das verlassene Land in seiner majestätischen Einsamkeit. Nichts davon beeindruckte Dana wirklich. Sie stolperte in die eine Richtung. Fehlanzeige. Sie machte kehrt und nahm die andere. Wieder nichts, was wie ein Baum, ein Strauch oder ein Felsen aussah. Nach Minuten strammen Gehens entdeckte sie die erste Bodensenke. Sie blieb stehen und prüfte, ob die Männer sie noch sehen konnten. Sie konnten, denn auch Dana sah sehr genau, wie sie gerade im hohen Bogen auf das schüttere Gras pinkelten. Also weiter. Nach einer viertel Stunde hörte sie einen schrillen Pfiff. Hoygar war auf das Dach des Jeeps geklettert und hielt nach ihr Ausschau. Sie winkten einander zu, dann wendete er sich ab. Dana entdeckte einen Stein. Er war keine zehn Zentimeter hoch. Sie suchte nach Größerem. Doch selbst Steine waren hier rar. Schließlich fand sie sechs beieinanderstehende hohe Grashalme.

Auf dem Rückweg zählte sie an ihren Fingern auf, was sie nicht mehr vergessen wollte: Die Windrichtung musste ins Kalkül gezogen werden, das Klopapier sollte griffbereit zurechtgelegt und beschwert nicht vorzeitig davon flattern, den Boden galt es auf Dornen, Ameisen und Insekten aller Art zu prüfen, und die Hände konnte man nicht waschen. Sie hatte ein ganzes Päckchen Papiertaschentücher verbraucht und fühlte sich nicht sauber. In Zukunft musste sie also immer einen Stoß Reinigungstücher dabeihaben. Sie erinnerte sich der Menge, die ihr Hoygar zugestanden hatte. Sie würden kaum über den Ögiy Nuur hinausreichen. Am Auto angekommen, verlangte sie nach Seife und Waschwasser. Hoygar und der Fahrer weigerten sich, zu verstehen, was sie wolle. Schließlich bot Hoygar ihr seine Hosenbeine an. „Wisch sie da ab."

Dana verdrehte die Augen und rieb die Hände an ihrer eigenen Hose ab, einer metallic glänzenden Sonderanfertigung im cool-glamourösen Street-Chic von morgen mit den Effektnähten einfallsreicher Schneiderkunst, die sie das letzte Mal auf einer Modenschau in Barcelona getragen hatte. Wirklich elend wurde ihr, als es ans Einsteigen ging. Hatten die Mongolen an all diese Griffe gelangt, die sie jetzt auch benutzen musste, um sich auf die hohe Rückbank zu ziehen?

„Wir müssen vor der Dunkelheit den Ögiy Nuur erreichen", drängte der Fahrer. Er schloss einen breiten Gurt um seinen Leib. „Vorschrift. Alle Fahrer müssen Leibgurte tragen, um ihre Organe zu schützen. Sie geraten sonst bei dem Schütteln durcheinander. Wir verlassen jetzt die große Straße."

Dana warf einen Blick auf die Fahrrillen, denen sie bisher gefolgt waren. „Die große Straße?", echote sie.
„Ab jetzt wird die Straße schlecht. Viele Unebenheiten. Nach der Ortschaft Lun gibt es gar keine Straße mehr."

Der Ort Lun bestand aus nicht mehr als staubigen Fahrspuren, die sich zwischen einzelnen Holzhäuschen kreuz und quer über den steinigen Boden zogen und der Ansiedlung damit einen Anschein von Ortskern gaben. Dana schreckte aus tiefer Benommenheit auf. Das ständige Rütteln des Autos hatte sie in eine Art Trance versetzt. Staub war durch jede erdenkliche Ritze des Wagens geweht worden. Er legte sich auf ihre Haut und drang bis in die Lungen vor. Sie stolperte ins Freie. Vor ihren Füßen spuckten Hoygar und der Fahrer mächtig aus, ohne Rücksicht auf sie und die Windrichtung.
„Verdammt noch mal, passt doch auf!" Sie verschluckte sich, hustete und spuckte ihrerseits den Staub heraus, der mit dem peitschenden Wind davonflog. Dort drüben könne man essen, rief ihr der Fahrer zu und verschwand mit Hoygar in einem kleinen Haus, das auf Pfählen stand. Eine hohe Holztreppe führte hinauf. Dana stapfte den Mongolen hinterher, noch immer wie benommen von der Schüttelfahrt. Drei große zottige Hunde erhoben sich aus dem Dunkel unter der Treppe. Ohne zu bellen oder zu knurren traten sie ihr in den Weg. Die Mongolen waren schon die Treppe hinauf und im Haus verschwunden. Dana wollte beim Anblick der Hunde zurück zum Auto fliehen, doch dazu war es zu spät.
Die Tiere umkreisten Dana, die wie erstarrt auf der Straße stand. Zwei Hunde hielten sie allein mit dem Blick ihrer gelben Augen in Schach, während der dritte sich von hinten anschlich und ihre Fesseln beroch. Sie fühlte seine feuchte Nase an ihrem Unterschenkel. Ihre Lähmung wich, Panik packte sie. Sie machte einen Satz vorwärts, und die Hunde knurrten. Sie duckten sich nieder, hoben die Lefzen und ließen beachtliche Zähne sehen. Die erste Treppenstufe und das rettende Haus schienen weit entfernt zu sein. Plötzlich änderte sich die Situation.

Ein Jeep fuhr in Lun ein. Die Hunde sprangen auf und stürzten sich auf den neuen Eindringling. Dana nutzte die Gunst der Stunde und hetzte die Treppe hoch. Der Jeep folgte ihr bis zum Treppenfuß, mit ihm die bellenden Tiere. Das Beifahrerfenster wurde heruntergekurbelt. Adrians grinsendes Gesicht erschien. Die Hunde duckten sich knurrend am Auto.

„Welche Überraschung!", schrie er Dana über das Tuckern des Fahrzeugs zu. „Die göttliche Zicke! Zu herrlich und zu erhaben für einen freundlichen Gruß, was?"

Dana, noch immer durchgerüttelt von der Fahrt und voller Angst vor den Hunden, erwiderte nichts. Adrians Stimmung schlug blitzschnell um in böse Gereiztheit. Die erlittene Majestätsbeleidigung, ausgeübt von einer ahnungslosen Dana, stand ihm deutlich ins Gesicht geschrieben. Seine Augen glänzten, seine Finger krallten sich am Wagenfenster fest. „Wusste ich es doch. Zu fein für ein Wort. Ich will dir was sagen: Du wirst die Geierschlucht nie erreichen!" Er beugte sich weit aus dem Fenster und spie ihr seinen Hass förmlich entgegen. Der größte Hund, ein weißgefleckter Kerl mit Kampfesspuren am Ohr und Narben über dem Auge, sprang hoch. Mit einem hörbaren Klack seiner Zähne verbiss er sich durch das geöffnete Wagenfenster hindurch im dicken Stoff der Drillichjacke. Adrian schrie auf, der Fahrer gab Gas, der Jeep schoss davon. Unbeirrt hielt der Hund sein Opfer gepackt und ließ sich nicht abschütteln. Die beiden anderen Tiere hetzten hinterher. In einer Staubwolke rasten Auto und Hunde davon.

Dana nutzte ihr Chance und floh ins Lokal. Sie riss die Tür auf und platzte in die Stube hinein. Sekundenlang herrschte gespenstische Stille. Zwei Familien saßen dort zu Tisch, Männer, Frauen und Kinder, allesamt in die Mongolentracht gekleidet, die sie von Munk und den Leuten auf dem Plakat kannte. Sie steckten in Hosen und langen Mänteln, die man Deel nannte, die Füße in schwarzen Stiefeln. Die Köpfe mit dem zerzausten dunklen Haar waren über Porzellanschüsseln gebeugt. Alle blickten hoch und in Danas Gesicht hinein.

Ein Kind schrie auf. Ein zweites rutschte vom Stuhl herunter und verkroch sich unter dem Tisch. Dana schoss glühende Hitze in die Wangen. Sie hatte versäumt, ihr Gesicht zu bedecken, sie hatte vergessen, dass sie ein Monster war. Schnell senkten die Erwachsenen den Blick, sahen beschämt auf ihr Essen, drückten auch die Köpfe der Kinder herunter und gaben sich, als sei nichts geschehen.

Dana nahm den Stuhl, den Hoygar ihr hinschob. „Wir haben schon bestellt. Es gibt Gemüsesuppe und Fleischsuppe. Was willst du?“

„Gemüsesuppe.“ Sie tauchte ihren Löffel in die Brühe und wühlte reichlich Fleischbrocken auf. Sie sah sich Hoygars Fleischsuppe an und konnte keinen Unterschied erkennen. „Das esse ich nicht. Weder das eine noch das andere. In beiden ist Fleisch.“

Hoygar fischte einen Kohlstrunk und zwei Scheibchen Möhren aus ihrer Portion. „Gemüse!“, verkündete er mit Stolz in der Stimme. Die Wirtin, eine junge, schlanke Frau blickte verstohlen vom Tresen zum Tisch, der Koch steckte den Kopf um die Ecke einer Holzwand, wo es in die Küche ging.

„Brot?“, fragte Hoygar und reichte ihr ein weißes, weiches Teigstück ohne Kruste und Festigkeit.

Dana wollte nach ihrer Tasche greifen und das Sojamilchpulver zücken, als sie mitten in der Bewegung innehielt. Der weißgefleckte Hund, der eben noch Adrians Jacke gepackt hatte, kam durch die Küche herein, trabte an den Mongolen vorbei und ließ sich neben ihre Füße plumpsen. Er hechelte Speichelblasen aus, kratzte sich mit der Hinterpfote an seinem zerfetzten und vernarbten Ohr, Haare, Erdstückchen und Blutklümpchen flogen davon, er leckte schmatzend den rosafarbenen Bauch, schnüffelte forschend am Schwanz herum und streckte sich schließlich wohlig grunzend aus. Er beanspruchte dabei die ganze Länge unter dem kleinen Holztisch und sein Kopf ruhte auf Danas Schuh. Sie versuchte, den Fuß fortzuziehen, da kroch er noch näher heran und wälzte sich auf den Rücken, bis sein Schädel auf ihren beiden Füßen lag und seine rechte Pfote mit den großen Wolfskrallen an ihrer Seidenhose schabte. Zufrieden schlief er ein. Er ruckte und zuckte ein bisschen im Traum, vielleicht in seliger Erinnerung an verübte Taten, schnaufte, sabberte, schnarchte und kratzte traumverloren mit den Krallen an Danas Bein. Wieder wollte sie zurückweichen, da öffnete er das rechte gelbglühende Auge und schielte zwischen Bein und Tisch zu ihr hinauf.

Sie sagte kein Wort. Sie regte sich kaum. Sie widmete sich ihrer Suppe, aß sie zu Ende, schluckte die knorpeligen Fleischstücke hinunter, die nach Hammel und Huf schmeckten, den Kohlstrunk und die Möhrenscheiben. Sie tunkte wie die Mongolen das pappige Brot in die Brühe, trank von der heißen Flüssigkeit, die sie ‚Tzè' nannten, einem salzigen grünen Milchtee, dessen Kuhgeruch ihren Magen rebellieren und die Eingeweide rumoren ließ. Sie sprach nicht, weil ihre Begleiter auch nicht sprachen, sondern sich schlürfend und schmatzend dem Essen widmeten. Sie rülpsten und schnieften durch die Nasen, sie kleckerten mit dem Milchtee und dem Zucker auf dem Tisch herum, sie tunkten das Brot in die Suppe, in den Tee und wieder zurück, sie kauten mit offenen Mündern, pulten in den Zähnen, krümelten auf Kleidung und Geschirr, rührten mit dem einzigen Zuckerlöffel in der Suppe, leckten ihn ab und steckten ihn zurück in die Zuckerschale für alle. Das Fett der Fleischsuppe lief aus ihren Mundwinkeln das Kinn hinunter und tropfte auf Tisch und Kleider. Sie schlabberten und schluckten. Sie mahlten und mampften, sie bissen und gluckten. Und alles schnell und hastig, ohne großartige Manieren von ‚bitte' und ‚möchtest du vielleicht', ohne abzuwarten, ob auch der andere noch ein Stück Brot wolle.

Straßenkinder, dachte Dana, müssen zulangen, sobald sich die Gelegenheit bietet. Sie verzieh Hoygar und dem Fahrer die Ungehobeltheit, vor allem deshalb, weil sie niemands Aufsehen erregen wollte und schon gar nicht das Interesse des zottigen Ungeheuers, das auf ihren Füßen ruhte. Als die Mongolen sich ans Aufstehen machten, die Sachen packten und die Stühle rückten, erwachte auch der Hund, riss den Fang zum Gähnen auf und sprang auf die Beine. Er linste zu ihr hoch, schleckte ihren Fuß und rülpste laut. Dana erhob sich zeitgleich mit den Mongolen. Sie hatte einmal gelesen, dass sich Vögel und Fische deshalb zu Schwärmen formieren, weil die Vielzahl der Beutetiere den Räuber verwirre. Sie hoffte, auch der Hund wisse nicht, welches Bein er jetzt unter dem Tisch packen solle. Sie folgte also den Mongolen zum Tresen um zu zahlen, ja sie quetschte sich förmlich zwischen sie und an ihre Körper, in einer Art von Tuchfühlung, die ihr noch vorhin zuwider war.

Der Fahrer war groß und kräftig, von breiter Statur, Hoygar eher schmächtig, aber auch er ein Schutzschild gegen den Hund. Der folgte ihnen nach draußen und die Treppe hinunter, wo sich auch die beiden anderen Tiere dazugesellten. Sie trotteten in trauter Eintracht mit den drei Menschen zum Jeep hinüber, ihre Köpfe neben Danas Knie, ihre feuchten Schnauzen in Danas Kniekehlen und Dana selbst nur Millimeter vom breiten Rücken des Fahrers entfernt. Sie stieg ein, schloss bebend Tür und Wagenfenster, das Auto fuhr an, und die Hunde blickten ihnen nach, ohne Knurren und Bellen.

Eine halbe Stunde später fragte sie: „Gibt es viele Hunde in der Mongolei?“

„Sie gehören zur Familie“, erklärte der Fahrer. „Sie bewachen die Jurte und die Herden. Sie werden gehätschelt wie Kinder, sind aber nicht so wichtig. Jeder hier hat einen Hund.“

„Sind sie gefährlich?“

„Wie meinst du das?“

„Beißen sie?“

„Wenn du der Jurte oder der Herde zu nahe kommst, zwicken sie dich. Aber sie beißen nicht richtig. Nur wenn du böse bist. Das können sie riechen. Sie wissen genau, was du willst, und was für ein Mensch du bist.“

„Blödsinn. Woher soll ein Hund wissen, ob ein Mensch gut oder schlecht ist?“ Dana klammerte sich wieder an den Haltegriffen fest und blickte verärgert auf die staubgrüne Landschaft hinaus.

„Sie wissen es, weil alle Lebewesen auf der Erde nur ein einziges Wesen sind."

Dana schürzte verächtlich die Lippen. Sie wollte keine Energie mehr auf dieses nutzlose Gespräch verschwenden. Der Fahrer war einfältig. Er verstand ihre Frage nicht. Sie verdrängte die Hunde und die Erinnerung an Adrians böses Gesicht. Sie dämmerte vor sich hin, denn die Landschaft war eintönig und nichtssagend so, wie das Leben hier und das Geschwätz der Leute.

Zwei Stunden später geschah es.

Sie waren sehr schnell über die steinige Ebene gerumpelt, viel zu schnell für Danas Geschmack. Sie hatte protestiert und erfahren, bei dieser Geschwindigkeit handle es sich um das sogenannte Touristentempo, einer gemäßigten und rücksichtsvollen Fahrweise, die ganz anders aussähe, wären nur Mongolen an Bord. Gnadenlos ging es die Sand- und Steinhügel auf- und abwärts wie in der Achterbahn. Der Jeep schoss eine Kuppe hinauf und jenseits wieder hinab. Dana wagte nicht hinzusehen, bis sich der Milchtee anschickte, bei jedem Rumpler aufzusteigen. Sie musste die Fahrbahn im Blick behalten, um den Magen zu kontrollieren. Deshalb erkannte sie ganz genau, was sie nicht sehen und glauben wollte: jenseits dieser Kuppe, auf deren Scheitelpunkt sie gerade hinaufgejagt waren, war die Welt zu Ende. Der Boden fehlte. Ein tiefes Loch klaffte im Erdreich, ein Abgrund dort, wo ein steiniger Weg hätte sein sollen.

Fürs Schreien war es zu spät. Sie schossen über den Abhang hinaus und stürzten hinunter. Der Jeep kam wie eine Katze auf allen vieren auf und machte noch einige Bocksprünge. Der Fahrer hielt, als handle es sich bei dem Sturz um Alltägliches. Dana kroch aus dem Auto und erbrach Milchtee in die Grasbüschel. Sie fasste sich ins Genick, es war noch heil. Die Mongolen stapften zur Unglücksstelle und die Kuppe hinauf. Der letzte Regen, der hier vor Wochen niedergegangen wäre, hätte wohl den Hang unterspült und das Erdreich fortgeschwemmt, erklärte man ihr. „Hier fehlt ein Steinmal, das uns hätte warnen können. Wir werden eins errichten. Hilf uns!"

„Gibt es noch andere Pisten zum Ögiy Nuur?", fragte Dana, als sie Steine zu einem ahnsehnlichen Haufen geschichtet hatten, der weithin zu sehen war und nachkommende Wagen vor dem Straßenabbruch warnte. Die Mongolen, ohnehin nicht zum Schwatzen aufgelegt, zuckten desinteressiert die Schultern. „Warum?"

Dana dachte an Adrian und seine unverhohlene Wut. War er hier vorbeigekommen? Hatte er ein Steinmal zerstört und sie in diese Falle stürzen lassen? Sie trug ihre Überlegung dem Fahrer vor.

Der schüttelte den Kopf. So etwas gab es nicht. Nicht hier in der Mongolei. Die Touristen stritten, das stimmte, sie stritten immer: um Fensterplätze, Cola-Dosen und die Wahl des Sonnenschutzmittels, ob man rauchen dürfe oder nicht. Die Deutschen und die Österreicher, die könnten sich nicht leiden. Er wisse nicht, warum. Und erst die Jammerer! Die einen wollten rasten, die anderen weiterfahren. Und alle hatten immer recht. Deshalb blieb er in Ulan Bator. Da wäre das Leben nett.

„Quatsch", sagte Dana. „Ich rede nicht von solchem Streit. Attentat. Schon mal gehört?"

Er blickte sie verständnislos an.

„Hier war doch sicher ein Steinmal? Der Regen ist doch schon lange vorbei? Hier kamen Autos durch. Deren Fahrer haben ein Steinmal errichtet. Und jetzt hat es jemand zerstört?"

„Steinmal?", fragte der Fahrer nach. „Owoo?"

Er fuhr jetzt noch schneller, die Zeit musste eingeholt werden. Irgendwann stoppte er dort, wo schon viele vor ihm eine Pause eingelegt hatten. Neben der Fahrspur war ein mannshoher Steinhaufen aufgeschichtet. Blaue Bänder und Fähnchen schmückten ihn. „Owoo", erklärte der Fahrer. Dana sah ihm und Hoygar zu, wie sie den Steinhaufen dreimal umkreisten und ihrerseits einen Stein obenauf legten. „Jetzt du", forderte der Fahrer.

„Das meine ich nicht. Ich rede von unserem Unglück. Ich rede davon, dass jemand den kleinen Steinhaufen zerstört hat, der uns hätte warnen können, ich rede … "

„Viel", warf Hoygar ein. „Der kleine Steinhaufen ist nicht wichtig." Er nagte an seiner Unterlippe und runzelte die Stirn, um die richtigen Worte zu finden. „Keine Schilder, verstehst du? Jeder muss selber sehen."

„Um warum soll ich dann um diesen blöden Haufen herumgehen?"

„Owoo", kam ihr der Fahrer zu Hilfe. „Er schützt uns."

„Und vor was, verdammt noch mal?" Dana verlor die Geduld.

„Er schützt, wenn kleiner Steinhaufen fehlt."

„Ich glaub, ich spinn!", schrie sie.

Hoygar blickte sie misstrauisch an. „Krank?", hakte er nach.

Sie stiegen ein und fuhren weiter. Bis sie den Ögiy Nuur erreicht hatten, sprach niemand mehr.

IV.

Nichts davon hatte sie je zuvor erlebt.

Dana saß auf einem Felsen über dem Ögiy Nuur und tippte sich an die Stirn. Hatte sie was an den Ohren? Eine dramatische Stille brach über sie herein, die ihr Angst machte.

Sie blickte sich um. Hinter ihr, eingerahmt von einem tadellosen, weiß gestrichenen Holzzaun, lag das Touristen-Camp. Es sei ein Ger-Camp, hatte man sie bei ihrer Ankunft wissen lassen, denn das mongolische Wort für die Filzjurte sei Ger. Eine Ansammlung adretter, schäfchenweißer Jurten mit Ofenrohr an der Kuppel und rot bemalter Eingangstür leuchtete zu ihr herüber. Die Jurte selbst war eine Behausung aus kreisförmig aufgestelltem Scherengitter und Filzmatten und hielt Kälte, Wind und Staub ab. Die Einrichtung der Touristenjurte mit Betten, Kommoden und einem Ofen unter dem Dachkranz hatte ihr schon auf den ersten Blick das Gefühl perfekter Geborgenheit in rauer Wildnis vermittelt. Das Ger-Camp gefiel ihr weit besser als das teure Luxushotel; kein unnötiger Komfort und Tand in den peinlich sauberen Wasch- und Duschkabinen des kleinen hölzernen Badehaustraktes, sondern funktionierende Wasserhähne und Abflüsse. Sogar warmes Wasser würde es dank Sonnenkollektoren und Thermokesseln geben. Und das Essen schien ihr weit weniger klebrig, süß und voll unnützer Kalorien zu sein als in der Hauptstadt. Alles schien hier auf das Wesentliche reduziert zu sein, und ein jeder war beschäftigt. Sie sah niemanden herumhängen oder dumpf vor sich hinbrüten.

Jenseits des Camps lag die glatte Fläche des Ögiy Nuur, dessen kobaltblaues Wasser in seiner Farbbrillanz mit dem Himmel wetteiferte. An seinem östlichen Ufer konnte Dana in großer Ferne eine Jurte mit Pferdekoppel ausmachen, eingebettet in ein weites, menschenleeres Land aus welligen Hügeln und braunem Gras. Sie war beunruhigt. Es gab keine Geräusche. Sie hätte doch etwas hören müssen: Insektensummen vielleicht, ein Klappern im entfernten Touristen-Camp oder das Plätschern kleiner Wellen am Ufer? Es war absolut still. Sie warf einen Stein fort. Ein winziges Poltern war zu vernehmen, bis auch dieses Geräusch von der Weite des Landes verschluckt wurde.

Vielleicht sollte sie zurückfahren. War diese Verlassenheit das Richtige für sie? Das Schweigen war riesig und beängstigend. Selbst der Wind war verstummt. Es war vollkommen still. Und diese Stille war furchtbar. Kein Vogel zwitscherte, kein Ästchen knackte. Draußen auf dem See ging lautlos ein Entenschwarm nieder. Dana saß regungslos da und lauschte dem Schweigen.

Nach langer Zeit hörte sie den Wind über das kurze Gras säuseln. Sie bückte sich zu Boden und spürte den Luftzug auf ihrem Gesicht. Und dann vernahm sie ein Donnern. Es schien aus der Erde zu kommen. Erschrocken fuhr sie hoch. Gab es ein Erdbeben? Ballte sich ein Gewitter zusammen? Der Himmel war rein und klar, die Oberfläche des Sees unbewegt. Nur weit im Osten stieg eine Staubwolke auf, die mächtiger wurde und näher kam. Träumte sie? Hunderte von Pferden jagten über die Steppe. Sie erschienen wie ein Spuk, wirbelten Sand und trockene Erde auf, ließen den Boden unter ihren Hufen beben und verschwanden jenseits der Hügel. Dana blieb wie gebannt sitzen und lauschte dem Klang. Die Erde dröhnte, als sei sie eine einzige, riesige Trommel.

Erst als es dunkel wurde, ging sie zurück. Sie, die bisher Angst vor der Finsternis und fehlenden Straßenlaternen gehabt hatte, vergaß, sich zu fürchten. Aus dem Versorgungshaus schimmerte Licht und die vertrauten Geräusche eifriger Küchentätigkeit drangen jetzt an ihr Ohr. Windböen trugen den Duft von Gebratenem und glühendem Holz heran. Die dunkle Weite war erfüllt von der Anwesenheit anderer Menschen. Dana sah, wie sie ohne Hast ihrer Tätigkeit nachgingen: gemächlich, gelassen und still. Ihre Verzauberung hielt selbst beim Essen mit Hoygar und den vielen Touristen an und steigerte sich noch, als sie ihre Jurte betrat.

Nie zuvor hatte sie in einer Jurte genächtigt. Das Bettzeug roch frisch, und die Decken wärmten. Die Filzschichten der

Jurte atmeten die klare Nachtluft, ohne Sand oder Wind durchzulassen. Zwei Mittelstützen trugen den Dachkranz, auf dem bunt bemalte Holzstangen lagen, die mit Filzmatten abgedeckt waren. Aus dem kreisrunden Loch wies das Ofenrohr zum Himmel. Holzscheite verbrannten knisternd und verströmten wohlige Wärme. Wacholderduft strich durch den Raum. Von einer Glühbirne fiel flackerndes Licht auf den Bretterboden mit den bunten Teppichen. Bald würde die Lampe verlöschen, die windbetriebene Generatoren mit Energie versorgten. Es wurde Nacht, Zeit für Mensch, Tier und Wind sich niederzulegen. Dana bog den Kopf auf den Kissen zurück und blickte in die Dunkelheit hinauf. Dort oben funkelten Sterne.

Die Jurtentür ging auf und zwei Touristinnen steckten den Kopf herein. Dana beunruhigte das nicht. Die Jurte war für sie reserviert. „Guten Abend", grüßte sie wohlgelaunt.

Die beiden Frauen kamen zögernd näher, betrachteten Danas Gesicht, schrien „Igitt!" und stürmten hinaus. Sie ließen die Jurtentür weit offen stehen und brüllten herum. Dana verstand jedes Wort, denn Filzjurten waren nicht für Geheimnisse gemacht.

„Wir waren einverstanden, die Unterkunft mit einer weiteren Touristin zu teilen", schrie gerade die eine auf Deutsch. „Mit einer Frau wohlgemerkt und nicht mit einem Monster!"

Schritte polterten über den Plattenweg, der vom Hauptbau zu den Jurten führte und sie untereinander verband. Es wurde laut. Ein Menschenauflauf bildete sich vor Danas Jurte. Jede einzelne Stimme war zu verstehen.

Sie würden den Reiseveranstalter verklagen, vernahm Dana die Deutschen wieder. Holländer boten an, jedes Wort in tadelloses Englisch zu übersetzen, damit die Mongolen im Camp alles verstehen könnten. Amerikaner wiesen auf Versicherungsklauseln hin: nach amerikanischem Gesetz könne man den Reiseleiter haftbar machen! Ein Österreicher brüllte, er wolle endlich seine Ruhe haben, er wäre nicht hierher gekommen, um sich das Weibergezänk anzuhören. Frauen kreischten auf und empfahlen ihm, sich doch selbst vom abstoßenden Anblick der Jurtengenossin zu überzeugen, ehe er das Maul aufreiße. Ein weiblicher, skandinavischer Tonfall brachte vor, dass Gott alle Menschen liebe. Ein neuer Tumult entstand, bei dem es plötzlich um Katholiken ging, die schon immer die Verunstalteten verteufelt hätten. Ein Franzose mit eindeutigem Akzent beschwerte sich, dass dieser Lärm nach dem ungenießbaren Abendessen der hier herrschenden Kulturlosigkeit noch eins draufgäbe.

Hier gehe es nicht um Kultur und Essen, sondern um Ruhe und Frieden, schrien die Frauen zurück. Sie hätten ein Vermögen für diese Reise bezahlt und ein Recht darauf, sich bei einem erholsamen Schlaf zu entspannen. Das stände alles in ihrem Vertrag mit dem Reiseveranstalter. Der Franzose möge ihn lesen, wenn er denn außer Französisch auch Deutsch beherrsche.

Was ihnen einfiele, hörte Dana den angegriffenen Mann erwidern. Er könne Englisch. In diesem Fall zu seinem Pech, denn sonst wüsste er gar nicht, warum sie hier herumbrüllten. Ob sie ein Problem mit den Ohren hätten?

Mit den Ohren nicht, aber mit der Mongolei. Man würde Touristen mit falschen Versprechungen hierher locken, sie ausnehmen, übervorteilen und ihnen das Unglaublichste zumuten. Ob ihm denn nicht aufgefallen wäre, dass hier in diesem Camp das Bier doppelt so teuer sei wie in Ulan Bator?

Er tränke ausschließlich Wein, vernahm Dana, und zwar französischen.

Das sei typisch für ihre nationale Überheblichkeit, mischte sich ein Mann mit rollenden spanischen R-Lauten und einem leichten Lispeln ein. Er fände übrigens diese Frau dort in der Jurte ganz aufregend. Über das Gesicht könne man ja …

Ein vielstimmiger Aufschrei aus Frauenkehlen übertönte, was er damit tatsächlich sagen wollte. Die Männer dächten nur an das Eine, selbst bei einem Monster, hörte Dana die Damen brüllen. Dadurch hätten sie das Elend in die Welt gebracht, Krankheiten, die sie durch ihre Geilheit verbreiteten. Und hoppla, was sei denn los mit dieser Frau, gäbe es in der Mongolei nicht noch Fälle von Lepra? Vielleicht sei dieses Monstergesicht ansteckend?

Man lugte vorsichtig zur Jurte herein und vergewisserte sich, dass Dana so schrecklich aussehe, wie behauptet wurde. Inzwischen saß sie aufrecht im Bett, fixierte das dunkle Viereck des Eingangs und lauschte dem Mob. Wann würden sie kommen, um sie zu hängen? Sollte sie fliehen?

Eine Mongolin betrat den Raum. Sie war höchstens zwanzig Jahre alt, trug hautenge blumengemusterte Leggins und ein knappes hellgrünes Top, die Haare zu einem dicken Zopf geflochten und die Nägel lila lackiert. „Ich heiße Dü", erklärte sie Dana. Sie trat an den Ofen und legte Holz nach. Sie nahm ein brennendes Scheit in die Hand, brach mit dem Deckel einer Konservendose ein glühendes Stück davon ab und ließ es in eine Blechschüssel fallen. Sie streute getrocknete Kräuter darüber und fächelte den Rauch in Danas Richtung. Konzentriert und bedächtig, mit kleinen akkuraten Schritten tanzte sie in ihren ausgetretenen Gummilatschen über den Holzboden und räucherte die Jurte. Leise begann sie zu singen. Dann schwoll ihr Lied mächtig an. Dana lauschte überrascht. Wie konnte eine so kleine Person so gewaltige Töne hervorbringen?

Düs Gesang glich einer Erzählung. Kummer und Sorge lagen in den Tönen und frohlockende Jauchzer neben melancholischer Klage. Noch nie hatte Dana dergleichen gehört. Sie wusste nicht einmal, ob ihr diese seltsamen Klänge gefielen. Der Wind begleitete die Sängerin. Zuerst vernahm Dana nur ein feines Säuseln hoch oben über dem Jurtendach. Als Düs Gesang lauter wurde, fiel auch der Wind furchterregend ein. Er rüttelte an den Filzmatten, schlug die Lederschnüre der Abdeckung peitschend an die Wand und pfiff zur Tür herein. Ein Brausen erfüllte die Jurte. Dampf und Rauch stiegen feuerspuckend aus dem Ofen auf, ballten sich zusammen und fuhren mit dem heulenden Sturm in die Dunkelheit hinaus. Die Frau hörte auf zu singen. Der Wind verstummte. Es war totenstill.

Dü kippte das glühende Holz mit den Kräutern in den Ofen und schlug einen Trommelwirbel mit der Blechschüssel. „Böser Geist“, erklärte sie, als seien Geister so alltäglich wie Stubenfliegen. Sie wies auf das Luftloch. „Da ist er hinausgeflogen. Hast du ihn gehört?“

Die Mongolin ging und schloss behutsam die Tür. Die Menschen draußen waren längst verschwunden.

In dieser Nacht schlief Dana allein in der Jurte. Als die Morgenkälte kam, erschien Dü und beheizte den Ofen neu. Wacholderduft zog in blauen Schwaden durch die klare Luft. Dana sah Sonnenlicht durch die Türritze fallen. Sie stand auf und blickte hinaus. Vor ihren Augen breitete sich eine unendliche friedliche Weite aus. Dü stand mitten im Camp und versprengte Teewasser in alle Himmelsrichtungen als Morgengruß für den Tag und seine Geister.

Die anderen Touristen, die sich gestern Abend so daneben benommen hätten, wären schon fort, bemerkte später eine Frau am Waschbecken neben Dana und stellte sich vor. Sie heiße Julie, sei Ärztin, komme aus Belgien und arbeite in einer Klinik für Hauttransplantationen. Noch sei bei einer Verbrennung die Gesichtstransplantation ein Mythos, aber der Tag würde kommen, da man Patienten wie Dana helfen könne.

„Wir haben es mit einem Hautlappen versucht.“ Dana tupfte sich das Wasser von der Stirn. „Es kam zu einer Abstoßungsreaktion. Danach hatte ich noch einige Narben mehr.“

„Lassen Sie keine Hautlappenplastik machen!“, erklärte Julie mit Nachdruck. „Ihre Narben sind nicht sehr tief, aber großflächig. Warten Sie auf die Ergebnisse der künstlichen Gewebezüchtung. In einigen Jahren werden wir große Fortschritte erzielt haben.“ Sie hatte die Klinke der Waschkabinentür schon in der Hand, als sie noch fragte: „Und was treibt Sie in die Mongolei?“

„Ich laufe davon“, antwortete Dana. „Weniger vor mir selbst, als vor den dummen Empfehlungen, wie ich mein zukünftiges Leben gestalten könnte. Dass die Medizin Wunder vollbringe, und wie gut es mir gehe."

„Verstehe." Julie blieb gelassen. „Mitleid und Zuspruch wollen Sie nicht. Hat Ihnen schon einmal jemand gesagt, dass Ihr derzeitiges Aussehen möglicherweise Ihrer wahren Natur entspricht? Ich habe gestern beobachtet, wie herablassend und herrisch Sie mit Ihrem Fahrer umgingen, wie Sie den Jungen an Ihrer Seite ständig maßregelten, beleidigten und anfauchten. Er hatte ja den Kopf schon eingezogen, als ob er Prügel befürchten müsste. Wenn Ihnen das Essen an den Tisch gebracht wird, reagieren Sie nicht einmal mit einem Nicken. Sie behandeln die Menschen wie Sklaven. Man fürchtet sich vor Ihnen - nicht nur wegen Ihres Gesichts! Ich weiß nicht, ob es auch schon so etwas wie eine Seelentransplantation gibt. Wenn ja, dann lassen Sie sich auf die Warteliste setzen!"

Dana blieb sprachlos zurück. Was wollte ihr die Frau sagen? Sie hatte sich gestern verhalten wie immer. Sie war weder besonders gereizt gewesen, noch übel gelaunt. So ging sie immer mit den Leuten um. Ein Fahrer war nun mal ein Fahrer. Sollte sie ihm die Hände küssen? Und was Hoygar betraf, der brauchte eine harte Hand. Wenn er weiterhin so ungehobelt am Tisch herumlümmelte, schmatzte und rülpste, würde sie sich einen anderen Führer suchen. Am besten noch hier im Camp. Sie fühlte sich bestätigt, als Hoygar beim Frühstück gestand, ihr Fahrer sei zurück nach Ulan Bator gefahren.

„Aber er sollte uns beim Pferdekauf helfen!" Danas Stimme war schneidend.

Hoygar zuckte zusammen: „Ich weiß."

„Du weißt etwas? Ich will dir was sagen: du weißt gar nichts! Du bist ein Idiot. Und du benimmst dich wie ein Idiot. Konntest du den Fahrer nicht aufhalten?"

Der Junge ließ den Kopf hängen. Aber Dana war noch nicht fertig mit ihm. „Wie kommen wir jetzt an die Pferde?"

„Es gibt eine Jurte hinten am Ufer. Dort wohnen Pferdeleute." „Was du nicht sagst, diese Jurte habe ich selbst gesehen. Sie ist meilenweit weg. Wie komme ich dahin?"

Hoygar deutete vorsichtig auf ihre Füße. „Gehen?"

„Du bist vielleicht ein Herzchen! Meinst du, ich zahle dir ein Vermögen, damit ich mir hier Blasen laufe?"

„Ich kann Ihnen helfen!", rief Julie dazwischen. „Unsere Gruppe wandert heute am Ögiy Nuur entlang. Wir brauchen das Auto nicht. Ich sage unserem Fahrer Bescheid. Er kann Sie zu den Pferdeleuten bringen. Riechen Sie diesen Duft?" Übergangslos fächerte sich Julie Luft zu. „Er hängt noch in Ihrer Kleidung und bringt Ihnen Glück. Das ist Wüstenwacholder. Der Busch wächst besonders langsam und verbreitet ein intensives Aroma. Schamanen verwenden ihn bei Zeremonien."

„Dü ist eine Schamanin?" Dana beobachtete die Mongolin, die Thermoskannen mit heißem Wasser befüllte. „Dü hat gestern meine Jurte mit diesem Kraut geräuchert. War das Schamanismus?"

„Ach, wo." Julie grinste. „Das war nur ein Hausmittel gegen ungezogene Touristen. Die Schamanen sind den Mongolen wichtig und heilig. Glauben Sie mir, nur weil sich Touristen schlecht benehmen, bemüht man keinen Schamanen."

Dana ärgerte sich. Wieso wusste Julie alles besser? „Das war keine einfache Räucherung", widersprach sie. „Das war etwas Besonderes. Dü hat den Wind gerufen."

„Das machen sie alle, denn der Wind gehört zu den Mongolen, und die Mongolen sind Kinder des Winds. Sie machen sich ihn zunutze. Wenn Sie lange genug durch das Land reisen, wird er vielleicht auch Ihnen helfen."

Das Gespräch gefiel Dana nicht. Sie musterte die Ärztin höchst unzufrieden. Wieso wussten immer die anderen ganz genau, wo es in ihrem Leben langging? Sie hatte diese verdammten Besserwisser satt. „Danke", murmelte sie. „Wie soll ich nur in Zukunft ohne Ihre Ratschläge auskommen?" Sie wandte sich zum Gehen. Je eher sie dieses Camp verließ, desto besser für ihren Seelenfrieden. Der Wind würde ihr dienen, was für ein Schwachsinn! Ungeduldig rief sie nach Hoygar. Er stopfte sich gerade einen heißen Mehlfladen in den Mund und trank gierig vom süßen Tee.

Plötzlich veränderten sich Raum und Zeit. Hoygar war verschwunden, mit ihm die Touristen und Mongolen der großen Gemeinschaftsjurte. Dana spürte ihr Herz pochen. Wurde sie ohnmächtig? Vor ihren Augen saß ein kleines Mädchen mit seinen Eltern bei Tisch und ließ den Kopf hängen. Die Mutter des Kindes heulte und wischte sich Tränen fort, der Vater holte zu einem Schlag aus. Abrupt erwachte Dana aus ihrem Traum. Sie hatte sich selbst gesehen! Ja, sie erinnerte sich an die Ohrfeige, die sie damals vom Stuhl gefegt hatte. Eine Halluzination, beruhigte sie sich, nichts weiter. Eine Nachwirkung der Medikamente, die mit der Zeit schwächer werden würde. Wo war Hoygar? Der Junge kam kauend angerannt. „Halt!" Dana packte ihn am Arm. „Warum stopfst du solche Massen in dich hinein?"

Er konnte nicht antworten. Er hatte den Mund so voll, dass er rot anlief. Dana fühlte die Blicke aller auf sich gerichtet. „Können Sie mir ein Lunchpaket geben?", bat sie Dü. Sie hielt Hoygar eisern fest. „Wenn du Hunger hast, nimmst du dir etwas aus dem Lunchpaket. Aber iss nicht alles auf einmal auf, verstanden? Es gibt doch jeden Tag Essen: morgens, mittags, abends!"

Seine gewölbten Backen schrumpften langsam auf Normalgröße. Auf seinen Wangen zeichneten sich weiße Streifen ab, als hätte Dana ihn geschlagen, so wie sie damals von ihrem Vater geschlagen worden war, weil sie ihren Teller nicht leer essen wollte. Vielleicht war das Hoygars Problem? „Müsst ihr eure Teller immer leer essen?", fragte sie ihn. „Hat dich dein Vater geschlagen, wenn du nicht aufgegessen hast?"

Hoygars schmale, mongolische Augen wurden erstaunlich groß und rund. „Vater?", nuschelte er. „Essen?"

Dana drängte ihn aus der Jurte hinaus in den hellen Tag. Ihre Kehle war wie zugeschnürt. Sie standen unter einem sonnigen, vergissmeinnichtblauen Himmel, über den vereinzelt Schäfchenwolken trieben. Ein zwitschernder Vogelschwarm glitt nahe an ihnen vorbei. Sie hätte nach den Tieren greifen können, so zutraulich schienen sie. Die Sonne malte Glitzerstreifen auf den Ögiy Nuur, die Wind und Wellen zu

Diamantmustern formten. So schön und friedlich schien das Leben hier zu sein. Sie fröstelte im Sonnenschein voller Entsetzen. Hoygar hatte in seinem Leben das eine nicht gehabt und kaum das andere, verstand sie jetzt. Weder Vater noch Essen. Schwermut ergriff sie. Sie wollte den schmächtigen Jungen in die Arme schließen, ihm zuflüstern, dass alles gut werde und er niemals hungern müsse, solange er bei ihr sei. Doch gerade als ihr diese neue Milde zu Kopf stieg und ihr Hoygars Elend zu Herzen ging, rülpste und furzte Hoygar zugleich, spuckte auf den Boden und schniefte durch die Nase.

Der Zauber des Augenblicks zerplatzte wie ein Luftballon.

Dana blickte über die grünbraunen Hügel. Sie hatte sagen hören, das urtümliche Nomadenleben in diesem wilden Land verbreite Romantik. Touristen aller Herren Länder kämen hierher, um Ursprünglichkeit und Lebensnähe zu finden. Sie blickte von Hoygar zu ihrem neuen Fahrer. Der eine bohrte mit langen Fingernägeln in den Ohren, der andere pulte im Mund herum. „Hoygar, lass das!“, befahl Dana. „Nimm die Finger aus dem Mund und wisch dir die Nase ab. Aber bitte mit einem Taschentuch.“ Sie blickte den Fahrer böse an. „Das gilt auch für dich, verdammt noch mal. Hör auf, in den Ohren zu pulen!“

„Häh?“

Genervt kletterte Dana ins Auto. „Fahr schon! Was trödelst du rum?“

„Langsam“, gab der Fahrer zurück. „Du wirst schon sehen.“

Nach den ersten Bodenwellen und Geländeabbrüchen, die der Jeep im Kriechgang nahm, verstand Dana, warum man durch die Mongolei nicht fuhr, sondern ritt. Die holprige Fahrt über die Furchen und Hügel zu den Pferdeleuten am Ostufer des Sees dauerte viel zu lange. Jeder Reiter wäre schneller gewesen. Schließlich kamen sie nach langer Rüttelfahrt endlich an.

Dana war im Jeep sitzen geblieben und wartete auf Hoygar und den Fahrer. Langsam wurde sie ungehalten. Die beiden waren vor mehr als einer Stunde in der Jurte der Pferdeleute verschwunden! Sie runzelte die Stirn. Die Mongolen sollten Pferde und Ausrüstung kaufen, nicht herumschwatzen, in den Zähnen stochern oder lachen! Hier in diesem wüsten Land mit dem ewigen Wind, der Armut und den grässlichen Manieren seiner Bewohner gab es nichts zu lachen! Sie verstand nicht, warum sich dieser Handel endlos hinzog. Sie hatte die Zeit genutzt und in Herrn Zaysans Lektüre gelesen. Sie wusste jetzt genau, dass ein Deel, jener Mantel, den Munk schon bei seinen Besuchen in der Klinik getragen hatte, einfach zu schneidern und ein hervorragender Schutz gegen den Wind sei. Sie erfuhr, dass sie beim Betreten einer Jurte niemals anklopfen oder auf die Türschwelle treten dürfe, und dass es Unglück bringen würde, über die Jurtenschnüre zu stolpern. Dana klopfte sich an die Stirn. Was für ein Stuss! Wurde es etwa in Europa gerne gesehen, wenn der Gast im Vorgarten über die Beeteinfassung stürzte und die Begonien platt machte? Sie blätterte weiter. Gastgeschenke, aha. Die hatte sie bereits in Ulan Bator gekauft. Hoygar war mit ihnen ausgestattet in der Jurte verschwunden: eine besonders schöne Schnupftabaksdose mit Inhalt für den Herrn der Filzhütte, Tee für den allgemeinen Gebrauch, Kosmetika für die Dame des Hauses, Malstifte und Hefte für die Kinder, Haarspangen für die Mädchen, Taschenmesser für die Jungen und Nüsse, Obst und Süßigkeiten für alle. Weshalb also ging der Handel nicht voran?

An den Pferden schien es nicht zu liegen. Ganze Herden grasten in der Nähe des Sees. Hunde umkreisten kläffend Ziegen und Schafe, Mongolen kamen angeritten, musterten verstohlen ihr Auto und betraten die Jurte. Inzwischen musste der Raum gesteckt voll mit Leuten sein.

Dana blieb im Auto sitzen. Sie hatte kein Verlangen, sich unter die Jurtenbewohner zu mischen. Nur das nicht! Sie hatte gerade gelesen, dass sie als Gast auf der Westseite auf dem Bett ihren Platz einnehmen müsste. Auf dem Bett! Man stelle sich vor! Ihr graute davor, sich auf eines Mongolen Bett zu setzen. Und danach sollte sie gegorene Stutenmilch, den Airag, trinken. Schon der Gedanke daran ließ sie beben. Ungewaschene Hände hatten ungewaschene Euter gezupft, die Milch in einen Tierbalg rinnen lassen und zur Gärung aufgehängt. Gärung, fand sie, hatte etwas mit Zersetzung zu tun, einem chemisch-bakteriellen Prozess, der mit Verwesung verwandt war. Und dann die Speisen, die sie essen müsste! All das Selbstgebraute, Geschlachtete, Gesottene mit Haar und Hufen, Augen, Knochen, Haut und Innereien. Ganz zu schweigen von den Milchprodukten, die zum Trocknen im Freien lagen, von Fliegen umschwärmt und bevölkert. Fliegen legen Eier. Aus den Eiern schlüpfen Maden ...

Dana lenkte ihre Phantasie auf die glitzernde Fläche des Sees und übersah die winkenden Hände der Mongolen, die vor die Jurte traten. Sie wollte niemanden beleidigen. Im Gegenteil: sie respektierte die andere Lebensart, sie bewunderte die Kunst hier überleben zu können, sich von den Tieren zu ernähren und alles Nötige selbst herzustellen. Sie hatte nicht das geringste Vorurteil gegen diese Menschen. Sie akzeptierte, dass hier eine andere Vorstellung von Hygiene existierte und nicht im Kleinsten mit dem zusammenpasste, was ihr wichtig war. Sie wollte niemandem Vorschriften machen, wie er seine Speisen zu bereiten und zu essen habe. Sie wollte nichts kritisieren oder korrigieren und die mongolische Welt nicht verbessern. Sie wollte nur eines - vier Pferde kaufen und um Himmels Willen diese Jurte nicht betreten müssen!

Ihr Sehvermögen auf dem linken Auge war eingeschränkt, doch dass an den Männern, die von den Pferden stiegen und die Jurte betraten, Erde und Mist klebten, dass ihre Mäntel alt, fleckig und speckig und ihre Hände ungewaschen waren, konnte sie allemal feststellen. Sie wollte keinen Kulturaustausch, keinen Plausch, sondern Pferde kaufen und nicht dieselbe Luft in einer engen Jurte mit diesen Leuten atmen.

Hoygar erschien und klopfte zaghaft ans Wagenfenster. Sie öffnete es einen Spalt. „Und? Warum dauert das so lange?"

„Keine Pferde! Komm selbst!"

„Was? Ich sehe Pferde in Massen! Wollen sie mir keine Pferde verkaufen?"

„Komm in die Jurte!"

Dana schauderte. Der Super-Gau war eingetreten, das Schlimmste, was sie sich vorstellen konnte. Schon erschien eine Mongolin, pfiff nach den Hunden und leinte sie an. Der Weg zur Jurte war frei. Es wimmelte plötzlich vor freundlich lächelnden Menschen, die zum Jeep kamen, die Tür öffneten, Dana sanft in die Jurte drängten und zu ihrem Platz auf dem Bett geleiteten.

Dana hielt den Kaschmirschal ans Gesicht gedrückt. Sie wollte nichts sehen, nichts riechen, schmecken oder hören. Bald hatten sich ihre Augen an das Dämmerlicht gewöhnt. Alles sah genauso aus, wie in Herrn Zaysans Lektüre beschrieben. Die Jurte wirkte sauber und anheimelnd. Die Dachbalken und Kommoden waren liebevoll mit Blumenmustern bemalt. Über den Betten, auf denen sie saßen, lagen buntbestickte Decken. Kleidungsstücke hingen am Scherengitter. Gegenüber der Jurtentür stand ein kleiner Altar. In der Mitte des Raums befand sich der Ofen, davor ein mit Schüsseln beladener Tisch. Sie sah Butter-, Käse- und Quarkprodukte und in Schmalz Ausgebackenes. Am Scherengitter hing ein Rinderbalg mit gegorener Stutenmilch. Der Raum war voller Menschen. Keine Handbreit passte zwischen die Beine zu ihrer Rechten und Linken. Kinder krabbelten am Boden, und junge Mädchen gingen der Mutter zur Hand. Das Essen war fertig. Man wartete auf Dana.

Zuerst kam der Schnupftabak. Sie konnte nicht fliehen. Also nahm sie folgsam mit dem winzigen Löffel Krümelchen auf und legte sie auf ihren Handrücken. Sie atmete ein. Es wurde still in der Jurte. Dana schniefte dezent und nickte den Wartenden zu. Bestanden, dachte sie. Die Mongolen lachten und schlugen sich auf die Schenkel: Man würde ihr zeigen, wie das gehe! Zu ihrer Rechten und Linken, neben, hinter, gegenüber und seitlich vor ihr, machte man ihr vor, wie genau man Schnupftabak mit den Nasenlöchern aufnehmen könne, was er dort bewirke und welchen Ertrag er wieder produziere. Sie rotzten, schnaubten, schnieften, prusteten und niesten alle durch- und übereinander. Dana stellte sich blind und taub. Der Fahrer, seit langem mit den schrulligen Touristen und ihren Ängsten vertraut, erklärte, der Schnupftabak diene der Reinigung. Was sich durch den ewigen Wind in Nase und Kopf sammle, müsse hinaus.

Schweißperlen sickerten in Danas Ausschnitt. Das Essen stand aufgedeckt vor ihnen. Alle hatten erfolgreich gehustet, gejapst, gekeucht und geröchelt und all das ohne Taschentuch. Wie mit feinem Sprühregen war die Jurte vernebelt. Die kleinen Kinder auf dem Schoß und die Krabbelkinder am Boden niesten vielversprechend. Niemand wischte ihnen die Nasen ab.

Es gibt hier, mitten in der Mongolei, eben keinen Supermarkt mit Einmaltüchern, sagte sich Dana. Du siehst selbst wie ein Monster aus, also reg dich nicht über andere auf. Aber sie erkannte, wie krank die Menschen hier waren. Die Augen der Hausdame glänzten fiebrig, ihre Stirn war hochrot, ihre Stimme ein Keuchen. Mit beiden Händen hantierte sie an den Essensschüsseln, und ein böser, bellender Husten schüttelte sie dabei. Einmal, zweimal und wieder. Ein kleiner Junge lag röchelnd im Arm seiner Mutter. Ein alter Mann rang nach Luft. Pfeifend schnaufte eine Frau ein und aus, und ihr Brustkorb bebte dabei.

Die Hausdame reichte Dana die Airagschale mit der gegorenen Stutenmilch. Ihr runzliges Gesicht unter dem Kopftuch lächelte sie an. In jeder Falte saß herzliche Gastfreundschaft. Ein neuer Hustenanfall packte sie und ergoss sich über Schale und Raum. Dana schloss die Augen und führte den Airag an den Mund. Ein säuerlicher Geruch stieg auf. Erst war er in der Nase, dann auf den Lippen. Sie schluckte zwei Tropfen: Augen öffnen, verbeugen, lächeln, die Schale weiterreichen.

Alle Münder, Bärte, Zungen, Lippen und Nasen tauchten der Reihe nach ein. Wieder erschien die Schale vor Danas Gesicht. Noch einmal zwei Tropfen, die stechende Säure, das heiße Brennen, das Schlucken, das Weitergeben. Erneutes Lächeln, erneuter Airag. Die Jurte tanzte um Dana, die Schale kreiste mit. Sie wurde nicht leer.

Jetzt folge getrockneter Milchrahm, erklärte der Fahrer. Dieses Fett schöpfe man von der Milch ab und breite es zum Trocknen in Schüsseln aus. Das brauche seine Zeit. Dabei zersetze sich der Rahm und zurück bleibe ein langsam geronnenes Fett, die Milchschaumbutter eben, ein Leckerbissen, bequem in die Hand zu nehmen.

Dana verstand: Diese Menschen hier gaben ihr von ihrem Essen, von dem Wenigen, das sie besaßen, von dem, was sie mühsam herstellten - im Schweiße ihrer Hände, schoss es ihr durch den Kopf und sie ekelte sich erneut.

Sie aß keine Butter, erst recht keine ranzige Milchschaumbutter. Des Kochens ungeübt, aber mit scharfem Blick für die Zutaten ausgestattet, fürchtete sie sich. Das größte Stück schob man ihr hin. Sie griff daneben, nahm sich das kleinste. Alle blickten sie an. Sie schluckte das Stück im Ganzen. Es glitt die Speiseröhre hinab und plumpste in den Magen, der nicht halb so tapfer war wie ihr Geist. Ihr Verdauungssystem, seit Jahren auf ein Minimum an tierischem Fett trainiert, rebellierte auf der Stelle. Ihr wurde schlecht wie mit Magenverstimmung in der Achterbahn. Ihre Nerven spielten verrückt. Überdeutlich roch sie das Fett. Es war, als dringe es in jede Pore ein, fülle sie ganz und gar aus, zerlaufe zu Fettsäure, verstopfe ihre Gefäße und nehme ihr die Luft zum Atmen. In ihrem Bauch kollerte und rumpelte es.

„Hoygar", flüsterte sie matt. „Du musst den Leuten erklären, dass ich nicht essen und trinken darf. Ich bin sehr krank gewesen, ich muss Diät halten."

Man lauschte Hoygars Übersetzung und nickte bedächtig. Die Fremde war krank. Das konnte man sehen. Dagegen gab es ein Mittel. Ein gutes Mittel, seit Jahrhunderten schon: Milchschaumbutter und Fettgebackenes! Man schob ihr beides hin.

Dana schnappte nach Luft. Die Luft roch nach Fett. Sie flehte den Fahrer an zu erklären, dass sie aus einem fremden Land mit anderen Sitten käme. Sie könne nicht essen.

Genau das wäre ja ihr Problem, erwiderte der Fahrer. Sie wäre so dünn, dass sie sich kaum auf den Beinen halten könne. Sie müsse Fett essen und immer wieder Fett. Dazu ein Schlückchen gegorene Milch und etwas vom alten Käse. Hier wäre die Gelegenheit. Er griff mit beiden Händen in die Schüsseln und hielt ihr das Fett vor den Mund. Jetzt solle sie endlich einmal ordentlich zulangen und essen, was sie kriegen könne, dadurch würde alles wieder gut. Mit zitternden Fingern griff Dana nach der Schüssel mit Nudeln und Fleisch. Die Nudeln waren selbstgemacht. Sie sahen harmlos aus. Das gelbe Butterfett in den Händen des Fahrers schmolz. Es tropfte an seinen Fingern hinunter und direkt in ihre Schüssel hinein. Er war geschickt im Umgang mit dem Essen. Nichts durfte verloren gehen! Dana pickte sich ein Stück Hammelfleisch und eine Nudel heraus. Sie hielt den Atem an und schluckte beides auf einmal hinunter.

Für ihre, an dressingfreie Salatblätter und Sojamilch gewöhnten Eingeweide, war dies das Ende. Ruckartig musste sie die Schüssel loswerden. Sie knallte sie ihrem Nachbarn in die Hände und presste sich den Kaschmirschal fest auf den Mund. Keuchend versuchte sie, alles zurückzuhalten, was ihr jetzt gallebitter die Speiseröhre hochkam. Sie konnte kaum mehr atmen. In einem glücklichen Moment, als sie ihren rebellierenden Magen im Griff hatte, sagte sie: „Ich brauche keine Pferde mehr. Hoygar, wir fahren zurück nach Ulan Bator. Ich brauche auch keinen Führer mehr. Wenn ich hier noch weiter essen muss, sterbe ich."

Der Raum tanzte vor ihren Augen einen flauen Reigen. Ihr Magen schwappte mit. Sie dachte an Schönes und Heiteres. Sie ignorierte die Tier- und Menschengerüche, den Dunst von Schweiß, alten Kleidern, Käse und Schaf. Sie überhörte die Schmatz- und Rülpslaute und verschloss ihre Sinne. Doch mit dämonischer Schärfe vernahm sie, wie der Mongole neben ihr, wieder und wieder die Nase hochzog und das vollmundige Ergebnis hinunterschluckte. Es klang wie das Gurgeln im Abfluss und erinnerte sie an die Stunden auf der Intensivstation. Damals hatte sie nicht schlucken können, ihr Hals war verschleimt gewesen. Und der Hals anderer Patienten auch. Anästhesisten waren gekommen und hatten sie abgesaugt. Nicht nur sie, auch die anderen rechts und links von ihr in den Intensivbetten. Sie bebte wieder in ihrer Erinnerung. Sie hatte damals erbrochen, allein beim Geräusch der Pumpe. Der Mongole neben ihr schniefte wieder. Sie weinte vor Ekel.

„Warum möchtest du zur Geierschlucht reiten?“ Wie aus weiter Ferne hörte sie Hoygar fragen.

Sie war geschwächt wie bei schwerster Krankheit. Sie flehte um die Gnade einer Ohnmacht, um diese Übelkeit loszuwerden. Sie kannte Übelkeit. Nichts glich dem Martyrium in dieser Jurte. Sobald sie glaubte, sich unter Kontrolle zu haben, spuckte, rülpste oder rotzte wieder jemand neben ihr. Sie schalt sich eine hysterische Gans, eine Zivilisationszicke und kam gegen die Magenkrämpfe nicht an.

Warum sie zur Geierschlucht wolle? Nur Roberts Erklärung fiel ihr dazu ein. „Ich habe meine Seele verloren.“

Der Mongole neben ihr schnäuzte in die hohle Hand und wischte seine Finger neben Danas Beinen an seinem Deel ab.

Dana sah den gelben Schleim. Das war das Ende. Sie sprang auf und stürzte zur Jurtentür hinaus. Sie rannte zum See hinunter. Sie fiel am Kiesstrand auf die Knie. Sie tauchte die Hände in das wunderbare kalte, kristallklare Wasser. Die Pferde waren vergessen, Herr Zaysan war unwichtig, Robert und Adrian weit fort und die Wette ohne jede Bedeutung. Jens interessierte sie auch nicht mehr. Es ging allein um ihren Magen, den Würgereiz und ihr heftig pochendes Herz. Sie wusch sich Gesicht und Hände. Sie tauchte die Arme ins Wasser. Der Wind strich über ihre bloße Haut, die Sonne trocknete die Wasserperlen. Sie ließ sich auf den Kies sinken und atmete die frische Brise.

Ein langer Schatten fiel auf ihr Gesicht. „Hoygar?“ Sie blickte auf. Die Sonne war schon weit über die Hügel gewandert. Der Junge setzte sich neben sie auf die Felsen. Sie schwiegen. Die Stille tat gut. „Es ist besser, heute nacht noch im Camp zu schlafen“, erklärte er nach langer Zeit. „Morgen bringen sie die Pferde zum Camp. Wir müssen den ganzen Tag reiten. Sonst laufen die Pferde abends hierher zurück.“

„Du hast Pferde gekauft samt Sattel und Zaumzeug?“ Stundenlang hatte sie hin- und hergerissen gehofft, dass es eben keine Pferde für sie gäbe. ‚Ich wäre ja durch die Mongolei geritten', hätte sie daheim erzählen können. ‚Nur der Junge war nicht fähig, Pferde zu kaufen. Dagegen war ich machtlos.'

Hoygar band einen roten Wollfaden an sein Handgelenk und an Danas Arm. „Den haben sie mir gegeben, ein altes Heilmittel. Meine Kraft soll auf dich übergehen, damit du wieder gesund wirst.“

Dana blickte ungläubig auf die Wollschnur hinunter. „Damit?“ Der Wind kräuselte die Oberfläche des Sees und trieb kleine Wellen an ihre Füße. In der Ferne wieherten Pferde. Ein Hund bellte, Ziegen meckerten. Sie hörte Hoygar atmen. Mit gerunzelter Stirn starrte er auf die rote Wollschnur, damit Energie von ihm zu Dana fließe. Er strengte sich an, sein Brustkorb bebte und Schweiß lief über sein Gesicht. Da geschah es. Der rote Wollfaden an ihrer Hand brannte plötzlich auf ihrer Haut, als stehe er in Flammen. Ihre Finger zuckten. Das Vibrieren ging auf ihren Arm, den Hals und die Narben im Gesicht über. Ihr Mund bebte, als jage Strom durch ihren Körper. Aber das konnte nicht sein. „Reine Einbildung“, urteilte sie.

Hoygar war noch immer mit ihr verbunden. „Zu zweit können wir es schaffen. Du und ich.“ Er löste den Faden und lächelte sie an. „Wir müssen uns aushalten. Das ist alles.“

Das ist die schwerste Übung der Welt, wollte ihm Dana erwidern. Schon im zivilisierten Leben ist das eine Herausforderung. Sie wollte ihm einen Vortrag halten, dass er sich ändern müsse und wie wichtig Hygiene sei. Sie holte gerade tief Luft, als ein Gänseschwarm auf dem See niederging. Schon huschten drei Jurtenbewohner geduckt ans Ufer und schoben ein Boot ins Wasser. Ein Schütze mit einem Gewehr kniete im Bug, die anderen ruderten.

Dana stand auf und zog Hoygar mit sich fort. Es war natürlich zweckmäßig, Jagd auf die Gänse zu machen. Aber sie wollte es nicht sehen.

Über die braunen Hügel fegte jetzt ein eisiger Wind. Das Land zeigte sein wahres Gesicht: es war kalt und erbarmungslos. Hier war kein Platz für Touristenromantik, hier ging es um Leben oder Tod, jeden Tag, jede Nacht. Tagsüber gingen die Menschen auf Jagd und nachts kamen die Wölfe.

Auf keinen Fall hatte sie schon einmal so hässliche Pferde gesehen. Dana spürte die Morgensonne heiß auf ihren Narben brennen. Wenn sie sich ärgerte, stieg ihr die Hitze in die Wangen und ließ die verbrannte Haut glühen. Wie konnte Hoygar die garstigsten Tiere kaufen? „Sie sind abscheulich!"

Der Junge blickte sie befremdet an.

„Die Pferde!", schimpfte sie.

„Gute Pferde", antwortete er. „Die Leute wissen, dass wir weit reiten müssen. Sie haben uns gute Pferde gegeben."

Dana sah einen Jeep vom Ger-Camp zurück Richtung Ulan Bator fahren. Wie sollte sie die nächsten Wochen mit Hoygar überstehen? Was sie ihm auch sagte, traf auf taube Ohren. Er hörte nicht zu. Die beiden Pferdeburschen waren jetzt ganz herangeritten. Dana musterte die Tiere in ihrem Gefolge. Zwei schlammfarbene Pferde trugen Packgestelle, zwei Füchse waren gesattelt. Ein schwarzmähniger Fuchs trug einen Mongolensattel, ein hohes hölzernes Gestell, ohne jeden Komfort. Der andere Fuchs mit der Blesse auf der Stirn trug einen Reitsattel europäischer Art. Dieses schlammverkrustete, zottelige Tier mit dem glanzlosen Blick und den viel zu schmächtigen Hinterbeinen sollte ihr Reittier sein? Die Pferde waren alle kleinwüchsig, aber mit breiter Brust und Hängebauch gesegnet. Ihre stämmigen, viel zu kurz geratenen Beine erinnerten an klobige Säulen. Der Kopf schien von einer anderen Rasse zu stammen. Er war überdimensional groß, dafür waren die Ohren klein und der Hals zu plump geraten. Ihr Fell war zottelig, voller Erde, Pferdemist und Sand. Einmal am Ger-Camp angekommen, ließen sie die Köpfe hängen, knickten mit den Beinen ein und dösten stumpf vor sich hin. Ein Bild des Jammers! Fast fühlte Dana Mitleid mit den garstigen Tieren.

Dü, die Leggins tragende Mongolin aus dem Camp, wanderte singend und räuchernd um die Gruppe herum. Dana sah dem Beladen der Pferde zu. Hoygar zählte mit Hilfe seiner Finger die Säcke ab, blickte Dana an und zählte erneut. „Es sind sieben Säcke. Jedes Pferd trägt nur drei. Einer muss zurückbleiben!"

„Nein." Sie wies auf den überzähligen Sack. „Darin sind sehr nützliche Sachen. Ohne siebten Sack keine Reise!" Sie blickte ihn böse an. „Verstau den Sack auf den Packpferden oder geh zu Fuß!"

Hoygars schwarze Haare, die ohnehin in alle Richtungen abstanden, sträubten sich wie die Stacheln eines Igels. Getroffen! Sie hatte seinen wunden Punkt erwischt! Jetzt palaverte man, Blicke huschten zu Dana hin, und Füße scharrten im Sand. Ein leerer Plastiksack wurde hervorgezaubert. Man bat Dana, den Inhalt von Sack sieben auf zwei Säcke zu verteilen. Sie öffnete den siebten Sack und zog eine Zobeljacke heraus. Der kostbare Pelz entfaltete seine Pracht mitten auf dem staubigen Boden. Sekunden später wirbelten die apathisch dösenden Pferde herum. Ihre Beine explodierten zeitgleich. Sechzehn unbeschlagene Hufe sprangen in die Luft, keilten nach der Zobeljacke aus und verwandelt den Beladeplatz in ein Inferno aus wirbelnden Steinen und Staub.

Zehn Minuten später war der Inhalt des siebten Gepäckstücks auf zwei Säcke verteilt. Als ob das etwas genützt hätte! Kaum näherte sich Hoygar damit den Pferden, schlugen sie aus.

Einer der Pferdeleute sagte etwas. „Geruch", übersetzte Dü.

Weitere zehn Minuten vergingen, in denen Hoygar den speziellen Duft von Danas Ausrüstung überprüfte. Er schnüffelte an ihren Sachen herum und sortierte aus, was ihm verdächtig schien. Die Pferdeleute trugen die Stücke zu den Tieren und testeten ihr Verhalten. Dana stand fassungslos daneben. Die verdammten Biester scheuten bei der Zobeljacke, einem Luchscape und einer Stola aus Fuchspelz. Dabei spielte es keine Rolle, ob diese Kleidungsstücke im Sack verborgen waren oder offen herangetragen wurden.

Sie wusste nicht, was sie tun sollte, und die Mongolen schwiegen. Das große Warten auf Danas Entscheidung begann. Die Sonne wanderte weiter über die sanften Hügel am Ögiy Nuur. Fliegenschwärme umkreisten die Pferde und ließen sich auf ihren Körpern nieder. Wind kam auf und verscheuchte die Fliegen. Der Wind legte sich, die Fliegen kamen wieder. Dana zupfte an ihren Haaren herum. Jede Strähne ihres kurzen braunen Haares, die ihr ins Gesicht geriet, löste einen Juckreiz aus. Sie durfte nicht kratzen. Der Juckreiz ging vom Gesicht auf Hals und Körper über. Der Wind peitschte ihr Staub in die Augen, bis sie brannten. Sie war den Tränen nahe. Die Pferdeleute hockten unter den Bäuchen ihrer Tiere und dämmerten vor sich hin. Hoygar starrte Löcher in den blauen Himmel. Dü meditierte. Die Pferde kauten auf ihren Gebissen und mahlten mit den Zähnen.

Dana suchte nach Worten, die den Mongolen nur eine Möglichkeit ließen: Sie schickten sie heim! Sie nahm die Zobeljacke und hielt sie Dü hin. „Trag sie oder wirf sie weg. Ich kann sie ja nicht mitnehmen."

Ein Mongole, das wusste Dana, war überaus bescheiden. Besonders Dü. Sie würde dieses luxuriöse Geschenk nicht akzeptieren. Genauso wenig die Pferdeleute. Dana trug auch die Fuchsstola und das Luchscape zu den Mongolen hinüber und legte die Pelze dort nieder. Man würde die Hände spreizen und Dana voller Bedauern mitteilen, dass man Geschenke solcher Qualität nicht annehmen könne.

Das Gegenteil trat ein. Die Mongolen waren begeistert. Was für eine glänzende Idee! Man liebte Pelze in der Mongolei. Und je kostbarer sie waren, um so besser. Mit Pelzen kannte man sich aus. Hier trug niemand schäbiges Zeug. Die Mongolen warfen sich sofort die Pelze über. „Gute Idee", sagte Dü überflüssigerweise. „Jetzt könnt ihr aufbrechen."

Ohne Pelze gaben sich Danas Pferde wie Plüschtiere. Sie ließen die letzten Handgriffe teilnahmslos über sich ergehen, mit hängenden Köpfen und verschwommenem Blick.

„Wie heißt er?" Dana trat an ihr Pferd heran.

„Sie haben keine Namen.“ Hoygar grinste. „Siehst du seinen dicken Bauch? Du musst den Gurt nachziehen, sonst rutscht der Sattel. Dann liegst du unten. Gut aufpassen! Nicht schreien, nichts ausziehen! Nichts aus der Tasche holen, kein Geräusch machen, nicht herumzappeln, immer aufmerksam sein!“

Danas Fuchs hatte die Ohren angelegt und das linke Hinterbein gelupft. Ganz sachte drehte er den Kopf zu Dana und blähte die Nüstern. „Mein Gott, bist du hässlich!“ Eine breite, schlecht verheilte Narbe zog sich über Stirn und Kinnpartie bis weit über den Hals hin. „Zottel“, sagte Dana. „Ich nenne dich Zottel.“

„Sprich nicht mit ihm“, belehrte sie Hoygar. „Mag er nicht.“

Dana ergriff die Zügel. Der Fuchs rollte mit den Augen. Fliegen ließen sich auf der dünnhäutigen Narbe nieder und saugten Blut. Das Pferd schlug mit dem Kopf. Die Fliegen stoben davon, bald kamen sie wieder. Dana wischte sie fort. „Pass auf, Zottel! Ich halte dir die Fliegen fort, du wirfst mich nicht ab.“ Sie klopfte seinen Hals. Staubfontänen stiegen auf. „Warum sind die Pferde nicht geputzt?“

„Staub ist gut. Gut gegen die Fliegen.“

Wieder ließen sich Insektenschwärme auf dem Tier nieder. Zottel warf den Kopf hin und her. Dana nahm eine Handvoll feuchter Erde und rieb die Narbe ein.

„Lass das.“ Hoygar schüttelte den Kopf. „Er wird verrückt. Nicht reden, nicht anfassen, einfach reiten.“

Dana setzte ihren Fuß in den Tellersteigbügel. Das Pferd blieb brav stehen. Sie glitt in den Sattel. Geschafft! Da schüttelte sich Zottel von den Ohren beginnend bis hinunter zu den Hufen, bis Danas Zähne klappernd aufeinander schlugen und sie von Kopf bis Fuß durchgerüttelt war. Doch sie blieb im Sattel und knallte mit dem Lederstrick, der am Halfter befestigt war und als Fußfessel diente. In Bocksprüngen versuchte Zottel jetzt seiner Reiterin zu entkommen. Dana blieb sitzen. Sie nahm die Zügel auf, ließ das Pferd im Kreis traben, ritt zu den Mongolen hin und zog den Bauchgurt nach.

„Du kannst reiten?“ Ein ungläubiges Staunen huschte über Hoygars Gesicht.

Er ritt voran und führte die beiden Packpferde mit sich. Dana folgte dem Trupp. Die Pferdeleute und Dü standen Spalier und sahen ihrem Abzug vom Ögiy Nuur zu. Dü mit übergeworfener Zobeljacke winkte mit dem Räuchergefäß. Den beiden Pferdeburschen wehten Fuchsstola und Luchscape um die Schultern. Danas Pferde gingen um Steigbügelbreite daran vorbei, als gehöre es zu ihrem Alltag, die Haute Couture der Pelzverarbeitung abzuschreiten. Sie rollten nicht mit den Augen, noch blähten sie die Nüstern. Wie mögen die Mongolen mit ihren Tieren kommunizieren, fragte sich Dana. Wie hatten sie ihnen beigebracht, vor den wertvollsten Stücken aus ihrem Besitz zu scheuen, bis sie Stola, Cape und Jacke zurückzulassen musste? „Wie redet ihr mit den Pferden?“, rief sie Hoygar zu.

„Wir reden nicht“, brummelte Hoygar. Er wollte nicht diskutieren. Er wollte vorwärtskommen. „Wir denken.“

„Ihr denkt, und die Pferde verstehen euch? Natürlich, wie konnte ich das nur fragen.“

„Wir wissen auch, was sie denken.“ Hoygar nahm den langen Lederriemen der Fußfessel, die Tuschaa, zur Hand und ließ sie knapp über den Kopf seines Tieres zischen. „Siehst du? Keine Angst, kein Zucken. Ich vertreibe Fliegen, das weiß er. Aber oben auf dem Hügelkamm muss ich an Prügel denken, sonst läuft das Pferd zu der Jurte zurück.“

In diesem Moment machte Zottel einen Sprung. Dana flog im Sattel himmelwärts, verlor aber die Steigbügel nicht, plumpste wieder auf den Pferderücken und krallte sich an der Mähne fest. Vorbei war es mit der Reitkunst! In wilden Sätzen ging es den Berg hinab. Sie schlug mit der Lederschnur auf die Flanken, trieb mit den Stiefeln, zerrte am Zügel, kämpfte um ihr Gleichgewicht, wollte Hoygar hinterher, sah den Boden näherkommen, dann den Himmel, schrie und fluchte, betete und beschwor, sprang, hüpfte, tollte und hopste durch die Mongolei. Das schäbige Hängekopftier zeigte ihr, was ein Mongolenpferd war: Halsmuskeln wie Stahlseile glänzten unter dem Fell, der Rücken war gewölbt wie Dschingis Khans legendärer Bogen und die Hufe waren dazu da, die Luft zu zerteilen. Wie ein blauer Edelstein leuchtete der Ögiy Nuur herauf. Dana sah ihn nicht. Unendlich weit breitete sich das grüne Grasland unter ihr aus. Dana erblickte nur angelegte Pferdeohren.

In Riesensätzen brach Zottel zur Seite aus; nie hatte sie solche Sprünge erlebt. Er riss am Zügel, klemmte seinen Vierkantschädel zwischen die Vorderbeine und keilte mit den Hinterbeinen aus. Ihre Zähne schlugen aufeinander, sie biss sich auf Zunge und Lippen. Zottel sprang mit allen vieren in die Luft. Es nahm ihr fast den Atem. Er kam wieder auf, raste vorwärts und blieb blitzartig stehen. Sie schoss nach vorne, saß dem Tier am Hals, rutschte zurück und fiel wieder in den Sattel. War sie an eine Mauer gerannt? Sie zischte mit der Lederschnur. Zottel ging nicht weiter. Er stemmte die Beine wie Pfähle in den Boden. Sie ließ die Schnur auf seine Flanken klatschen. Das Pferd rammte seine Hufe noch fester in den steinigen Hang. Hoygar ritt an ihr vorbei, als sei nichts geschehen. Er nahm keinen Anteil an ihrem Leid. Er blickte sich nicht um, er wurde einfach kleiner und kleiner am Horizont, ein winziger Punkt in weiter Ferner.

Da stieß Zottel ein Wiehern aus, so sehnsuchtsvoll und schmerzlich, wie Dana es nicht kannte. Er riss den Kopf hoch und spurtete los, was seine Beine hergaben. Er flog über die Steppe, immer geradeaus und Hoygar hinterher. Keine Bodenwelle, kein Strauchwerk, weder Fels noch Abhang hielten ihn auf. Dana flog mit ihm in irrwitzigen Sätzen über das Land, hüpfte und schnellte im Sattel wie eine Gummipuppe mal hinauf, mal hinunter, nass geschwitzt und um ihr Leben bangend.

Im Nu erreichten sie Hoygar, und Zottel schien zufrieden. Fünf Schritte lang trabte er neben Hoygars Pferden einher, wie ein Pferd zu traben hatte. Dana schöpfte Atem. Hoygars Pferd verfiel in Schritt und Zottel in tiefe Depression. Mit schleppendem Gang stolperte er vorwärts.

Die nächste Prüfung stand an, Dana ahnte es bereits. Schlurfend wie ein fußlahmer Gaul kroch Zottel voran. Im Drei-Schritt-Rhythmus stolperte er über seine eigenen Beine, knickte mit der Vorderhand ein, trat in jedes Erdloch, schrubbte mit dem Kopf knapp über den Boden, rutschte auf Steinen und Kies aus und zerrte brutal am Zügel, um zu fressen. Schließlich schleppte er sich in einem seitwärts versetzten Passgang so über die Bodenunebenheiten, dass Dana glaubte, sein Rücken sei verbogen. Rechts saß sie hoch oben, links ging es tief hinab. War das Pferd schief geritten? Litt es an Knochenanomalie? Trafen sie auf eine Fahrspur im Gelände, schlappte Zottel stolpernd und zusammenknickend mit Vorder- und Hinterbein der einen Seite tief unten durch die Furche, während er völlig schräg gestellt mit der anderen Körperseite hoch oben auf der Unebenheit entlang kroch. Ein Pferd mit Schlagseite, das hatte Folgen! Seine Gangart rieb die Beckenknochen wund, belastete die Gelenke und raubte Dana fast das Gleichgewicht. Also trieb sie ihn von den Furchen fort. Er ließ sich aber nicht treiben. Ohne Furchen blieb er stehen. Furchen liebte er. Er fand sie überall. Die ganze weite Mongolei war nichts als eine einzige Furche im grünen Gras. Manchmal jedoch kam ebenes Gelände. Das machte ihn traurig. Er hob den Kopf und blickte umher. Und richtig! Dort hinten entdeckte er etwas. Er steuerte die Furche an mit emsigen kleinen Schritten, um wie ein sinkendes Schiff in ihr entlang zu wanken.

Danas Hüftgelenke knackten. Sie hörte es genau. Die Wirbelsäule schien verbogen, das Genick gestaucht, das Handgelenk wie gebrochen. Und erst der Hosenboden und das zarte rosa Fleisch darinnen! Es glühte wie Schweinesteak am Holzofengrill.

Die Nähte! Nie war ihr so drastisch der Vorzug echter Reithosen bewusst geworden. Sie trug keine, sie konnte nur davon träumen. Ihre Hose hatte die Naht im Schritt. Bald schon glaubte sie, auf Messers Schneide zu sitzen. Ihre Schenkel waren wundgescheuert. Ihrem Gesicht erging es nicht besser. Die Lippen platzten auf. Die Narben glühten. Ein eisiger Wind fuhr ihr zwischen die Schulterblätter und ließ ihre Muskeln erstarren, während sie gleichzeitig die Sonne von vorne versengte. Von der wilden Schönheit des Landes, der unendlichen Weite und absoluten Einsamkeit bekam sie nichts mit. Ließ ihre Aufmerksamkeit nach, machte Zottel Ausfall- und Stolperschritte. Saß sie nicht mit angespanntem Kreuz im Sattel, knickte er wie tödlich getroffen mit der Hinterhand ein. „Ist er krank?", fragte sie Hoygar.

„Krank? Er ist sehr klug und lieb. Deshalb reitest du ihn."

„Lieb?", echote Dana wie ein Idiot.

„Ja, die anderen beißen, schlagen und bocken."

„Und was macht das Biest hier?"

„Er ist lustig."

„Du meinst, er amüsiert sich?" Sie hatten gerade eine weite, plane Fläche ohne Bodenunebenheiten erreicht und Dana bemerkte, wie Zottel unaufhaltsam auf den einzigen Busch zusteuerte, der sich in beachtlicher Entfernung aus dem Grasland erhob. Sie wandte ihre ganze Reitkunst an – vergeblich. Unbeirrt richtete er seine eifrigen Schrittchen auf das Buschwerk aus. Endlich am Ziel, stieg er mit beiden Vorderbeinen wie eine Ziege in das Strauchwerk hinein und zog sich das Gestrüpp unter dem Bauch durch. Es war ein Dornbusch. Dana bemerkte es mit botanischer Scharfsinnigkeit, weil die Äste, die ihr um die Ohren schlugen, stacheldrahtähnliche Dornen trugen, sich in ihrer Kleidung verfingen, die nackte Haut aufrissen und sie beinahe vom Pferderücken fegten. Beharrlich stolperte Zottel weiter. Fahrrillen und Büsche waren nicht in Sicht, also suchte er sich zentimeterhohe Steine, an denen er straucheln und einknicken konnte.

„Trab?", fragte Hoygar. Er wartete Danas Antwort nicht ab, sondern rief seinem Pferd ein „Tschö!" zu und ließ die Lederschnur pfeifen.

Der Trab ist die absolute Krönung, fand Dana. Einfach spitze wie die Zacken einer Scherbe, die sich in meinen Körper bohren. Die Knie taten sofort weh, schnell folgten Becken und Bauch. Dieses Rumpeln und Schütteln schleuderte ihre Organe durcheinander, ließ die Zähne klappern und den Kopf wackeln. Sie versuchte, es Hoygar gleich zu tun und im Sattel zu stehen. Doch Zottel stolperte auch im Trab von einem Bein über das andere. Seine Sprünge und Beinahestürze gerieten ihm noch höher, waren ausdrucksstark und voll künstlerischer Inspiration. Und erst die Landung! Wie ein Zementbrocken plumpste er auf den Boden, dass es Dana durch Rückenmark und Nieren ging. Noch nie war sie Himmel und Hölle zugleich so nah gewesen. Fegefeuer! - sie lachte bitter in Gedanken. Damit wollte man den Leuten drohen? Mongolentrab, das war's. Das machte auch den Sünder mürbe und ließ ihn um Erlösung flehen.

Doch von Errettung keine Spur! Der Mittag verging von Schmerz geplagt, der Nachmittag und auch der frühe Abend. Die Sonne grillte sie, das Haar klebte verschwitzt im Genick. Dem Trab folgte Schritt, und Dana dankte ihrem Schicksal. Wie so oft war sie voreilig gewesen. Zottels Schritt war von neuem Format. Er stakste jetzt mit beinhartem Tritt wie ein Storch über den Boden. Dana fühlte sich gepfählt, Schritt für Schritt und immer wieder. Hoygar schien es zu ahnen. Er grinste. Er trabte, und Zottel trabte mit - so knochenhart und derb, als liefe er auf Stelzen. Dana hasste sie beide, das Pferd, den Mongolen, den Mongolen, das Pferd. Das Land war so grässlich wie seine Bewohner, die Menschen nicht netter als die Tiere, hart, kantig, grausam, staubbedeckt und stur. „Wie lange können die Pferde traben?", keuchte sie.

„Bis Deutschland", antwortete Hoygar. „So weit kamen auch Dschingis Khans Leute." Seine Augen funkelten, sein Hemd bauschte sich im Wind und ließ ihn groß und mächtig aussehen. Er stand im Sattel wie ein echter Khan. Seine Füße in den Tellersteigbügeln blieben vollkommen unbewegt und glichen keinesfalls Danas Beinen, die wie im Sturm herumgeschlagen wurden. Er stützte sich mit einer Hand auf den hohen hölzernen Sattel und ließ die andere mit der Lederschnur um den Kopf des Pferdes kreisen.

Jetzt hasste sie auch Dschingis Khans Leute. Wieso waren sie bis Deutschland getrabt?

Sie rumpelte hinter Hoygar einher, ein durchgerittener Klumpen Fleisch, kurz davor um Gnade zu winseln. Sie raffte sich noch einmal auf und ahmte Hoygar nach. Sie stützte sich auf die Kruppe des Pferdes und ließ die Lederschnur pfeifen. Sie jagte die Fliegen fort - und Zottels Ohren gingen hin und her. Sie zischte knapp an seinen Flanken entlang, wo die Blutsauger schnorrten, - und sein Gang wurde sanfter. Sie peitschte durch die Luft - und er entspannte den Rücken. Zurück zum Kopf, hinüber zu den Flanken, von rechts nach links und wieder von vorn. Auf und ab. Passend zum Trab. Und ja nicht das Pferd treffen. Kein leichtes Tun. Bald schmerzte die Hand, dann der Arm, die Schulter, der Nacken. Schweiß ätzte ihre Narben und troff hinunter auf die Brust. Sie hatte keine Hand frei, um sich selbst zu helfen. Einmal war alles vorbei, einmal fand auch dieser Ritt ein Ende. „Wie weit noch?“, rief sie.

„Bis zu den Hügeln. Dort gibt's Wasser.“

Weit hinten am Horizont schimmerte eine blaugraue Hügelkette. Dahinter musste China liegen oder Russland oder die Hölle – so fern schien sie. „Den Hügeln?“, japste sie entsetzt. Er antwortete nicht. Weiter ging es über das Grasland hin, im Schritt, im Trab, im Galopp. Dana sah weder den Boden unter den Hufen des Pferdes noch den Sonnenuntergang am weiten Horizont.

Plötzlich waren sie da. Es traf sie wie ein Schock. An einem kiesigen Flussbett mit trübem Wasser blieb Zottel unvermittelt stehen. Dana glitt aus dem Sattel und stürzte zu Boden. Sie blieb liegen wo sie war: knapp neben den Hufen unter dem Bauch des Tiers. Hoygar scheuchte sie auf: „Los! Vorderbeine fesseln, Sattel abnehmen, Packpferde entladen, Feuerholz sammeln, Zelte aufstellen, Wasser holen! Es wird dunkel. Beeil dich!“

Die Nacht brach rau, hurtig und kalt über sie herein. Dana kniete beim Essen, ein Sitzen war ihr nicht möglich. Sie schlürfte heißen Tee mit Flusswasser, sie aß, was Hoygar ihr reichte. Sie kroch ins Zelt, ohne zu fragen oder zu klagen. Ihre Haut, nur flüchtig mit Flusswasser gewaschen, brannte und glühte. Der Schlafsack roch muffig, das Zelt nicht minder. Ihr Poloshirt war verschwitzt und pferdehaarverklebt, die Unterwäsche blutig gerieben und die Socken voller Schweiß, dem eigenen und jenem aller Vorgänger in ihren Stiefeln. Sie robbte in den Schlafsack, ihre Tasche unter den Kopf geschoben und in Gedanken dem Ende nahe. Draußen rupften gierige Mäuler das Gras neben ihrem Zelt ab und mahlten es zu Brei. Mussten die Pferde gerade hier herumschmatzen? War die Mongolei nicht groß genug? Ein Nachtvogel schrie genau über ihrem Kopf. War der Himmel nicht hoch und weit? Gab es sonst keinen passenden Ort für sein Gekrächze? Hunde kläfften. Klang ziemlich nah. Auch das noch! Köter, die ihr Bein am Zelt hoben oder gleich zubissen. Wo war sie? Am Rande des Wahnsinns. Alles tat weh, die Narben pochten heiß im Rhythmus des Herzschlags, die Schläfen klopften und die Druckstellen brannten. Die Schenkel? Sie wollte nicht daran denken. Wie blutige Säulen quollen sie in der Wärme des Schlafsacks auf. Die Geierschlucht, dachte sie erschrocken, jenes Ziel am Ende der Welt. Und diese Idiotenwette! Es klingt wie ein Traum, wie ein ganz böser Traum.

V.

Beim Morgengrauen erwachte sie jäh. Jemand schlich ums Zelt! Sie hörte Schnarren am Fußende und Kichern am Eingang. Behutsam schälte sie sich aus dem Schlafsack. Die Schritte entfernten sich. Dana lauschte mit angehaltenem Atem. Wieder hörte sie es rascheln und knarzen. Sie zog ihren Pulli über und schlüpfte in die Ballerinaschuhe, die sie im Zelt trug. Leise öffnete sie den Reißverschluss des Eingangs und blickte hinaus.

Die ersten Sonnenstrahlen tasteten sich über die Hügelkette zu ihrer Linken. Sie ließen Tauperlen aufblitzen und verwandelten das stumpfe, graubraune Gras in ein Lichtermeer. Die Sonne stieg höher, der Glanz verblasste. Neben Danas Zelt kicherte eine Mädchen und zupfte an der Bespannung. Dana hörte die Leinen schnalzen. Sie lugte nach rechts. Nichts. Das Lager lag still in der Morgensonne. Hoygars Zelt stand mehr als zehn Meter entfernt. Dazwischen hatten sie die Säcke mit ihrer Ausrüstung unter einer Plane verstaut. Der Sack mit den Lebensmitteln befand sich in Hoygars Zelt. Kam das Rascheln von dort? Plünderte er die Vorräten? Da kicherte das Mädchen an ihrer linken Seite.

„Sehr witzig!" Mit einem Satz schoss Dana aus dem Zelt. Wo war die Kleine? Der Lagerplatz war menschenleer. Im Süden plätscherte der Bach träge zwischen zerzaustem Erlen- und Weidengebüsch dahin. Sein schlammiges, flaches Ufer bot kein Versteck für heimliche Besucher. Die weite Grasebene rings um sie wirkte vollkommen verlassen. Ganz hinten am Horizont grasten ihre Pferde. Sie waren weit gekommen in einer Nacht! Nur einige Meter neben ihr lachte das Kind. Erschrocken griff sie sich an den Kopf. War sie übergeschnappt? Das Kind lachte wieder. Doch ein Kind konnte es nicht sein. Hier gab es keine Kinder. Sie lauschte dem Kichern. Mal war es fern, mal war es nah. Andere Kinder fielen ein und steigerten ihr Glucksen, als sich Dana zur Morgentoilette zwischen Erlenstämmchen niederließ und endlich begriff: Elstern saßen im Baum und kommentierten ihr Vorhaben. Sie hüpften von einem Bein auf das andere, lachten wie Kinder, keckerten und schnarrten, legten den Kopf schief und beäugten das Menschenwesen. Sie interessierten sich mächtig für das kommende Geschehen, krächzten heiser und – wie es Dana schien - vor Entzücken. Ihr Rufen lockte weitere Elstern an. Die Luft über Dana rauschte, und die Baumkrone wankte unter den anfliegenden Vögeln.

„Ich kann nicht, wenn ihr alle zuschaut."

Die Elstern gackerten, schlugen mit den schwarzweißen Flügeln, hüpften auf den Boden, flatterten auf kleine Steine und beäugten Dana von allen Seiten. Ihre dunklen Knopfaugen glitzerten in der Morgensonne. Raubvögel stießen dazu. Majestätische Gabelweihen und Falken flogen im Tiefflug heran, umkreisten Dana und warteten auf ein Ergebnis. Die Elstern näherten sich bis auf Armeslänge und pickten nach dem Klopapier. „Könnt ihr wegschauen?", bat sie. „Mir ist das peinlich."

Schließlich war sie fertig. Sie hinterließ ein dampfendes Häufchen und blickte nicht zurück. Sie wollte nicht sehen, wie sich die Vögel kreischend und flügelschlagend darauf stürzten. Sie ging zum Bach hinüber, die Vögel folgten. Sie sahen ihr zu, wie sie einen großen, flachen Stein ins Wasser plumpsen ließ, um ihn als Standplatz fürs Waschen zu benutzen. Sie äugten zu ihr herüber, legten den Kopf schief und hofften auf Zugabe der Morgenspende. Dana tauchte die Finger ins Wasser. Es war trüb und kalt. Es brannte auf der narbigen Gesichtshaut. Gestern Abend war es sonnenwarm gewesen. Sie musste ihre Reinigungsrituale auf den Abend verlegen. Eine Elster trippelte an Danas linke Seite und hackte nach der Seife. Kluges Tier! Es wusste, dass sie links nicht gut sah. Dana legte ihre Habseligkeiten nach rechts. Empört kreischten die Vögel auf. Sie zeterten und schimpften. „Ihr könnt mich mal!", rief Dana und zog ihre Toilettensachen noch näher heran.

Die Vögel wurden wütend. Dana, die nicht viel von Tieren verstand, horchte auf. Das Kreischen der Elstern klang wie das Gezänk pubertierender Mädchen. Es lockte den Wind an. Er brauste heran und türmte das Wasser zu Wellen auf. Die Wellen schwappten über Danas Schuhe. Sie spülten die Verschlusskappe vom Shampoo fort und tränkten das Handtuch. Ihre Hose wurde nass. Dana raffte ihre Sachen zusammen, inzwischen nicht mehr als ein Haufen feuchter Lappen. Sie blickte auf ihren Besitz. Was war los mit ihr? Sie, die es gewohnt war, ihre Kosmetikartikel großzügig von ihrem Schlafzimmer ausgehend bis hin zum Bad mit seinen fliederfarbenen Lüstern aus Muranoglas über den Boden aus Bisazza-Mosaiken zu verteilen, sammelte jetzt verschlammtes Zubehör in ausrangierten Plastiktüten der Modehäuser Anexia und Rino ein. Sie warf den Tüten, in denen sie einst malvenbunte Seidencrêpekleider und curryfarbene Tops mit Samtträgern und angeschnittenen Puffärmeln transportiert hatte, einen erstaunten Blick zu. So weit also war sie mit ihrer Haute Couture gekommen, von Paris, Berlin, New York und London mitten hinein in das schlammige Bachbett des Orchon-Flusses im Herzen der Mongolei!

„Steh auf!“ Dana rüttelte an Hoygars Zelt. „Was hast du gestern behauptet? Dschingis Khans Leute sind bis Deutschland gekommen? Aber nicht, weil sie erst mittags aus dem Zelt fielen. Und wasch dich mal. Du stinkst!“

„Sajn bajna uu“, antwortete Hoygar.

„Was soll das heißen?“

„Guten Morgen!“ Der Junge kroch gehorsam aus dem Zelt.

„Unsinn, du musst Deutsch lernen. Wo willst du hin? Zum Waschen geht’s in die andere Richtung.“

„Ich muss nach den Pferden sehen.“

„Erst wird sich gewaschen!“

Er senkte den Blick. „Toilette“, erklärte er. „Man sagt nicht Toilette, man sieht nach den Pferden.“ Er schlüpfte in seine Stiefel und machte sich auf den Weg. „Kannst du Tee kochen?“, rief er ihr zu.

„Ich?“ Dana blickte sich um. Außer ihr war niemand hier. Natürlich konnte sie Tee kochen, wenn das auch nicht ihre Aufgabe war. Dafür war Hoygar da. Doch sie würde dieser Schlafmütze zeigen, wie effektiv und schnell sie auch hier zurechtkam. Sie sammelte Holz, entzündete ein Feuer, holte Wasser, stellte den Kessel auf und suchte nach den Teebeuteln. Ein eisiger Windstoß fegte über sie hinweg, löschte fast das mühsam Entfachte, sie langte hin, um die Flamme zu schützen und stieß an den Kessel. Das Wasser schwappte auf die kümmerliche Glut, die ihr trotzdem noch die Hand verbrannte, ehe sie verlöschte.

In den Büschen lachten die Elstern.

„Lacht nur!" Sie fing von vorne an: Holz sammeln, Feuer machen, vor dem Wind schützen, Wasser holen, Teekessel auf Steine stellen, die Glut schützen, die Flamme nähren, Tee kochen. Die Vögel keckerten, die Zeit verstrich. Hoygar kam nicht wieder. Der Tee war fertig. Behutsam stellte sie den Kessel zur Seite. Sie schleppte den Sack mit den Lebensmitteln heran. Wieder sah sie sich um. Wo blieb der Junge? Sie breitete die Plane auf dem Boden aus, stellte Geschirr darauf, suchte nach den Keksen und dem Brot von gestern, der Butter und dem Honigglas, das Hoygar so liebte. Wieso war er nicht längst zurück? Das Land um sie herum schien vollkommen verwaist zu sein. Selbst die Pferde am Horizont waren verschwunden. Sie lauschte der Stille, bis sie ein Rascheln aufschreckte. Eine Elster schnappte sich einen Keks. „Nur zu." Dana applaudierte. „Das ist ungesundes Zeug. Es macht dich fett. Wenn du erst ein paar Pfunde zugelegt hast und träge durch die Gegend taumelst, holen dich die Wölfe."

Zu Danas Linken knackte es. Ein dunkler Schatten huschte durchs Unterholz. Es war nicht mehr als ein flüchtiger Eindruck - und doch - war das ein Wolf? Die Elstern flogen kreischend davon. Ihr Schreien klang anders. Dana hörte es ganz genau. Sie schrien aufgeregt. Sie landeten hoch in den Bäumen rund um den Lagerplatz und krächzten sich Warnungen zu. Was jetzt? Dana stand am Feuerchen, ein kokelndes Ästchen in der Hand. Vertrieb das Wölfe? Waren es mehrere? Ein Rudel Wölfe und sie ganz allein? Wo war Hoygar?

Sie drehte sich mit dem glimmenden Holz im Kreis. Hatte sie nicht in Zaysans Lektüre gelesen, es gäbe mehr Wölfe in der Mongolei als Menschen? Sie wären scheu und griffen nur im Winter an? Wussten die Wölfe das und hielten sie sich auch daran?

Es war heller, lichter Tag. Über den blauen Himmel trieben zarte Dunstschleier, ein paar Insekten brummten durch die Luft. Doch die Vögel waren verstummt. Sie saßen unerreichbar auf den höchsten Ästen und schielten zu ihr herunter. Irgend etwas beunruhigte sie. Es bewegte sich dort im Schatten am Ufer. Das niedrige Buschwerk bot einem Raubtier Deckung. Ihr Blick huschte von den Weiden zum Horizont. Was tun, wenn Hoygar fortblieb?

Sekundenlang stockte ihr Atem. War der Junge mit den Pferden auf und davon? Er konnte sie weit ab vom Ögiy Nuur verkaufen. Der Erlös würde hoch sein. Dana wurde übel. Wenn der Junge eins und eins zusammenzählte, würde er sich aus dem Staub machen. Er war ein Straßenjunge; Rücksichtnahme, Zuverlässigkeit und ein gewisser Ehrenkodex standen sicher nicht auf der Liste der geübten Eigenschaften. Sie konnte ihn sogar verstehen. Warum sollte er ihr zu Diensten sein, wenn ein besseres Leben lockte?

Bebend zog sie ihre Landkarte hervor. Das kokelnde Ästchen brannte ein Loch hinein und verlöschte. Schatten huschten durchs Unterholz, Zweige knackten. Die Vögel waren still, das ganze Land schwieg. Dana hörte ihr Herz rasen. Sie musste fliehen. Wohin? Sie musste zurück zum Ögiy Nuur. Doch wo genau war sie überhaupt? Sie hatte gestern nur auf Zottel geachtet. Sie konnte sonst wo sein. Außerdem sah hier alles gleich aus. Bei ihrem Marsch musste sie allein in der Steppe im Zelt übernachten, vorausgesetzt, sie konnte es tragen. Sie musste Lebensmittel und Wasser mitnehmen. Sie musste ihre Ausrüstung zusammenraffen und ihren Mut. Und sie musste schnell sein. Dort in den Weidenbüschen bewegte sich ein Tier! Jetzt sah sie es ganz genau. Ein grauer Fleck huschte mit den Schatten der Wolken hin und her. Funkelten gelbe Blätter im Sonnenlicht oder schlitzförmige Augen?

Eine Elster krächzte. Die anderen fielen ein. Den ganzen Bach entlang kreischten die Vögel und kündigten Hoygar an. Er kam in eine Staubwolke gehüllt im Galopp über die Steppe geritten. Er saß auf dem bloßen Pferderücken und trieb die Herde an. Hufe wirbelten über die Erde, Mähnen wehten im Wind. Die Tiere schnaubten, und Hoygar lachte. Sein Lachen passte zum Sonnenschein, zum jungen Tag und dem Abenteuer, das vor ihnen lag.

Dana, noch etwas blass im Gesicht, fiel in sein Lachen ein. Ich habe eine Lektion gelernt, dachte sie. Etwas, das ich nie wieder vergessen werde! Sie wollte Hoygar umarmen, den schmächtigen Burschen, der Pferde einfing und Wölfe vertrieb. Jedes harte Wort, das sie ihm gegeben hatte, tat ihr leid. Doch Hoygar war ihre neue Freundlichkeit nicht ganz geheuer. „Probleme?“, fragte er.

„Probleme? Wieso? Das Frühstück ist fertig.“ Dana war stolz auf ihre Leistung. Aber die Elstern waren schneller gewesen. Sie hatten sich die Kekse geschnappt, das Brot von gestern und auch die Butter nicht verschont. Sie hüpften über die Teller und hackten auf das Honigglas ein. Wie eine Hexe fuhr Dana unter den Vogelschwarm. „Das tut mir leid, Hoygar!“ Sie schob ihm den traurigen Rest hin.

„Und was isst du?“

„Sojamilch. Die Kekse sind nichts für mich. Du solltest auch nicht soviel Zucker in deinen Tee geben. Ist schlecht für die Zähne. Du willst doch gesund bleiben?“

Er zuckte teilnahmslos mit den Schultern.

„Wenn wir Dalanzadgad erreichen, bekommst du viel Geld. Was wirst du damit tun?“

„Lernen.“

Dana verschluckte sich fast am Tee. „Gehst du zur Schule?“

Er nickte. „Früher.“

„Was heißt früher? Ihr müsst doch neun Jahre zur Schule gehen? Du bist doch noch jung – ein Schulkind? Was ist passiert?“

„Ein kalter Winter. Ein schlimmes Frühjahr.“

„Ja, und?“

Der Junge schwieg, ließ den Kopf hängen und schloss die Augen. Er glich den Pferden, die sich tot stellten, wenn es ans Reiten ging.

Dana holte eine Dose Pfirsiche und schob sie ihm hin. Sie sah ihm zu, wie er sie gierig verschlang. „Ich habe noch eine Überraschung für dich."

Er hatte seine Sprache wiedergefunden. „Was ist das?"

„Eine Überraschung? Das ist etwas, worauf man nicht gefasst ist, etwas Unvorhergesehenes, etwas, das nicht alle Tage passiert."

Er grinste von einem abstehenden Ohr zum anderen. „Überraschung!" Probehalber ließ er das neue Wort auf der Zunge zergehen und lauschte dem fremden Klang.

Sein Grinsen gefiel Dana nicht.

„Überraschung", sagte er genüsslich. „Überraschung ist wie kleines liebes Pferd, das mit Dana zur Seite springt."

Dana zog ihr Notizbuch und die Landkarte hervor. „Wir lernen voneinander. Was meinst du? Ich übe mit dir Lesen, Schreiben und Rechnen und du erklärst mir die Mongolei."

Hoygars schwarzer Strubbelkopf beugte sich sofort über die Zahlenreihen, die Dana ihm aufschrieb. Sie war überrascht. Der Junge konnte rechnen. Schreiben und Lesen gerieten ihm auch. Eine neue Vertrautheit stellte sich ein. Sie hatten beide unabhängig voneinander Fehler beim Addieren gemacht und lachten sich gegenseitig aus. „Schluss für heute!" Dana zog ihre Landkarte hervor. „Zeig mir noch schnell, wo wir sind!"

Erschrocken hob Hoygar den Kopf und wies auf die Sonne. „Wir sind spät dran. Sie steht schon hoch. Wir müssen weiter!"

Dana hörte auf ihn und folgte ihm zu den Pferden. „Schlimmer als gestern kann Zottel nicht sein, was meinst du?"

„Er ist klug", sagte Hoygar. „Kluge Wesen haben Ideen."

„Es ist nur ein Pferd. Er hat keine Ideen. Und keine Phantasie. Er reagiert nur, verstehst du? Er kann nicht denken und planen."

„Wenn du meinst."

Zottel ließ das Weiß seiner Augen sehen, als sie näherkam. Sie klopfte sein staubiges Fell. Er schnaubte und hob dezent das Hinterbein. „Reg dich nur nicht auf. Mir graut es auch. Hast du die ganze Nacht gefressen?" Dana zerrte am Bauchgurt. Zottels Bauch blähte sich auf wie ein Heißluftballon. Zwischen Gurt und Schnalle fehlte es weit.

„Nimm das Knie!“ Hoygar kitzelte das Pferd am Bauch und stemmte sein Knie dagegen. Das Pferdchen stöhnte, dann furzte es. Übelst riechende Luft entwich knatternd unter dem Pferdeschwanz. Der Bauch schrumpfte, Hoygar zog am Gurt, Dana schnappte nach Luft und Zottel grunzte. So kamen sie sich näher. Endlich war das Tier gesattelt. Hoygar hob den lederbespannten Holzknüppel. „Das ist ein Taschur, willst du ihn haben?“

Sie spreizte die Finger. „Bloß nicht. Ich will auch nicht, dass du dein Pferd damit schlägst!“

Er schob seine Mütze ins Genick und suchte nach Worten. „Einmal schlagen, dann daran denken, das genügt.“

Dana ergriff die Zügel. „Hast du gehört, Zottel? Denk daran: Wir sollten einen gemütlichen Ritt haben.“ Der Fuchs ließ traurig den Kopf hängen und döste. Sie berührte den Steigbügel. Sofort sprang er flink wie ein flüchtendes Reh zur Seite. Sie stürzte zu Boden. Sie glaubte, Zottel sei auf und davon. Doch er stand neben ihr und knabberte ein Ästchen. „Geht's dir noch gut?“ Dana kam taumelnd hoch. Behutsam griff sie nach dem Zügel. Das Pferd sprang in die Luft, kam neben Dana wieder auf, rupfte Grasbüschel aus, als sei es zum Fressen hier und sabberte grünen Schleim auf Danas Hand. Sie zog am Zügel, das Pferd folgte brav, bis sein Vorderhuf auf Danas Stiefel ruhte. Zottel blickte sie schlaftrunken an und verlagerte sein Gewicht auf ihren Fuß. Er balancierte fast auf einem Bein. Dana hatte noch nie ein einbeiniges Pferdegewicht auf ihrem Fuß gehabt. Zum Glück war der Boden weich. Zottel trat sie in den Schlamm. Er nagelte sie fest. Er stampfte sie ein.

Hoygar brüllte vor Lachen. „Er spielt!“, schrie er so laut, dass sein Pferd scheute. Fröhlich knallte er mit der Lederschnur.

Zottel hörte die Stimme seines Herrn. Er sprang zur Seite und schleifte Dana am Zügel mit. Er trabte jetzt dem Bach entgegen und liebäugelte mit einem Bad. Dana am Zügel hängend sah das Wasser kommen. Sie griff ins Weidengebüsch und klammerte sich fest. Äste brachen. Es knackte. Augenblicklich blieb Zottel stehen und schielte zu ihr hin.

Dana folgte seinem Blick und sah einen handlichen Ast. „Das ist ein wunderschöner Knüppel“, drohte sie. Er zuckte mit den Flanken und tänzelte ein wenig. Sie witterte ihre Chance, zeigte ihm den Ast, lobte die Qualität des Knüppels und beschrieb, wie lang und biegsam er sei. Duldsam ließ er sie aufsitzen. Mit angelegten Ohren lauschte er seiner Reiterin. Zischte der Knüppel heran? Sanft wie ein Lämmlein suchte er sich einen Weg über das Grasland. Ein Schenkeldruck genügte, und er wechselte von den Furchen, in denen es sich so wunderbar schief gehen ließ, auf ebenen Boden.

Als die Sonne höher stieg, und er den Rücken krümmte, um Dana abzuwerfen, brach sie knackend den Ast entzwei. Zottel wedelte mit den Ohren und schlurfte folgsam wie ein Schaf hinter Hoygar einher. „Nimm die Hufe hoch!“, befahl Dana und knackte erneut. Zottel hob die Beine. Sie klopfte seinen Hals. So verging der Morgen im Takt brechender Äste, gezischten Tadels und sanften Lobes. Bis die Mittagshitze drückend wurde, hatten sie ihren Rhythmus gefunden - sie jagte die Fliegen fort, er gab sich als Pferd. Das Furchenschlurfen ließ er sein und die Bocksprünge wurden selten. In großer Eintracht zockelten sie der Ferne entgegen.

Danas neu entdeckter Leichtigkeit des Reitens war keine Dauer beschert. Sie befänden sich jetzt jenseits der bekannten Weidegründe, erklärte Hoygar. Für die Pferde beginne hier Neuland, was sie behutsamer auftreten und achtsam um sich blicken lasse.

Sofort schnaubten sie, sogen die Luft durch geblähte Nüstern und drehten die Ohren nach jedem Geräusch. Plastikmüll, Drahtverhau, Holzreste, Tiergerippe und raschelndes Buschwerk beflügelten sie, ohne Rücksicht auf den Reiter spurtartig durchzugehen. Dieses sekundenlange Einknicken in der Hinterhand, um katapultartig davonzuschießen, sei nötig, um den Wölfen zu entkommen, erklärte Hoygar. Im

Winter würden viele Tiere gerissen, was sie an den bleichen Knochen im Gras erkennen könne.

„Und im Sommer?“ Dana hielt sich tapfer auf dem sturmfalkengleich dahinfliegenden Zottel, der sein Heil in der Flucht vor einem bösartig im Gras lauernden alten Autoreifen suchte.

„Wenig Wölfe!“, brüllte ihr Hoygar nach.

Wenige Wölfe waren noch immer einige zu viel, fand Dana. Die nächsten Stunden ließen sie die kommenden Nächte ahnen. Sie würde nahe bei Hoygar zelten, ganz vertraut, Stoffwand an Stoffwand. Zum Teufel mit der Distanz! Das hautenge Jurtenmiteinander wäre ihr jetzt sehr willkommen. Wie viel netter war ein Männerbein an der Seite als ein grauer huschender Schatten im Gras!

In den folgenden Tagen wuchs ihr Horizont mit jedem Galoppsprung in die Einsamkeit. Kostbare Designerfetzen fielen durch beim Test mit sabbernden Pferden, hurtigen Toilettengängen, peitschenden Winden und mongolischer Kost. Sie hätte sich im Outdoor-Laden eindecken sollen, um diesem Land die Stirn zu bieten. Denn ihren Klamotten mit extravaganten Details fehlte die Mongoleitauglichkeit. Es ging nicht einmal um atmungsaktive windabweisende Spezialkleidung, sondern um Hüftstrings bei scheuerndem Dauerritt, um selbstklebende BH-Schalen für Neckholder-Shirts und die Erdanziehung wippender Brüste auf trabendem Pferd. Ihr Busen sprang auf und ab. Das Rascheln und Rücken an der Kleidung ging Zottel auf den Pferdegeist. Er keilte aus und sprang herum, und ihre mit zellvitalisierender Goldcreme gepflegten Brüste sprangen mit, bis pflaumenblaue Blutergüsse den Ausschnitt zierten.

Das war bei Weitem nicht alles. Sie musste Hoygar helfen. Sie mutierte zur Feuerholzsammlerin, zur Wind-treibt-Tüte-fort-Jägerin, zur Wasserträgerin und Hasch-das-Pferd-Gefährtin. Sie kamen nicht weit voran in diesen Tagen. Von Karakorum, Dschingis Khans alter Hauptstadt, noch keine Spur. Um abends im sonnenwarmen Fluss zu baden, Haare und Kleidung zu waschen, musste sie schnell sein. Hitze, Kälte,

Wasser, Brennholz und Nahrung bestimmten ihr Dasein. Die erste Sorge galt den Pferden, die zweite den Pferden, die dritte auch. Dann folgten die Lebensmittel. Hoygar gewann an Breite und Höhe, und der Sack mit dem Essen schwand. Sie mussten für Nachschub sorgen. Sie saßen bei einbrechender Nacht in die Lernstunde vertieft. Hoygar war gut, er las rasch, rechnete schnell, aß noch schneller, sein Hunger war groß beim Lernen und Lesen, der Sack war dünn und Karakorum weit. Dana griff nach der Landkarte. Es war höchste Zeit. Wo waren sie, wo war der nächste Laden und wo die Stadt?

Die Sonne ging unter und das Feuer flackerte. Hoygar sah die Karte zum ersten Mal so ausgebreitet vor sich liegen. Er drehte sie herum und wieder zurück. Wo war hier oben und unten? Dana musterte Hoygar alarmiert. Hoygar konnte Karten kaufen, nicht lesen. Er wusste nicht, wo sie waren. Vielleicht hier? Oder dort? Das sah doch hübsch aus auf dem Kartenbild? Sein Finger war schon über die Landesgrenze hinausgeschnellt und tappte am Baikalsee herum. Der Baikalsee lag in Russland. Dana schnappte nach Luft. Sie waren gestrandet.

Sie suchte nach Landmarken und blickte sich um. Vom Einheitsgrün zum staubgrauen Weidengebüsch, zur nahen Hügelkette und wieder zurück. Das letzte Licht schwand. Alles wurde fahl und schemenhaft. Sie lauschte dem Fluss. War das der Orchon? Hoygar irrte auf der Karte herum. Er hielt die Staatsgrenze für Wegstrecken und blaue Schrift für Gewässer. Schließlich hielt er inne und stellte sich tot. Er saß einfach da und atmete flach.

Dana bebte; teils aus Angst, teils aus Wut. Die Angst siegte. Das war ganz einfach. Das ging ganz schnell. Die Wut ebbte ab, und Panik brauste heran.

Die Nacht kam schneller als je zuvor. Die Dunkelheit kroch über die Hügel wie ein Gespenst. Es wurde still, kurz darauf laut. Das Schweigen wich Heulen und Huschen, einem vielfältigen Chor bedrohlicher Laute. Einem Wolf war's egal, ob Hoygar wusste, wo sie waren, wohin sie wollten. Das machte keinen Unterschied. Doch sie hatte dem Jungen vertraut, das war vorbei. Jetzt schwitzte sie vor Angst. Sie roch es selbst, und Wölfe rochen es meilenweit. Auch Hoygar schwankte in seinem Gleichmut. Er hatte ihr vertraut. Warum auch nicht? Sie hatte Geld, Geld war Leben, soviel verstand er. Sie trug schimmernde Kleidung in aufregenden Farben und Schnittmustern fremder Art. So eine Frau hatte Mut. Die wusste, woran sie war. Oder etwa nicht?

Bebend saßen sie beieinander. Der eine hatte sich auf den anderen verlassen. Was für ein Irrtum!

Sie sahen die Nacht kommen. Was fahl war, wurde schwarz, wo Dämmerung gewesen war, herrschte jetzt Dunkelheit. Nichts glich dem Lagerleben von gestern, nichts den Tagen davor. Alles schien fremd und unbekannt.

Dana musste aufs Klo. Bisher war sie bedenkenlos fortgewandert. Jetzt stapfte sie hinter das Zelt und hockte sich zitternd nieder. Der Nachtwind strich über die blanken Backen. Sie schoss hoch. Hechelten Wolfsfänge an ihrer Haut? Durch das dünnwandige Zelt sah sie ihr Feuer glimmen. Entnervt sank sie zurück. Sterne funkelten über ihr. Riesige Nachtvögel glitten durch die Luft. Das Land um sie herum wisperte und raunte. Umgeben von zirpenden, brummenden und klagenden Lauten harrte sie mit bloßer Haut in der fremden Finsternis aus. Sie konnte nicht. Alles war verspannt. Wer fliehen will, muss nicht unbedingt pinkeln. War sie wirklich allein? Um diese Zeit sollte es in dieser gottverlassenen Wildnis vor abenteuerlustigen Touristen wimmeln und vor Mongolen, die mit ihren Herden übers Land zogen. Nichts davon war zu sehen. Sie waren abseits der gängigen Routen. Dort, wo der Hase vom Fuchs gerissen und vom Wolf gejagt wurde. Bären sollte es im Norden geben und Schneeleoparden nicht weit von ihnen. Sie schwankte und stützte sich ab. Endlich kam erlösend, was kommen sollte. Sie stach sich am Stachelgras, schnellte aus der Hocke hoch, zerrte an Schlüpfer und Beinkleid und vergaß jedes Reinigungsritual. Was scherte sie die Hygiene, wenn sie allein in der Wildnis war? Sie floh ans Feuer, auch die Nase lief. All das war nicht wichtig, nur Hoygars Nähe zählte noch. Sie kauerte sich neben ihn.

Lagerfeuer, Abenteuerromantik, Wildnis pur! Sie stöhnte. Nie war sie bei den Pfadfindern gewesen, nie bei erlebnisorientierter Ausbildung noch beim Einzelkämpferlehrgang! Was konnte sie überhaupt? Worin war sie gut, den anderen überlegen und in der Lage, der Wildnis ein Schnippchen zu schlagen? Sie konnte lügen, fiel ihr ein. Sie log wie ein Autohändler und Steuerberater zugleich. Sie log besser als jeder Politiker und Chefredakteur. Sie log um des Lügens Willen, aus heiterem Himmel und gutem Grund. Sie würde sich durch dieses Land lügen, an den Gefahren vorbeischummeln, die Not betrügen und die Angst täuschen. Sie würde Hoygar, sich selbst und den Pferdchen Sicherheit heucheln. Das würde sie alle stärken. Im Lügen war sie noch immer top. Das war die Wahrheit.

Sie scheuchte Hoygar auf, als gäbe es nichts zu befürchten. Sie überprüften Pferde, Ausrüstung und Verankerung der Zelte. Das Feuer flackerte und verlöschte. Rasch starb auch die Glut. Hoygar trottete davon. Gerade war er noch da gewesen, jetzt war er fort und plötzlich war Dana allein. Das ließ sich nicht leugnen! Sie wirbelte herum, stürzte schnell wie der aufkommende Wind in die fadenscheinige Sicherheit des eigenen Zelts und kroch tief in den Schlafsack. Sie bekam kaum Luft. Ihr Gesicht wurde heiß und ihr Atem schwer. Trotzdem schlief sie ein.

Mitten in der Nacht fuhr sie hoch.

Alles war anders. Sie lauschte. Draußen rumorte es. Zahn für Zahn öffnete sie den Reißverschluss des Zelteingangs. Kühle Luft floss herein. Sie lugte in die Nacht hinaus. Nichts war wie zuvor, da half auch das Lügen nicht. Erst jetzt war sie angekommen in dieser fremden Welt, im Unbekannten. Was hatte sie bisher gefühlt und gedacht? Sie hatte geglaubt, alles ginge immer so weiter, das Leben würde von Geld diktiert, von Ansehen und Macht und fuße auf den Binsenweisheiten ihrer Philosophie: Wissen, wo man war, wohin man wollte und was es dabei zu holen gab. Nichts davon traf zu an einem Fluss in der Mongolei, der vielleicht der Orchon war oder auch nicht, der im Hangay Bergland auf viertausend Meter Höhe entsprang, an dessen Ufer Karakorum, die alte Stadt der Khane lag, und der sich im Nordosten in den Baikalsee ergoss. Falls es sich denn, und hier begann das Elend, um den Orchon handelte, den sie entlangreiten wollten.

Wer konnte ihr das sagen? Sie konnte sonst wo sei. Hoygar wusste es nicht und sie noch weniger. Nur die Pferde ahnten das fremde Land, ein Gelände voller Überraschungen und Gefahren. Sie deutete es aus ihrem Schnauben und den kleinen Schritten, die sie rund ums Lager kreisen ließen. Mit ihren gefesselten Vorderbeinen wagten sie keinen Fußtritt ins Unbekannte hinaus. Nur die Sterne glitzerten vom Himmel herunter, wie es sich gehörte. Kleiner Wagen und Polarstern zeigten den Norden an.

Die Nacht war seltsam, ganz anders als alle Nächte zuvor. Die Luft war mehr als Luft, fand Dana. Sie war Musik. Sie klang und tönte. Geräusche wurden herumgetragen wie dampfende Schüsseln. Wortfetzen stiegen daraus empor, wurden aufgegriffen und weitergereicht. Die Dunkelheit war voller Leben. Lichter blitzten auf und vergingen. Geisterstimmen wurden laut und wieder leise. Man unterhielt sich, man lachte und weinte. Sie hörte es dem Dunkel an, das über ihr hing. Man amüsierte sich, man kicherte über sie. Sie sorgte für Heiterkeit in der Finsternis. Die Geister der Nacht vergnügten sich mit ihr. Tierstimmen mischten sich ein, und die Steine sprachen. Sie vernahm, wie das Gras ächzte, auf dem sie lag. Die Sandkörner in der Mulde tauschten sich aus, und ein Strauch mischte sich in das Palaver ein. Die Kunde von ihr lief den Bach hinunter und trug ihre Geschichte fort. Sie hatte vergessen, den Geistern zu opfern, klang es zu ihr herüber. Man gab es von oben und unten, von drüben und hüben weiter. Das Raunen nahm zu, es wurde bedrohlich. Der Busch hinter dem Zelt schlug mit den Zweigen, Steine kollerten den Hang hinab und brausten durchs Gras.

Dana ahnte die Macht der Geister. Sie wusste, was sie wollten. Gehorsam kroch sie aus dem Zelt, vor Angst und Kälte bebend. Die Taschenlampe ließ sie liegen, Mondlicht musste genügen. Sie schlich im Finstern umher und suchte die Wasserflasche. Wieselflinke Schritte hetzten davon. Samtpfötchen tappen herum. Kalte Schnauzen streiften ihre Hand und spitze Schnäbel ritzten ihr Gesicht. Der Atem großer Geschöpfe hüllte sie ein. Sie fühlte Fell auf ihrer Haut, Federn am Arm und Krallen am Bein. Sie hätte schreien mögen, doch ihre Stimme versagte. Dana, mit klopfendem Herzen im Dunkeln unterwegs, war mitten unter den fremden Wesen. Sie hörte sie schnattern und heulen. Tiergeister mit riesigen Augen starrten sie an, Wesenheiten, die in Stein und Stock hausten, im Kräuseln des Wassers ebenso wie im Brausen des Winds. Jetzt griffen sie nach ihr! Sie wurde geschubst und gestoßen, bis sie endlich die Flasche fand und Wassertropfen den Geistern opferte. Zitternd murmelte sie Worte des Danks, Gebete der Demut und Beschwörungen um Hilfe. Endlich ließ man von ihr ab. Sie war allein in einer ruhigen Nacht. Weder Krallen noch Stimmen bedrängten sie noch. Auch der Wind war verstummt. Erleichtert schlich sie zurück.

Munk, der Schamane, saß im Zelt.

Sie glaubte, ihr Herz setze aus. Nichts an ihm war wirklich. Durch seine Hände, die ein Schnitzwerk hielten, schimmerte die Zeltwand. Sein roter Mantel zerfloss mit dem Boden. Sein Gesicht glich silbernem Blattwerk im Wind. Wacholderdüfte wehten durch die Nacht.

„Munk?", flüsterte sie. „Du hast mich hierher gelockt!" Keine Antwort. Im Zelteingang kniend tastete sie sich voran. Da war ihr Schlafsack, noch warm von vorhin. Schlotternd kroch sie hinein. Munks Bild war zu sehen, wurde dicht und wirklich. Er schnitzte. Das glitzernde Messer fuhr über das Holz. Sein Gesicht war ernst, die Augen auf die Arbeit gerichtet. Er sang. Erst glich sein Lied dem Rascheln der Blätter, bis sie die Worte verstand.

Sie müsse nur dem Fluss folgen. Das Wasser würde sie nach Karakorum leiten. Dort gäbe es Kleider und Lebensmittel. Sie möge sich einen Deel kaufen, der sie vor Wind und Sonne schütze. Der Weg durch das Hangay Bergland sei lang. Wölfe folgten ihrer Spur. Sie müsse aufmerksam bleiben und immer in Hoygars Nähe. Sie dürfe nicht trödeln beim Waschen am Fluss. Der Ritt sei gefährlich. Lebensgefährlich. Das Lied brach ab. Dana fuhr aus dem Schlafsack hoch. Wo war Munk? Im Mondschein sah sie nur kahle Zeltwände und ihr Gepäck zu ihren Füßen. Von einem Trugbild keine Spur, von einem Lied keinen Ton. Es war düster und still, dort, wo sie lag, irgendwo draußen im mongolischen Grasland, im Herzen Asiens, östlich vom Ural, weit ab aller Städte und Bequemlichkeiten, dem Hungertod näher als menschlicher Hilfe.

Sie strengte ihre Ohren an. Nichts. Es war einfach still. Sie fühlte sich verlassen und einsam. Doch so einsam auch wieder nicht. Denn jenseits des Hügels heulte jetzt ein Wolf.

Ein lautes Fauchen weckte sie morgens. Ein Raubtier? Bär, Leopard, Luchs oder Wolf? Ein Schneetiger? Was trieb sich hier herum? Es galt ihr Leben! Munk hatte es gesagt. Sie bibberte vor Kälte, öffnete den Zelteingang um Millimeter und spähte hinaus. Zwei Eichelhäher stritten um die Zwiebelschalen am Lagerfeuer. Sie fauchten wie Katzen, hüpften zeternd auf und ab, fuhren mit den Schnäbeln durch die Asche und blickten Dana mit blanken Augen an. „Guten Morgen!"

Die Vögel krächzten.

Sie kam aus dem Schlafsack hoch, stieg sofort in die Stiefel, zog den knielangen Wollmantel an und trat hinaus.

Gelassen hüpften die Häher davon. Mit schiefgelegten Köpfen sahen sie Dana zu. Sie hätte sie greifen können, die Ziesel ebenso. Die mausgroßen Nager mit dem buschigen Schwanz huschten über die Erde, knabberten an Krümeln und putzten sich im Morgenlicht. Das sah friedlich aus. Kein Wolf weit und breit, so viel stand fest.

„Alles klar?", fragte sie die Vögel. Die Häher nickten und flatterten heran. Dana warf ihnen Brotkrumen zu. Das alarmierte Krähen und Gabelweihen. Bald rauschte die Luft. „Passt gut auf!" Sie ging zum Wasser. Vögel hatten scharfe Augen. Sie würden sie warnen. Die gestrige Nacht fiel ihr ein. Hatte sie wirklich den Geistern geopfert? Sie lächelte die Sonne an. Der Tag war hell, die Luft mild. Mückenschwärme tanzten am Fluss. Kein Grund zur Panik. Hatte sie von Munk geträumt? Und wenn schon! Heute war alles anders, alles war besser, schöner und einfacher. Sie hatte alles im Griff.

Sie machte Feuer und setzte Teewasser auf. In dunklen Schwaden zog der Rauch über den Boden. Hoygar hustete im Zelt. Sie hörte ihn rascheln. Er kämpfte mit dem Rauch und dem verwehrten Schlummer. Kannst ruhig aufstehen, dachte sie. Wir wollen weiter.

Sie wusch sich mit eiskaltem Wasser, klatschte sich Babycreme ins Gesicht und Deo unter die Achseln, fütterte das Feuer, horchte auf das Summen des Kessels, hielt die Vögel von den Keksen fern, beobachtete die Pferde, lauschte auf das Rascheln im Gebüsch, hörte ganz nahe eine Lerche singen und griff nach der Nagelschere. Höchste Zeit für einen Haarschnitt über dem vernarbten Gesicht! Dazu brauchte sie keinen Spiegel. Links schnitt sie das Haar ab, rechts ließ sie es wachsen, egal wohin. Vieles war heute egal. Noch vor Kurzem ging es darum, nicht die Frisur des Monats, sondern des Tages zu tragen.

Dana ließ die Schere sinken und träumte in den mongolischen Morgen hinein. Da hatte es die revolutionäre neue Colorationstechnik gegeben, erinnerte sie sich, durch die das Haar natürlicher und lebendiger wirken sollte. Diese Färbetechnik war den Magiern unter den Stylisten vorbehalten gewesen. Für einen Termin bei Friseurkünstlern wie Amadeo oder Don Siena musste man beinahe im ‚Who's who?' stehen oder zumindest das Fehlen der Gewichtigkeit im Celebrity-Status durch kompakte Dollarbündel ausgleichen. Nur sie, hieß es in den von Lotusblütenextrakten geschwängerten Dunstkreisen der Starfriseure, könnten dank spezieller Technik und Schulung sowie ihres künstlerischen Genies, dem Haar mittels Highlights und Lowlights optisch maximale Fülle, Lebendigkeit und Glanz verleihen. Der Farbverlauf so behandelter Haare erhalte den erwünschten Marmoreffekt, der das Bild einer von Sonne, Wind und Abenteuer zerzausten Mähne harmonisch abrunde und seiner Trägerin den unwiderstehlichen Touch extraordinärer Lebensgestaltung und gewagter Umsetzung avantgardistischer Ziele gebe.

Das hatte einmal zu ihrer Welt gehört wie Milchschaum auf dem Latte Macchiato. Wie mochte sie jetzt aussehen? Avantgardistisch und abenteuerlustig, mutig und wildniserfahren?

Ein Häher schrie gellend. Diesen Ruf kannte sie. Oben am Hügelkamm huschten Schatten durchs Gras. Die Pferde hoben die Köpfe und drängten zu ihr. Augenblicklich war alles anders. Ihre Hand bebte. Die Nagelschere fiel zu Boden. Noch mehr dunkle Schatten schlichen über den Grat. Die Pferde schnaubten. Die Vögel flatterten davon und suchten Zuflucht in den Bäumen. Die Angst sprang sie an. Sie zitterte. Sie weinte fast. Die Schatten kamen näher. Noch vierhundert Meter? Dreihundert? Wie ein Opferlamm stand sie da, vollkommen allein und verlassen.

Da kroch Hoygar aus dem Zelt. Er hustete, keuchte, rülpste, spuckte auf den Boden, stapfte im Gras herum, zertrat Äste, raschelte im Busch und ließ Steine polterten.

„Ist was?“, fragte er noch müde. Er streckte die Arme aus, knackte mit den Fingergelenken, gähnte mit weit aufgerissenem Mund, schniefte durch die Nase, klopfte den Pferden mit dem Lederknüppel ermunternd auf die Flanken, dann sich selbst auf die Stiefel, schepperte mit dem Zaumzeug und den Zeltstangen, hielt sich ächzend seinen Rücken, schlurfte zum Feuer, entfachte die Glut neu und stöhnte und röchelte dabei wie ein uralter Mann.

Die Schatten waren fort, Vögel sangen und die Sonne schien.

„Was soll sein?“, fragte Dana. „Nichts.“

Er ließ sich ins Gras plumpsen. „Ist das Essen fertig?“ Er nahm sich vom Tee, tunkte Kekse hinein, verlangte nach Zucker, schlürfte und sabberte und half mit den Fingern im Mund nach, wo Reste in den Zähnen hingen. Endlich blickte er Dana an. „Häh? Böser Geist?“, fragte er schmatzend. „Hat er dich gepackt?“ Er fasste sich ins Haar und deutete auf sie. „Wie siehst du aus? Wollte er dich fressen? Halbseitig?“

„Mich?" Sie tappte sich an den Kopf. „Was fällt dir ein! Das ist ein Haarschnitt! Ein asymmetrischer Haarschnitt."

Er johlte auf, als habe ihn ein Wolf gepackt. Er griff sich an den Leib, wälzte sich über den Boden, kicherte albern wie ein Mädchen, schleppte sich noch immer gackernd zu den Pferden hinüber und klopfte auf deren Hinterteil. „So siehst du aus!"

„Wie ein Pferdearsch?"

Er klatschte in die Hände. „Ja, ja, ja."

Jetzt fiel es auch Dana auf. Die Schwanzmähne aller Pferde war zur Hälfte gestutzt. Knapp abgeschnittene Haare saßen über dem langen Schweif. Das machte die Tiere nicht hübscher. „Warum beschneidet ihr die Pferdeschweife so komisch?"

Hoygar nahm Stein und Ast wie eine Geige zur Hand und gab vor, darauf zu spielen.

„Ihr macht Saiten daraus? Für eine Geige?"

„Für den Geigenbogen. International. Mit unseren Pferdehaaren."

„Pferdehaare sind überall gleich, auf der ganzen Welt."

„Sind sie nicht."

„Pferd ist Pferd."

„Unsere sind besser, die besten Pferde der Welt. Ihre Haare reißen nicht."

„Man spielt Mozart mit ihnen?"

Er nickte trotzig.

„Brahms, Schubert und Strauss? Warum sagst du nichts? Keine Ahnung, was?"

„Mozart?", fragte er. „Ist das wichtig? Muss man das können? Braucht man das zum Leben? Unsere Pferde können viel mehr als Mozart. Sie peitschen Wolfsaugen blutig! Mit ihren Schweifhaaren! Nicht irgendwelche Pferde, mongolische Pferde, ja!"

Der Morgenluft war lauer als in den Tagen zuvor. Der schneidende Wind fehlte, Insekten summten durch die Luft und tanzten Reigen über dem Wasser. Sie hatten die Zelte abgebrochen, ihre Ausrüstung verpackt und gingen die Vorräte durch. Dana zog einen leeren Behälter nach dem anderen aus dem Sack. „Keine Konserven mehr? Wo ist der Honig hin? Ich glaub es nicht! Sag mal, bist du übergeschnappt? Wir haben fast nichts mehr! Wieso hast du alles aufgegessen? Wir müssen uns die Vorräte einteilen, bis wir Karakorum erreichen. Einteilen? Verstehst du?“

„Einteilen?“ Er wurde rot im Gesicht, presste die Lippen zusammen und schob das Kinn vor. Sie stierten einander an.

„Straßenkinder“, sagte Dana, „so ist das also. Die legen keine Vorräte an, nicht wahr? Wozu sollen sie Vorräte anlegen, wenn sie den Tag nicht überleben? Aber wir werden überleben!“ Sie schüttelte Hoygar. „Wir reiten durch die Mongolei und überleben. Hast du das begriffen? Wir gewinnen diese dämliche Wette. Wir schaffen es! Du hast damals ja gesagt in Ulan Bator, erinnerst du dich? Du hast hurra geschrien. Du wolltest fort aus der Stadt, jetzt sind wir hier. Hier gibt es keine Straßen, also hör auf, dich wie ein Straßenkind zu benehmen!“ Sie lud die restlichen Vorräte auf ihr Pferd.

„Gib mir das Essen!“ Hoygars Stimme klang weinerlich.

Sie zuckte nur die Schultern. „Du wirst ein wenig Hunger aushalten müssen!“

„Du bist grausam!“

„Und du bist blöd!“

Sie hätten noch weiter gestritten, doch die Elstern fingen zu zetern an. Vier Pferde und zwei Menschen hoben zeitgleich die Köpfe. Irgend etwas kam über die Steppe.

Es waren zwei Kinder. Sie wanderten über das Grasland und trugen einen Topf in ihrer Mitte. In dem Topf konnte nur Essen sein.

Dana begriff dies als erste. Sie schnappte sich den Geschenkbeutel mit dem nützlichen Kleinkram und rannte den Kindern entgegen. Die Kinder blieben stehen. Das Mädchen mit den abstehenden schwarzen Zöpfen reagierte zuerst. Es stieß einen schrillen Schrei aus und ließ den Topf fallen. Den kleinen Bruder an die Hand nehmend, rannte es davon. Der Topf kullerte über den Boden, der Milchtee ergoss sich über das braune Gras und die Kinder waren verschwunden.

Hoygar erschien keuchend an Danas Seite. „Du bist schuld! Der schöne Milchtee! Sie sind geflohen! Sie haben einen bösen Geist gesehen. Sie haben dich gesehen!"

„Mich?" Sie griff sich ins Haar und in das narbenentstellte Gesicht. „Warum, ich? Weil ich ... ?" Sie verstummte.

„Na los! Suchen wir die Jurte ihrer Eltern."

Sie saßen auf und ritten auf den Hügel. Von einer Jurte keine Spur. Das Grasland lag verlassen im Sonnenlicht.

„Wir müssen nach Karakorum", bestimmte Dana.

„Ich habe Hunger."

„In Karakorum können wir essen."

„Karakorum ist weit."

„Woher willst du das plötzlich wissen? Du weißt nicht, wo wir sind. Wenn wir aber diesem Bach folgen, statt hier herumzutrödeln, kommen wir nach Karakorum."

„Niemand wird uns etwas verkaufen." Hoygar saß ab und wühlte in einem Sack herum.

„He, was machst du da?" Hoygar zog ihre größte Handtasche, einen City-Shopper aus Paisley gemustertem Leder in scharlachroten und braunen Tönen mit Nieten hervor. „Lass das gefälligst!"

Er hörte nicht auf sie, trat an sie heran, streckte seine Hand nach ihrem Gesicht aus, nahm Maß, zog sein Messer und schnitt die Tasche entzwei. Ruckzuck fuhr er durch das Leder, diese gemusterte Kostbarkeit, die tausend Dollar wert war, schnitzte, schrappte, dehnte und knautschte den City-Shopper, der fast so laut ächzte wie Dana, die um Fassung rang. Er reichte ihr eine Halbmaske, ein wildes rotbraun gemustertes Ding, mit Riemchen am Kopf zu befestigen und mit Nieten über den Wangenknochen. Die Maske sah wie eine große Augenklappe für Piraten aus.

„Anziehen", bestimmte Hoygar.

„Ich denke nicht daran."

„Ich denke an Essen." Er stemmte die Arme in die Hüften.

Dana betrachtete ihre Fingernägel. „Du langweilst mich."

„Dann hast du Glück gehabt. Wer dich sieht, läuft davon. Nur ich nicht."

Sie maßen sich mit Blicken. Eine Ader an Danas Schläfe pochte. Der Junge war alles, was sie hatte. Er vertrieb Wölfe allein dadurch, dass er morgens aus dem Zelt schlurfte. Sie flohen schon, wenn sie ihn rülpsen hörten. Wenn er den Mund aufriss, gaben sie Fersengeld. Also zog sie die Maske an. Das Leder war weich und geschmeidig. Es bedeckte exakt ihre Narben im Gesicht und scheuerte nicht. Sie wollte weiterreiten.

„Halt", sagte Hoygar.

„Was denn jetzt schon wieder?"

Er umkreiste sie von allen Seiten, als begutachte er ein Stück Schlachtvieh. „Du bist schön, wunderschön!"

Sie nickte gnädig.

„Ich will auch schön sein." Er zog die Kaninchenjacke aus dem Sack, jenes wunderbare schwarze Pelzwerk mit dem Idiotenverschluss, das sie ihm für eine Nacht in Ulan Bator geliehen hatte.

„Meinetwegen", gab sie nach.

Schon wieder blitzte sein Messer auf. Er trennte die Ärmel ab, bohrte Löcher in das Vorderteil, schnitt die Ärmel in Streifen und knüpfte sie wie Riegel hinein. Jetzt hatte er eine Weste, die ihn mächtig und wichtig aussehen ließ wie einen berühmten Jäger oder einen Boten des großen Khans. Das Pelzwerk stand ihm wirklich gut. Dana hatte einen Blick dafür. „Toll!", sagte sie und meinte es ehrlich. „Du siehst schön aus. Prächtig, richtig prächtig."

Er warf ihr einen nachsichtigen Blick zu, sprang aufs Pferd und ließ es in die Höhe steigen. „Ich weiß!", rief er. Dann jagte er davon, in den Steigbügeln stehend, die Packpferde an seiner Seite, ein wilder Haufen wirbelnder Hufe und wehender Mähnen. Ein echter Mann! Dana lachte in sich hinein.

Stunden später zügelten sie die Pferde. „Spürst du das?" Dana bekam keine Antwort. Wenn Hoygar Hunger hatte, bockte er. Sie kannte das inzwischen. „Dieses Sirren in der Luft?"

„Nur Sirren im Magen."

„Unsinn, Hoygar. Der Magen knurrt. In der Luft sirrt es. Hörst du es nicht?"

„Ich habe Hunger."

Sie versuchte es auf die zarte Tour. „Bald sind wir in Karakorum. Dann kannst du tagelang essen. Wir müssen nur diesem Fluss hier folgen. Was bedeutet das Sirren? Denk nach!"

„Die Rauchschwaden", sinnierte Hoygar. „Sie krochen über den Boden."

„Ja, und? Was bedeutet das?"

„Weiß nicht."

Dana biss sich auf die Lippen. Natürlich gab es eine Erklärung dafür. Der Junge wusste, was es bedeutete. Sie musste dieses Wissen aus ihm herauslocken. „Sieh mal nach Osten. Da sind feine weiße Streifen am Himmel."

Hoygar kniff die Augen zusammen und blickte nach Süden.

„He", sagte Dana. „Nach Osten!"

Er starrte weiter in die Sonne hinein, die weit im Süden stand.

„Kennst du die Himmelsrichtungen?"

„Natürlich." Er sagte Osten und wies nach Süden. „Osten ist dort, wo die Sonne scheint, wenn ich aufstehe."

Dana hielt die Luft an. Hoygar wies unbeirrt nach Süden. „Wir reden aneinander vorbei," sagte sie matt.

„Du willst nur schimpfen. Immer bist du böse. Immer weißt du alles besser. Wie eine alte Frau, wie eine ganz böse, alte Frau."

Sie dachte nach. Wieso verwechselte er Osten mit Süden? Schließlich kam ihr die Erleuchtung. Hoygar stand erst am Mittag auf. Da stand die Sonne im Süden. Sie versuchte, es mit sanften Worten zu erklären. Er wollte es nicht hören. Also hielt sie den Mund. Nichts lag ihr ferner, als den Jungen in die Flucht zu treiben. Mit schlafwandlerischer Leichtigkeit bewegte er sich auf dem Pferderücken. Er musste das Reiten vor dem Laufen gelernt haben und bald darauf als Straßenkind in Ulan Bator gelandet sein. Manches vom Leben in der Natur war ihm in Fleisch und Blut übergegangen, doch vieles hatte er nie erfahren. Außerdem war er stur. Dort gehe die Sonne auf, beharrte er und zeigte nach Süden. „Hoygarlogik“, schnaubte sie.

„Was?“

„Nichts.“ Er konnte Feuer machen, erinnerte sich Dana. Pferde satteln, Essen kochen, Wasser tragen, Zelte aufstellen und Geister vertreiben. Er hielt ihr die Wölfe vom Leib und was sonst noch im Grasland herumschlich. Sie zog ihre Karte zu Rate. Zottel nahm ihr das Rascheln übel und machte einen Sprung. Dana steckte die Karte weg. Dann eben nicht. Sie wusste, dass es zwischen dem Ögiy Nuur und Karakorum Ger-Camps für Touristen gab. Sie konnte aber keine sehen. Sie mussten weit ab der üblichen Routen sein. „Na, prima“, murmelte sie. „Stilikone und Straßenkind tappen durch die Mongolei. Zwischen den Touristenzentren am Ögiy Nuur, der sagenumwobenen alten Hauptstadt der Khane und dem Naturreservat von Batkhaan Uul gelingt es ihnen, alle gut ausgerüsteten Ger-Camps für Touristen zu verfehlen und am helllichten Tag im Grasland zu verhungern.“

„Was sagst du vom Essen?“

„Unwichtig.“

„Warum redest du dann?“

Sie schwieg. Hoygar war auf Streit aus. Sein Magen knurrte. Sie konnte es hören. Seine Seele musste im Magen sitzen, musste ein großer Sack sein, den es zu stopfen galt, damit die Seele Frieden fände. Sie schwankte, ob sie sich an den Restvorräten vergreifen solle, um Hoygar zu besänftigen. Essen oder nicht? Sie blieb hart. Was wusste sie, wie weit es bis Karakorum war?

Gegen Mittag wurde es drückend heiß. Eine lähmende Windstille lastete auf dem Land. Sie verlockte dazu, aus dem Sattel zu sinken und einzuschlafen. Doch sie ließen die Pferde nicht rasten. Unruhe hatte sie ergriffen. Es war mühsam, dem mäandernden Fluss zu folgen, aber sie wagten nicht, den Weg abzukürzen. Gab es keine Touristen mehr? Kein Mensch ließ sich blicken. Nur Mücken umkreisten ihren Kopf und plagten Reiter und Pferd. Zahlreicher als je zuvor fielen sie über sie her. Sie ließen die Lederschnüre sausen. Schweißtropfen sickerten von der Stirn. Die Zunge klebte am Gaumen. Plötzlich richtete sich Hoygar im Sattel auf. „Schwere Luft“, murmelte er. „Rauch kriecht über den Boden, schon morgens, Mücken sind hungrig. Sturm!“, schrie er und trieb sein Pferd an. Er jagte davon, als säße ihm ein Geist im Nacken. Die Luft war klebrig und windstill. Kein Grashalm bewegte sich. Sekundenlang hielt Dana Zottel zurück. Doch dann schoss er Hoygar hinterher. In wilder Hast rasten sie einem Espen- und Pappelwäldchen am Horizont entgegen. Noch ehe sie die Bäumchen erreicht hatten, erfasste sie das Brausen des Sturms. Von einer Minute zur nächsten verlor die Luft die drückende Schwüle, füllte sich mit Gletscherkälte an und peitschte ihre Gesichter. Regentropfen und Eiskristalle schlugen auf ihrer ungeschützten Haut wie Geschosse auf. Im jagenden Galopp sah Dana, wie Blut von ihren Händen flog, ehe der Wind ihr Grasbüschel, Erde und Ästchen ins Gesicht schlug. Der Himmel wurde finster wie ein Grab. Orangefarbene Blitze zuckten durch die Dunkelheit. Sie sah Sturmgeister herumtobten und wilde, wüste Wolkengebilde auf sich niederstürzen. Sie klammerte sich an den Hals des Pferdes, duckte sich hinter seine peitschende Mähne und hoffte, es würde von selbst den schützenden Wald erreichen. Erst als die Pappeläste über ihr zusammenschlugen, verfiel Zottel in Trab und blieb plötzlich stehen. Regen und Hagel peitschten jetzt mit brutaler Gewalt auf Tier und Reiter ein. Dana glitt vom Pferd und zerrte es tiefer in das Wäldchen hinein. Sie schrie nach Hoygar gegen den brüllenden Sturm an. Donnergrollen riss ihr das Wort von den Lippen. Nirgends eine Spur von ihm! Sie band die Zügel an einer wankenden Pappel fest und kroch unter den Bauch des Pferdes. Der dampfende Körper über ihr hielt das Schlimmste ab.

Sie fror, war nass bis auf die Haut und blutig geschlagen vom Orkan. Ihre Angst war größer, als je zuvor. Das Brüllen des Sturms bereitete ihr körperliche Qualen. Das Pferd über ihr zerrte an den Zügeln. Es wollte hinaus in die Steppe, wo es den peitschenden Ästen entkam. Dana kroch unter seinem

Bauch hervor und klammerte sich an Zügel und Baum fest. Ein losgerissener Ast knallte gegen ihre Schulter, ehe er gegen das Pferd prallte. Zottel schlug aus, stieg in die Höhe und traf sie mit dem Vorderhuf. Sie sackte zusammen und schleppte sich ins Gebüsch. Am Boden kauernd schirmte sie ihren Kopf gegen das Wüten des Himmels ab. Violette Schwärze war um sie. Blitze zischten zur Erde und hinterließen Schwefelgestank. Sie musste Zottel befreien. Vielleicht konnte er in der Ebene dem Wind entkommen. Sie wollte vom Boden hoch.

Ein Arm umschlang sie und hielt sie fest. „Bleib liegen!" Hoygar drückte sie zu Boden und stülpte den hohen Mongolensattel über ihren Kopf. Er verschwand, kam mit ihrem Sattel wieder und legte ihn über ihren geschundenen Körper. Im Toben des Sturms krochen sie unter den Sätteln zueinander und pressten die Köpfe zu Boden. Die Erde unter Danas Gesicht weichte auf. Schlamm sickerte in ihren Mund. Minuten später legte sich der Sturm. „Schnell!" Hoygar half ihr vom Boden hoch. „Er kommt wieder. Bleib dicht hinter mir!" Er nahm Zottel am Zügel und verschwand in der Dunkelheit. Sie stolperte hinterher, glitt aus, fiel über Äste und Wurzeln, prallte an kleine Stämme und schlug sich die Beine wund.

Nach qualvollem Wandern erreichten sie eine kleine Lichtung, die den drei Pferden als Zuflucht gedient hatte. Zottel stürmte zu ihnen hin. Das eine Tier legte den Kopf auf den Hals des anderen. Sie schützten sich gegenseitig vor Nässe und Wind. Dana war steif vor Kälte. Mit bloßen Händen schaufelte sie einen kleinen Bereich von Hagelkörnern frei, um ein Zelt zu verzurren. Die Baumkronen ächzten im Sturm. Erneut fiel er über die Menschen her. Kein Denken, das Zelt mit Stangen und Haken aufzurichten. Sie stopften ihre Ausrüstung hinein, banden die Schnüre an den Bäumchen fest und krochen in das Innere wie in einen Sack. Im Schein der Taschenlampe holte Dana wahllos Kleidung aus ihrem Vorrat. Sie zerrten sich die nassen Sachen von den geschundenen Körpern und zogen an, was ihnen in die Finger fiel. Sie rollten die Schlafsäcke aus und verkrochen sich vor dem Toben des Winds. Der Sturm drückte das Zelt zu Boden, sie erstickten fast in der Dunkelheit. Wieder schützte der hölzerne Mongolensattel ihre Köpfe. Wasser sickerte herein, ein Ast traf Danas Hand. Blut floss über die Haut. Der Wind brüllte vor Wut und sein Toben hielt bis zum nächsten Abend an.

Erst dann wurde es still um sie. Der Wind hatte sich gelegt, kein Lufthauch rührte sich mehr. Sofort machte sich Hoygar an die Arbeit und entfachte ein Feuer. Schon bald knackte ein Ästchen in der Glut. Wassertropfen verdampften zischend. Blauer Rauch stieg auf. Hoygar ist ein Held, dachte Dana. Hoygar hat Feuer gemacht. Hoygar ist ein Supermann, kein Zweifel.

Das Feuer aus regennassen Ästen genügte, um schmutzigbraunes Bachwasser zu kochen. Sie gaben Teebeutel hinein und füllten die Becher. Sie tauchten ihre Löffel in das Gebräu und verspritzten kostbare Flüssigkeit zum Dank an die Geister. Der Tee knirschte zwischen den Zähnen und schmeckte nach Schlamm. Dana spie Ästchen und Steine aus. Sie tranken die halbe Kanne leer und rührten das Pulver mit dem Fertiggericht in die dampfende Brühe. Scharf gewürzte Nudeln mit Hühnerklein und Erbsen mischten sich unter den Tee, die Schlammreste, das Gras und die Blätter. Sie hatten nicht genug trockenes Holz, um erneut Wasser zu kochen. Egal. So ging es auch. „Schmeckt himmlisch", fand Dana.

Diese Nacht, obwohl windstill, wurde die schlimmste aller bisherigen Nächte. Zelt, Schlafsack, Kleidung, einfach alles war von Feuchtigkeit durchtränkt. Nicht länger von unmittelbarer Gefahr bedroht, nervten sie die klamme Kälte, die stinkenden Kleider, die schmerzenden Gelenke, die pochenden Wunden und der nagende Hunger. Sie waren krumm gelegen, der Rücken tat weh, sie fanden keinen Schlaf. Alles roch dumpf und schimmelig. Doch morgen würde die Sonne wieder scheinen, trösteten sie sich, morgen würden sie sich waschen und trocknen. Morgen würde alles besser sein. „Kommt der Sturm wieder?", fragte Dana bang.

„Er kommt immer wieder", orakelte Hoygar. „Sturm und Mongolei, das ist eins."

Am nächsten Morgen kamen sie nicht fort. Hoygar hatte Hunger, Dana bestand auf Waschen. „Waschen kann warten", behauptete er. „Magen nicht."

Sie putzte sich unbeeindruckt die Zähne und trug Creme auf.

Er funkelte sie böse an. „Ändert nichts."

„Was sagst du da?"

Der Junge schob trotzig das Kinn vor. „Menschen laufen weg."

Dana tastete nach ihrer Gesichtsmaske und stülpte sie über. Hoygar hielt ihr den Wasserkessel als Spiegel hin. Sie wehrte ab. „Nein, ich will mich nicht sehen!"

Er trat nahe an sie heran und deutete auf seine Augen.

„Unsinn, darin kann man sich nicht spiegeln."

„Spiegeln? Was redest du? Siehst du das Licht? Es leuchtet, weil du jetzt schön bist. So passt du zu mir." Er trug noch immer Danas langärmeliges himbeerrotes Poloshirt, das sie ihm beim Sturm gegeben hatte und seine Kaninchenweste. Nun klopfte er sie aus, bis der Pelz schimmerte. Er betrachtete sich im Wasserkessel und war zufrieden. Nur eine Stunde später schien aller Zauber verflogen zu sein. Hoygar trabte über die Steppe, missmutig und gereizt. Er hatte Hunger. Er ließ den Kopf hängen und ächzte.

„Stell dich nicht so an", ermahnte ihn Dana. „Denk an was Schönes, lenk dich ab."

„Eine Schüssel voll Fleisch?"

„Natürlich nicht. Du darfst nicht ans Essen denken. Denk an eine schöne Geschichte."

„Eine Geschichte von einem Fest? Mit Essen und Trinken?"

„An ein schönes Mädchen!"

„Wie sieht es aus? Mager oder rund? Hat es genug zu essen?"

„Denk an einen Adler im Flug!"

„Ja, das ist schön! Er hält nach Beute Ausschau." Kurz darauf jammerte er: „Mir ist schwindelig."

„Kenne ich gut. Das war mein täglicher Zustand auf dem Laufsteg." Dana hing ihren Gedanken nach. Der Laufsteg, das Leben als Model, die Kolleginnen! Hunger machte reizbar. Bei Essensmangel lagen die Nerven blank. Wer ständig den Magen knurren hörte, fauchte seine Mitmenschen an. Die Zungen der Models waren scharf wie Schwerter gewesen. Sobald sich eine von ihnen als Opfer anbot, fielen sie wie Geier über die Arme her. Sie waren nur nett zueinander, wenn eine von ihnen gefeuert wurde. Plötzlich konnten sie aus purer Erleichterung Mitleid heucheln. Eine Konkurrentin weniger. Hurra! Über alles wurde gelästert und nichts verschont. Intimste Abenteuer? In den Staub vor den Catwalk damit! Neue Tipps für knackige Brüste beim Sex? Bloß nicht zickig sein! Die letzte Nacht durchhecheln, kommentieren und zerreden.

Dana verscheuchte die Fliegen vom Pferdekopf. Wie Schmeißfliegen waren sie übereinander hergefallen, um sich Lebensfreude und Energie zu rauben. Vermisste sie diese Gespräche? Fehlte ihr das Gesäusel der anderen? Das von ‚Schätzchen', ‚Darling' und ‚meine Süße' triefende Geplapper, die Lügen, die tausend kleinen tödlich verletzenden Bosheiten, die täglichen Kränkungen, der Neid, die Eifersucht, die falschen Küsschen? War das wichtig?

Sie ließ Zottel hinter die Packtiere zurückfallen. War die Last verrutscht? Lahmte ein Tier? Mussten sie nachgurten? Alles bestens. Eine beträchtliche Strecke lag schon wieder hinter ihnen. Aber – dort drüben lief ein Wolf! Neben ihrer Spur huschte er durchs Gras. Sie blickte vor und zurück. Halluzination? Keineswegs, schon folgten zwei Wölfe ihrer Spur. Sie musste Gewissheit haben. Sie fiel noch weiter zurück. Drei, nein vier Wölfe folgten ihnen. Sie preschte an Hoygars Seite. „Machen Wölfe auch im Sommer Jagd auf Pferde?"

„Es gibt genug Beutetiere. Ist ein Pferd sehr krank, kommen sie."

„Sind unsere Pferde gesund?"

„Hast du Angst? Unsere Pferde sind gesund, kein Husten, keine Druckstellen."

Sie blieb nahe bei ihm und blickte heimlich zurück: da waren vier graue huschende, geschmeidige, flinke, ausdauernde

Bewegungen im Gras! Sie kamen nicht näher. Noch nicht. Nichts davon wollte sie Hoygar sagen. Sie mussten Karakorum erreichen, noch heute. Stunden später schrak Dana so heftig im Sattel zusammen, dass Zottel scheute. Was hatte die Wölfe angelockt? Sie hatte lange darüber nachgedacht: Es musste an ihr liegen! Als ihre Verbrennungsnarben unerträglich juckten, und sie am Gesicht kratzte, wusste sie es. Sie hielt einen winzigen Fetzen Haut zwischen den Fingern und roch daran. Er stank nach Verwesung. Das raubte ihr fast den Atem. Der Regensturm hatte ihre Haut aufgeweicht. Die Nacht mit dem Gesicht im Schlamm hatte ein übriges getan. Jetzt zersetzten sich die Narben. Ein süßlicher Duft von zerfallendem Fleisch umgab sie, den die Wölfe witterten. Schweiß brach ihr aus allen Poren. Er rann über die Stirn, tropfte den Hals hinunter und sickerte den Rücken hinab. Sie verströmte den Lockgeruch von Aas und Angst. Sie musste Hoygar warnen: ‚Es wird eng werden!', sollte sie sagen. ‚Ich stinke nach Verwesung. Heute nacht werden mich die Wölfe reißen. Nimm dir rechtzeitig das Geld aus meiner Tasche, ehe sie es mitsamt meiner Fleischfetzen verschlingen!' Sie kam nicht mehr zu ihrer Rede. Ohne Vorwarnung ging Zottel durch.

Kein Denken dran, ihn zu zügeln! Er machte einen dicken starren Hals, ignorierte die Trense in seinem Maul, das ohnehin hart wie Schuhsohle war, biss fest zu und preschte einem Ziel entgegen, das nur er kannte. Sein Galopp war keine Panikflucht, sondern ein zielstrebiges Vorwärtsstürmen. Zottel, der Überraschungskünstler. Der Ausdauernde. Der Sture. Er hatte sich etwas in seinen kantigen Schädel gesetzt und ließ sich nicht beirren. Am Horizont tauchte ein Jeep aus einer Bodenwelle auf, den wollte er rammen.

„Zottel!", brüllte sie und schlug ihm die Lederschnur um die Ohren. „Mach langsam!" Er legte noch eine Nuance zu.

Ein Auto, dachte Dana, Auto bedeutet Leben, Nahrung, Auskunft, wenn nur das Pferd nicht durchgehen würde! Der Jeep hielt an. Menschen stiegen aus. Jetzt war kein Halten mehr. Die Erde flog unter Zottels Hufen dahin, selbst Hoygar und die Packpferde blieben weit zurück. Dana sah ihr Ende kommen. Ein falscher Tritt des ewig stolpernden Gauls, ein Zieselloch und aus war es mit dem Leben! Sie würde sich den Hals brechen. Die ganze weite Steppe lag vor ihr, doch Zottel raste dem Auto entgegen. Wie wollte sie Auskunft erbitten, wenn Zottel auf der Kühlerhaube saß? Das Tier war verrückt, sie hatte es schon immer gewusst, das Irrsinnsvieh ging auf das Auto los wie der Stier auf den Torero. Schon glaubte sie, Blech kreischen zu hören, da blieb Zottel so unmittelbar stehen, als sei er gegen eine Wand gerannt. Dana, mit fest in die Steigbügel gestemmten Füßen, bewahrte mit letzter Kraft Haltung. Das kluge Tierchen hatte Menschen gefunden mit großen Vorratskisten, Wasserkanistern und Mongoleikarten, die im Innern lagen. Das erfasste sie im Nu, genauso wie ein Schiffbrüchiger die Kombüse schon von Ferne riecht.

Aber dann nahm sie den Mann wahr, der lachend näherkam. Sie hätte ihn unter Tausenden erkannt, sein Anblick war ihr unter die Haut gegangen, sie spürte es mehr als sie es sah, denn ihr Blut prickelte und stieg ihr zu Kopf. Von allen Männern, die es zu treffen galt, musste es gerade Robert sein, der gegen sie wettete. Kein Denken, ihn um Essen und Auskunft zu bitten!

Zottel sah das ganz anders. Er drängte sich Robert auf mit selig sabbernden Lippen und leisem Schnauben.

„Ein stürmischer Empfang!“ Robert wehrte sich sanft gegen die Liebkosungen des Pferdes. „Na, mein Alter, wie geht's dir so?“

„Ihr kennt euch?“ Dana glitt aus dem Sattel, als gehöre es zu ihrem Nachmittagsprogramm, wie eine Verrückte Autos zu jagen. „Ich wollte nur mal guten Tag sagen.“

„Klar.“ Robert fummelte noch immer an Zottel herum. Und das Pferd, dieser elende Verräter, tippelte hinter Robert her, zupfte Fädchen aus den Schulterpartien seiner Jacke, knabberte an seinem Kragen und hielt ihm die Beine hin, um sich fesseln zu lassen. Kein Versuch dabei auf Roberts Fuß zu latschen, so wie es Dana nur zu gut kannte. Kein ungeduldiges Davonschleichen mit bedrohlich angelegten Ohren und gebleckten gelben Pferdezähnen, immer in der Hoffnung, der

Fessel zu entkommen. Nein, Zottel rupfte drei Blümchen aus der Wiese, hielt sie graziös zwischen seinen Lippen und wartete geduldig mit großen hübschen Pferdeaugen. Dana sah ihn mit den Wimpern klimpern. Robert tätschelte das halsstarrige Biest, zauste seine Mähne, kraulte die Ohren, klopfte auf die Kruppe und wandte sich am Ende Dana zu. „Sie haben dir ein tolles Pferd verkauft! Ich kenne es." Er wurde ernst und ließ den Charme beiseite. „Ich dachte, du hättest schon aufgegeben. Aber mit diesem Pferd kommst du natürlich weit."

Dana schwankte ein wenig vor Hunger. „Tut mir leid, dass ich dich enttäuschen muss. Aber hier bin ich nun mal."

„Na ja. Ist ja erst ein kleines Stück. Hast du deine Karte da?"

„Nö, die ist auf den Packpferden verstaut", log sie.

Robert langte ins Auto, griff nach der Karte, markierte ihren Standort und maß die Mongolei aus. „Hier bist du jetzt", erklärte er. „Das ist nicht einmal ein Zehntel der Strecke."

„Ein Neuntel", widersprach sie. Sie hatte ihn richtig eingeschätzt. Er ließ sich nicht von ihr belehren. Er musste recht behalten. Deshalb breitete er die Karte ganz aus, fuhr die Strecke mit seinen Fingern nach und maß die verbleibende Distanz erneut ein. Dana sah ihm über die Schulter, wusste jetzt genau wo sie war, wohin sie wollte und was auf sie zukam. „Wenn du unbedingt recht haben musst, meinetwegen ein Zehntel", gab sie nach. Sie lehnte sich lässig an den weidenden Zottel. „Heute erreichen wir Karakorum noch. Mein Pferd ist gut. Hab ich gleich gesehen."

„Sie haben dich wählen lassen?"

„Natürlich." Sie wollte Zottel den Hals klopfen, was ein Fehler war. Er hatte feine Ohren für Missklänge jeder Sorte, sei es nun eine falsche Freundlichkeit, um sich als Reiter an ihn heranzumachen oder Lügen irgendwelcher Art, die meist damit endeten, dass er Prügel bekam. Nervös geworden, sich seiner Sache aber nicht ganz sicher, hob er den Kopf, glotzte Dana an, fand, dass ein gewisser Abstand zu dieser falschen Stimme nicht schaden könne und machte einen Riesenschritt zur Seite. Da seine Vorderbeine gefesselt waren, sprang er mit den Hinterbeinen fort. Dana konnte sich gerade noch aus der lässigen Stellung auf ihre eigenen Füße retten, ohne den Halt zu verlieren und vor Robert in die Knie zu gehen. Sie lachte ungekünstelt, wie sie hoffte. „Na, mein Süßer?“ Zottel graste wieder neben ihr, mit angelegten Ohren ihrer Falschheit lauschend. Er peitschte mit seinem Schweif nach dieser Stimme und schlug die langen Drahthaare auf Danas bloßen Unterarm. Blut floss, auf das sich Mücken stürzten.

Alan kam dazu, blickte von Dana zu Zottel und wieder zurück. Sekundenlang beschlich Dana ein mulmiges Gefühl. Falls Mongolen wirklich mit ihren Tieren kommunizierten, dann hatte Zottel Alan von Danas Lügen erzählt. Doch diese behielt wie immer ein freundliches Lächeln im Gesicht und lud sie zum Tee ein.

Dana sah ihre Chance, an eine Mahlzeit zu kommen und versuchte eine List. Sie fragte Robert leise: „Wir wollen eigentlich gleich weiterreiten. Meinst du, dass es sehr unhöflich ist, wenn ich Alans Einladung ablehne?“

Er sah sie mit lehrerhaft empörter Miene an. „Ich dachte, du hättest inzwischen irgend etwas von mongolischer Gastfreundschaft begriffen. Du kannst unmöglich absagen. Du würdest Alan beleidigen, das lasse ich nicht zu.“

Dana fühlte, wie sich ihr Magen in Erwartung eines Essens fröhlich regte. Sie lief zu Hoygar hinüber und half ihm mit den Packpferden. „Erzähle ihnen bloß nicht, dass wir nicht wussten, wo wir waren und kein Essen mehr haben“, flüsterte sie.

„Warum nicht?“, wisperte der Junge. „Sie könnten uns helfen?“

„Das werden sie schon tun. Lass mich machen!“

Er setzte sein bekanntes Trotzgesicht auf. „He“, sie knuffte ihn in die Rippen. „Vertrau mir. Ich weiß, wo wir sind. Alan hat uns zum Tee eingeladen, aber wir werden das Essen zurückweisen.“

Er blickte mit schreckgeweiteten Augen zu den herrlichen Vorratskisten hinüber, die Alan öffnete. „Bist du verrückt?“

„Wenn wir uns weigern, bekommen wir doppelte Portion."
„Nein."
„Du machst genau das, was ich sage. Vergiss nicht, wir sind groß und stark. Besonders du. Du siehst aus wie ein Khan aus alten Zeiten. Lass den Kopf nicht hängen! Geh aufrecht, schlurf nicht so! Schiel nicht zum Essen hin! Du setzt dich neben mich. Wir müssen beide auf die Windrichtung achten. Wir stinken fürchterlich!"

Sie wollte ihm vormachen, wie man leichtfüßig über die Steppe schreitet, obwohl man vor Hunger wankt, doch jeder Schritt schmerzte. Die regenreichen Zeit, die feuchte Kleidung und Zottels Raserei hatten ihre Haut aufgerieben. Sie spürte den Puls in ihren Schamlippen brennen und pochen. Sie musste wund bis auf die Knochen sein. Sie schielte an ihren Beinen hinab. Lief Blut die Schenkel hinunter? Die Hose schien unversehrt. Ganz unmöglich, jetzt schlapp zu machen; Robert beobachtete sie. Sie schritt mit zusammengebissenen Zähnen, aber reizendem Lächeln anmutiger denn je über die scharfkantigen Stolpersteine dieser elenden Gegend und über das messerscharfe Stachelgras, das nach ihrer Haut gierte. Sie schlenderte über dieses Ödland, das sie nicht mochte, und das, so schien es ihr, sie auch nicht leiden konnte. Ganz ungezwungen ging sie, ganz grazil. Um auf dem Catwalk top zu sein, hatte sie hart an sich gearbeitet. Flüchtig dachte sie daran zurück. Das musste ewig her sein. Doch sie beherrschte noch jede Bewegung. Dabei brannte ihr Schritt und die Oberschenkel glühten. Sie bemerkte Roberts analytischen Blick, das sanfte Lächeln in seinen Augen mit einem Anflug von Barmherzigkeit. Er hielt ihr eine große Salbendose hin. „Falls eines der Pferde mal wundgerieben ist. Oder ein Mensch." Er klang professionell und ernst, nur seine Augen glitzerten wie blanke Kieselsteine.

Hatte er einen Röntgenblick? Sie nahm die Salbe. Die Vorstellung, sich Linderung zu verschaffen, ließ sie beinahe stöhnen. „Wenn du meinst."

Ein zweiter Jeep kam dazu und bremste scharf. Eine Staubwolke legte sich auf sie und Robert. „Von Karakorum aus kannst du auch mit einem Bus zurückfahren“, ließ er sie wissen.

„Kommt nicht in Frage.“

„Hör mal, Dana! Bis Karakorum war es einfach. Im Hangay Bergland bist du Wochen in der Wildnis unterwegs. Die Geierschlucht liegt in der Gobi. Das ist Wüste pur. Wenn dir etwas zustößt, machst du den Mongolen Scherereien. Man wird dich suchen müssen, das gibt Ärger und eine Menge Probleme für die Mongolen.“ Er wandte sich dem Fahrgast des zweiten Wagens zu. „Hallo, Vera.” Artig stellte er sie Dana vor.

Eine kräftige Frau in den Dreißigern mit breiten Hüften in blauen Jeans, einer weißen Bluse mit Pulli und Schalkragen über den Schultern, rattenfellkurzen schwarzen Haaren und einem sehr professionellen Blick zu Dana hin, stieg ächzend aus dem Jeep. „Dieses Schütteln!“ Sie rieb sich den Rücken.

Robert bot ihr seinen Arm an. „Wir kommen gut voran, Vera. Alan fährt, und ich behandle die Tiere. Das wird dir gefallen.“

Dana gefiel seine Art nicht. Warum umschmeichelte er diese Vera so und half ihr über die Steppe? „Vera dokumentiert meine Reise, Dana. Ich habe sie zufällig kennengelernt, zu meinem Glück, muss ich sagen. Mit ihrer Reportage kann sie auf mich aufmerksam machen. Vielleicht spenden dadurch Leute Geld für mein Hilfsprojekt? Ich unterstütze die hiesigen Pferdezüchter mit ein paar Ideen und Medikamenten.“

„Ich dachte, du seiest Laienprediger“, antwortete Dana.

„Gibt es hier einen Streit?“ Vera zückte ihre Kamera. „Darf ich?“

„Unterstehen Sie sich!“ Dana wurde ungehalten.

„Wir streiten nicht. Es geht nur um die blöde Wette“, erklärte Robert. „Ich behaupte, Dana schafft es nicht, die Mongolei zu durchqueren und die Geierschlucht zu erreichen.“

Vera nickte verstehend. „Kann ich noch einsteigen? Ich wette auch dagegen. Sie sind doch das berühmte Starmodel? Ich habe Sie schon im Flugzeug gesehen.“ Sie kicherte auf eine Art und Weise, als gäbe es viel über Dana zu sagen, was sie aber aus reiner Höflichkeit für sich behalte. „Und das ist das Bettelkind?“ Sie kniff Hoygar in die Wange. „Na, Jungchen? Ich habe schon von euch beiden gehört. Wenn du artig bist, bekommst du einen Dollar.“

Dana blickte Hoygar an, der die Augen zu schmalen Schlitzen schloss. „Kein Dollar. Ich arbeite für Dana.“

„Du arbeitest?“ Vera kicherte schon wieder. „Das nennt man arbeiten? Weißt du überhaupt, was das ist? Na lass mal, ich schenk dir einen Dollar. Nachher.“

Alan rief zum Tee. Auf einer Decke ausgebreitet lagen Käseecken, gefüllte Teigtaschen, Mehlfladen und die beliebten Einheitskekse. Selbst der Anblick runzliger Quarkstücke regte Danas Magen an. Sie zog Hoygar zu sich auf den Boden hinunter und kniff ihn in die Seite. „Erinnere dich an meine Worte!“

Man schlürfte Tee. Er schmeckte tatsächlich nach Tee und nicht nach Schlamm und Erde. Alan füllte die Teller. „Für uns nur ganz wenig!“, wehrte Dana ab. „Wir hatten ein reichliches Frühstück und ein üppiges Mittagessen.“ Hoygar neben ihr zuckte zusammen, doch sie hielt ihre Finger in seine Rippen gekrallt.

„Müssen Sie noch immer auf die Figur achten?“, fragte Vera mit vollem Mund. „Das ist doch jetzt egal. Ich meine, so wie Sie aussehen, spielt Ihre Figur keine Rolle mehr. Alan“, wies sie die Mongolin an. „Gib ihr ordentlich zu essen!“

Alan blickte von Vera zu Robert mit undurchdringlicher Miene. Sie füllte die Teller für Dana und Hoygar mit doppelter Portion.

„Ist was?“, fragte Vera in das frostige Schweigen hinein. Sie lud sich die letzten Teigtaschen auf und zeigte mit dem Finger auf Danas Gesicht. „Diese Maske?“, fragte sie. „Mongolischer Touristentrödel oder Supermarktramsch?“

„Ich habe sie gemacht“, erklärte Hoygar. „Aus einer Tasche.“

„Mein Gott“, stöhnte Vera. „Mein Gott, Dana. Sie können einem wirklich leid tun, wissen Sie das? Vielleicht habe ich was für Sie.“

Dana sah ihr zu, wie sie den Mund aufriss, kräftig kaute, mit Tee nachspülte als ginge es um die abendliche Zahntoilette, mit dem Handrücken über die Lippen fuhr, die Beine ausstreckte, auf dem Boden herumruckelte, bis ihre Bluse aus der Jeans rutschte und weißen Hüftspeck freigab. Hoygar hatte seine Portion aufgegessen. Auf Alans Plane lag noch ein getrockneter Apfel. Vera griff danach. „Wäre doch schade, wenn was übrigbleibt", meinte sie. „Diese Äpfel sehen scheußlich aus, schmecken aber einigermaßen. Für hiesige Verhältnisse natürlich." Sie kaute laut. Jeder konnte es hören. „Zum Glück gibt es nachher im Ger-Camp richtiges Essen."

Hoygar lächelte höflich, Alan auch. Inzwischen kannte Dana dieses Lächeln. Sie fürchtete es. Hoygar bleckte die Zähne wie ein Wolf vor dem Angriff. Roberts Stirn lag in Falten, und Boris, der Veras Jeep fuhr, blickte zu Boden. Vera fragte: „Wollt ihr auch nach Karakorum? Was macht ihr hier? Habt ihr euch verlaufen?"

Sekundenlang war Dana überrumpelt. Zu ihrem Erstaunen hörte sie Hoygar antworten: „Erholung. Wir machen Erholung. Wir wollen niemanden treffen. Keine Fotografen, keine Touristen."

„Warum denn nicht?"

„Sie sind laut", erklärte Hoygar bestimmt, und Dana wunderte sich über seinen Wortschatz. „Unhöflich, grob und plump."

Veras rundes Gesicht wurde spitz. „Ich glaube, du bist reichlich frech, du Rotzlöffel! Den Dollar kannst du vergessen. Also, so was!" Sie tätschelte ihre Kamera. „Eigentlich wollte ich euch etwas anbieten. Ich hätte eine kleine Fotoreportage von euch machen können, dabei wäre vielleicht ein Fünfziger herausgesprungen. Dana, meine Liebe, Sie verstehen das sicher. Man muss als Fotografin ein gewisses positives Feeling für seine Objekte haben, damit aus der Story etwas wird. Es hätte Ihnen vielleicht einen kleinen Verdienst eingebracht. Ich kann mir gut vorstellen, dass Sie den gebrauchen können, aber so, wie dieser Bengel sich gibt, also ich weiß nicht."

„Zehntausend Dollar", verlangte Dana. „Für ein einziges Foto." Sie kauerte jetzt nicht mehr am Boden, sondern lag halb auf ihrem Sattel gestützt im Gras. Die Ledermaske über ihrem Gesicht leuchtete in braunen und roten Erdtönen, die Nieten glänzten, aber noch mehr strahlte der unversehrte Teil ihrer Wangen. Sie sah atemberaubend schön aus. Ihre wilden asymmetrisch geschnittenen Haare, ihr Piratenlook, die mongolischen Hosen und Stiefel, das pinkfarbene Seidentuch, das ihr als Gürtel diente, aber vor allem die goldschimmernde Seidenbluse unter einer knapp sitzenden grauen Jacke mit tiefem Revers, gaben ihr ein verwegenes und elegantes Aussehen zugleich. Mit sicherem Gespür für den eigenen Auftritt wusste sie um ihre Wirkung. Sie las es aus Roberts Blick, der ganz verwirrt dem Schlagabtausch der Frauen nicht folgen konnte und von Danas Anblick gefesselt schien, sie erkannte es an Veras verkniffenem Mund und ihrem Versuch, die Bluse über die dicken Hüften zu ziehen, während sie gleichzeitig die Augen verlangend auf Dana richtete. Vera war Reporterin, sie wusste, wenn sich ihr ein einmaliges Bild bot. Ihr Blick wurde gierig.

Dana kam geschmeidig und katzengleich hoch, verbeugte sich vor Alan und dankte ihr für die Bewirtung.

Vera rappelte sich mühsam auf. „Zehntausend", schnaubte sie. „Sie bestimmen den Markt nicht mehr, begreifen Sie das endlich!"

„Was zahlen Sie Robert für die Story?"

„Nichts, natürlich nicht! Ich werbe für ihn."

„Robert", sagte Dana ganz sanft, „würdest du mir einen Moment zuhören? Vera tingelt durch die Mongolei auf der Suche nach einem Schnäppchen. Wie sähe denn ihr Bericht ohne dich aus? Sie würde ein paar langweilige Fotos einer langweiligen Weite machen und ein paar abgedroschene Sätze dazu schreiben, die sie sich aus anderen Reiseberichten über die Mongolei zusammenklaubt. Aber jetzt hat sie dich gefunden. Sie berichtet exklusiv über einen attraktiven Tierarzt, der mit einer mongolischen Schönheit über das Land fährt. Ihr beide verschafft Vera Einblick in die intimsten Nöte und Ängste der Menschen hier, ihr nehmt sie in die Jurte mit und bringt sie an Orte, die sie selbst niemals finden würde. Und dafür bist du ihr dankbar? Sie ist doch zu blöde, um sich hier auch nur eine Tasse Tee zu kochen. Das erledigt Alan für sie. So bequem ist sie schon lange nicht mehr zu einer Sensationsstory gekommen. Es gibt viele Reiseberichte über die Mongolei. Immer dasselbe: tolles Land, tolle Leute. Der gewöhnliche Journalist bekommt nur den gewöhnlichen gastfreundlichen Mongolen zu sehen. Jeder grinst auf jedem Foto. Es lebe die unberührte Natur! Nichts davon stimmt, aber alle sind glücklich über die Mär! Dank eurer Hilfe ist Vera hautnah dabei. Und ich wette, das, was sie da erlebt, weicht erheblich von dem vorgegaukelten Einheitsbericht über ein urtümliches Nomadenvolk ab. Sie sieht die andere Seite der Mongolei: kranke Tiere, hilflose Menschen, vergessenes Wissen, Armut, Alkohol. Eine Sensation, wenn man an die herkömmliche Berichterstattung denkt. Was zahlt sie euch für diese Geschichte?"

„Nichts, Dana. Sie macht Reklame für mich."

„O nein! Umgekehrt. Du machst Reklame für sie. Du versorgst ihre langweilige Reportage mit dem gewissen Etwas."

„Sie halten sich wirklich für einzigartig, nicht wahr?" Vera hing an Roberts Arm, als schritten sie zum Traualtar. „Ich bitte dich, nicht auf sie zu hören, Robert, mein Guter. Sie nimmt den Mund reichlich voll, dabei wird sie nicht über Karakorum hinauskommen. Ich kenne die Models. Verwöhnte Puten, die nur an Geld denken."

Robert wollte Vera abschütteln und als ihm dies nicht glückte, folgte er, Vera mit sich ziehend, Dana zu den Pferden, die sie finster schweigend belud. Hoygars Haare standen in alle Himmelsrichtungen ab. Dana betrachtete ihn erstaunt. Er war der einzige Mensch, bei dem sich buchstäblich die Haare sträubten, wenn er sich aufregte. Inzwischen kannte sie ihn gut. Wenn er richtig wütend wurde, plusterte er sich auf, wurde groß, breit und würdevoll. Er nahm den Sattel bedächtig zur Hand wie ein Großkhan, der sich für die Schlacht rüstet, und überprüfte das Zaumzeug mit ernster Miene. Er glich keineswegs einem Straßenkind sondern einem Herdenbesitzer, der Wichtigeres zu tun hat, als auf Vera zu achten. Er war kein Junge mehr, er war ein Mann, jeder konnte das sehen, nur Vera war der Blick vernebelt.

„Hör mal, Jungchen", schnurrte sie anbiedernd. „Lass mich mal auf dein Pony. Robert macht Fotos. Ich schenk dir einen Dollar."

Dana war schon aufgesessen, Zottel tänzelte unruhig. Hoygar sprang auf den Pferderücken und klopfte seinem Tier auf die Flanken. „Geht nicht", sagte er. „Schlankes Pferd, schlanker Reiter. Du?" Er hielt die Handflächen zusammen und entfernte sie dann immer weiter voneinander, bis sie die Fülle von Veras Körper in Metermaßen gegen den Horizont anzeigten. „Kein Dollar. Du kannst nicht aufsitzen. Zu fett."

Robert lachte. Er konnte nicht anders. Alan, die Beherrschte, fiel ein, Boris, der selbst recht rundlich war, brüllte los, bis ihm Tränen über die Wangen liefen. Zottel keilte aus, bockte und raste davon. Dana hielt sich tadellos auf seinem Rücken.

„Sie gibt nicht auf", ächzte Robert und vermied es, Vera anzublicken. „Das macht mir Angst."

„Angst? Warum?" Vera mit verkniffenem Mund und hochroten Wangen, zuckte verständnislos die Schultern.

„Sie könnte verunglücken."

„Ja", bestätigte Vera mit einer gewissen Begeisterung und leckte sich die Lippen. „In der Tat. Sie könnte verunglücken."

VI.

Danas Zorn übertrug sich auf die Pferde. Sie stürmten Karakorum entgegen, dass ihnen der Wind um die Ohren pfiff. Die Stadt kam näher. Zuerst ragten Funkmasten in der Ferne auf, dann sah man niedrige Holzhäuser und geduckte Jurten. Fast war es schon zu spät, die Pferde zu zügeln. Hinter einer Bodensenke leuchteten die goldenen Kuppeln eines Klosters auf. Durch die Pferde ging ein ungeheurer Ruck. Sie setzten zum Endspurt an. Sie flogen einem schadhaften Metallzaun entgegen und aus dem Nichts auftauchenden tiefen Löchern im Boden. „Warum rasen sie so?", brüllte Dana.

„Touristenböcke!", schrie er. „Sie kennen die Strecke und wollen hier Pause machen."

Dana konnte sich noch in den Steigbügeln verspreizen, da blieb Zottel jählings stehen und verwandelte sich samt Reiterin in eine wirbelnde Staubwolke. Knapp vor ihnen klaffte eine Ausgrabung. Dana taumelte aus dem Sattel. Sie hatte überlebt, um Haaresbreite! Der Staub legte sich und Applaus schlug ihr entgegen. Ein Fernsehteam, das gerade hier filmte, bewunderte sie. Sie stand fest auf dem Boden Karakorums, der legendären ‚Stadt aus schwarzem Stein', während andere Reiter, wie das Team wusste, gewöhnlich wie Bodenraketen über die Pferdeohren geschossen kamen. Gebrochene Arme waren nichts Ungewöhnliches und schon einmal hatte das Team seinen Hubschrauber für einen schnellen Krankentransport zur Verfügung gestellt.

Von Anfang an mochte Dana dieses Karakorum nicht. Unter der berühmten Stadt, einst Zentrum eines Weltreichs, hatte sie sich etwas anderes vorgestellt. Hier gab es nur tiefe Löcher im Boden, aus denen nichtssagende Mäuerchen ragten. Ihre Phantasie war damit überfordert und ihr historisches Interesse ohnehin nur gering. „Bringen wir es hinter uns", japste sie, noch immer kurzatmig vom stürmischen Ritt. „Sehen wir uns die Ruinen an."

„Essen kann man dort." Hoygar wies auf die entfernte Ansammlung kleiner Häuser und Jurten.

„Erst kommt die Kultur!" Dana stapfte der Ausgrabung entgegen.

„Was ist Kultur?", fragte Hoygar.

„Eben", erwiderte Dana. „Weil du das nicht weißt, gehen wir da hinüber." Sie wies auf eine mächtige steinerne Schildkröte, die als einziges Monument erhalten geblieben war. Sie zog Herrn Zaysans Lektüre hervor. „Nach mongolischer Vorstellung ruht die Erde auf dem Rücken einer Schildkröte. Schildkröten sind das Symbol für Weisheit und langes Leben. Schau dir dieses Steinmonster genau an. Einst trug es die Säulen des Palastes der Khane."

Er nickte ergeben und umrundete folgsam das Monument. „Fertig!" Hoygar klopfte auf seinen Bauch. „Jetzt essen."

Dana pochte auf seinen Kopf. „Erst wird der gefüllt!"

Er brummelte, war aber gefügig. Dana besaß das Geld. Mit Geld kaufte man Essen.

Sie zwang ihn, lange und bedeutsame Blicke zu den wenigen Mauerresten in den Gruben hinunterzuwerfen, während sie ihm die Geschichte der Anlage einbläute. Dschingis Khan habe die Stadt 1220 gegründet, sein Sohn Ögedei Khan habe sie zu einem Zentrum des Reichs erhoben. Angehörige aller Völker des Großreichs sowie viele Europäer hätten hier gelebt und Handel getrieben oder ihre Handwerkskünste entfaltet. Manche waren als Kriegsbeute hierher verschleppt worden, andere folgten dem legendären Ruf der Stadt. Und alle hätten hier frei von den Zwängen einer Kirche oder anderen Obrigkeiten ihrer Religion nachgehen können. Ende des 14. Jahrhunderts sei Karakorum von den Chinesen zerstört und dem Erdboden gleichgemacht worden. Nur Mauerreste und wenige Artefakte seien bisher gefunden worden. „Was habe ich gesagt?"

Hoygar blickte sie erschrocken an.

„Hör mal, meinst du, mich interessiert das? Es ist deine Kultur! Also hör gefälligst zu. Wer hat die Stadt gegründet?"

„Dschingis Khan", antwortete er matt.

„Wenn du das wieder vergisst, gehen wir zurück und fangen von vorne an! Und was steht dort oben?" Danas Finger wies auf den Hügel jenseits der Stadt, den ein Steinmal krönte.

„Das Denkmal des Dschingis Khan."

„Jetzt sehen wir uns das Kloster von Erdene-Zuu an", bestimmte sie. Sie vertrauten einem jungen Mönch die Pferde an und schritten durch das große Eingangstor des benachbarten Klosters.

„Es riecht nach Essen", frohlockte Hoygar.

„Das ist ranziges Butterfett. Man opfert es zusammen mit Kräutern", belehrte ihn Dana. Sie blieb vor einer Gebetsmühle stehen. „Na los, drehen! Das ist deine Religion."

Hoygar versenkte die Hände in den Taschen. „Ist sie nicht."

„An was glaubst du?"

Er schwieg. Sie hörte seinen Magen knurren. Sie wies auf die gebrechlichen alten Leute, Pilger und Gläubige, die im Kloster durch den Staub schlurften. „Wenn du nichts lernst, musst du betteln gehen." Sie zog die Lektüre zurate. „Das Kloster wurde 1586 erbaut und bestand einst aus zwanzig großen Tempeln. Es ist das älteste Kloster des Lamaismus. Während des Stalinismus wurde es fast vollständig zerstört." Sie strich sich die Haare aus dem Gesicht. Die Sonne stach noch immer vom Himmel, brach sich an den goldgeschmückten Stupas der Klosterdächer und versengte ihre Stirn. Blödes Gold, dachte sie, selbst hungrig und müde. Aus den Tempeln klang Singen und Beten herüber. Ein alter Mönch kam auf den Hof und fütterte einen großen Hund, der sie an ihre nächtlichen Visionen im Krankenhaus erinnerte. Der Mönch lächelte Dana an. Sein zahnloser Mund formulierte Worte. „Was sagt er?"

„Die Mongolei ist ein Land für Ausdauernde."

„Da hörst du es, Hoygar. Wir gehen in die Tempel und drehen die Gebetsmühlen."

„Nein, er meint dich." Hoygar lauschte dem Alten. „Ausdauer macht gesund, sagt er."

Dana zog die Maske vom Gesicht. Der Mönch schrak nicht zurück, sondern musterte sie. Er nahm Sand zwischen seine

Fingerspitzen und ließ die Körner vom Wind verwehen. „Das Land wird dich heilen", übersetzte Hoygar.

„Ich mag so was nicht", antwortete Dana. „Sag ihm das. Ich kann diese Prophezeiungen nicht leiden, wie gut es mir geht und den ganzen Kram."

Der Mönch tippte auf ihren Handrücken. Ein glückliches Lächeln huschte über sein faltiges Antlitz.

Dana war sein Verhalten peinlich. „Warum grinst er so?"

Er habe einen Freund berührt, übersetzte Hoygar. Er lebe hier allein unter den jungen Mönchen und sei zufrieden. Seit Menschengedenken schon. Aber jetzt habe er sie getroffen, einen Menschen, der ihn glücklich mache. Sie wären Freunde.

„Na schön", sagte Dana. „Wie viel Geld will er dafür?"

An Hoygars widerborstig in die Höhe fahrenden Haaren, erkannte sie, dass er diese westliche Grobheit nicht übersetzen würde. Der Mönch lächelte unbeirrt. Sie wurde gereizt. Sie blickte den Hund an, aber auch der bleckte die Zähne und schien zu grinsen. Also lächelte auch sie. Das fiel ihr nicht schwer. Sie lächelte wie damals für die großen Modehäuser und Kosmetikfirmen. Sie war unschlagbar darin. Ihr Lächeln würde den Mönch vertreiben. Doch sie täuschte sich. Er humpelte weder fort, noch rief ihn ein Gong zum Beten. Der Mönch blieb standhaft. Die Sonne wanderte ein hübsches Stück weiter. Dana sah die staubgrauen Hügel jenseits der Stadt samtgrün aufleuchten. Sie hörte kaum einen Laut, nur das Zwitschern der Vögel drang an ihr Ohr. Die friedliche Stille zwischen den Klostermauern senkte sich auf den Innenhof hinab und füllte jeden Winkel aus. Ein sanfter Wind erhob sich und kühlte ihre Wangen. Aus den Tempeln wehte Wacholderduft heran. Über den golden Stupas leuchtete ein edelsteinblauer Himmel. Der große Hund hatte sich auf den Boden gelegt und schlief. Dana passte ihr Lächeln seinen Atemzügen an. Wenn er einatmete, hob sie die Mundwinkel, beim Ausatmen entspannte sie sich. Als sie aufsah, war der alte Mönch verschwunden. Auch Hoygar war fort. Er stand an der Klosterpforte und wartete mit den Pferden auf sie. Junge Mönche umringten ihn und blickten Dana entgegen.

„Wo ist der alte Mönch hin?" Sie hielt einige Dollarnoten in der Hand. „Für euren alten Mitbruder. Eine Spende für euer Kloster."

Die Jungen wollten das Geld nicht. Es gäbe keinen alten Mönch.

„Natürlich gibt es den." Dana zeigte auf den verwaisten Hof. Dort habe er gestanden und einen großen Hund gefüttert.

Es gäbe auch keine Hunde im Kloster, ließ man sie wissen. Und wenn sie dieses Geld spenden wolle, müsse sie hinüber in den Hauptbau gehen und es an der Kasse abgeben.

„Es war für den Alten gedacht." Sie blickte zu den jungen Kerlen in den curryfarbenen, orangerot und buttergelb leuchtenden Kutten. Hübsche, schlanke Männer waren das. Mit ihren kahlgeschorenen Köpfen sahen sie edel und durchgeistigt aus, aber auch durchtrainiert und sehr, sehr männlich. Es war Zeit für eine Erklärung, warum sie hier wie ein leibhaftiger weißer Teufel herumstand und mit Geld winkte. „Hoygar hat ihn auch gesehen", beteuerte sie. „Den Alten."

„Du hast einen alten Mönch gesehen?" Das Englisch eines jungen Mönchs war so glatt wie sein makelloses Gesicht. „Manchmal erscheint er. Hat er dir sein Lächeln geschenkt? Nimm es an und wehre dich nicht dagegen."

„Also gibt es den Alten?"

„Du bist nur dir selbst begegnet."

„Was? Das war ein Mann. Ich bin eine Frau. Er sprach mongolisch. Hoygar hat übersetzt."

„Du bist hier im Kloster. Alles ist von Gebet erfüllt. Im Gebet begegnest du dir selbst."

„Ich habe nicht gebetet. Ich habe gelacht. Dafür wollte ich ihm danken." Sie schwenkte die Scheine in ihrer Hand.

„Mit Geld?"

Dana blickte in die schwarzen, glänzenden Augen des Mönchs, die sie an das Dunkel eines friedlichen Traums erinnerten. „Nicht mit Geld danken“, sagte er. „Geld ist eine Waffe.“

Dana hatte die wehrhaften Mauern des Klosters vor Augen, die hier, mitten in der Steppe, Sturm und Feind abhielten. Der südöstliche Teil der Anlage war renoviert, im Norden bröckelte Schutt von den Mauern. Der Ostteil selbst glich einer Ruine. Sie zeigte darauf. „Mit Geld kann man Mauern wieder aufbauen.“

„Und niederreißen.“ Bittend streckte der Lama ihr beide Handflächen entgegen. „Gib mir deine Last.“ Er schätzte den Geldbetrag ab und hob die Brauen. „Für eine Mauer ist das zu wenig.“

Sie war so verwirrt, dass weitere Dollarnoten in seine Hände gelangten. Gewissenhaft zählte er nach. „Eine Mauer, ja.“

Sie hielt ihm noch einen Schein hin. „Für den Hund. Für Futter.“

Der Lama wich zurück. „Hier gibt es keinen Hund.“

„Jetzt ist aber Schluss!“ Dana wurde laut. „Ich kann dir nicht folgen. Du hast schon eine Menge Geld eingesteckt, obwohl du es eigentlich nicht wolltest, mir aber dann erzählt, dass es für das Mäuerchen nicht ausreicht, und ich habe nachgebessert. Nimm jetzt diesen Schein auch noch, verdammt noch mal, auch wenn es den Köter nicht gibt, den der Alte gefüttert hat und der nichts weiter als mein personifiziertes Gebet war, das ich niemals sprach. Meinetwegen kaufst du für den Schein einen Sack Zement mehr - oder was auch immer. Ist das denn so schwer?“

„Ja“, antwortete der Lama. „Der Weg dazwischen. Zwischen zu viel und zu wenig.“

Sekundenlang war sie auf Streit aus. Ein Schwarm bunter Vögel lenkte sie ab. Mit elegantem Schwung fielen die edelsteinfarbenen Tiere in den Klostergärten ein. Winzige, blaue Schmetterlinge stiegen aus den Gräsern zu ihren Füßen auf. Sie taumelten durch den Himmel und verschmolzen mit seinem Blau. Dana hielt noch immer die Dollarnote in der Hand. Das Geld sah schmutzig aus. „Was machen wir damit?“

„Essen kaufen? Noch heute?“ Hoygar nahm ihr das Geld ab.

„Immer geradeaus“, sagte der Mönch.

„Immer geradeaus? Dann kommen wir an einen Gasthof?“ Dana war sich nicht sicher, ob sie den Lama richtig verstanden hatte. „Können wir dort über Nacht bleiben? Auch mit unseren Tieren?“

Sie sah, wie der Mönch zögerte, wie er sie anblickte, als gälte es, ihr Innerstes zu erhellen, um etwas zu finden, das irgendwo in ihrem Wesen verborgen lag. Er wurde sehr ernst dabei, wie jemand, der eine lange und beschwerliche Reise unternimmt. Er alterte vor ihren Augen. Er verwandelte sich, runzelte die Stirn, schwitzte jetzt sogar und wurde endlich fündig. Das Lächeln kehrte auf sein Gesicht zurück, und seine Züge entspannten sich. „Du findest den Weg“, sagte er.

Sie ritten fort. Dana grübelte. Sie musste Hoygar nach dem alten Mönch fragen. Sie musste Klarheit haben. Träumte oder lebte sie? Da scheute Zottel, und sie erwachte aus ihren Gedanken. Ein röhrendes Moped brauste vorbei, Kies und Sand spritzten auf. Sie parierte das Pferd durch, sie spannte das Kreuz an, nahm die Zügel auf und knallte mit der Lederschnur. Die Steppe war verschwunden, sie waren mitten in der Stadt.

Wenn sie schon das alte Karakorum nicht hatte leiden können, so missfiel ihr das moderne Karakorum noch mehr. Die sengende Sonne verwandelte die Asphaltflecken der modernen holprigen Straße der modernen baufälligen Stadt mit den knietiefen Schlaglöchern in ein glitzerndes Band mit Abgründen. Bereits wenige Meter jenseits des Klosters holte sie das Treiben des heutigen Karakorum ein. Rostende, vom Wind vorangestoßene Blechteile erschreckten die Pferde, röhrende Geländewagen und knatternde Motorräder umkreisten sie wie Dämonen. Quietschende Fahrräder ängstigten die Tiere und wurden in ihrem Schrecken nur noch von wehenden Zeitungsblättern, zerknautschten Pappbechern, Ölpfützen und Drahtverhau übertroffen. Zottel tänzelte, sekundenschnell bereit, dem Grauenerregenden durch Raserei zu entkommen - den kreischenden Kindern ebenso, wie den kläffenden Hunden, torkelnden Betrunkenen und lärmenden Menschen. Da raschelten Plastiktüten im Wind und Stromleitungen summten. Handys klingelten, Türen knallten und Flaschen brachen entzwei. Es war die Hölle, nicht nur für Zottel. Selbst Hoygar mit den Packpferden kämpfte um Haltung. Dana meinte, auf einem Vulkan zu sitzen, der jederzeit ausbrechen könne. So tänzelten die hässlichen kleinen Pferdchen wie feurige Rösser die Hauptstraße hinunter, an Pfützen, Abfall, Bretterbuden, windschiefen Häusern, löchrigen Jurten und verfallenen Fabriken vorbei bis hin zu einem Lokal, das Dana an die Kulisse eines Wild-West-Films erinnerte. Vor einem einstöckigen Holzhaus lümmelten ein paar wilde Gesellen auf wackeligen Stühlen auf einer Holzveranda herum, an deren Handlauf Pferde dösten. Erleichtert glitt Dana aus dem Sattel. „Das muss es sein."

Die Wirtin war eine Schönheit. Ein seidigglänzender schwarzer Zopf wippte bei jeder Bewegungen auf und ab. Das ebenmäßige Gesicht leuchtete in einem zarten Bronzeton, die dunklen Mandelaugen strahlten. Sie hätte nur ein einziges Gericht, ließ sie Dana auf Englisch wissen, selbstgemachte Nudeln mit Gemüse und Fleisch. Für Europäer wäre das nichts, sie solle lieber weiterreiten ins Ger-Camp für Touristen.

Dana zog sich einen Stuhl heran. Das Essen wäre in Ordnung. Damit hätte sie kein Problem. Sie wollte sich setzen. Die Wirtin zog den Stuhl fort. Sie möge fortgehen, sagte sie sanft. Auch der Tee hier sei nichts für weiße Gäste.

„Hoppla", sagte Dana. „Wir wollen nur essen und trinken. Wir sind hungrig. Wir sind tagelang durch das Grasland geritten."

„Das Ger-Camp", erklärte die Wirtin, „ist dort." Sie holte tatsächlich eine Landkarte hervor und wies mit dem Finger auf irgendeinen Punkt in der Steppe.

„Der junge Lama im Kloster hat mir geraten, hier abzusteigen", hielt Dana dagegen.

Die Wirtin wandte sich ab und verschwand in der Küche. Dana und Hoygar wagten nicht, sich zu setzen. Die Wirtin kam wieder und bediente eine Gruppe Mongolen in traditioneller Kleidung. Für Dana und Hoygar hatte sie keinen Blick. „Und jetzt?“, fragte Hoygar. Er machte ein Gesicht, als ob er weinen wolle.

Dana stieg die Stufen zur Küche hinunter. In einem kleinen, gemauerten Raum hantierten zwei Mädchen an den Kochtöpfen. Die Wirtin brühte gerade einen Tee auf. Niemand nahm Notiz von Dana. Minutenlang stand sie schweigend im Raum.

„Ich bitte um Hilfe“, sagte sie zaghaft. „Hoygar, mein Begleiter, ist sehr hungrig. Wir sind weit geritten. Ich bitte um Essen und Trinken. Wir möchten ein paar Tage hier bleiben. Unsere Pferde brauchen Ruhe. Wir auch.“

„Wir sind nicht für Touristen gerüstet.“ Die Wirtin stellte immerhin den Tee beiseite und blickte Dana an.

„Ich bin wundgeritten. Jeder Schritt schmerzt. Für ein Essen wäre ich dankbar. Ebenso für ein Bett. Mir genügen ein Dach über dem Kopf und eine Kanne Wasser. Hoygar ist noch bescheidener. Bitte, schicken Sie uns nicht fort. Der Junge hat großen Hunger.“ Aus den Töpfen stieg Essensduft auf. „Es riecht so gut“, sagte Dana. Jetzt war sie selbst den Tränen nahe.

Die Wirtin lächelte und nahm sie mit nach draußen auf die Veranda. Sie rückte ihr einen Stuhl zurecht und legte eine weiße Papierdecke auf den zerkratzten Tisch. Ein Mädchen brachte Tee, das andere servierte das Nudelgericht in großen Porzellanschüsseln. Hoygar seufzte vor Entzücken. Die Wirtin führte Danas Pferde auf die Koppel neben dem Gastraum.

„Wie viel Geld hast du ihr gegeben, damit wir bleiben können?“, fragte Hoygar mit vollem Mund.

Wider Erwarten wurde Dana rot. „Kein Geld“, sagte sie kurzangebunden. „Nur ein paar Worte.“

„Zauberworte?“ wollte er wissen.

„Nur das Übliche.“

„Das Übliche?“ Hoygar erschrak. „Das, was du immer sagst? Wasch dich, du stinkst, wie siehst du aus, rotz nicht rum, schmatz nicht so laut, halt den Mund, gib mir eine Antwort, pul nicht in den Zähnen, nimm dich zusammen?“

„Nein. Das andere Übliche, bitte, ich brauche Hilfe und so.“

„Häh? Dann muss ich noch viel lernen. Ich denke oft, ich verstehe deine Worte und dann bedeuten sie etwas anderes. Üblich bedeutet selten? Du hast bitte gesagt, was du selten tust?“

Dana murmelte etwas. Der Wind riss ihre Worte fort.

Die Tage vergingen. Sie erholten sich rasch. Die Pferde grasten ruhig auf der Koppel, Danas wundgerittene Stellen verheilten, und die Vorräte wurden aufgefüllt. Täglich aßen sie sich satt, Hoygars Gesicht glänzte vor Zufriedenheit, ihr kleines Zimmer vor Sauberkeit und über allem die helle mongolische Sonne. Dana sprach mit Herrn Zaysan im fernen Ulan Bator übers Telefon. Sie tauschten Nettigkeiten aus. Sein Erstaunen über ihren Erfolg machte sie stolz auf ihre Leistung, obwohl sie seinen Einspruch vermisste. ‚Kommen Sie zurück, Dana‘, hätte er sagen sollen. ‚Ich habe hier eine Stelle für Sie!‘ Vergeblich wartete sie auf diese Worte. Sie musste weiter durch das Land ziehen. So saß sie bei Hoygar, trank Tee und plante den baldigen Aufbruch.

Es war ein unschuldiges, unbeschwertes Miteinander an einem reinen, klaren Morgen, der nichts Böses verhieß. Die Pferde auf der Koppel grasten, als Autolärm erscholl. Zottel wieherte. „Besuch?“, fragte Dana. Staubaufwirbelnde Jeeps näherten sich und parkten ein. Plötzlich war nichts mehr wie zuvor.

Es gibt Ereignisse, die ihren Schatten vorauswerfen. Dana begriff es, als die Insassen die Fahrzeuge verließen und auf sie zukamen. Sie sah Adrian, den Friedfischer, neben Vera gehen. Sie sah Robert und Alan in ihrem Gefolge. Sie redete sich ein, Besucher der Mongolei liefen sich immer wieder über den

Weg, alles sei nur ein harmloser Zufall. Gleichzeitig fühlte sie, dass es nicht stimmte.

Sie erkannte es aus Adrians Bewegungen. Mit gewichtigen Schritten kam er heran, ein Fallensteller, der sich seiner Beute nähert. Sie las es von Veras Mienenspiel ab – das Gesicht einer Frau, die Revanche erhält. Vera hatte seit der letzten Begegnung noch an Umfang zugelegt. Dana ahnte, dass jedes Gramm mehr auf Veras Waage ihr, Dana, zum Verhängnis werden würde. Robert und Alan blickten ein wenig finster, ganz so, als ob sie sich unwohl fühlten und doch nicht fliehen könnten. Sie begriff das alles in Sekundenschnelle, nur einen Ausweg erkannte sie nicht.

Hoygar, der gewöhnlich am Tisch lümmelte, richtete sich kerzengerade im Stuhl auf. Selbst die Wirtin hielt mit dem Bedienen inne und - wie auch alle anderen Gäste in Danas Nähe - den Atem an.

Es wurde spannend, auch wenn die bedrohliche Gruppe nur artig grüßte, sich an einem Nebentisch niederließ und Getränke bestellte, was nicht harmloser hätte sein können.

Hoygar, der sonst nicht einen Kekskrümel vergaß, verschmähte den halbvollen Teller und starrte betrübt auf seine Stiefelspitzen im Staub, ganz so, als wisse er schon um alles Bittere kommender Zeiten. Dana beugte sich wieder über die Karte, um die Planung voranzutreiben. Aber sie nahm nur braune Flächen und tanzende Buchstaben wahr.

Kaum waren die Anstandsminuten verstrichen, fragte man sie, ob man sich zu ihr setzen dürfe. Man habe etwas zu besprechen.

In Danas Ohren klang das wie eine Kampfansage. Die Bewohner Karakorums, die hier ihre Nudelgerichte und Suppen verzehrten, empfanden das auch so. Dazu mussten sie nicht einmal die fremden Worte verstehen. Es lag einfach in der Luft. Dana nickte einladend, was hätte sie auch tun können?

Stühle wurden durch den Staub gezerrt und Tische geschoben. Robert setzte sich an Danas Seite, so, als wolle er ihr nahe und zugleich abseits vom Geschehen sein. Dana spürte, wie nahe er ihr wirklich kam. Er hielt ihr den kalten Wind ab. Wohlige Wärme breitete sich zwischen ihnen aus. Dana fühlte einen bohrenden Schmerz in ihrem Inneren. Seit ihrem Unfall vermisste sie einen Partner, einen Menschen, der sie wärmte. Jetzt war Robert da. Alles war anders. Sonnenlicht tanzte über den Boden und spiegelte sich in seinen Augen.

„Geht es dir gut?", fragte er. Er sah einfach umwerfend aus. Die mongolische Sonne hatte ihn gebräunt, sein Haar gebleicht und seine Augen zum Leuchten gebracht. Er war gertenschlank und trotzdem muskulös. Er wirkte so verwegen, realistisch, abenteuerlich und vernünftig zugleich, dass es Dana schwindelte. Ein zarter Hauch von Amber, Zitronengras und Pinienduft wehte zu ihr herüber und vertrieb den Schaf- und Dieseldunst Karakorums.

Ob es ihr gut gehe? Sie nickte strahlend lächelnd. Ihretwegen konnte die Zeit stehen bleiben. Nichts anderes war zwischen ihnen als Zuneigung. Das Schnippische und Herausfordernde war verschwunden. Sie mochten sich. Jeder konnte es sehen. Die Mongolen in ihrer Nähe schmunzelten. Diese beiden Fremden dort waren ein schönes Paar. Sie waren für einander geschaffen. Die Pferdezüchter kannten das Verhalten von Wesen, die einander zugetan waren. Sie nickten Robert zu, als wollten sie seine Wahl gutheißen. Nur Vera war feindselig gestimmt. Ungeduldig tippte sie gegen ihr Glas. Die Gnadenfrist war verstrichen. „Ich habe einen Vorschlag", begann sie mit glitzernden Augen. Ihre Worte hingen wie Giftwolken über dem Tisch.

Dana wurde es sofort schlecht. Das seltsame Land hatte sie verletzlich gemacht. Ihr Panzer, im Kampf um die beste Präsentation auf dem Catwalk gestählt, wies Risse auf, durch die der Alltag hereinkam mit seiner Botschaft: Vera wollte Robert haben, wollte alles von ihm, was sie kriegen konnte. Und sei es nur ein Lupfen der Augenbraue, nur ein kümmerliches Lächeln, eine winzige Aufmerksamkeit. Und was sie nicht bekam, lastete sie Dana an. Vera war nicht sein Typ. Das konnte Dana ihr schriftlich geben. Denn niemand war Roberts Typ.

Er brauchte die Menschen nicht, er liebte die Tiere. Er war höflich, das war aber auch alles. Er sah das Tier in einem Menschen, das war ein Kompliment. Er sah die Not der Tiere und wollte helfen. Menschen waren nicht so wichtig. Dabei durchschaute er die Menschen. Er las aus den Bewegungen der Frauen animalisches Balzverhalten ab und lachte darüber. Und alle liebten ihn genau deshalb. Er lockte sie wie ein Tiger hinter Gittern, der niemals den Blick hob, der seinen fernen Träumen nachhing, in denen es keinen Platz für anderes gab.

Und Robert pokerte hoch. Er setzte seine Reize für seine Ziele ein. Alan war vergessen. Gerade noch der wichtigste Trumpf in seinem Spiel mit Dana gewesen, gab er jetzt Vera den Vorzug. Er strahlte sie an, und Vera strahlte zurück. Nie war sie schöner gewesen als in diesem Moment und niemals dümmer zugleich. Dana, die ihr Gesicht, aber nicht den Verstand verloren hatte, sah alles wie im Film. Und als Robert seinen Arm auf die Rückenlehne ihres Stuhls legte, hörte sie die Klappe zur nächsten Szene fallen. Punktgenaue Choreographie, sagte sie sich, als mit Roberts Geste Veras Mundwinkel nach unten sackten und im Griesgram hängen blieben.

„Die Mongolei braucht Hilfe." Vera sprach übertrieben laut, bat Alan zu übersetzen und sah sich nach den Mongolen um. „Von den Viehzüchtern und Nomaden, die noch nach den alten Traditionen leben, sind viele an den Rand des Existenzminimums geraten. Kommunistische Misswirtschaft in der Vergangenheit, Alkohol zu jeder Zeit, kalte Winter, Trockenheit, Seuchen und was man dazu alles sagen könnte. Zum Glück gibt es idealistisch eingestellte Menschen wie unseren guten Robert." Sie langte über den Tisch, tätschelte tatsächlich Roberts Arm und ließ ihre Hand auf der seinen liegen. „Allein schafft er das nicht. Ich werde ihm helfen."

Jeder konnte sehen, dass sie Robert fest im Griff hatte. Nur Robert sah es nicht. Seine ganze Aufmerksamkeit galt einem Reiter mit Pferd drüben auf der Straße. „Es lahmt ein wenig", meinte er.

„Was? Wer?" Vera zog ihre Hand fort.

„Das Pferd."

„Welches Pferd, verdammt noch mal? Ich sehe kein Pferd. Ich rede von deinem Projekt. Könnten wir beim Thema bleiben?“ Sie regte sich über die Maßen auf. Sie wurde sogar kurzatmig. Ein zweites Mal konnte sie nicht über den Tisch langen und Robert betatschen. Senkrechte Falten erschienen auf ihrer Stirn.

„Mach weiter“, bat Adrian und tätschelte Veras Schenkel.

„Es gibt soviel Elend auf der Welt“, fuhr Vera fort. „Wir müssen das Interesse der Menschen an der Mongolei wecken und uns dabei von den üblichen Nachrichten von Hunger, Überschwemmungen und Not abgrenzen.“

Dana versuchte, in Roberts Miene zu lesen. Er interessierte sich jetzt für ein Fliegenpaar, das sich auf den Kekskrümeln tummelte.

„Hörst du mir zu, Robert?“, fragte Vera.

„Wer? Ich? Natürlich.“ Er beugte sich hinab, um die Fliegen besser betrachten zu können.

„Ich habe einen Geldgeber gefunden: Adrian. Mein Verlag hat zugestimmt.“ Eine Reaktion blieb aus. Robert war mit den Fliegen beschäftigt, und Dana verstand noch immer nicht, um was es ging. Vera gab Dana eine Visitenkarte von ‚Woman Nude‘, einem Topmagazin für die modebewusste Frau, das seine Berichte mit Artikeln über außerordentliche Frauen bereichert. Sie hatte schon den Fotografen dieser Zeitung Model gestanden. Jetzt fragte sie sich erschrocken, ob Hoygar nicht ein klein wenig netter hätte sein können? Sie spürte Adrians Augen auf ihrem Gesicht. Sein Blick verhieß nichts Gutes. So sah man einen Fisch an, dem man den Bauch aufschlitzte. „Es geht um die Wette“, sagte er.

„Sie ist kindisch“, ergänzte Vera.

Dana schwieg.

Hoygar saß bewegungslos da, so, als sei er nicht vorhanden. Vielleicht hatte er mit diesen Unheil verkündenden Worten, die hier wie Speere hin- und hergeschleudert wurden, nichts zu tun?

„Adrian und Robert haben gegen Sie gewettet“, läutete Vera die Runde ein. „Eine läppische Wette wie unter Halbstarken.

Niemand braucht sie zu gewinnen." Sie ließ ihre Worte wirken. „Dafür wird Energie aufgewendet. Man sollte sich schämen, angesichts des Leids in dieser Welt."

Alan, die Artige, übersetzte Wort für Wort. Jetzt neigten immer mehr Mongolen die Köpfe und lauschten. Tee und Suppe wurden kalt und Stühle zur Seite geschoben. Zigaretten verglühten ungeraucht. Erste Zuhörer wagten sich näher, was auch andere ermutigte. Menschen im bunten Deel umringten die Fremden, und die Menge verdoppelte sich. Halb Karakorum schien hier versammelt zu sein. Leute, die vom Markt kamen, verhielten den Schritt und gesellten sich dazu. Einige kletterten auf Stühle und Tische, um besser zu sehen. Vera winkte sie alle heran. Jeder sollte zuhören.

„Adrian hat als erster umgedacht. Er ist reich und großzügig. Er möchte etwas für diese Menschen hier tun. Er stiftet einen Wettpreis: dreihunderttausend Dollar!" Die ungeheure Summe wurde übersetzt und an die Zuhörer weitergereicht. Sie ging von Mund zu Mund. Jetzt blieben sogar Autos auf der Straße stehen. Die Fahrer steckten die Köpfe heraus und hörten zu, was sich dort zwischen den Fremden abspielte. „Was könnte man mit diesem Geld machen?", fragte Vera das Publikum. „Wo ist die größte Not?" Jede Menge Vorschläge erscholl. Und dann gab Vera noch eins drauf. „Mein Verlag wird noch hunderttausend drauflegen!"

Die Menschen klatschten. „Wann bekommen wir das Geld?", fragte ein alter Pferdezüchter mit krummen Rücken und knotigen Fingern.

Genugtuung machte sich auf Veras Gesicht breit „Das hängt von diesen beiden ab." Sie wies ganz ungeniert mit ihrem Finger auf Robert und Dana, eine Geste, die absolut unanständig in den Augen der Mongolen war, die sie aber, geblendet vom baldigen Wohlergehen, einfach übersahen. „Die beiden haben darum gewettet, dass Dana niemals Dalanzadgad und die Geierschlucht erreicht. Diese Frau war ein Topmodel. Die Leute interessieren sich nicht mehr für sie. Das kann ich ändern. Ich bringe die Wette in unsere Zeitung." Sie wies auf die Mongoleikarte. „Wir treffen uns an bestimmten Punkten. Wir machen Fotos. Das interessiert die Menschen. Sie kaufen die Zeitung. Das bringt Geld für euch. Sie wollen Dana sehen, die sich durch die Mongolei quält." Veras Zunge fuhr tastend über ihre Lippen. Sie kostete das Kommende, das gleich ihrem Mund entweichen würde, auf seinen Biss hin aus.

Dana spürte den schneidenden Wind im Rücken.

„Falls Dana gewinnt, erhält sie das Geld in Form eines Halbjahresvertrags für unser Modemagazin." Ohne Scheu tippte Vera gegen Danas Gesichtsmaske. „Sie tritt als Model mit Maske auf, falls ihre Figur in Form bleibt. Die Maske gibt ihr die Aura des Besonderen. Das ist der erste Schritt für ein Comeback auf die Glanzseiten der Edelmagazine und die Laufstege der Welt."

Die Mongolen runzelten die Stirn und fragten bei Alan nach. Hatten sie das richtig verstanden? Das Geld sollte doch den Viehzüchtern gehören?

Auch Dana traute Vera nicht. Eigentlich sollen in solchen Momenten Champagnerkorken knallen, dachte sie. Würde alles sein wie früher oder noch aufregender? Ihr Herz hüpfte so wild wie ein bockendes Pferd. Dann drohte es auszusetzen, denn Vera holte zur Heimzahlung aus. Sie hob die Hand und jedes Geräusch verstummte. Ihre Stimme klang wie ein zweischneidiges Schwert. „Verliert sie die Wette, geht alles Geld an Roberts Projekt. Jeder Dollar wird in Ausbildung und Schulung der Nomaden und in medizinische Versorgung für Mensch und Tier gesteckt. Sie können mit dem Geld ihr traditionelles Leben bewahren."

Veras Worte hingen in der Luft. Es war so still, dass man das Säuseln des Winds vernahm. Solche Worte konnten Legende werden. Bald würde man sich von Jurte zu Jurte erzählen, welch wunderbare Ereignisse sich in Karakorum zugetragen hatten, als Fremde die Not der Menschen sahen und sie zu ihrem Anliegen machten. Zweifellos war dies an einem Tag geschehen, da die Geister gnädig gestimmt waren. An diesem bemerkenswerten Morgen war der Wind sanft wie selten zuvor gewesen. Schon in aller Frühe, als man die Shagai-Knochen geworfen hatte, um aus ihrer Lage auf den Verlauf des Tages zu schließen, hatte Taran, die alte Einäugige, von Glück gesprochen. Jeder war voller Erwartung an sein Tagwerk gegangen. Jetzt war der Grund zum Glücklichsein gekommen. Die Mongolen übertrafen sich gegenseitig mit Jubelrufen. Die Wette zu gewinnen war doch ein Leichtes! Man konnte schon hier und jetzt dieser Dana den falschen Weg weisen und ihr die Pferde unter dem Hintern wegschießen. Das Geld konnte fließen.

„Niemand wird Dana etwas antun", drohte Vera wie ein Anwalt, der auf das Kleingedruckte hinweist. „Die Summe erhöht sich um eine Prämie alle fünfzig Kilometer, die Dana vorankommt. Wir wollen, dass die Sache spannend bleibt. Erst wenn sie ganz zum Schluss aufgibt, hat es sich wirklich gelohnt."

„Ich könnte nein sagen." Dana verschränkte die Arme.

Robert, der noch immer seinen Arm auf ihrer Stuhllehne hatte, legte ihn jetzt um ihre Schultern. „Man könnte behaupten, die Wette sei unmoralisch, aber das ist sie nicht. Du kennst doch die Leute. Für so etwas geben sie gerne Geld aus. Du wolltest doch ohnehin nach Dalanzadgad? Also lass ein paar Fotos von dir machen, um das Interesse hochzuhalten. Und am Ende kommt meinem Hilfsprojekt eine Menge Geld zu."

Sie spürte die Wärme seiner Hand. „Vorausgesetzt, ich verliere die Wette." Wie konnte sie protestieren, wenn Robert sie im Arm hielt? „Ich plage mich durch die Mongolei und fünfzig Kilometer vor dem Ziel gebe ich auf? Die Zeitungen berichten von mir und wetten darauf, dass ich es nicht schaffe? Ich kapituliere und verliere viel Geld? Und die Möglichkeit, wieder als Model zu arbeiten?"

„Ja", sagte er, als sei dies die einfachste Sache der Welt. „Du wolltest doch ohnehin als Lehrerin arbeiten. Du hast doch genug Geld auf dem Konto und schon genug Auftritte in der Öffentlichkeit gehabt. Das kannst du alles für mein Hilfsprojekt aufgeben."

Wer von ihnen hier war verrückt? Dana machte sich nicht viel aus mongolischer Lebensart und hatte das Land satt. Sie wollte nur Herrn Zaysan ärgern, sich nicht abweisen lassen und ihren Kopf durchsetzen. Falls sie auch das langweilte, hörte sie auf, durch dieses Ödland zu reiten und flog anderntags heim. Jens fiel ihr ein. War er wichtig? Sie lauschte in sich hinein. Der bohrende Schmerz um ihn war fort. Auch Adrian war ihr gleichgültig. Er zählte nicht. Aber Robert? Sie hatte sich in der Vorstellung gesonnt, ihm liege etwas an ihr. Dabei hatte er sie verschachert. „Wenn du so sicher bist, dass ich kurz vor dem Ziel aufgebe, wo ist dann der Reiz?"

„Die Strecke ist lang", folgerte er ungerührt und zeigte auf die Landkarte. „Da kann sich manches ereignen. Noch bist du nicht da. Vielleicht hast du es in drei Tagen schon satt? Das wäre schade, denn dann fällt die Kilometerprämie weg."

„Klar. Wenn ich bald ums Leben komme, fehlt dir die Prämie. Wie traurig."

„Ums Leben kommen! Du kannst dich verlaufen und dir Arme und Beine brechen, aber ums Leben kommen? Ich weiß nicht."

„Du pokerst mit meiner Gesundheit."

Er sah sie groß an. „Ich? Du hast deine Gesundheit aufs Spiel gesetzt, um uns herauszufordern. Das warst du ganz alleine, um anzugeben. Jetzt kannst du damit etwas Gutes tun. Ist das nichts?"

„Ich sollte womöglich noch dankbar sein?"

Er beutelte sie sanft. „Übertreib doch nicht schon wieder! Mach es einfach."

„Kinder könnten Arzneien nehmen", übersetzte Alan die Rufe der anderen. „Man könnte Brunnen graben, Futter kaufen, kranke Tiere behandeln und für Schulen spenden." Plötzlich verbanden die Menschen um Dana das Geschick ganzer Nomadenfamilien mit ihrer Wette. Man bat sie, das Gesicht noch einmal zu verlieren, Dalanzadgad nie zu erreichen, auf das Geld und die Chance zu verzichten, noch einmal den Sprung auf den Catwalk zu schaffen. Als ob der Himmel über Karakorum mit ihr weine, tröpfelte es plötzlich aus Wolken, die sich vor die Sonne schoben. Die Mongolen sahen das anders. „Ein deutliches Zeichen“, entschied die Wirtin und blickte ihrerseits Dana auffordernd an. Regen im Sommer war etwas Gutes.

Dana sah den Regentropfen zu, die auf den Asphalt klatschten und ihn zum Dampfen brachten. Gewann sie die Wette, musste sie für das Geld noch immer hart arbeiten. Sie hatte schon mehr verdient, soviel war es nun auch wieder nicht. Was war mit ihrer Rückkehr als Model? Sie könnte nach einem gelungenen Comeback Geld für Roberts Projekt spenden. Doch er wollte es jetzt vor dem nächsten Winter haben. Sie hatte erfahren, was der Winter hier brachte. Er kam mit klirrenden Frösten, beißenden Winden und schneidender Kälte. Das Vieh fand kein Futter mehr, die Menschen froren. Das schlimmste Leid brachte das Frühjahr, wenn die Muttertiere und Fohlen, Kälber und Lämmchen im Frost umkamen. Mit ihnen starb die Hoffnung auf eine starke Herde und Wohlergehen im nächsten Jahr. Sie prüfte die Alternative: verlor sie die Wette zu Roberts Gunsten, war sie eine Heldin. Man würde jubeln.

Vera las ihre Gedanken: „Sie können die Wette nicht einfach verlieren. Sie werden kleinbeigeben, deutlich in eine laufende Kamera sprechen, dass Sie sich überschätzt haben und psychisch und physisch am Ende sind. Wenn das nicht absolut glaubhaft rüberkommt, war alles umsonst.“

Man wollte sie demütigen. Allein darum ging es. Das war das ganze Geld wert. Die Mongolen dienten Vera nur als Vorwand.. Das hatte sich diese nicht allein ausgedacht. An diesem Teufelskreis hatte Adrian, der Friedfischer gearbeitet. So bekam man einen lohnenden Fang an die Angel und ließ ihn zappeln, damit der Kampf ein wenig Spaß machte. Warum quatschte sie hier herum? Sie sollte gehen. Sie hob den Kopf. Für einen Rückzug war es zu spät. Ganze Menschentrauben hatten sich um sie versammelt.

„Ich werde genötigt“, sagte sie. „Die Wette ist unsportlich. Ich quäle mich durch die Mongolei, habe mein Ziel vor Augen und gebe auf. Niemand kann das von mir verlangen.“

„Sie geben etwas zurück, was Sie ohne die geringste Anstrengung bekommen haben.“ Vera blätterte in ihren Unterlagen, als suche sie etwas, dabei hätte Dana schwören können, dass Vera den Text auswendig kannte. „Nach einer völlig unbelasteten Kindheit und Jugend ohne Hunger und Sorgen, wurden Sie während des Studiums auf der Straße fotografiert und quasi vom Asphalt auf die Catwalks der absoluten Extraklasse katapultiert. Sie haben nichts dafür getan. Andere Models nehmen jahrelange Entbehrungen auf sich, um sich die Schulen und Fotoshooting leisten zu können. Sie sind ohne jedes persönliche Zutun zu den Superverdienern aufgestiegen. Das hübsche Gesicht und der schlanke Körper wurden Ihnen in die Wiege gelegt. Das ist nicht Ihr Verdienst! Auf Ihrem kometenhaften Weg zu Geld und Ruhm haben Sie keine Möglichkeit ausgelassen, der Reportermeute, wie Sie uns nennen, den Preis zu diktieren und Ihre Launen auszuleben.“ Vera machte eine bedeutungsvolle Pause, bis auch der letzte Zuhörer begriffen hatte, dass Dana vom Glück all das abbekommen hatte, was jedem Einzelnen hier versagt war.

Das klang nach Anklage. Noch mehr Sätze dieses Kalibers und man würde Dana steinigen. Es war zwecklos, den Menschen hier zu erklären, dass sie Hunger und Sorge kannte. „Muss ich mich dafür entschuldigen?“, fragte Dana übellaunig.

„Entschuldigen wäre nicht schlecht“, konterte Vera. „Sie könnten endlich einmal etwas für andere tun. Fotografen haben Sie hochgeschossen. Revanchieren Sie sich!“

„Dann ist diese Wette nichts weiter als ein abgekartetes Spiel. Warum sammeln Sie nicht ein paar Promis ein, die sich für einen guten Zweck durch die Mongolei schleppen?“

„Die müssten wir absichern.“ Vera blieb gleichgültig. Sie hatte alles bedacht. „Wir müssten sie im Auge behalten, notfalls eingreifen, einen Hubschrauber und einen Arzt mit Sanitätern stets im Hintergrund parat haben und anderes mehr. Das kostet. Bei Ihnen ist es anders. Es war Ihr Vorschlag, allein mit dem Straßenjungen nach Dalanzadgad zu reiten. Wir erwarten Sie an vereinbarten Treffpunkten zu bestimmter Zeit. Kommen Sie nicht, war's das. Wir schicken kein Suchkommando nach Ihnen aus. Fragen Sie mich jetzt nicht, ob ich das richtig finde. Wir klinken uns nur in Ihren Vorschlag ein."

Adrian gähnte laut. „Vergiss es, Vera. Du siehst doch, dass sie nicht mitzieht. Sie ist aus einer Laune heraus bis hierher geritten, jetzt hat sie andere Flausen im Kopf. Dalanzadgad erreicht sie ohnehin nicht. Dafür bräuchte sie Biss und Durchhaltevermögen. Und Charakterstärke. Hat sie das? Eher nicht."

Im Publikum wurden Stimmen laut. Ein kleiner Junge trat vor, der bis Dalanzadgad reiten wollte, um das Geld zu holen. Die Menge klatschte. Das Kerlchen war höchstens acht Jahre alt, steckte in zerschlissenen Stiefeln und einem zerrissenen Deel und blickte wild um sich. Hoygars Gesicht lief rot an. Er schämte sich für Dana.

„Ach, mein armer Junge", säuselte Vera. „Wie schade! Die Wette gilt nur für Dana."

Dana zog die Karte heran. „Werden mich Reporter verfolgen?"

Vera spreizte die Hände. „Nicht ein einziger. Darauf haben Sie mein Wort. Wir warten im Ger-Camp an der Bar und kommen nur zu den Treffpunkten. Wir nehmen auch eine Kamera mit."

„Wenn ich belästigt werde, gilt die Wette nicht."

„Ganz wie Sie wünschen, Darling. Sie dürfen sich Pferde und Ausrüstung kaufen, eben das, was es hier gibt. Keine technischen Hilfsmittel, kein Transport mit irgendwas! Es gilt, was Sie selbst sagten: Sie schaffen es in sechs Wochen bis Dalanzadgad!"

„Kein Problem", entschied Hoygar plötzlich, den keiner gefragt hatte und der Karten nicht lesen konnte.

Der Stuhl neben Dana knarzte. Robert rückte von ihr ab. Sie hätte ihm gestehen können, wie sehr sie sich vor der Einsamkeit, der Dunkelheit, dem Hunger und der Wildnis fürchtete. Sie hätte erklären können, dass Hoygar weder Karten lesen konnte, noch wusste, wo sie waren oder hinwollten. Sie hätte von Zottels Trotz und den Wölfen sprechen können, statt dessen sagte sie: „Du benutzt mich."

Das nahm er gelassen. „Habe ich von dir gelernt. Denke an Moskau! Du hast die Not und Gier des Fotografen benutzt, um ihm viel Geld aus der Tasche zu ziehen. Hier dient es einem guten Zweck. Wo ist das Problem?"

„Ich muss vor dem Ziel aufgeben."

„Das müssen wir alle. Immer wieder. Das bleibt keinem erspart. Oder siegt deine Profitgier? Wie jedes Mal?"

„Wie schön, dass du anders bist. Ein wahrer Heiliger!"

Robert lachte. „Ein Heiliger? Ich?" Er rief etwas auf Mongolisch zu den Menschen hinüber. Es gefiel den Leuten. Besonders die Frauen waren davon angetan. Sie drohten ihm lachend mit Schalk in den Augen und geröteten Wangen. Robert war ein Held. Er war ein wunderbarer Mann, der den Menschen Hoffnung gab, ihre Frauen umgarnte, die Tiere heilte, Medikamente ins Land brachte und ihre Zukunft rettete. Nur Dana war ein Monster. Sie war reich und verwöhnt, jetzt von Narben entstellt, doch ungebrochen egoistisch und herzlos. Hoygar wich ihrem Blick aus. Niemand konnte sie leiden. Sie hatte keinen Freund auf dieser Welt, selbst ihr Reitpferd keilte nach ihr aus. Sie studierte die Karte. Sechs Wochen für diesen Ritt? Sie hatte sechs Wochen Zeit, einen Plan zu schmieden, um Vera zu überlisten. Sie wollte die Wette gewinnen und Robert das Geld geben. Sie würde siegen. Aber wie? Sie erhob sich und rüttelte Hoygar. „Pack zusammen. Es geht los."

Robert sprang auf. „Du nimmst die Wette an?"

„Was hast du gedacht?" Beiläufig beglich sie die Zeche.

Vera klatschte müde in die Hände. „Na super. Darauf haben Sie uns aber lange warten lassen. Bisher haben Sie alles ohne jede Anstrengung mit Glück gemacht. Das wird sich ändern." Wo blieb der Applaus der Mongolen? Sie sah in ausdruckslose Mienen. Schon gingen die ersten Männer fort. „Alan, hast du das richtig übersetzt?" Vera begegnete dunklen Augen in finsteren Gesichtern. Der Spaß schien verflogen zu sein. „He!“, rief sie und wies auf Dana. „Ihr ist es lange genug gut gegangen. Jetzt muss sie was tun.“

Die Männer gingen fort. Sie hatten die Summe schon wieder vergessen. Solche Zahlen waren nichts für Viehzüchter. Kaschmirwolle, die man jahrelang sammelte, konnte man gegen ein Motorrad aus China tauschen. Wollte man ein russisches, musste man noch etwas dazutun, kräftige Pferdestuten zum Beispiel. Sie hatten genug gehört von dem seltsamen Spiel der Fremden. Es war kein gutes Spiel. Dunkle Schatten umflossen diese Vera wie Sturmwolken. Wie gerne hätte man Dana berührt, die schöne Fremde mit dem großen Glück im Leben! Das war eine wundervolle Geschichte, so etwas hörte man gern. Gab es etwas Besseres als von Glück zu hören? Selbst wenn es das Glück anderer war? So etwas machte doch Mut, das konnte man weitererzählen, wenn der Sturm um die Jurte brauste und das Vieh kein Gras mehr fand. Da stärkte einen der Glaube ans Glück. Konnte man eine Stute bestrafen, die hübscher, flinker und mutiger als andere war? Konnte man einer Frau das Aussehen neiden? Unzufrieden stapften die Männer fort. Zeit war vertan worden, Zeit, die jetzt den Herden fehlte.

Die Frauen blieben unschlüssig. Wie konnte man helfen? Sie blickten von Dana zu Robert. Wie blind war dieser Mann? Sah er Danas Einsamkeit nicht? Im Land der Winde brauchte jeder Wärme, menschliche Wärme. Wie ein bockiger Holzklotz, steif und phantasielos stand Robert da. Sie verstanden ihn nicht. So lange schon zog er durch die Mongolei und hatte doch nichts begriffen. Er musste Dana nur geben, was ihr am meisten fehlte – ein wenig Mitgefühl, ein bisschen Liebe und vieles würde gut. Sie sah verlassen wie ein Fohlen aus, wie von der Herde verstoßen. Man musste sie trösten und ermutigen, jedoch nicht strafen. Die bösen Worte hatten sie verwundet und niemanden kümmerte es. So ließ man keinen ins Grasland ziehen! Die Frauen umringten Dana und Robert, sie schoben sie zueinander wie bockige Zicklein und zur Koppel hinüber. Die Säcke wurden verschnürt und verstaut. Dana schlüpfte in einen rotleuchtenden Deel und konnte ihn nicht schließen. Es brauchte ein wenig Übung, die Silberschlaufe um den Stoffknopf unter der Achsel zu ziehen. Sie schubsten Robert zu ihr hin, bis er endlich Hand an Dana legte und ihr half. Sie reichten ihm einen goldschimmernden Schal. Er wusste nicht, wohin damit. „Für Dana", soufflierten sie, bis er begriff und ihn um ihre Taille band.

Die Frauen zwinkerten sich zu. So rüstete man sich für die Reise. Sie zupften ein wenig an Dana herum, damit Robert lerne, wie so etwas gehe. Sie klopften ihr sanft auf Rücken und Schultern und strichen ihr das Haar aus der Stirn. Unglaublich, wie schwerfällig Robert war! War das der Mann, der Tiere heilte, deren Schmerz fühlte und für Linderung sorgte? Wie ein Yakstier, der sich nicht schieben und zerren ließ, stand er im Weg, wusste nicht, wohin mit seinen Armen und fand keine Worte. Die Frauen murmelten. Sie hatten schon bockige Fohlen gezähmt, Tierkinder im Schneesturm geborgen und Wölfe verjagt. Nur dieser Mann blieb ihnen verschlossen. „Gib ihr eine Schnur!", fasste Alan die Sache zusammen. Man ließ niemanden ziehen, ohne Aaruul-Schnur mit den aufgereihten Quarkstückchen als Trost und Leckerbissen für unterwegs.

„Ach so", murmelte Robert und tat nichts. „Ich habe keine."

Die Frauen murrten. Hatte man keine Aaruul-Schnur, gab man etwas anderes mit auf den Weg. Die Fremden waren Barbaren ohne jede Kultur.

Robert zückte sein Handy. „In der Nähe von Siedlungen funktioniert es meist. Lass uns die Nummern tauschen. Ruf mich an, wenn du mich brauchst. Es kann immer was passieren."

„Noch mehr?" Dana sah Hoygar zu, der die letzten Gurte nachzog. Die Pferde waren unruhig. Sie wollten fort aus Karakorum. Robert ist ja noch kälter als ich, dachte sie. Sein Mund war fest verschlossen, nicht mehr als ein dünner Strich im markanten Gesicht. Er wollte das Geld. Dana lachte. Niemand hörte es. Sie lachte tief in ihrem Inneren. Roberts Heiligenschein verblasste, seine Mythos bröckelte. Jetzt waren sie ebenbürtig. Er war nicht länger der gute Samariter, der sie beschämte, sondern ein Mann, der gewinnen wollte. Dabei gab er sich so wunderbar abgebrüht und herzlos wie sie selbst es war. Das mongolische Hilfsprojekt diente vor allem seinen Ruhm. Er war um keinen Deut menschlicher als sie und dachte an sein Ziel ohne Mitleid und Rücksicht. Das kannte sie gut. Nachsichtig tätschelte sie seine Wange und hauchte ihm einen Abschiedskuss zu. „Machst du dir Sorgen um das schöne, viele Geld mit Prämie, das ich gewinnen könnte? Hoffst du auf meinen Hals- und Beinbruch und darauf, dass ich aufgebe? Siehst du nur Geld vor deinen Augen und sonst nichts? Das ist bedenklich. Da geht die Seele flöten. Doch dagegen gibt es ein Mittel. Du selbst hast es mir empfohlen: Der magische Spiegel! Wenn ich die Geierschlucht erreiche und in den Spiegel blicke, rufe ich dich an. Vielleicht willst du ja auch einen Blick hineinwerfen? Man soll dort seine Seele wiederfinden, sagt man."

War das zu glauben, dachten die Frauen. Die beiden sahen sich mit Blicken an, wie sich nur Gegner messen. Konnte Robert Dana nicht verabschieden, wie es sich gehörte? Sie hatten ihm doch vorgemacht, wie das gehe: ein bisschen drücken, ein wenig streicheln. Um seinetwegen würde sie die Wette nicht verlieren, warum auch? Dana sprang aufs tänzelnde Pferd. Der Deel stand ihr gut. Wild sah sie aus. Und schön. Ihr Anblick schmerzte Robert. Das lasen sie aus seinen Augen. Aber er rührte sich nicht. Er vergab auch die letzte Chance. „Alles Gute zwischen Himmel und Erde!", riefen die Frauen. Alan wurde ernst. „Das ist schlecht. Die Wette ist nichts! Sie ist aus Neid geboren und bringt Neid in unser Land."

„Na, und?", fragte Vera, die ein Foto schoss.

„Wir kennen keinen Neid, wir wollen keinen Neid, denn Neid ist nutzlos."

„Nutzlos?" Vera ließ die Kamera sinken.

„Sieh dich an!" rief Alan. „Dein Neid auf Dana hat dich nicht hübscher und schlanker gemacht."

Dana und Hoygar brachen hastig auf. Der Junge ritt voraus. Noch wussten sie genau, wohin sie wollten. Kaum hatten sie jedoch Karakorum verlassen, regten sich erste Zweifel: „Bist du sicher, dass wir über die Müllkippe müssen?", rief Dana.

„Müllkippe?", fragte er.

Sie waren außerhalb der Siedlung. Dana wies zu Boden. „Siehst du die Glasscherben nicht? Die ganze Steppe ist voll davon."

„Das ist der Weg zu Dschingis Khans Ehrenmal. Erst steil hinauf und dahinter steil hinab. Hier gibt's keinen anderen Weg und keinen Müll, nur Dosen und Scherben. Die Mongolen feiern gern. Wenn sie getrunken haben, zerschlagen sie die Wodkaflaschen."

„Und die Pferde? Sie könnten in die Scherben treten?"

Was für eine Frage! Wer betrunken war, hatte andere Sorgen. Hoygar galoppierte voran. Zottel preschte hinterher. Ein Wassergraben kam auf sie zu. Die Pferde nahmen ihn im Sprung. Dana blieb gerade noch im Sattel. „Hättest du mich nicht warnen können?" Erst jetzt sah sie, wie breit und tief der Graben war, der Karakorum mit Orchonwasser versorgte. „Beinahe hätte ich mir das Genick gebrochen und die Wette verloren!", brüllte sie. „Hoygar!"

Der Junge war ihr weit voraus und hörte nicht auf ihr Gezeter. Gegen den westlichen Himmel zeichnete sich das kreisrunde Denkmal des Dschingis Khan ab. Die hohen Standarten mit den Pferdehaaren - die weißen für den Frieden, die schwarzen für den Krieg - wehten im Wind. Falken und Gabelweihen kreisten über dem Ehrenmal. Vom Pferderücken aus durch den östlichen Zugang blickend, erkannte Dana im Inneren die hoch aufgeschichteten Steine eines Owoo. Darüber stand die Sonne wie ein glühender Ball in einem endlos weiten Himmel. Sie war ergriffen, beeindruckt wie nie zuvor, die Schlichtheit gefiel ihr, die Magie des Orts. „Willst du nicht anhalten?", rief sie. Vergebens. Hoygar stürmte jenseits des Denkmals den steilen Hang hinab. Dana wurde himmelangst. Eine schroffe Flanke mit feinsplittrigem Schotter zog sich zum

Orchon hinunter. Ein atemberaubend grünes Tal mit felsdurchsetzten Bergkämmen tat sich vor ihr auf. Hoygar ritt viel zu schnell. Unbeschlagene Pferdehufe glitten übers Geröll. Schon setzte sich das erste Packpferd aufs Hinterteil und rutschte den Hang hinab. Mit brutaler Gewalt hielt sie Zottel zurück, der ausglitt, einknickte, wieder hochkam und hinab stolperte. Ein schmales Felsband fiel senkrecht zum Fluss ab. Darauf steuerte er zu. Dana trieb ihn fort. Er hatte Mühe, sich seitlich am Steilhang zu halten, wäre viel lieber geradeaus gerannt, auch wenn ein Überschlag drohte. Zitternd kamen sie beide im Talgrund an. Schon ging es weiter über sumpfige Wiesen am Orchon entlang, immer Hoygars Rücken im Blick und den wehenden Pferdeschweif vor sich. Die Wette trieb ihn voran, ließ ihn weder rasten noch umblicken.

Die Wette war nicht gut. Dana fühlte es.

Der ganze Nachmittag geriet zur Hetze, viele Male sprang der Junge vom Pferd und führte es durch den Fluss. Nur dann folgten die anderen Tiere willig durch das gurgelnde Wasser mit den algenbewachsenen Steinen, den schlammigen Untiefen und steilen Ufern. Hoygar wusste um die Angst der Pferde, las ihre Not im Weiß der verdrehten Augen und hörte es am Schnauben. Keine Zeit ließ er ihnen sich zu fürchten, trieb sie unerbittlich vorwärts, die Hänge hinauf und hinunter, an Felsen und Abgründen vorbei und gegen Abend in ein Pappelwäldchen hinein. „Schnell“, befahl er und saß ab. „Gleich wird es dunkel.“

Dana musterte Hoygar über die Flamme ihres Abendfeuers hinweg. „Gewinnen wir die Wette? Oder geben wir auf? Soll Robert das Geld haben?“

„Aufgeben? So wie alle Völker, die Dschingis Khan unterwarf? Ich, ein Mongole? Aufgeben?“ Sein hartes Gesicht wurde um eine Spur ernster. Er gehörte zu dieser Landschaft mit den Felszacken und dem reißenden Orchon. „Ich binde dich aufs Pferd“, verkündete er. „Ich treibe dich vorwärts. Du musst gewinnen.“

„Wenn wir verlieren, bekommen deine Leute das Geld.“

„Wir verlieren nicht."

„Dann werden sie hungern müssen."

Er schwieg verbissen.

„Glaubst du, ich muss etwas zurückgeben? Für das Glück, das ich hatte?", fragte sie.

Er dachte nicht lange nach. „Wer gibt mir etwas zurück? Für das Unglück, das ich hatte?"

Dana genoss ihren Tee in kleinen Schlucken. Gleich würde das Feuer verlöschen. Vorbei waren die Zeiten in der Gaststube mit Teekessel und Bett. Sie wusste, wie sie in dieser Nacht schlafen würde: Mit schmerzenden Hüften und verspanntem Kreuz auf einer dünnen Matte, immer ein wenig frierend in einem unruhigen Halbschlaf gefangen. „Wenn wir gewinnen, wird er mich hassen."

„Wer?"

„Robert natürlich."

„Robert, Robert." Hoygar sprang auf und wackelte mit den Hüften. „Robert, Robert. Wie eine Stute bist du."

„Was fällt dir ein!" Sie wollte nach ihm greifen.

„Stuten beißen!" Schon war er auf und davon.

Die Nacht war klar wie fast alle Nächte zuvor. Sturmwolken trieben über den Himmel, lösten sich auf und waren fort. Regen gab es nicht. Wind peitschte die Glut und riss Funken zum Himmel hinauf. Nachtvögel krächzten und Pferde schnaubten. Der Fluss rauschte. Sie lauschte den Klängen der Einsamkeit. Denn zum Schreien einsam war es hier. Außer ihrem Feuer kein Licht weit und breit. Kein Mensch, kein Freund zu sehen, nur Hoygar irgendwo dort draußen in der Steppe auf Gedeih und Verderb an sie gebunden. Wochenlang noch mussten sie einander ertragen und unterstützen. Allein kam keiner von ihnen zurecht. Die Luft wurde frischer, dann eisig. Feuchte Schwaden zogen vom Orchon herauf. Schnell wurde es kalt. Der Sand zu ihren Füßen kühlte aus. Sie stand auf und tanzte barfuß ums Feuer herum: Walzer, Tango, Salsa und was ihr sonst noch in den Sinn kam.

Nichts glich dieser Reise. Das war Wildnis pur, Mongolei auf nackter Haut, Land zum Betreten, Sturm zum Fürchten und Weite zum Vergessen. Nichts fing sie hier auf, hätschelte und verwöhnte sie. Es lag allein an ihr, die Balance zu halten.

Allein an ihr?

Dana hielt inne und lauschte in die Dunkelheit. Wo war Hoygar?

„Alles klar!“, rief er ihr von irgendwo zu.

„Alles klar!“, rief sie zurück.

Heftiger Wind kam auf, rüttelte an den Planen, ließ die Verspannung pfeifen und trieb Dana ins Zelt. Dort roch es nach Gummi und Schimmelpilz. Sie wühlte sich in den Schlafsack hinein, zerrte ihn über die Schultern bis zum Kinn hinauf. Der Wind peitschte Sand ans Zelt. Sie hörte ihn rieseln. Sturmböen brausten von den Bergen herab und brachten die Kälte mit. Frost kroch über den Boden und in das Zelt hinein. Sie war allein und einsam. Die Verlassenheit pirschte sich an wie ein Dieb, um ihren Mut zu stehlen. Wie konnte sie die Wette gewinnen und zugleich Robert nicht enttäuschen? Die Wettbedingungen waren aussichtslos. Wie sie es auch drehte und wendete, am Ende würde sie verlieren – Robert oder das Geld und im schlimmsten Fall beides zugleich.

VII.

Am nächsten Morgen leuchtete das grüne Orchontal im Sonnenlicht. Millionen Tautropfen funkelten wie kostbare Edelsteine. Dieses Tal galt einst den Mongolen als Pforte zu Abenteuer und Sieg. Von hier waren sie aufgebrochen, hatten halb Europa unterjocht, den Westen geplündert, die Kalifen besiegt und Städte wie Bagdad und Samarkand zerstört. Was war ihr Ziel gewesen? Wie sahen ihre Träume aus? Verführte sie der Reichtum ferner Länder oder der Ritt ins Unbekannte? Hoygar wird es wissen, dachte Dana. Diese Ungezähmtheit lockt auch ihn. Er will der Stadt entfliehen und ins Weite hinaus.

Er stand drüben bei den Pferden und winkte ihr zu. Das war ungewöhnlich. Sie blickte genauer hin. Etwas stimmte nicht. Noch vor Tagen hätte sie Zottel für irgendein Pferd gehalten, das irgendwie grasend über die Steppe ging. Heute erkannte sie sein stumpfes Fell und das Zucken, das durch seinen Körper lief. „Nein“, flüsterte sie. „Bitte nicht!“ Sie eilte zu dem Tier und sah bestätigt, was sie befürchtet hatte: Zottel war in Glasscherben getreten.

Die Verletzung war tief. Hoygar hielt das linke Hinterbein fest, und Dana zog Glassplitter aus der eiternden Wunde. Sie spülte die Wunde aus, sie klopfte die zitternden Flanken und sprach beruhigend auf das Tier ein. Sie beschwor es, gesund zu werden und wie einst über das Grasland zu traben.

„Unsinn“, knurrte Hoygar. „Siehst du es nicht?“ Er deutete auf Zottels Umgebung. „Den dunklen Schimmer? Schau durch deine Hände!“ Er schloss die Finger zu einem Gewölbe und blickte hindurch. Dana tat es ihm gleich. „Siehst du es jetzt?“

„Da ist ein Schatten, ja. Der geht von seinem Fell aus.“

„Es ist der Schatten des Todes. Die anderen Pferde haben ihn nicht. Dieser Schatten kommt aus Karakorum. Er fließt den Hügel hinunter und ballt sich über deinem Pferd zusammen.“

„Was soll das heißen?“

„Böser Geist", orakelte Hoygar. „Vera hat ihn angelockt mit bösen Worten. Jetzt hat er ein Opfer gefunden: dich!"

„Er hat ein Pferd gefunden."

„Das wird dich treffen."

Dana wirkte gefasst. Sie hatte noch keinen Schluck Tee getrunken und musste schon mit Geistern verhandeln. „Wir brauchen Hilfe und Antibiotika. Mit Geistern hat das nichts zu tun, sondern mit Mongolen, die Wodkaflaschen zerschlagen."

„Den anderen Pferden fehlt nichts, trotz aller Scherben."

„Zufall", wiegelte Dana ab. „Im schlimmsten Fall wird Zottel sterben. Pferde sterben, das ist normal." Schon als sie es aussprach, krampfte sich ihr Herz zusammen.

„Weißt du auch, wie es stirbt?"

Dana wollte es nicht wissen. Jetzt schüttelte sie ein eisiger Wind und ließ sie beben. Raubvögel krächzten in der Luft. Ob sie gekommen waren, um sich auf Zottel zu stürzen?

„Komm", forderte Hoygar sie auf. „Wir räuchern es mit Wacholder und versprengen Teewasser auf Pferd und Steppe."

„Und wir holen einen Fachmann." Dana half Hoygar mit den Wacholderzweigen, stellte den Wasserkessel auf die Glut, bereitete Frühstück und betrachtete Zottel sorgenvoll. Sie hatten kaum gegessen, als Zottel einknickte und zu Boden ging.

„Los, Hoygar!" Dana schüttelte den Jungen. „Reite nach Karakorum, so schnell du kannst. Wir brauchen Antibiotika, einen Pferdekundigen, fiebersenkende Mittel, keimtötende Verbände, solches Zeug. Vielleicht ist Robert noch da?" Sie nahm ihr Handy, hatte tatsächlich Empfang, doch Roberts Handy war abgeschaltet.

„Siehst du", sagte Hoygar. „Es wird nichts nützen." Er saß immer noch am Feuer und tunkte Brot in den Tee.

„Du bist nur zu faul! Sitzen bleiben und an böse Geister glauben, das ist einfach! Reite los! Ihr behandelt doch Pferde? Wie könnt ihr Pferde züchten, wenn ihr alles den Geistern überlasst?"

„Wir behandeln keine Pferde“, sagte er, den Mund voller Brot. „Wir behandeln die Geister.“ Hoygar kam ächzend hoch. Er steckte das Geld ein und ging sein Pferd satteln. Er ließ sich Zeit dabei.

Dana schimpfte mit ihm: „Gestern ging es dir nicht schnell genug. Heute trödelst du rum.“

„Es ist doch schon entschieden. Du willst es nur nicht glauben. Immer weißt du alles besser. Dabei weißt du gar nichts.“ Er saß auf und ritt gemächlich davon.

„Beeil dich!“, brüllte sie ihm nach. Sie rannte auf einen Hügel, sah ihn langsam zwischen den Weidenbüschen kleiner werden und schließlich verschwinden. Jetzt war sie völlig allein. Das Land wandelte sich im Nu. Es wurde wüst und wild. Der Orchon rauschte bedrohlich, die Luft war schneidend kalt. Wohin sie auch blickte, kein Mensch war zu sehen. Dabei wisperte und raunte es überall. Das Orchontal war bewohnt, wenn auch nicht mit ihresgleichen. Wölfe konnten nicht weit sein. Sie hielt die Hügelkämme im Blick und einen Knüppel bereit. Sie würde um Zottel kämpfen, jawohl! Den Wolf wollte sie sehen, der ihrem Pferd nahe kam! Sie kniete bei Zottel nieder und weinte. Das war nutzlos. Sie schalt sich selbst. Sie legte kühlende Verbände an. Das Pferd schnaubte leise und zuckte mit den Flanken. Dana streichelte es sanft. War das ein Elend! Der kleine Zottel litt, das Pferdchen mit dem Dickschädel und den Ideen. Das kluge Tierchen mit der großen Phantasie. Es war so grausam!

Fliegen kamen und ließen sich auf Zottel nieder. Sie scheuchte sie fort. Sie frischte die feuchten Verbände auf. Einen Glockenrock von Vandetta aus supergekämmten Leinenstoff für mehr als tausend Euro und ein Poloshirt aus plissierter Baumwolle riss sie zu Verbandsbahnen. Das Pferd atmete schwer. Es klang schrecklich. Noch nie hatte sie so etwas gehört. Sie litt mit Zottel. Das Pferd war noch jung. Wieso musste es sterben? Wo blieb Hoygar nur? Sie sah nach dem Stand der Sonne und rechnete mit ihm bis zum Mittagessen. Vergeblich. Die Schatten wurden länger, und sie hoffte auf ihn am

Nachmittag. Umsonst. Sie zitterte um Hoygar, als es Abend wurde. Der Junge kam nicht wieder.

„Was jetzt, Zottel?“ Sie hörte ihre eigene Stimme. Diese Stimme machte ihr Angst. Sie klang klein und verzagt. Die Wette verlor jeden Reiz. Sie wurde bedeutungslos. Ein Pferd musste sterben, allein deshalb. Sie waren gestern zu schnell geritten, doch jede Einsicht kam jetzt zu spät. Sie hatte Schuld an seinem Tod. Sie war ein Monster. Und sie war unnütz. Sie konnte gar nichts tun. Sie hatte keine Ahnung von Pferden, sie verstand nichts von Medizin, nur etwas von Geld und Profit. Die Leute hatten recht. Sie hatte ihr Glück nicht verdient. Selbst Jens hatte recht. Sie war nur hübsch gewesen – mehr nicht. An inneren Werten mangelte es. Sie war hohl, war eine schöne Fassade mit nichts dahinter. Und diese Fassade war zerstört. Nichts war ihr geblieben. Sie hatte alle Freunde vergrault, hatte nur ihr Schicksal beklagt, immer nur an sich gedacht und die Menschen verflucht. Hatte auch Hoygar die Schnauze voll? Wollte er fort von ihr? Sie zog das Böse an, ganz so wie Alan es prophezeit hatte. Das Finstere um ihr Dasein wurde aus dem Neid der anderen geboren, den sie selbst am Leben hielt. Warum hatte sie Vera gereizt? Warum pokerte sie um den Preis für ein Foto? Warum hetzte sie Robert gegen Vera auf? Wohin sie kam, gab es Ärger. Die Leute mieden sie und freuten sich, wenn sie verschwand. Sie konnte es verstehen. Sie musste sich ändern. Sie wollte nett sein, einfach nur umgänglich, freundlich und tolerant.

„Es tut mir leid“, flüsterte sie Zottel ins Ohr. „Es tut mir so leid. Bitte, glaub mir das.“ Zottels Bein war heiß und geschwollen und sah wie ein Fremdkörper aus.

Plötzlich zuckte ein Licht durch die Dämmerung. Dana sah einen tanzenden Schein über den Hügeln und hielt es für eine Vision. Sie hörte Motorengeräusch und glaubte, Sturm brause heran. Dann war es wieder still und kein Laut zu hören. Sie fürchtete, dass sie nur träume von Robert und Hilfe. Die Scheinwerfer eines Autos huschten über das Grasland. Sie sprang auf und fieberte dem Auto entgegen. Konnte das Robert sein? Endlich erblickte sie einen Jeep. Hoygars Pferd war mit einem langen Strick an den Wagen gebunden. War das ein gutes Zeichen oder ein schlechtes?

Das Auto hielt, die Türen gingen auf, Adrian und Doi stiegen aus. Adrian kam schwankend näher und verbreitete Wodkadunst. Dana vergaß auf der Stelle ihre guten Vorsätze. Vorbei war es mit der Menschenfreundlichkeit. „Du?“, sagte sie voller Abscheu.

„Nicht wahr? Da kommt Freude auf!“ Adrian schwenkte eine Wodkaflasche. „Nimm einen Schluck, du wirst ihn brauchen!“

„Was ist passiert?“

Doi band Hoygars Pferd los, legte ihm die Beinfesseln an und entließ es in die Steppe. Er riss die Hintertür auf und schleppte einen nassen Sack herbei, den er Dana vor die Füße warf. Der nasse Sack war Hoygar. Er sah aus, als ob er tot sei. Dana beugte sich über ihn. Sie sah in ein bleiches Gesicht mit verschwitzten Haaren und blutleeren Lippen. Doch Hoygar atmete noch. Jetzt keuchte er sogar und kotzte vor ihr ins Gras. Unmengen brachte er hervor. Erbrochenes lief über sein Gesicht, sickerte in den Kragen, quoll ihm aus Nase und Mund und verbreitete Gestank.

„Du Schwein!“, brüllte Dana Adrian an. „Du Dreckskerl!“ Sie krallte sich in Adrians Hemd. „Du hast ihn betrunken gemacht, du widerwärtiges Miststück. Er ist doch noch ein Kind!“ Ihre Fingernägel, schon lange nicht mehr das, was sie einmal waren, aber kurzgeschnitten und gehärtet, fuhren wie Sicheln über sein Gesicht. Blut lief ihm über die Wangen. Er stieß sie zurück und taumelte. Dana trat zielsicher nach seinem Schritt, er packte ihren Fuß. Mit einem Aufschrei ging sie zu Boden. Sofort war Adrian über ihr, presste sie ins Gras und nestelte an seiner Hose herum. „Du wolltest doch Hilfe für deinen Gaul?“ Er nickte Doi zu und zwang Danas Kopf zur Seite. „Siehst du das Messer? Jetzt geht es ihm an die Kehle!“

„Nein!“, schrie Dana.

„Nein? Doi, warte! Die Dame schlägt uns einen Tausch vor. Willst du das Pferdchen nicht von seiner Qual erlösen? Es hat keine Chance mehr. Ich bin bereit, eine Ausnahme zu machen. Dafür musst du was tun!" Seine Worte waren alkoholgetränkt. Speicheltropfen flogen ihm vom Mund und landeten auf Danas Lippen. Mit einem Ruck riss er ihre Hose auf.

„Hoygar", keuchte sie. Der Junge lag am Boden und rührte sich nicht. Doi nahm einen Stein auf und schliff das Messer.

„Machen wir es hier oder im Zelt?" Adrian klang heiser. Seine Augen stierten irgendwo hin. Er schwitzte. Der Schweiß durchtränkte sein Hemd und tropfte auf Dana hinunter. Dana brüllte um Hilfe. Niemand hörte sie. Nur Zottel wieherte und hob den Kopf. Doi kam näher, sein Messer blitzte im Scheinwerferlicht auf. Adrians Finger wühlten zwischen Danas Beinen herum. Sie verhakten sich in ihrem Slip. Er zerrte daran. Der dünne Stoff schnitt in Danas Fleisch. Das Pferd keilte nach Doi aus und kam schwankend hoch. Dana sah die glänzende Klinge. „Lass es leben, Doi! Ich tue, was ihr wollt!"

Es wurde ganz still um sie. Kam diese Stille aus ihrem Innersten, aus dem Moment, der einer Ohnmacht vorausgeht? War sie schon gestorben? Schwebte ihre Seele über dem Orchontal? Sah sie von oben zu? Niemand bewegte sich, kein Laut war zu hören. Adrian kniete zwischen ihren Beinen wie erstarrt. Doi hielt das Messer in der Hand und rührte sich nicht. Nur die Mähne des Pferds wehte im Abendwind. Der Fluss murmelte nicht mehr. Jetzt stockte auch die Luft. Doi ließ das große Messer fallen, nichts war dem Pferd geschehen. Die Stille war zum Greifen nah und dicht. Wie eine dunkle, dumpfe Wolke kroch sie den Orchon entlang und breitete sich zwischen den Hügeln aus. Es war eine Stille, die man hören konnte, ein Schweigen, das wie Musik klang. Es war, als sauge jemand die Luft ein und entferne alle Töne aus dem Tal. Plötzlich hatten sie alle Angst. Doi genauso wie Adrian und Dana nicht weniger als die Männer. Ein Drama bahnte sich an. Eine Katastrophe kam näher. Das Entsetzen war Doi ins Gesicht geschrieben. Als erster hörte er das ferne Grollen. Adrian kam vom Boden hoch. Dana rappelte sich auf. So musste Weltuntergang klingen. Wo kam das Poltern her? Gab es ein Erdbeben, brach der Hang auf, stürzte Steinbruch herab? Kein Blatt bewegte sich am Baum. Das Wasser floss träge und still. Das Grollen ebbte ab und wurde zum Knurren. Um sie herum nichts als Düsternis. Da sah Dana etwas, ohne zu begreifen. Sie beobachtete ein Wesen, ohne zu verstehen.

Es war ein schwarzer Hund mit Kerbe am Ohr, der genau jenem Hund glich, den sie von der Klinik kannte. Er war riesig. Er erhob sich vom Boden, knapp neben Zottel und vor den Männern. Es war Munks Geisterhund, das wusste sie genau. Nie würde sie diesen Hund vergessen, mit seinen weißen Flecken auf Brust und Hinterpfote und dem gekerbten Ohr, das wie ein Siegeszeichen vom Kopf abstand. Er hatte ein prächtiges Gebiss aus reinstem Perlweiß, wie es schien. Munk hatte ihn geschickt. Er hatte ihn noch größer gemacht und noch schrecklicher, als damals im Krankenhaus. Der Hund sträubte das Fell wie ein Mähnenwolf und fletschte die Zähne. In seinen Augen tanzten rote und gelbe Punkte.

Dana schwitzte vor Angst.

Der Hund senkte den Kopf, schnupperte am Pferd, das weder zuckte noch schnaubte, sah wieder hoch und blickte sich um. Dana wusste: Diesen Hund gab's nur in ihrer Phantasie. Doch es war Doi, der bebend sagte: „Da ist ein Hund. Er ist nicht echt."

„Aber echt genug, mich zu beißen!" Auch Adrian erkannte den Hund, den es nicht gab. Oder gab es ihn doch? Wie im Film sah sie den schwarzen Kerl zu sich herantrotten. Er stieß sie mit der Schnauze an wie schon damals in der Klinik. Feuchte Hundenase und warme Zunge fuhren über ihre Hand, das borstige Fell drückte sich an ihr Bein. Adrian wich zurück. Inzwischen kannte er Dana und ihre Hunde. Ob echt oder unecht, sie machten ihm Angst. Doi wollte nach dem Messer greifen. Der Hund sprang vor und schnappte nach der Hand. Die beiden Männer rannten zum Jeep. Im Wageninnern schnippten sie mit den Fingern nach dem Hundegeist. Er ließ sich nicht vertreiben. Er hob das Bein und pisste auf das Messer. Das sah sehr natürlich aus. Er trabte zum Wagen und wurde immer größer dabei. Er wuchs vor Danas Augen. Lag das am Abendlicht? Was konnte sie noch glauben? Der Jeep rumpelte rückwärts davon, der Hund lief hinterher, verfolgte ihn bis zum Hügelkamm, ließ sich dort nieder und blickte den Flüchtenden nach.

Danas Erstarrung fiel ab. Sie raffte die Hose zusammen und stürzte zu Hoygar hinüber. Sein Poloshirt war voller Erbrochenem, seine Hose dunkelfleckig. Er stank. Sie musste würgen, zog ihm die Kleidung vom Leib, wusch den Zitternden mit Wasser, rieb ihn trocken, steckte ihn in ihren eigenen weiten Kaschmirpulli und die Edelleggins und schleppte ihn in sein Zelt. Sie bettete ihn in seinen Schlafsack und legte ein Handtuch bereit für neue Attacken. Er murmelte Unverständliches, sie murmelte zurück.

Sie schürte das Feuer und rannte zwischen der Flamme, dem Orchon, dem keuchenden Pferd, dem brabbelnden Jungen und den Zelten hin und her. Sie überprüfte die Beinfessel der Tiere, sie kühlte Zottels Flanken, sie wischte die glühende Stirn Hoygars ab. Sie kochte Tee und flößte ihn Hoygar ein. Sie tätschelte das Pferd zärtlich, sie klopfte heftig auf Hoygars Wangen, sie sprach mit sich selbst, dem Wind, der wieder kühl über Mensch und Tier strich, sie hielt nach dem Hund Ausschau, der sich nirgends blicken ließ, sie schielte zu den Sternen hinauf und sank schließlich im Zelteingang zusammen. Sie schrak fröstelnd hoch, putzte erneut Erbrochenes fort, stolperte zum Orchon hinunter, wusch das Handtuch aus, kühlte Zottels Bein, sprach sanft auf ihn und energischer auf Hoygar ein, zog ihren Deel über, zitterte im Nachtwind, legte Holz auf die Glut und lauschte dem fernen Heulen der Wölfe. Sie erschrak, als ein Nachtvogel tief über sie strich, sie suchte Dois Messer zur Gegenwehr und fand es nicht. Sie wischte Tränen fort, das Blut von Hoygars Lippen und Eiter, der aus Zottels Wunden floss.

So brach ein neuer Morgen an. Dana blickte in die aufgehende Sonne und auf das kranke Pferd hinunter und wusste, dass sie handeln musste. Sie versprengte Teewasser und zog ihr Handy hervor. Ob Geister eine Telefonverbindung zustande brachten? Entweder waren die Geister nah oder der Sender nicht weit. Das Handy summte und schnarrte. Sie rief Robert an und hatte Erfolg.

„Dana?“, fragte er. Seine Stimme tat ihr wohl. Die Sonne schien heller, die Luft wurde mild. „Ich brauche dich!“, rief sie ohne höflichen Schnickschnack. „Zottel ist in eine Scherbe getreten.“

„Zottel? O, nein!“ Es dauerte lange, bis er sich äußerte. Er klang betroffen, sehr ernst: „Eitert die Wunde? Liegt er am Boden? Hört sich nach Blutvergiftung an. Selbst wenn Zottel zu retten ist, hat er in der Mongolei keine Chance mehr. Hier ist er sich selbst überlassen. Ställe, so etwas gibt's nicht. Ihn packen die Wölfe. Er hat Kraft und Schnelligkeit verloren. Die Beinsehnen sind geschädigt, bei einem Spurt reißen sie. Ein jämmerlicher Tod, wenn ihn die Wölfe im Stehen zerfetzen. Kauf dir ein neues Pferd, Dana, aber lass Zottel nicht hilflos liegen. Du musst ihn töten.“

Sie dachte an ihren Klinikaufenthalt zurück. Was hatte ihr Kraft gegeben? Sie wollte ihr Leben nicht vorzeitig beenden und ausgeschlachtet werden. Wer keinen Kampf wagt, kann auch nicht gewinnen. „Ich bleibe bei ihm. Aber töten? Nie im Leben.“

„Dana, das Sterben kann dauern. Du bringst dich in Gefahr. Die Wölfe, verstehst du? Die Mongolen machen da einen glatten Schnitt. Das ist hart, aber besser für alle. Wo bist du jetzt?“

„Jenseits von Karakorum im Orchontal. Vom Hügel aus kann ich das Denkmal des Dschingis Khan gerade noch sehen.“

„Ich bin zwei Tage von dir entfernt. Ich musste Alan heim zu ihrem Mann bringen. Eine ihrer Töchter ist krank.“

„Alan zu ihrem Mann?“

„Ja. Er bleibt bei den Herden, und sie verdient sich in der Saison etwas als Führerin dazu. Ihr Kind ist krank. Es ist erst drei. Ich bin weit weg von dir. Zwei Tage, wenn ich fahre wie der Teufel.“

„Zwei Tage? Dann kommst du zu spät. In zwei Tagen ist alles entschieden.“ Dana beschrieb, was sie bisher für Zottels

Rettung getan hatte. Sie weinte dabei. Es war ihr gleichgültig, ob Robert es hörte oder nicht.

„Sag Zottel, er soll durchhalten. Sprich mit ihm! Mach ihm Mut! Und mach weiter wie bisher. Ich komme, Zottel braucht mich. Ich lass doch das Pferd nicht im Stich." Er unterbrach die Verbindung.

Seine Worte stärkten Dana und machten sie wütend zugleich. Die Wut half ihr. Sie gab ihr neue Kraft. Sie hörte auf zu heulen und ging zum Tagwerk über. „Er lässt dich nicht im Stich", erzählte sie Zottel. „Glaub mir, mein Alter: Er hat nicht gesagt ‚Dana, ich helfe dir'. Er hat betont, dass es um dich geht. Das ist doch was, nicht wahr? Also reiß dich zusammen! Stell dir vor, Robert kommt hier angedüst, und nur noch ich bin da! Welche Enttäuschung, welche Zeitverschwendung! Das wollen wir dem lieben Robert doch nicht antun? Er hofft auf ein Pferd, und dann stehe ich vor ihm. Was für ein Schock! Mensch, Zottel, habe ich ein Geschick mit den Männern! Habe ich dir schon von Jens, der Pfeife erzählt?"

Sie quasselte und erzählte. Ihre Stimme wurde heiser, aber ihr Durchhaltevermögen bekam einen neuen Kick. Sie hätte schon längst einmal alles aussprechen sollen, erklärte sie dem Pferd. Jens sei ein mieses Schwein, und Robert habe ein Herz für sie kalt wie Krötenblut. Sie vergaß auch den Deal mit Jens nicht, das kleine Vermögen, das Schweigegeld, das seine Mutter ihr angeboten hatte. „Was sind das für Menschen?", fragte sie Zottel. „Ich hätte es mir gleich denken können, als ich Jens Mutter mit einer Tasche aus Ponyfell sah." Dana fielen pikante Einzelheiten ein, die sie dem Tier mitteilte. Jens schleppe immer Laptop und Champagnerflaschen mit ans Bett. Er brauche nämlich zuerst das eine und dann das andere: Orgasmus, Aktienkurs und Schampus. In dieser Reihenfolge. Man gewöhne sich daran. Ob seine neue Flamme Linda das mitmache? Zottel schnaubte zweifelnd.

Zwei Tage und zwei Nächte waren eine Menge Zeit. Dana eilte zwischen Hoygar und Pferd hin und her. Manchmal verwechselte sie den Jungen und Zottel. Dann bekam der eine den kalten Umschlag des anderen. Der Junge hatte jetzt Durchfall ohne Ende. Sie horchte an Zottels Bauch. Dort rührte sich nichts. Ihr schwante nichts Gutes. Nach der dritten durchwachten Nacht sah sie Gespenster bei jedem Schritt. Es war überhaupt nicht schwer, den Wassergeist im Morgendunst über dem Orchon schweben zu sehen. Sie winkte ihm zu. Sie mochte ihn. Er sah alt und edel aus, wie er so leicht über Wasser und Hügel floss. Mit den Strahlen der Sonne stieg auch er auf und schien verschwunden zu sein. Doch in seinen Wirbeln kreisten Vögel. Auf unsichtbaren Luftkissen schwebten sie dem Himmel entgegen. Der Geist war eine Strömung, mehr nicht. Man konnte ihn messen und berechnen, aber nicht vollständig zähmen. Er hatte Eigenleben. War sie unachtsam, schwappte er Wasser über Füße, löschte die Glut, trieb Tüten über das Grasland und schlug ihr Zweige ins Gesicht. Mit ein wenig Respekt ging es viel besser. Dann kühlte er ihre Stirn zur rechten Zeit, ließ die Flammen knistern und scheuchte die Mücken fort.

Wahr oder nicht, darauf kam es nicht an. Weit in der Ferne sah sie den Hund, der keiner war und ihr trotzdem die Wölfe vom Leib hielt. Alles hier war so belebt - wie verlassen es auch sein mochte. Ein unbedachter Schritt ihrerseits scheuchte ein Ziesel auf, das über Steine sprang, die ins Wasser kollerten, den Fisch erschreckten und die Vögel vertrieb.

Es ging nicht um exakte Physik. Ob der Wassergeist aufstieg, weil es wärmer wurde, zum Beispiel. Das war Lehrstubengeschwätz. Es ging darum, wie man damit lebte, sich austauschte und keinen erzürnte. Das war das Leben an sich, eine Symbiose zwischen Mensch und Tier, zwischen Pflanze und Umfeld. Nichts weiter. Nur der Mensch verhielt sich, als stände er auf Glas unter gläsernem Himmel im luftleeren Raum. Der Stadtmensch, dachte Dana, der Zivilisationsaffe, der Betonselige.

Wie sie ihr Lager aufschlug, wie sie ging und arbeitete, was sie aß und wieder ausschied, hatte Einfluss auf das Leben hier. Und alles um sie herum, beeinflusste sie. Sie wirbelte Luft und Staub auf, das trieb Bienen fort, das verzögerte ihren Pollenflug, das änderte ihr Dasein. Manchmal saß sie ganz still am Boden und atmete flach. Dann wandelte sich die Welt. Die Ziesel kamen näher heran, Vögel trippelten vorbei und Schmetterlinge landeten auf ihrem Fuß. Ein anderes Licht umgab sie. Die Luft wurde dichter und wärmer dabei. Wenn sie aufstand, zerriss dieses Gewebe. Nur wenn sie behutsam handelte, blieb es wie ein Schleier erhalten. Stöhnte Zottel auf, zerbarst die Luft. Ein dunkler Schatten breitete sich aus, ließ die Kälte heran und den peitschenden Wind. Sprach sie mit ihm, beruhigte sich die Natur. So hörte sie nicht auf zu reden, sie sang sogar. Dabei war es wichtig, die Stimme im Gleichklang zu halten und die Balance zu bewahren.

Als Robert schließlich kam, gefolgt von Vera und Boris, konnte sie das Geschehen nicht so recht einordnen. Träumte sie oder war es Wirklichkeit? Robert gab dem Pferd eine Spritze, reinigte die Wunde, lobte ihr bisheriges Tun, lauschte besorgt an Zottels Bauch und fragte sie schließlich nach Hoygar. Vera stand dabei die ganze Zeit im Weg, machte Fotos, ließ ein Tonband laufen und kritzelte auf ihrem Notizblock herum. Dana schielte nach dem großen Hund, der jetzt zwischen Veras Fahrer Boris und Zottel am Boden lag und jede Bewegung des Mongolen im Auge behielt. Wenn sie den Hund sehen konnte, fragte sich Dana, war dann vielleicht auch Robert ein Gespenst? Vera, breithüftig und kurzatmig, stolperte über einen Stein und fiel auf die Knie. Keine Geister, entschied Dana von einem Moment auf den anderen. Alles war wirklich. Vera konnte kein Geist sein. Vera war ein Trampel, wahrhaftig und echt. Sofort keimte Aggression in Dana auf. Ihre guten Vorsätze gingen dahin: „Adrian hat Hoygar betrunken gemacht“, beschwerte sie sich und blickte Vera böse an. Sie zeigte auf den Jungen, der bleich und stöhnend im Zelt lag. „Und er hat mich begrapscht. Wenn ich belästigt werde, gilt die Wette nicht.“

Vera interessierte das nicht. „Adrian ist der Geldgeber. Ich kann ihm kaum Vorschriften machen.“

„Wir hatten eine Abmachung!“

„Das bezog sich wohl eher auf Reporter.“ Vera sah Dana mitleidig an. „Adrian soll Sie betatscht haben? Sicher nicht!

Wer möchte denn Ihnen nahekommen? Erzählen Sie das jemand anderem."

Dana erzählte es Zottel. Jetzt, da sich Robert um Hoygar kümmerte, nahm sie die Betreuung des Pferds wieder auf. Sie kam wieder auf Jens zu sprechen und sein unglaubliches Angebot, ihre Beziehung mit Geld abzutun, schwätzte von seiner eleganten Mutter und ihrem kaltschnäuzigen Auftritt im Luxus-Label-Kostüm, von der Amsel vor ihrem Klinikfenster, Linda mit dem Spy-Bag und dem Rechtsanwalt mit dem grandiosen Vertrag.

Vera hörte aufmerksam zu. Der Kassettenrecorder lief.

Dana arbeitete wie unter Hypnose. Sie führte Zottel herum und Vera begleitete sie. Die Journalistin war hingerissen. Dieses Abendlicht mit seinen stimmungsvollen Rottönen, das abgemagerte Pferd und daneben Dana, die durchsichtig und abgezehrt das Tier allein mit einem Wortschwall vorwärts trieb, gaben ein unglaublich anrührendes Bild ab. Das wühlte Gefühle auf, sei es für den Menschen in seinem Kampf, das geschundene Tier in seinem Elend oder die ehrfurchtgebietende Landschaft in ihrer Einmaligkeit. Vera spürte, wie Speichel in ihrem Mund zusammenlief, als präsentiere ihr jemand Hummer à la carte. Sie hörte Münzen klimpern und Noten rascheln. Diese Fotos waren Gold wert.

Ohne Pause ging Dana zur nächsten Arbeit über, und Vera folgte ihr mit Digicam, Spiegelreflexkamera und Aufnahmegerät. Dana griff sich Hoygars Hosen, schlurfte beständig redend zum Orchon hinunter und wusch. Vera machte Fotos von einem Topmodel, das die Hosen eines mongolischen Straßenjungen nach außen kehrte, den schleimigen Durchfall mit einem Grasbüschel abwischte, die Kleidung mit Sand und Steinen schrubbte, im Orchon wusch und sie hinüber zu einem Kessel trug, in dem Seifenbrühe über dem Feuer köchelte. Sie erzählte dabei von einem Swiss-Bag, der keinen Tragriemen hatte und so typisch für Jens und seine Abgehobenheit sei. Vera fühlte ihr Journalistenherz bis zum Hals schlagen. Sie schoss Foto um Foto: Dana im mongolischen Deel mit rotgeriebenen Händen. Ihr gesundes Auge tief in die Höhle zurückgesunken. Haarsträhnen wirr ins Gesicht hängend. Dana am Feuer leuchtend in ihrer Anmut und Verletzlichkeit wie ein himmlisches Geschöpf. Dana um Hoygar besorgt, das Model, das eigene Kleidungsstücke an den Jungen weiterreichte, der Durchfall hatte. Vera dachte nach. Die Frau war verrückt, kein Zweifel.

„Der Hund ist nicht echt", hörte sie Dana sagen. „Keine Angst."

Erst jetzt erkannte Vera einen Hund, der wie ein riesiger Schatten am Boden lag. „Nicht echt?", fragte sie und machte ein Foto. Sie sah ihn deutlich und scharf auf der Vorschau ihrer Digicam. Dana redete unbeirrt weiter, zerrte dabei an Hoygars Schlafsack herum und legte einen Mantel über ihn. Schwankend ging sie hinüber zum Pferd, der große Hund erhob sich und folgte ihr. Robert stand am Auto und wühlte in seiner Arzttasche. Sekundenlang fürchtete sich Vera vor Hund und Pferd und auch ein wenig vor Dana, die selbst wie ein Geist aussah. Dana tätschelte abwechselnd den Hundekopf und Zottels Kruppe, sammelte Ästchen vom Boden auf und ging ans Feuer zurück. Ohne einen Laut von sich zu geben, sackte sie plötzlich zusammen.

Robert fing sie auf. Vera hatte ihn noch nie so schnell laufen sehen. Er hechtete zu Dana hinüber, trug sie wie eine Kostbarkeit ins Zelt, kruschte dort viel zu lange herum, übertrieb es mächtig mit seiner Fürsorge und machte ein Katastrophengesicht.

„Sie muss nur schlafen", sagte Vera. „Und zwar allein."

„Besser nicht." Robert meinte es todernst. Vera hasste ihn für seine Besorgnis. Es kam noch schlimmer aus seinem hübschen Mund: „Wenn du auf Zottel und Hoygar achtest, kann ich bei Dana im Zelt bleiben. Du musst ja nicht die ganze Nacht wachen, wir wechseln uns ab. Halt das Feuer am Brennen", sagte Robert, der Barmherzige. „Wegen der Wölfe. Sobald Dana ruhig schläft, komme ich." Er legte tatsächlich seinen Kram neben Dana ab.

„Spinnst du?" Sie sollte Nachtwache halten bei einem Gaul und einem besoffenen Mongolen, der sich die Seele aus dem

Leib kotzte und neuerdings wie ein Wickelkind in die Hosen schiss? Gleichzeitig die Raubtiere fernhalten und den Riesenköter, der im Dunkeln lauerte? „Du bist nicht ganz sauber! Nicht bei den Biestern hier. Dem Köter zum Beispiel." Vera klickte sich auf ihrer Digicam zurück. Sie wollte Robert den Hund zeigen. Sie musterte die Vorschau ihrer einmaligen Fotos. Kein Hund weit und breit, nur braune, eintönige Landschaft. „Häh? Ich habe ihn doch fotografiert. Aber er ist nicht da. Nicht drauf."

„Wer?" Robert machte es sich bei Dana heimisch.

„Na, der Köter, der hier herumschleicht. Du hast ihn doch auch gesehen? Meist hing er wie ein Schatten bei dem Gaul herum."

„Ich habe keinen Hund gesehen. Muss Munks Geisterhund gewesen sein."

„Ein Geisterhund?" Eisige Nachtluft streifte Veras Wangen. „Boris!", brüllte sie. „Bring die Taschenlampe! Und hol mich!"

„He", bat Robert. „Reg dich ab. Das war nur ein Witz. Geisterhunde gibt's hier nicht. Boris hat ja auch nichts gesehen. Du brauchst auch keine Taschenlampe. Setz dich einfach ans Feuer und leg nach. Es geht gleich aus."

„Wie traurig." Vera klammerte sich an den starken Arm ihres Fahrers und ging zum Jeep.

„Vera! Fahrt ihr zurück ins Ger-Camp? Bitte nicht! Ich brauche eure Hilfe. Das kranke Pferd lockt Wölfe an. Wir sind in Gefahr. Hoygar ist krank, Dana schläft. Ich bin hundemüde und kann nicht die ganze Nacht wach bleiben! Ich bin über dreißig Stunden im Jeep über die Steppe gehoppelt." Keine Antwort. Er spurtete Vera hinterher. Sie saß schon im Auto, hielt das Seitenfenster geschlossen und blickte nach vorn. Boris gab Gas. Der Jeep schoss davon.

Die große Einsamkeit war das Merkmal der Mongolei. Dana legte ihren Schlafsack über Robert, der am Feuer eingenickt war. Ringsherum war die Welt verlassen und still. Der Morgen dämmerte herauf. Langsam griff das Licht nach den Bergkuppen. Zottel war nicht mehr zu sehen. Er war fort. Als einziges Pferd trug er keine Beinfessel. Sie blickte auf. Eine dunkle Wolke schob sich zwischen sie und die Sonne. Eine Wolke aus Vögeln, die flatterten und kreischten und weit hinten im Tal zu Boden gingen.

Dana verstand sekundenschnell. Die Vögel hatten Beute gefunden. Sie stürzte vom Lager fort und rannte das Tal entlang. Ihr Herz raste, ihre Lungen brannten, bis sie auf dem Hügel stand und hinabsehen konnte.

In einem Seitental lag ein Pferdekadaver. Zottel musste seit Stunden tot sein. Die Vögel pickten schon auf weißen Knochen herum. Entsetzt ging sie in die Knie, setzte sich auf einen Stein und wartete darauf, was jetzt mit ihr geschehen würde. Gab es einen schlimmeren Anblick als jener der Aasfresser auf ihrem Reitpferd? Sie lauschte in sich hinein. Nichts geschah. Warum schrie sie nicht? Wuchs sie über sich selbst hinaus? Der erste Sonnenstrahl traf sie. Gabelweihen erhoben sich über der Steppe, glitten heran und holten sich ihren Anteil von Zottels Körper. Majestätisch rauschten sie durch das Blau des Himmels, ein jeder der Raubvögel gesättigt mit Zottels Fleisch. Seine große, unerschrockene und eigensinnige Seele flog mit ihnen über das Grasland hin. Für eine Weile waren sie beide ein Stück des Lebens gemeinsam gegangen; sie und das halbwilde Tier, das kaum einen Reiter ertrug. Einmal vom Tod gezeichnet, war Zottel geradewegs zurück in die Wildnis gewandert. Jetzt trugen ihn die Vögel weit über das Tal hinaus, in die fernen Berge hinein, zu den Horsten im steilen Fels, zu den Nestern irgendwo.

Sie ging zurück. Fast neidete sie ihm das Ende. Das war grandios und viel besser als das, was sie einst abbekommen würde: Ein registriertes Grab, einen Platz auf Zeit, Behördenkram und Vorschrift. Kein weiter Himmel, kein Vogelflug, nur Würmer und Bürokratie!

Weit im Osten leuchtete Dschingis Khans Ehrenmal auf. Majestätisch spiegelte es das Morgenlicht wieder. Jeder Reiter in Dschingis Khans Horde führte Ersatztiere mit, erinnerte sich Dana. Ihre wilden Pferdchen trugen die Mongolen westwärts, ein endloser Zug entschlossener Männer in Rüstungen aus Leder, Eisen und Seide, mit Messinghelmen auf dem Kopf und Ziegenlederstiefeln an den Füßen, mit dem Bogen aus Holz, Sehnen und Horn und dem eisernen Krummsäbel. Auf seiner Klinge war das Bild eines Wolfs eingeritzt. Denn die geheime Geschichte der Mongolen berichtet, dass Dschingis Khans Urahn ein vom Himmel gezeugter und auf Erden niedergestiegener grauer Wolf sei. Ein Wolf, der Mensch wurde. Eine schöne Geschichte. Sie gefiel Dana so wie ihr die Dramatik des Vogelflugs gefiel und das stille, weite Land.

Sie sah sich nach dem Geisterhund um. Er stand auf dem Hügelkamm, nicht weit von ihr entfernt. Ihre Blicke trafen sich. Da raschelte es unten am Feuer, Robert streifte den Schlafsack ab, und der Hund war verschwunden.

„Kein guter Morgen?“, fragte er. „Oder etwa doch? Ist Zottel auf und davon?“

Dana deutete nach oben. „Mit den Vögeln in den Himmel hinein.“

Hoygar gesellte sich zu ihnen. Bleich und dünn geworden, schlürfte er seinen Tee.

„Das überrascht mich jetzt“, sagte Robert erstaunt. „Dana und die Tiere. Sieh mal, Hoygar!“

Dana verteilte Brotkrumen an Vögel, legte Apfelschalen für Ziesel aus und saß dann still auf ihrem Platz. Schmetterlinge ließen sich auf ihren Füßen nieder, Meisen hüpften heran, ein Häher landete auf ihrem Knie und beäugte sie mit schiefgelegtem Kopf. Ein Ziesel lief über ihr Bein. Robert unterbrach die paradiesische Sitzung. „Die Tiere hier sind nicht scheu. Aber so etwas habe ich noch nie gesehen. Das habe ich nicht erwartet. Nicht bei dir.“

Sie streckte die Hand aus und warf ein Stück Brot in die Luft. Eine Gabelweihe fing den Brocken im Flug auf. Meisen, Häher und Ziesel waren geflohen. Jetzt kamen sie wieder heran.

„Kleine Mutter“, kommentierte Hoygar. „Dana ist wie kleine Mutter. Für uns alle hier.“

Dana erhob sich, die Tiere stoben davon.

„Wie schade." Robert blickte Dana versunken an. „Ich hätte dir noch lange zuschauen können."

„Du kannst nichts festhalten. Lebe damit und lass es ziehen."

So hatte er sie noch nie erlebt. Sie schien ihn nicht zu brauchen, kam allein in der fremden Welt zurecht und fürchtete sich nicht. Er machte sich ans Aufräumen, packte seine Sachen in den Jeep, befragte Hoygar nach seinem Befinden, kramte umständlich die Tasche ins Wageninnere, holte sie wieder hervor und verstaute sie an anderer Stelle. „Dann lässt du mich jetzt auch ziehen?"

„So ist es abgemacht."

„Vielleicht ist die Wette blöd? Vielleicht sind wir es? Machen wir einen Fehler?"

„Ja", entschied Hoygar. „Wir stehen herum, wir verlieren Zeit."

Robert zuckte zusammen, stieg ins Auto und fuhr fort. Als der Staub sich gelegt hatte, fragte Dana: „Und jetzt?"

„Du brauchst ein Reitpferd." Hoygar sattelte ihr ein Packpferd. „Im Westen, drei Hügel weiter, steigt der Rauch eines Feuers in die Luft. Dort leben Mongolen. Mongolen haben Pferde."

„Und unser Lager?"

„Später. Erst das Pferd. Pferd ist Leben, ist Fortkommen. Pferd ist Sieg, gewonnene Wette."

Dana und das Packpferd mochten sich nicht. Sie knallte mit der Lederschnur, es bockte. Nur mühsam kamen sie voran. Die Stunden wurden ihr lang, bis endlich der Rauch des Feuers auch in ihre Nase stieg. Eine Jurte stand am Waldrand, zu weit entfernt, um hinüberzurufen, doch nahe genug für wachsame Hunde, deren Bellen die Luft zerschnitt. „Hoygar, du bist dran", bestimmte Dana. „Reite hin, kauf ein Pferd und beeil dich. Ich warte hier."

„Sie werden dich sehen wollen."

„Keine Chance." Sie winkte ab. „Nur ein Pferd, mehr nicht. Kein Essen in der Jurte, keinen Airag, kein Fleisch. Mir ist schlecht von allem, was geschehen ist; von deinem Besäufnis und von Zottels Tod. Und du sollst nicht essen. Kein Fett, keine Milch, verstehst du? Sonst geht der Durchfall wieder los. Ich hab keine Hosen mehr für dich. Vergiss das nicht!" Sie saß ab und warf die Zügel über einen Felsen. „Tu, was ich sage!" Sie stopfte sich die Finger in die Ohren, um nicht zu hören, was er einzuwenden hatte und auch nicht, was er berichten wollte, als er von der Jurte wiederkam. Hoygar stieß auf taube Ohren und ritt wieder fort. Sie war traurig und hatte Angst. Nichts war mehr besonders und einmalig. Zottel war tot, Robert verschwunden, sie war allein, das Leben eine Qual. Sie lauschte in sich hinein, erinnerte sich kreischender Blechteile und knisternder Flammen in einem Autowrack. Ihr Gesicht war zerstört, ihr Glück dahin. Die Vergangenheit kam hoch. Was gerade in ihrem Rücken geschah, hörte sie nicht. Ihr Packpferd zerrte am Zügel. Sie reagierte nicht. Sie versank in ihrem Kummer. Nur ihr Körper hatte seine Reflexe bewahrt. Der Tumult im Rücken ließ die Erde beben und ihre Zellen vibrieren. Gegen ihren Willen fuhr sie herum.

Reiter stürmten heran, Männer auf jagenden Pferden in wehende Mäntel, peitschende Tücher und Staubwolken gehüllt. Nie hatte sie so etwas gesehen. Sie sprang auf. Es gab kein Entrinnen. Einer beugte sich im rasenden Galopp herab und riss sie zu sich aufs Pferd. Groß, wild und stark war er. Dana vergaß zu schreien. Er hielt sie fest, brüllte vor Begeisterung, stürmte der Jurte entgegen und ließ sie sanft wie ein Kind zu Boden gleiten.

„Ich habe dich gewarnt", tadelte sie Hoygar mit breitem Grinsen. „Du wolltest nicht hören. Du hörst nie auf mich."

Dana war benommen. Ein wenig schwankend stand sie vor der Jurte, Männer umringten sie. Ein schwarzer Ziegenbock kam meckernd angerannt. Er spitzte die Lippen und knabberte an ihrer Hand. Seine Bernsteinaugen funkelten, sein Bart zitterte. Aus seidiger Kaschmirwolle war sein Fell. Er folgte Dana bei jedem Schritt. Hunde kamen jetzt angestürmt, er senkte den Kopf und jagte sie fort.

„Das ist der Chef", erklärte Hoygar und wies auf den Ziegenbock und den wilden Reiter zugleich. „Wenn er nicht da ist, bewacht der Bock die Jurte."

Sie sah sich die Reiter an: Runde Gesichter, schmale Augen, Bärte oder glattes Kinn. Nicht einer sah wie der andere aus. Ihre Deel waren erdfarben, mit Pelz verbrämt, mit Leder besetzt und mit Schärpen geschmückt. Die Schwanzmähnen ihrer Pferde waren lang, die Mähnen buschig, die Sättel mit Silberblech beschlagen, das Zaumzeug aus Leder geflochten, mit bunten Schnüren daran. Murmeltiere baumelten am Sattelknauf. Ein Fuchs lag quer über dem Pferderücken. „Jäger?", fragte Dana. Das waren keine Stadtmongolen, Touristenführer und Jeepfahrer. Sie sahen entschlossen und zäh aus. Sie brauchen kein Hilfsprogramm, ging es Dana durch den Kopf, keinen Arzt für sich und die Pferde, man lebte, jagte und starb. Erst war man selbst der Jäger, am Ende die Beute. So war es immer gewesen, so würde es bleiben, das hielt die Welt hier im Gleichgewicht. Niemand beklagte dies. Dana fragte sich, wo ihr Platz hier sei. War sie ein Eindringling, eine Fremde, die neue Sitten brachte, die keiner haben wollte, ein Störenfried?

Sie war weder das eine, noch das andere. Sie war ein Gast.

Man rollte einen Stein für sie zum Sitzen heran, man reichte ihr Airag und Quark, verbeugte sich, lächelte, flüsterte nur, zog den Ärmel des Deel weit über die Hand, damit er die Finger bedecke, was großer Höflichkeit entsprach, forschte in ihren Augen nach ihren Wünschen, entzündete ein Feuer, damit sie nicht friere, nahm die Murmeltiere aus, füllte glühende Steine hinein und röstete die Beute mit Haut und Haaren über der Glut. Man reichte ihr Tee und horchte sie behutsam aus. Vielleicht hätte man ein Pferd für sie. Doch dürfte sie es niemals aus der Mongolei herausführen, das müsse sie bei ihrer Ehre versprechen. Jenseits der Mongolei gäbe es nur Zäune und Zwang. Zwischen Zäunen würde das Pferd sterben, also müsse es im Land bleiben. Man würde sehen, was sich machen ließe. Der Tag sei ja noch lang und das Essen warte.

Dana nickte gehorsam. Hier würde sie es nicht wagen, zu widersprechen oder etwas zurückzuweisen. Nicht bei diesen Männern. Sie waren stark, sie waren besonders. Sie hatten ihre eigene Philosophie und pfiffen auf fremde Barbaren und deren Sitten. Dana aß und trank, was man ihr anbot. Das Murmeltier, erklärte man ihr, sei eine Delikatesse.

Hoygar schlürfte Tee und erzählte von Dana. Es mussten tolle Geschichten sein. Jeder lauschte gebannt. Erst eine große Portion Murmeltierfleisch stoppte seinen Redefluss. Als er satt war, sprang er auf. „Ich reite zum Lager, hole Zelte und Pferde."

„Du wirst Stunden fort sein!" Dana rechnete nach. „Zwei Stunden hin, das Lager abbrechen, zwei zurück."

„Sie leihen mir ein ausgeruhtes Pferd. Ohne dich reite ich dreimal so schnell. Ich bin gleich wieder da."

„Und mein Pferd? Verkaufen sie mir eines?"

Hoygar bestieg einen prächtigen Fuchs und nahm das Packpferd am Führstrick. „Sie verkaufen nicht. Sie tauschen nur."

„Was hast du von mir erzählt?"

„Dass du viele Leute kennst."

„Ja, und? Was bedeutet das?"

„Wenn jemand viele Leute kennt, ist er groß wie die Steppe. So jemand wird große Tauschgeschäfte machen. Kannst du nähen?", fragte er übergangslos. „Flicken, Knöpfe annähen, so was?"

Dana musterte einen Stoß abgetragener Kleidung mit zerrissenen Hosen, geplatzten Nähten und abgerissenen Knöpfen, den man zu ihr herantrug. Die Mongolen warteten mit unbewegten Gesichtern. Der große Jäger, wie Dana ihn nannte, blickte sie mit seinen schwarzen Augen durchdringend an. Es war ein Spiel, nicht mehr. Sie wollten ihren Kern sehen, verstehen, was in ihr steckte, ob sie mit Geld vollgestopft war und sonst mit nichts oder ob sie ein Herz hatte und zupackende Hände.

„Hat der große Jäger auch Nadel, Faden und Schere oder muss ich mir die Löcher mit Dornen stanzen und Sehnen weichkauen?", ließ Dana durch Hoygar fragen.

„Er heißt Baatar, das bedeutet Held“, übersetzte Hoygar. Baatar trug ein Nähkörbchen heran, das winzig klein in seinen Händen war. Die anderen brachten Lederstücke und Faden. Dana lachte sie aus: „Schwarzer Faden für rotes Hemd, nicht ein gleicher Knopf?“ Sie half mit dem aus, was sie bei sich führte. Hoygar war längst fort. Sie konnte nichts fragen, doch sie verstand sich prächtig mit den Jägern. Wessen Kleidungsstück sie flickte, der saß bei ihr, blickte auf ihre Finger, ganz so, als habe er dergleichen noch nie gesehen. Dann trug er sein Gewand wie ein Beutestück zu den anderen. Man steckte die Köpfe zusammen, begutachtete, was Dana geleistet hatte und freute sich darüber mit kindlichem Stolz.

Dana hatte zwanzig Männer gezählt und ein Dutzend Hunde. Der Ziegenbock im seidigglänzenden Fell lag zu ihren Füßen. Auch die Hunde kamen heran. Baatar sagte etwas und wies auf die Tiere. Dana verstand ihn nicht. Sie suchte in Zaysans Lektüre nach Worten für einfachste Kommunikation. Sie fand den Hinweis: ‚In der Mongolei muss man nicht alles aussprechen, was man denkt.‘ Half ihr das weiter? Sie lächelte den Jäger an, er lächelte zurück. Sie war willkommen. Sie flickte und nähte, bis Hoygar mit den Pferden kam. „Noch eine Prüfung?“, wollte sie wissen. „Muss ich Ziegen melken oder die Jurte fegen, damit ich ein Pferd bekomme?“

Er schleppte ihre Säcke heran. „Du musst arbeiten“, erklärte er. „Hier gibt es kein Fernsehen. Sie wollen sehen, warum du viele Leute kennst und wie du dein Geld verdienst.“

„Ich soll als Model gehen?“ Sie zog probehalber ein rotes Kleid mit weitem Tellerrock und goldenen Ketten statt Seitennähten aus dem Sack sowie Zehensandaletten mit dünnen Riemchen. „Das wollen sie sehen?“

Baatar schmunzelte. Seine Augen funkelten. Er prüfte die Feinheit des roten Stoffs mit seinen Fingerspitzen, nahm die zarten Sandaletten hoch und nickte zufrieden. Ein eindrucksvolles Grinsen breitete sich auch auf den Gesichtern der anderen aus. „Sie wollen sehen, wie der Wind durch die Kettennähte pfeift und Sand zwischen die Zehen rieselt. Sie wollen sehen, wie du diese Kleider hier vorführst, in einem Land, das den Sturm und die Gletscherbrise geboren hat", erklärte Hoygar die allgemeine freudige Erwartung.

Zumindest verlangen sie keinen Auftritt nackt in Ganzkörperbemalung, dachte Dana. Mongolischer Catwalk, mal was anderes. Noch nie war sie so charmant engagiert worden. Im Westen forderte der Kunde von einem Model all das, was sich gerade noch mit Moral vereinbaren ließ. Ob ein Model bei der Präsentation fror oder schwitzte, interessierte nicht. Im Gegenteil. Kälte und beängstigendes Umfeld dienten der Auslese und schraubten die Forderungen immer höher. Weder Phobien noch Scheu spielten eine Rolle und Gesundheitsrisiken wurden abgetan. „Ist das alles?", fragte Dana deshalb nachsichtig. Sie hatte sich seit ihrem Unfall nicht mehr so stark gefühlt wie in diesem Moment. Sie hatte schon Spitzenunterwäsche im Februar zu Füßen schneebedeckter Berge präsentiert und im Zoo auf einem Nilpferd gepost. Sie hatte in einem Kohlebergwerk neben staubbedeckten Kumpels gemodelt, auf Island nahe einem Geysir, der nach Schwefel stank und ihre Lungen ätzte, in Fabrikhallen bei rohem Fisch, auf Unkraut überwucherten Zuggleisen, am Rand einer Gletscherspalte und zwischen Junkies bei Schmieröl und Wagenfett in einem Schuppen.

In der Jurte arrangierte sie die Präsentation aus Kleidern, Schuhen, Hüten und Schals. Alles würde ein wenig schlichter als in Paris ausfallen, aber aufregend genug sein. Die Männer werkelten draußen herum. Sie schleppten einen Baumstamm heran, der ihr Catwalk sein sollte, sie rollten Steine herbei und balgten sich um den besten Platz. Blickte sie hinaus, sahen sie schnell fort. Sie tuschelten miteinander und schielten immer wieder zur Jurte hinüber. In ihren Händen hielten sie Pferdekopfgeigen und Trommeln bereit. Als Dana nicht erschien, spielten sie eine verführerische, süße Melodie, die sie nach draußen lockte.

Zuerst präsentierte sie das rote Kleid, wie abgemacht. Beim Klimpern der Ketten horchten die Hunde auf und fingen zu jaulen an. Der Ziegenbock fühlte sich verpflichtet, mit gesenkten Hörnern auf die Hunde loszugehen und anschließend

Dana zu begleiten. Er sprang hinter ihr auf den Baumstamm, knabberte ein wenig am Rocksaum ihres Kleids und folgte ihren Schritten. Zum Schluss verbeugte sich Dana vor ihrem Publikum und der Bock tat es ihr gleich. „Noch mehr?“, fragte sie Baatar.

Das Lächeln auf seinem Gesicht war so beredt, dass sie auch ohne Worte verstand. Bittend hob er beide Hände. Also verschwand sie rasch in der Jurte, um kurz darauf im neuen Outfit wiederzukommen. In silbern schimmernden Röhrenjeans mit einem schwarzen Bolero und pinkfarbenem Schal schritt sie in High-Heels über den unebenen Steppenboden, kletterte auf den Catwalk, vergaß Ort und Zeit, bewegte sich zur Musik, gehen, drehen, gehen, posen. Das war ihr Leben. Der Baumstamm war knorrig mit rissiger Rinde, Äste standen ab, und Käfer huschten davon. Sie nahm es nicht wahr. Sie schwebte über den Baum. Bei einer Präsentation konnte sie auch in High-Heels über Stämme gehen, über den Abgrund, wenn es sein musste, wohin auch immer. Der Ziegenbock folgte ihr. Stand er im Weg, poste sie, bis er den Platz räumte und seine Schritte den ihren anpasste wie ein magischer Schatten. Akrobatengleich präsentierten Dana und der Bock die Kollektion. Er folgte ihr und wartete an der Jurtentür, bis sie erneut auftrat. Sie kombinierte ihre Kollektion mit der Ausrüstung, die sie in der Jurte fand. Sie schwebte in einem Chiffonkleid und abgewetzten, löchrigen Mongolenstiefeln über den Catwalk oder zeigte sich in einem Fuchspelz über einem knappen Top und einer abgeschabten Mongolenhose, die ihr locker um die Hüften hing. Sie bewegte sich in High-Heels mit Schleifen und Glitzersteinen graziös unter einer fransigen Pferdedecke und wirbelte sie so geschickt um ihre Schultern, dass sie damit auch im Centre Pompidou Furore gemacht hätte. Sie setzte sich eine mongolische Fellmütze auf und kombinierte sie mit einem Blazer und Hot Pants zu grauen Wickelgamaschen, die sie beim Sattelzeug fand. Ihren Plastiksack drapierte sie wie ein trägerfreies Oberteil zu einem engen Rock und führte ihn zusammen mit Mongolenhandschuhen vor. Ihre Designerklamotten kombiniert mit den Naturstoffen der Mongolei gaben ihrem Auftritt den ultimativen Kick, das Flair des Besonderen und Einmaligen. An Danas nackten Armen lebte die Eleganz verschlissener Kaschmirwesten wieder auf. Sie ließ die verblassten Farben erneut aufleuchten und die alten Muster wirken. Dana war ein Medium. Ihr Luxuskörper verlieh den abgetragenen Kleidern ungeahnten Glanz.

Mach weiter, Dana!, dachte Hoygar. Lass die Magie niemals enden! Offenen Mundes starrte er sie an, wie sie im Strickrock und Satteltaschen über der Brust auf dem Catwalk poste. Die Gunst des Publikums schloss auch ihn ein, einen der Ihren, der Dana hierher gebracht hatte. Was war das für ein Bursche, der die schöne, freundliche Zauberin begleiten durfte! Sie waren stolz auf Hoygar und ihr Volk, diesen mächtigen Menschenstamm, der Frauen wie Dana bändigte. Sie wollten Dana immer wieder sehen.

Beim nächsten Auftritt warf sie Brotkrumen in die Luft, was Nusshäher und Meisen aus dem Wald anlockte. Vogelschwärme blieben in der Mongolei nicht lange unbemerkt. Als Dana in rotem Rock mit einer Schleppe aus Schlafmatten erschien, umkreisten sie Gabelweihen. Sie hielt das Brot geschickt. Raubvögel strichen im Tiefflug heran und nahmen es aus ihren Fingern. Da ging Dana noch weiter. Sie präsentierte sich in einem tiefdekolletierten blauen Seidenkleid mit löchriger Lederweste, kniete auf dem Stamm nieder, verteilte Brotrinden auf Kopf, Schultern und Handflächen und wartete regungslos, bis sich Milane flügelschlagend auf ihr niederließen. Für einen Wimpernschlag setzte die Musik aus. Alle hielten den Atem an. Danas und Baatars Blicke trafen sich. Die Fransen seiner Lederjacke vibrierten im Wind.

Beim nächsten Auftritt setzte sie dem Bock einen Netzhut mit grünem Schal auf, den er stolz zur Schau trug, während sie im Lagenlook mit violetten Ankle-Pumps erschien. Doch diesmal funkte ihr die Natur dazwischen. Eisiger Wind brauste heran, fuhr durch ihr Haar und fauchte durch die Glut. Der Ziegenbock verpasste seinen Auftritt bei Danas Drehung, warf den Hut ab und fraß die halbe Krempe. Dana verbeugte sich. „Bajrlaa“, schloss sie. „Danke!“

Die Mongolen sprangen auf und klatschten, der Bock stürmte mit dem Hut davon, die Hunde jagten hinterher. „Jetzt sind wir an der Reihe!“, riefen die Jäger. Nackt bis auf einen Lendenschurz führten sie ihr Ringen vor. Sie ölten sich ein, bis ihre Haut glänzte. Das machte es dem Gegner schwer, zuzufassen. Sie stemmten die Beine in den Boden, die Muskeln sprangen hervor, sie packten sich und warfen sich um. Wer verloren hatte, stieg in den eisigen Orchon, wusch sich Öl und Schweiß ab, saß bei Dana, kommentierte den Wettkampf und lachte, als Baatar gewann. Baatar gewann immer. Das war so lustig wie ein Witz, der immer wieder sein Publikum fand. So habe man früher Elitesoldaten rekrutiert, erklärten sie. Man kämpfte, bis ein Sieger übrigblieb, der von nun an dem großen Khan dienen durfte. Die Zeit der Khane wäre vorbei, das Spiel aber unvergänglich.

„Hoygar“, bat Dana. „Erklär mir eines: Warum sind die Mongolen bis nach Europa geritten? Was wollten sie dort? Sie hatten ihr Auskommen hier. Es gab doch nie Überbevölkerung. Ich verstehe, wenn sie mehr Weidegründe wollten, auch Wegzoll, Vieh und so weiter. Das fanden sie doch in den Nachbarländern! Sie haben ihr Reich bis nach Russland und China ausgedehnt. Das leuchtet ein. Was wollten sie in Europa?“

Baatar antwortete ihr durch Hoygar. Der Jäger war noch immer nackt bis auf den Lendenschurz. Seine Nacktheit irritierte sie, seine Nähe und sein Blick, mit dem er sie maß. „Sie haben Schönheit gesehen“, erklärte er. „Schönheit und Stärke, Reichtum und Macht. Das wollten sie haben. Unsere Pferde sind wild. Wir sehen einen schnellen Hengst und fangen ihn. Wir geben ihm die schönste Stute zur Seite. So haben es die Khane gehalten. So machen wir es heute noch. Wir holen uns, was wir wollen. Schönheit und Stärke müssen zusammenkommen. So wird ein Volk groß und mächtig. So werden die Nachkommen bedeutend und klug. Manchmal geht das nur mit Gewalt.“

„Und heute?“, wollte Dana wissen.

„Wir nehmen, was das Land uns gibt.“

Dana schwindelte es leicht. Sie dachte über seine Antwort nach. Es wurde kühl. Bald war es Nacht. Was war mit dem Pferd? Wo sollte sie schlafen? Diese Männergesellschaft beunruhigte sie jetzt. Ein Sänger stimmte den Kehlgesang an, andere klatschten in die Hände, räucherten mit Wacholder und ließen den Airag kreisen. Die Lieder hallten durch das Tal. In Danas Ohren klangen sie fremd und schön. „Was singen sie, Hoygar?"

„Immer dasselbe." Er gähnte ungeniert. „Von der Liebe, schönen Frauen und schönen Pferden." Er widmete sich wieder der Airagschale und nahm einen großen Schluck.

Dana nippte nur daran und fühlte sich trotzdem heiter und gelöst. Sie musste vorsichtig sein. Niemand starrte sie an oder bedrängte sie. Aber die Luft zwischen ihr und den Männern lud sich auf, dass sie es knistern hörte. Sie war doch nicht blöd. Sie spürte dieses bekannte Ziehen im Leib, den trockenen Mund und die Hitze im Bauch. Baatar blieb neben ihr, was immer sie tat. Die anderen bemerkten es und nahmen es hin wie seinen Sieg beim Ringen. Ein angenehmer Schauer durchfuhr sie, sobald er ihr nahe kam. Die Welt drehte sich ein wenig schneller. Schon glaubte sie, der Sternenhimmel habe noch nie so gefunkelt wie in dieser Nacht. Baatars Augen schimmerten im Widerschein der Glut. Fror er nicht? Auf seinen nackten Armen tanzte der Feuerschein. Sie wollte sich an Hoygar halten, doch der war keine Hilfe. Er lag lässig wie ein Großmogul am Boden und hielt Hof. Ständig landete die Airagschale bei ihm und löste seine Zunge. Er erzählte von Dana. Oft genug hörte sie ihren Namen. Der wortkarge Junge geriet in Fahrt. Ganze Märchen mussten das sein, die er da preisgab. Man lauschte ihm aufmerksam und steckte ihm süßen Quark zu, sobald er verstummte. Nur einer hörte nicht zu: Baatar saß still neben ihr, horchte auf den Wind oder auf ihren Herzschlag. Zumindest kam es ihr so vor. So schwiegen sie einvernehmlich wie ein sehr altes Paar.

Das geht nicht gut, dachte Dana. Warum stören ihn meine Narben nicht? Warum läuft er nicht davon wie Jens, der Gentleman und Robert, der Artige? Warum sitzt er schweigend neben mir und probt die Zweisamkeit?

Endlich zog er sich den Deel über und legte eine Felldecke um Danas Schultern. Beinahe hätte sie geweint. Diese Geste hatte ihr seit Wochen gefehlt. Nicht einmal in der Klinik hatte irgend jemand die Decke um ihre Schultern festgestopft, wenn sie zitterte. Es war doch nur ihr Gesicht verbrannt, nicht wahr? Sie konnte doch Arme und Hände bewegen und sich selbst helfen?

Noch eine einzige Aufmerksamkeit mehr und sie würde losheulen wie ein Hundejunges. „Hoygar!“, rief sie. Der Junge hörte nicht. Sie musste fort. Sah Baatar die Schönheit in ihr, die er mit Stärke verbinden wollte, so wie man Hengst und Stute zusammenbringt? Verdammt noch mal, ging es ihr durch den Kopf. Dschingis Khans Leute ließen nichts anbrennen. Der Mongolenfleck und die Falte am Lidrand sind weit verbreitet. In der ganzen Alten Welt kann man das Erbe der Mongolen finden. Das kommt nicht vom Händchenhalten, da war zuerst Gewalt im Spiel oder kunstvolle Überzeugung. Wagt er das, oder fragen Mongolen nicht lange? Nehmen sie, was das Land bietet? Hat er das vorhin so gemeint? Nicht hier, dachte sie, nicht vor den Augen der anderen. Jetzt fiel ihr auf, dass er als einziger keinen Airag trank. Das war nicht gut, das war bedenklich. Er wollte seine Sinne beieinander haben und Herr seiner Körperfunktionen bleiben. Sie sollte gehen. Doch sie blieb sitzen, als sei sie angewachsen. Sie wollte gar nicht fort. Baatar gefiel ihr.

Diese Erkenntnis erschreckte sie mehr als alles andere. Baatar saß neben ihr und genoss ihre Nähe. Sollte sie das gegen die Einsamkeit tauschen? Die Nacht war wundervoll, die Männer waren lustig. Manch einer rutschte vom Stamm, plumpste zu Boden und lachte. Die Airagschale schien unerschöpflich zu sein. So also ist es geplant, dachte Dana. Nur Baatar bleibt nüchtern. Am Ende sind wir beide allein inmitten betrunkener Freunde. Was dann?

Plötzlich redete Baatar beschwörend auf sie ein, aber sie verstand ihn nicht. Er nahm ihre Hände und wiederholte dieselben Worte. Ging es um das verflixte Pferd? War das der Tausch? Alle Schauergeschichten von Dschingis Khans wilden Horden fielen Dana jetzt ein. Sie wollte sich losreißen, er hielt sie fest, rief den anderen etwas zu, die sofort schwiegen und auf die Jurte zeigten. Dana wollte nicht abgeschleppt werden wie ein Beutetier. Baatar ließ ihr keine Wahl. Er zog sie mit sich fort. Die anderen brachten die Glut zum Jurtenherd und drängten in das Zelt hinein. Der kühle Nachtwind, der meckernde Bock und das Murmeln des Orchon blieben draußen. In der Jurte lagen nur Matten am Boden. Zwei Männer schlugen die Trommel. Dämmerlicht umgab Dana. Sie fühlte sich ausgeliefert. Ein grinsender Hoygar erschien endlich und ließ sich zu einer Übersetzung herab: „Ein Ritual", murmelte er leicht schwankend. „Mit ihm." Der Junge plumpste zu Boden. „Du hast Angst", lallte Hoygar. „Die will er dir nehmen. Die Angst vor den Männern."

Jetzt griffen viele Hände nach ihr und banden ihr ein Tuch vor die Augen. Dana wollte schreien. Jemand legte ihr die Hand auf den Mund. Die Trommel dröhnte. Man drehte sie im Kreis. Schneller und immer schneller. Wo war oben und unten? Plötzlich ließ man sie los, und Dana stürzte in die Dunkelheit hinein. Baatar fing sie auf, hielt sie fest, drückte sie an sich, stieß sie zurück in den Kreis, bis sie von anderen aufgefangen und zurückgeworfen wurde, immer im Rhythmus der Trommel, mal sanft, mal heftig. Wohin sie auch stürzte in der fremden Finsternis, stets war jemand da, der sie hielt und zurückwarf wie auf einer Schaukel. Sie flog von Hand zu Hand. Aber sie wusste immer, wenn sie in Baatars Armen landete. Sein Zugriff war anders, war sehr persönlich. Seine Kameraden bemühten sich dagegen um Neutralität. Baatar aber hielt sie fester oder zarter oder heftiger oder länger. Stundenlang ging das so, schien es Dana. Sie wurde gewiegt wie ein Kind. Sie fand Gefallen daran, sie lachte, ließ sich fallen und wurde gefasst. Sie vergaß ihre Narben und die Wette. Robert war weit weg und Jens nur noch ein Schatten in ihrer Erinnerung. Schließlich ließ man sie zu Boden gleiten. Sie nahm die

Augenbinde ab. Noch immer glaubte sie, gewiegt zu werden, bis der dunkle Raum um sie herum endlich stillstand.

Die Glut im Jurtenherd sank zusammen, Dämmerlicht herrschte jetzt im Raum. Die Jägern hatten sich zum Schlafen gelegt, wälzten sich noch hin und her oder flüsterten in der Dunkelheit. Ellbogen stupsten Dana an und Knie berührten ihre Beine, bis endlich jeder Ruhe gefunden hatte. Dana stellte sich schlafend. Es war eng in der Jurte. Das Murmeln um sie herum wurde leiser. Raschelnd strich der Wind über das Jurtendach und brachte Kälte mit. Dana zitterte. Der Umriss an ihrer Seite kam ihr vertraut vor. Baatar lag neben ihr. Sie hörte ihn atmen. Sie nahm seinen besonderen Geruch nach Leder wahr. Er atmete schwer, tastete nach ihrem Bein, fühlte ihr Beben und legte die Felldecke über sie. Sie kroch unter den Pelz in die wohlige Wärme hinein.

Sterne funkelten über dem Rauchloch. Der Wind frischte auf und pfiff um die Jurte. In der Ferne heulten Wölfe. Baatar stand auf und ging nach draußen. Dana hörte die Pferden schnauben. Dann sah sie ihn wiederkommen, seine große, dunkle Silhouette füllte die Jurtentür aus. Leise stieg er über die Schlafenden hinweg und legte sich neben sie. Er lag dort unbewegt wie ein Klotz, schien wie Dana in den Rauchfang zu starren und nach den Sternen zu sehen.

Am nächsten Morgen waren die Männer fort. Die Decken und Matten waren aufgerollt, die Jurte aufgeräumt. „Wo sind sie hin?“ Dana rüttelte Hoygar wach.

„Warum schreist du so?“ Er hielt sich den Kopf. „Es sind Jäger. Sie sind früh in den Schluchten am Orchon unterwegs. Koch lieber Tee!“ Er wollte sich wieder schlafen legen, aber Dana trieb ihn nach draußen. Ein samtbraunschimmerndes Pferd mit schwarzer Mähne wartete neben Hoygars Pferd und den Packtieren.

„Häh?“, fragte Hoygar. „Das ist Baatars Pferd. Das ist für mich.“

„Ist es nicht! Es liegt mein Sattel auf seinem Rücken.“ Ihre Stimme war schneidend wie der kalte Wind, der durchs Tal pfiff. Hoygar versuchte es trotzdem: „Das ist ein Männerpferd."

„Jetzt nicht mehr."

„Dann wird es Fehler haben." Grummelnd umkreiste Hoygar das Tier und suchte vergeblich nach Mängeln. Er fand keine, nur Danas Handgepäck in den Satteltaschen verstaut. Baatar hatte sich viel Mühe gegeben, das Pferd für Dana zu satteln. „Frauen", entschied er wütend und wackelte mit den Hüften. „Sie machen verrückt! Auch den großen Jäger. Du hast ihn getroffen. Genau ins Herz."

„Stimmt überhaupt nicht!"

„Nur ein klein wenig." Hoygar griff sich in sein schwarzes Strubbelhaar und tat, als ob er etwas zwischen den Fingerspitzen zerdrücke. „Nur ein Läusekleinwenig."

Baatars Pferd war sanftmütig mit weichem Tritt, flink, aber nicht schreckhaft, zuverlässig im schwierigen Gelände und bemüht, den besten Weg zu finden. „Amrag, Liebling", nannte es Dana und lobte das Tier. Sie vertraute Amrag ebenso wie seinem Besitzer. Sie dachte an den erfolgreichen Tausch: ein Pferd für ihren Auftritt. Hatte sie je mehr verdient? Lag es an ihrer Fähigkeit, mit Leidenschaft zu präsentieren, die Wünsche des Kunden zu ahnen und schwungvoll umzusetzen? Sie glaubte noch immer, das raue Leder und die verfilzte Wolle alten Mongolenoutfits kratze auf ihrer nackten Haut. Es war fast so, als berühre sie Baatar mit seinen schwieligen Händen. Sie hatte die Schönheit der alten Jägerkleidung mit Haute Couture bestätigt; zwei fremde Welten und doch einander gleichgestellt. Das hatte Baatar überzeugt: Die Anmut ihres Körpers, den Wert mongolischer Kleidung, ein Mix aus heute und gestern mit Eleganz verknüpft. Für einen unvergesslichen Moment hatte sie die Jäger und Raubvögel bezaubert und gezähmt, Wesen, die einander glichen: ein Atem – eine Welt! Dana blickte prüfend zum Himmel. Wie lange folgten ihr schon Gabelweihen, Steppenbussarde und Falken? Wie gut kannten die Vögel sie? „Kennen sie uns?", fragte sie Hoygar.

Er dachte lange über eine Antwort nach. „Wir bewegen uns, und die Welt um uns herum bewegt sich mit uns. Viele Augen beobachten uns bei Tag und bei Nacht. Viele Wesen warten auf uns."

„Warten auf was?"

„Warten, dass sie uns fressen können! Auf was sonst?" Dana erschrak. „Warum verstehst du das nicht? Wir fressen einander. So ist das Leben. Oder wir opfern uns für einander. In Ulan Bator haben wir es wie die Ziesel gemacht. Wenn der Winter kommt, verschließen Ziesel ihren Erdbau mit Gras und Steinen. Ein Ziesel rollt von außen einen kleinen Felsen davor. Natürlich muss es dann draußen bleiben und in der ersten Frostnacht sterben. In Ulan Bator haben wir uns im Winter eingegraben. Ein Kind hat das Ziesel gespielt und den Tunnel von außen verschlossen."

„Ich glaube dir kein Wort, Hoygar! Wer spielt denn freiwillig das Ziesel?"

„Das Kind natürlich, das den Tod fühlt und bald sterben muss. So was spürt man doch?" Hoygar blickte Dana verwundert von der Seite an. „Du musst es doch auch schon gespürt haben? Du warst dem Tod so nahe, dass dir jemand einen Geisterhund schickte. Siehst du ihn?"

Danas Nackenhaare sträubten sich. Sie blickte in die angegebene Richtung. Bewegte sich dort etwas neben den Felsen? Ein Schatten wurde größer und länger, Munks Geisterhund erhob sich vom Boden und trabte an ihre Seite. Sie erkannte die weißen Flecken auf seinem Fell und sein Siegeszeichen am Ohr. Träumte sie?

Hoygar lachte über Danas Unsicherheit. „Dieser große, schwarze Hund ist nicht echt. Ich habe ihn schon im Lager gesehen. Das ist ein Geisterhund. Hab ihn noch nicht bellen hören. Ein wilder Hund kommt nicht so nahe heran. Dieser Hund taucht auf, wann er will. Aber er zeigt sich nur uns und den Menschen, die uns bedrohen."

„Das dachte ich früher auch, denn ich habe diesen Hund tatsächlich schon einmal im Traum gesehen. Inzwischen weiß ich, dass er echt ist. Ich habe ihn gestreichelt. Er gehört bestimmt zu einer Jurte. Er riecht nach Hund und er sabbert wie ein Hund. Außerdem jagt er gerade ein Murmeltier. Er hat Hunger."

„Natürlich hat er Hunger. Darum legen wir Opfergaben für die Geister aus. Auch Geister wollen essen. Warum ist es so wichtig für dich, ob er echt ist oder nicht? Er beschützt dich, das ist wichtig."

„Ich glaube nicht an Geister, Hoygar, und ich will nicht von einem Geist beschützt werden. Das macht mir Angst."

Hoygar ließ die Zügel fahren und griff sich mit beiden Händen stöhnend an den Kopf. „So viele dumme Worte. Sie tun mir weh! Wenn du nicht an Geister glaubst, kannst du auch keine Angst vor ihnen haben."

Dana suchte nach einer Erklärung. „Mag sein, dass ich manches nicht verstehe. Aber ich bin wirklich. Du bist wirklich. Wir können uns sehen, fühlen, riechen. Dort oben scheint die Sonne, wir reiten nach Süden. Das sind alles Angaben, die auch andere Menschen überprüfen können. Das nennt man die Realität. Ich lebe in der Realität. Mit Geistern habe ich nichts zu tun."

„Und gestern?", fragte Hoygar. „Du wolltest ein Pferd eintauschen und hast uns die Schönheit einer alten Pferdedecke gezeigt, bis wir alle glaubten, sie wäre kostbar wie ein Seidenmantel. Du hast die Vögel gerufen, als hättest du sie alle gezähmt. War das wirklich oder war das Zauberei?"

„Das war wirklich, denn die Vögel sind wieder weggeflogen."

Hoygar blieb hartnäckig. „Auch der Hund wird eines Tages verschwinden."

Dana antwortete nicht. Ihr Gesicht unter der Maske juckte. Der Wind pfiff schneidend durch das Orchontal. Ihr Schritt brannte, deshalb stand sie wie Hoygar in den Steigbügeln, doch die Knie schmerzten. Ihre Finger waren eisig. Es wurde kalt hier oben. Und einsam. Baatars Jurte lag inzwischen weit zurück. In der Nacht würden sie Wache halten müssen. Sie ritten jetzt durch eine wilde Gebirgslandschaft, in der die Bergrücken zu beiden Seiten steil und abweisend emporstiegen.

„Siehst du die hohen Steine dort?“, fragte Hoygar. „Das sind Grabmale. Man legt die Toten auf die Erde. Nach drei Tagen ist alles getan. Dann setzt man einen großen Stein zur Erinnerung an die Stelle. Deswegen sind die Wölfe die Ahnen der Mongolen. Wir vermischen uns immer wieder mit ihnen. Aber wir nennen sie nicht Wölfe, sondern ‚Graue‘ oder ‚Herren der Steppe‘. Wenn man sie beim Namen nennt, ruft man sie herbei.“

„Und?“, fragte Dana. „Haben wir sie gerufen?“

„Hast du ihre Spuren nicht gesehen?“ Hoygar wies auf den Boden. „Seit unseren Tagen im Grasland sind es viel mehr geworden. Zwischen den Bergen können sie uns besser in die Enge treiben. Zwischen den Felsen sind die Pferde nicht so schnell. Das Gelände ist gegen uns. Hier können sie uns hetzen.“

Dana schauderte. Einsam und verlassen zog ihre kleine Karawane durch die Mongolei. Doch völlig unerwartet war es mit der Einsamkeit Minuten später vorbei. Ein Kleinbus brummte über die Fahrrillen heran. Er war vollgestopft mit Touristen, die an den Scheiben klebten und Fotos von Dana und Hoygar machten.

Sie halten mich für eine Mongolin, dachte Dana. Warum auch nicht? Kämen die Wölfe heute nacht, würde ihr morgen Hoygar ein mongolisches Begräbnis bereiten: Ein Grab im Stachelgras, den Himmel als Decke und die Sonne als ewiges Licht. Sie würde noch handwarm und ziemlich frisch in die majestätischen Flüge der Raubvögel eingehen, die über ihr am Himmel kreisten. Wölfe würden ihre Eingeweide über das Grasland schleppen und sie mit sich durch die Wildnis tragen. Sie würde weit herumkommen in diesem neuen Leben. Vielleicht sogar bis Dalanzadgad und zur Geierschlucht? Hatte ihre Wette auch dann Gültigkeit, wenn sie das Ziel zerrissen und zerstückelt und nur als Teil des Ganzen erreichte?

VIII.

Hinter haushohen Felsblöcken wurde die Schlucht noch enger und der Himmel über ihnen schrumpfte zu einem schmalen, hellen Band. Blauer Rauch kräuselte sich in der Luft. „Hün“, erklärte Hoygar. „Menschen. Siehst du die Elstern? Sie fliegen uns voraus und melden unsere Ankunft. Und unser Hund ist verschwunden.“

Als sich das Tal mit dem dürftigen Grasbewuchs weitete, erblickten sie eine Jurte mit Pferdekoppel und Ziegenherde. Magere Stuten und schmächtige Ziegen weideten zwischen den schroffen Felsen. Konnten das die Jäger sein? überlegte Dana. Vielleicht hatten sie unten am Orchon und hier eine Jurte? Vielleicht hatte ihr Baatar deshalb so leichtherzig sein Pferd überlassen, um es heute Abend gegen ein anderes zu tauschen?

Drei Mongolinnen blickten ihnen entgegen: Eine alte betagte Mongolin mit Runzeln im Gesicht, die tiefen Ackerfurchen glichen und zwei junge Frauen, die gerade vom Melken der Pferdestuten zurückkamen mit Händen voller Schrunden und Knoten. Sie boten Dana säuerlich schmeckenden Milchtee an, den gelbgrün schimmernde Fliegen umkreisten. Stürzten sie in den Tee, wurden sie mit den Fingern wieder herausgefischt. Auf dem Jurtendach trocknete Quark, den Hoygar *Aaruul* nannte. Sobald sich die grünschillernden Fliegen auf ihm niederließen, nahm die Alte einen Ast mit welken Blättern und wirbelte über den Quark. Für ein paar Sekunden nahmen die Fliegen Reißaus, ehe sie brummend wiederkamen. Die Alte gähnte. Es schien Dana, als wären die Fliegen und die Alte gute Bekannte. Das Verscheuchen folgte einem gewissen Ritual, das beide Seiten nicht weiter ernst nahmen.

„Alle trocknen Aaruul auf dem Jurtendach“, erklärte Hoygar, der wie schon oft, Danas Gedanken las. „Auch die Jäger, auch Baatar.“

Die Mongolinnen horchten auf. Die Fremde hatte Baatar getroffen, den erfolgreichsten Ringer der Mongolei? Der trotz seiner Siege einfacher Jäger blieb, jede Einladung in die Stadt abschlug und genauso wenig festzuhalten war wie Sturmwolken am Himmel? Ritt sie auch Baatars Pferd? Man würde ihr gerne jeden Wunsch erfüllen, ließen sie durch Hoygar sagen. Woher käme sie denn, was suche sie hier und wie könne man ihr helfen?

Dana hörte Hoygar schwätzen. Er plusterte sich schon wieder auf und redete zuviel. Sie sah den Fliegen zu. Was hatte Robert im Flugzeug gesagt? Ihr plissiertes Tüllkleid wäre ein perfekter Fliegenschutz? In Streifen gerissen, könnte es hier gute Dienste leisten, dachte sie. Und die Alte? Wird sie dann arbeitslos? Braucht der Quark die Fliegen, reift er nur mit deren Ferment? Was weiß ich schon von der Symbiose zwischen Mensch und Natur? „Lass uns aufbrechen, Hoygar." Dana stieg wieder in den Sattel. „Bis Arvayheer ist es noch weit."

Er folgte ihr brummelnd und versuchte, sie umzustimmen: „Aber ich habe noch nicht alles erzählt! Sie wollen, dass wir bleiben. Ihre Männer sind mit den Herden nach Arvayheer geritten. Jetzt ist es einsam geworden. Der Winter war schrecklich und noch schlimmer das Frühjahr. Viele Jungtiere sind im späten Frost gestorben. Mit dir gibt es endlich wieder etwas zu lachen."

„Was hast du von mir erzählt?"

„Ich habe von der Wette erzählt und von Robert. Du willst ihn haben, aber du jagst ihn jedes Mal weg. Du willst Geld verdienen, damit du es sofort verschenken kannst. Du kannst Geisterhunde rufen, aber du glaubst nicht an sie. Du kannst zaubern und behauptest, das wäre die Wirklichkeit. Du bist wie ein Paar Steigbügel, die nicht zu einander passen. Auf der einen Pferdeseite ist der Bügel zu kurz, auf der anderen schleift er am Boden."

Dana schwieg. Sie schwieg vor allem deshalb, weil der Geisterhund hinter dem nächsten Felsen auftauchte, neben ihrem Pferd über die Bergsteppe trabte, im nächsten Augenblick verschwunden war und in weiter Entfernung über einen Hügel lief.

„Nur du kannst das“, bestimmte Hoygar. „Du machst ihn sichtbar. Deswegen ist er manchmal ganz nahe bei uns und plötzlich wieder weit weg. Kein echter Hund könnte so schnell hin und her laufen.“

„Ich mache keine Geister sichtbar. Aber ich erzähle dir von meinem Unfall, von meinem Traum und Munks Erscheinen an meinem Krankenbett. Unter einer Bedingung, Hoygar: wir diskutieren nicht mehr über Geister!“

In dieser Nacht, die sie im Hangay Bergland geschützt zwischen hohen Felsen verbrachten, schien Dana die Luft klar wie nie zuvor zu sein. Gestochen scharf zeichneten sich Krüppelkiefern und Gräser gegen den Sternenhimmel ab. Mondlicht floss über das silbrig schimmernde Land. Dana stand staunend neben den Pferden, deren Schnauben sie geweckt hatte. Ein kühler Wind strich von den Berghängen herab und brachte einen vertrauten Geruch nach Leder mit. Sie roch an ihren Händen und schnupperte in der Luft. Sie lächelte. Es roch nach Baatar. Natürlich roch es nach ihm, da sie sein Pferd ritt, das ihren Sattel und seine Pferdedecke trug. Sie wollte sich wieder schlafen legen, als sie einen Schatten am Berghang wahrnahm. Schlich dort jemand herum? War das ein Bär? Ein Mensch? Doch kein Laut war zu hören, kein Stein kollerte in die Tiefe und kein Ästchen knackte.

Am nächsten Morgen sah sie Hoygar am Feuer hantieren. Ganz anders als in den Wochen zuvor verschlief er nicht mehr den halben Tag, sondern achtete auf ihr Fortkommen. Sie hatten längst ihre Arbeitsschritte einander angepasst und waren ein eingespieltes Team. Das Lager war im Nu errichtet und genauso schnell abgebrochen. Mit einem Mongolen Hand in Hand, dachte Dana. „Was riecht hier so gut?“, rief sie zu ihm hinüber.

„Aber das hast du gekocht!“ Er rührte gerade heiße Brühe um, in der *Buuds*, die fleischgefüllten Teigtaschen schwammen, die Dana von daheim als ‚Maultaschen‘ kannte. Auch sie galten in Europa als mongolisches Erbe. „Ich habe das nicht gekocht“, wies sie Hoygars Behauptung zurück.

„Ich auch nicht.“ Er häufte Buuds auf den Teller und schob ihn Dana hin. „Wenn wir es nicht waren, wer dann?“, fragte er mit vollem Mund. „Ich habe keine Spuren gesehen.“

„Sch“, ermahnte ihn Dana. „Was haben wir gestern vereinbart? Kein Wort über Geister!“ Sie musterte unauffällig die schroffen Berghänge. War Baatar an ihrem Feuer gewesen? Der Gedanke an ihn ließ sie nicht los. Bewachte er sie? Beobachtete er, wie sie mit seinem Pferd umging? Der Ritt durch das einsame, unwirtliche Land verlor viel von seinem Schrecken. Wenn die mongolischen Jäger über sie wachten, was konnte ihr dann noch geschehen?

Dana bewegte diesen Gedanken so lange hin und her, bis sie weit fortgekommen waren und die Sonne hoch am Himmel stand. Zuletzt war sie überzeugt, dass es nur so und nicht anders sein konnte. Sie wollte es gerade Hoygar erzählen, als Amrag mit ungeahnter Schnelligkeit vorwärts schoss, über das Grasland preschte, zwischen Wacholderbüschen in ein Wäldchen stürmte und zitternd stehen blieb. Keuchend brach Hoygar hinter ihr durchs Unterholz. „Was war los?“ Dana war noch immer blass von der Attacke des Pferds und konnte sich keinen Reim darauf machen.

„Du kannst nicht reiten“, entschied Hoygar.

Sie glitt aus dem Sattel, gurtete nach und besah sich das Tier. Zwischen den Bäumen war es dunkel, Mücken stürzten heran und umkreisten sie sirrend. Sie klopfte auf Amrags Fell. Blut klebte an ihren Fingern.

„Ein spitzer Ast“, bekundete Hoygar. „Amrag ist hier in einen spitzen Ast gerannt.“

„Unsinn. Er ist vorher durchgegangen. Mitten auf der Wiese.“ Dana sah sich die Wunde an. An Amrags rechter Flanke zog sich eine tiefe, blutende Schramme hin. Das Pferd bebte. Dana schritt das Wäldchen ab. „Hier ist weit und breit kein spitzer Ast. Nirgendwo klebt Blut.“ Sie blickten einander an mit großen Augen und blassem Gesicht. „Ein Streifschuss!“, riefen sie wie aus einem Mund.

Hoygar sprang aufs Pferd. „Los!“ Er ritt mit den Packpferden Dana voraus, fand einen Pfad zwischen den Bäumen und nutzte jede Deckung aus, bis sie wieder auf eine Hochfläche kamen. „Galopp!", befahl er. „Bis wir dort drüben sind!" Amrag stürmte an Hoygar und den Packpferden vorbei. Trotz seiner Verletzung war er schneller als die anderen Tiere. In weiten Sätzen flog die Steppe unter seinen Hufen davon. Kleine Büsche schlugen an Danas Beine. Felsriegel nahm Amrag sicher im Sprung, Querrillen ebenso sowie Hecken aus gelbblühendem Fingerkraut. Es war das Pferd, das ohne zu stolpern oder zu scheuen, den Weg fand und Dana sicher unter die schützenden Kiefernäste trug.

„Wer?", fragten sie wieder wie aus einem Mund, als sie beieinander waren. „Wer schießt auf unsere Pferde?"

„Der Schütze war oben am Kamm versteckt. Von dort hat er mit einem Zielfernrohr und einem Schalldämpfer geschossen. Hier unten kann er uns nichts tun. Das war ein gutes Gewehr. So eine Waffe kostet viele hundert Dollar. Adrian war es", entschied Hoygar.

„Adrian, ein Killer? Er schießt auf uns?"

„Er hat dich nicht getroffen, er wollte das Pferd erwischen."

„Es war nur ein Streifschuss. So gut kann er nicht sein."

„Vielleicht hat er den Wind falsch berechnet? Oder die Entfernung? Bei einem so weiten Schuss zählt jeder Lufthauch. Er schoss, als wir gerade Schritt gingen. In diesem Moment kam die Sonne hinter einer kleinen Wolke hervor. Hat ihn das abgelenkt?"

„Woher weißt du soviel von Gewehren, vom Schießen, der Ablenkung durch Wind, Schalldämpfer, Präzisionswaffen und solches Zeug? Wo hast du das gelernt?"

„Gelernt? Nirgends. Ich bin ein Mann. Ein Mann weiß so etwas."

Dana lächelte den Jungen an. „Und du bist sicher, dass es Adrian war? Vielleicht war es ein Räuber, der Baatars Pferd wollte, ein persönlicher Feind von ihm?"

„Mongolen sind arm. Das war ein Schuss aus einer teuren Waffe. Solche Waffen haben wir nicht. Und es war kein Feind Baatars."

„Schön, dass du alles weißt. Warum kein Feind? He?"

„Wenn uns Mongolen verfolgen, dann zu Pferd. Sie holen uns einfach ein, egal, wo wir sind. Sie brauchen nicht zu schießen, sie reiten uns nieder." Hoygar runzelte die Stirn und überdachte seine Worte. „Mich natürlich nicht, aber dich."

„Und jetzt? Was jetzt?"

„Wir reiten im Schutz der Kiefern bis zur Orchonquelle in die Nähe des Treffpunkts und warten auf Vera."

„Und wenn Adrian irgendwo lauert und auf mich schießt?"

„Er wird dich nicht töten, nicht jetzt. Nicht in Veras Nähe. Er wollte das Pferd verletzen. Dich hätte er doch erschießen können? Warum nicht? Er hat es nicht getan. Er will dich nur langsam machen. Noch langsamer."

„Aber es ändert an der Wette nichts. Entweder muss er mich bezahlen oder Robert."

Hoygar blickte Dana erstaunt an. Sie überragte ihn immer noch um mehr als eine Kopfeslänge. Wie konnte es sein, dass der Verstand immer noch nicht oben angelangt war? Saß er bei Dana etwa irgendwo im Bauch? Brauchte er Jahrzehnte, bis er das Hirn erreichte? „Du bist alt, du bist langsam und du bist blöd", erklärte er so sanft und ruhig, als spräche er auf eine Schwerkranke ein. „Adrian ist schneller als du. Er kann dich packen, wann er will. Du entkommst ihm nicht. Aber du versuchst es. Das gefällt ihm. Er ist viel stärker als du, und du tust so, als ob du die Stärkere wärst. Das ist dumm. Aber so bist du eben. Du bist ganz schnell mit deinem Mund, aber ganz langsam mit deinen Beinen. Du hast nach ihm getreten, hast ihm so lange deinen Fuß hingehalten, bis er ihn gepackt hatte."

„Das hast du gesehen? Warum hast du mir nicht geholfen?"

„Mir war schlecht."

„Du, ich fass das nicht! Adrian will mir an die Kehle und du hilfst mir nicht?"

„Nicht an die Kehle." Hoygar griff sich an den Kopf. Wie dumm war diese Frau eigentlich? Blitzschnell langte er Dana zwischen die Beine. „Da wollte er hin." Mit hochrotem Kopf trat er ein paar Schritte zurück. „Obwohl du so alt bist."

„Alt?“, echote Dana. Sie war von Hoygars Zugriff so geschockt, dass ihr nichts anderes zu sagen einfiel.

„Die Mädchen in Ulan Bator sind viel jünger und kleiner.“ Er deutete mit der Hand Kindergröße an. „Sie tragen rosa Kleidchen. Sie warten neben den Hotels und Bars. Wenn Mongolen sie sehen, spielen sie mit Puppen. Wenn Touristen kommen ...“ Er schwieg verlegen. „Sie sind noch so klein“, flüsterte Hoygar plötzlich, als müsse er etwas loswerden, was ihn seit langem plage. „Deshalb geht es da nicht.“ Er wies auf Danas Schritt. „Ohne zu schreien.“ Seine Wangen leuchteten wie im Fieber. „Ich habe sie schreien hören. Manche sterben. Manche nehmen es in den Mund, dann sterben sie nicht. Dafür gibt es nicht so viel Geld. Mischa ist tot. Sie hat uns das ganze Geld gebracht und den Erdbau von außen zugemacht. Wie ein Ziesel.“

Dana traute ihren Ohren kaum. „Vielleicht ist Mischa fortgegangen? Zurück zu ihrer Familie und lebt jetzt irgendwo in Sicherheit?“

Hoygar antwortete nicht. Sein Gesicht war ausdruckslos und starr, er suchte nach einem Pfad für die Pferde und ritt Dana voraus. Was hatte der Junge schon alles gesehen? In Ulan Bator, hinter Hausecken, in den Erdlöchern und finsteren Durchgängen? „Adrian hat mir nichts getan“, erklärte sie. „Der Hund hat ihn vertrieben.“ Sie hatte das Bedürfnis, sich vor dem Jungen zu rechtfertigen. Sie wollte sich abgrenzen von den entsetzlichen Geschichten von den kleinen Mädchen im rosafarbenen Kleid. „Und Baatar hat nur neben mir gelegen. Er hat mich nicht berührt.“

„Weil du dumm bist“, brummte er wieder. „Mit Adrian sprichst du. In Ulan Bator. Im Hotel. An der Bar. Viele aufreizende Worte. Worte wie lockendes Gift. Dabei ist er ein schlechter Mann. Baatar beachtest du nicht. Er ist ein guter Mann.“

„Hoygar! Was soll das? Ich bin doch nicht zum Heiraten hier!“

„Warum hast du dich nicht mit ihm zusammengetan für eine Nacht?“, fragte er. „Das gibt Kraft. Wir wären viel schneller, viel weiter. Wir würden gewinnen!“

Dana zügelte vor Verwirrung das Pferd. Wie alt war Hoygar? Wieso musste sie sich von ihm in Lebensweisheit unterrichten lassen, über Dinge sprechen, die ihn absolut nichts angingen, die nichts waren für sein Alter? „Sag so was nie wieder!“

Er knurrte nur. „Gut. Wenn wir nicht reden, reiten wir schneller.“

Seit Stunden hatte Dana ihren Hund nicht mehr gesehen. Konnte er ihnen nicht mehr folgen? Nach schweißtreibendem Trab stießen sie am Rand eines Kiefernwäldchens auf eine Fahrspur. Der Hund lag dort im Schatten eines Felsens, gähnte und trottete heran. Wie war er hierher gekommen? Jetzt lief er ihnen auf der Straße voraus. Verkehrslärm erscholl. Über die Steppe kamen Jeeps gebraust, Touristenbusse holperten hinterher, zogen lange Staubfahnen nach, schossen Fotos von Dana und Hoygar, winkten ihnen zu und setzten die Fahrt zur Orchonquelle fort.

„Dort hinten muss der Treffpunkt sein“, entschied Hoygar und deutete auf die Touristenbusse am Horizont. „Dort sind wir sicher. Adrian schießt nicht auf uns. Zu viele Zeugen.“

„Wir reiten nicht hin“, bestimmte Dana.

„Bist du verrückt geworden? Warum nicht?“

„Vera will uns dort treffen, nicht wahr? Lass sie warten, sie weiß, dass ich hier bin. Sie wird sich fragen, was los ist. Sie wird alles tun, um an mich heranzukommen. Sie wird mir aus der Hand fressen und auf jede Bedingung eingehen.“

„Wir müssen über Adrian reden. Er schießt auf uns.“

„Er ist nicht stärker als ich, das glaubst du nur. Was wird weiterhin geschehen? Wie willst du dich verhalten?“

„Wir dürfen nur bei Dunkelheit reiten, müssen uns unter Bäumen verstecken, dürfen kein Feuer machen, müssen schnell sein.“

„Hast du nicht selbst gesagt, dass ich mich nicht vor ihm verstecken kann, Hoygar? Vielleicht hat er ein Gewehr mit

Nachtsichtgerät? Damit kann er uns jederzeit abschießen."
„Wenn Adrian das will, werden wir sterben."
„Unsinn!" Dana klopfte ihm auf die Schulter. „Du hältst mich für alt und blöd? Ich will dir was sagen. Ich hab was im Kopf. Das zählt." Sie zog sich die Maske herunter. „Sieh dir mein Gesicht an! Einmal bin ich fast schon gestorben. Und im Leben laufe ich jetzt wie eine Scheintote herum. Keiner kann mich leiden." Sie wies auf ihre Stiefel. „Ich trage gebrauchte Stiefel. Welcher Mongole verkauft gebrauchte Stiefel? Das sind die Stiefel eines Toten, die sonst niemandem passen. Meinst du, ich fürchte Adrian? Wenn er mich töten will, wehre ich mich. Aber verstecken? Wozu auch?"
„Er wird Amrag, dein Pferd erschießen."
„Dann kaufen wir ein neues."
„Das schöne Pferd? Sorgst du dich nicht?"
„Du kannst umkehren, Hoygar."
Schweigend schlugen sie ihr Lager auf. Dana entzündete ein Feuer und kochte Tee. Sie gab reichlich Honig und Milch für Hoygar in die Tasse. Der Junge sah sie mit glühenden Augen an. „Endlich verstehe ich dich. Du hast in deinem Leben schon viel Angst gehabt. Aber jetzt ist die Angst aufgebraucht. So wie eine Schale mit Airag einmal leer wird. Du lässt sie nicht mehr füllen. Jetzt bist du frei." Er klopfte nachdrücklich auf sein Herz. „Hier drin bist du frei. Du hast geweint, das habe ich gesehen. Die Menschen sind böse zu dir. Du hast vor ihnen gezittert. Das ist vorbei. Du brauchst Robert nicht. Du brauchst auch Baatar nicht. Du brauchst nicht einmal mich. Du brauchst niemanden."
Dana lachte. „Stimmt nicht ganz. Jeder braucht einen anderen Menschen. Aber nicht immer, nicht zu jeder Zeit."
„Jagst du mich fort?"
„Aber nein!" Sie strich dem Jungen über das Haar. „Bleib bitte bei mir, wenn du willst. Wir passen doch gut zusammen, du und ich? Was können wir verlieren?"
„Die Wette? Nicht, wenn ich dabei bin." Mit neuer Begeisterung löffelte er nochmals Honig in seinen Becher und gab

ein paar Tropfen Tee dazu. „Schau! Vera kommt im Jeep.“ Er wollte aufspringen.

„Bleib sitzen, Hoygar. Tu so, als ob es Vera nicht gäbe.“ Dana kehrte dem heranbrausenden Jeep den Rücken zu und blickte konzentriert auf ihre Karte, als Vera die letzten Meter zu Fuß herankam, die ersten Fotos schoss und Dana ansprach.

„So kann ich keine tollen Bilder machen, Allergnädigste. Sie werden sich schon etwas bemühen müssen. Sonst brechen Sie die Vereinbarung und verlieren die Wette.“

Statt Vera zu antworten, griff Dana nach Hoygars Reitknüppel, dem Taschur, und ließ ihn probehalber durch die Luft pfeifen. „Verpiss dich“, verlangte sie. „Wette hin oder her. Lass dich nie wieder bei mir blicken, solange Adrian, der Wichser, auf unsere Pferde schießt. Ich zähle bis drei, dann schlag ich zu.“

„Ich weiß von nichts!“

„Eins“, zählte Dana und sprang blitzschnell auf.

„Ich bitte Sie! Wir brauchen Fotos!“

„Zwei und ... “

Vera machte einen Satz rückwärts und floh in den Jeep. „Damit haben Sie die Wette verloren!“ Der Wagen rumpelte über die Steppe zu den Orchonquellen zurück.

„Reg dich nicht auf, Hoygar“, erklärte Dana gelassen. „Vera kommt wieder. Sie ist geldgierig. Sie hat längst eine gute Story am Laufen. Die gibt sie nicht auf. Ihre Welt ist schäbig und gemein. Glaube mir, damit kenne ich mich aus. Um Fotos von uns zu machen, wird sie auf den Knien heranakriechen.“

Der Abend kam. Dana werkelte im Lager herum, sah nach den Pferden und vermied den Blick zum Horizont. Vera kam nicht. Dana fühlte ihr ängstlich pochendes Herz. Nichts von dem, was sie Hoygar gesagt hatte, konnte auch sie trösten. Sie war eine Lügnerin, mehr nicht. Sobald sie eine Mücke surren hörte, fürchtete sie, es sei die heranzischende Kugel, die sie oder das Pferd töten sollte. Tausend Sorgen und Fragen gingen ihr durch den Kopf. Natürlich hatte sie Angst: vor Adrian, der Weite des Landes, der Dunkelheit, der einsamen Nacht in ihrem Zelt, der Verlassenheit fern aller Bequemlichkeit und Anteilnahme durch andere Menschen. Am liebsten hätte sie geweint und das bei Tag und Nacht.

Die Dämmerung kam. Von Vera keine Spur. „Sie kommt nicht", brummte der Junge.

Dana wich seinem Blick aus, rieb sich die Augen und schützte Müdigkeit vor. „Ich gehe schlafen." Sie war nicht frei. Sie war nicht stark. Nie war sie so abhängig von anderen und dem verdammten Geld gewesen wie gerade jetzt. Sie war nicht mutig und verwegen. Sie war nur dickköpfig, das war schon alles. Sie hatte zu hoch gepokert und alles verloren. Sie war zutiefst niedergeschlagen und entmutigt. Sie wollte sich im Schlafsack verkriechen.

Da tanzten Scheinwerfer über die Steppe.

„Veras Jeep!", frohlockte Hoygar. Er hatte ein feines Gehör.

Dana rollte gerade ihren Schlafsack aus, als der Jeep anhielt und Vera ihr zurief: „Hallo, Dana! Wir müssen reden." Vera wagte sich nicht wirklich ins Lager. Sie hatte ein Megaphon dabei und hielt gebührend Abstand, ganz so, als habe sie es mit einer Terroristin zu tun, die damit drohe, Geiseln zu köpfen.

„Ich bin müde!", brüllte Dana zurück.

„Es gibt Neuigkeiten!", schrie Vera. „Kann ich kommen?"

„Nein. Jetzt nicht."

Ratlose Stille machte sich breit.

„Ich bitte Sie!" Veras Stimme bekam einen weinerlichen Unterton. „Sie können mit mir ins Camp fahren. Wir machen tolle Fotos. Danach bringe ich Sie wieder zurück. Dieser Schuss war ein Versehen. Hat sich plötzlich aus der Waffe gelöst. Man hatte Sie nur im Visier. Bitte glauben Sie das!"

Dana glaubte ihr kein Wort. Doch es war Zeit einzulenken. „Ich komme ins Camp. Nachher." Sie verschwand im Zelt. Vera rief noch immer Bittgesuche in das Megaphon hinein. Irgend etwas schien ihr mächtig unter den Nägeln zu brennen und keinen Aufschub zu dulden. Sie erhielt keine Antwort mehr. Das einzige, was sie von Dana noch sah, war der hochgestreckte Mittelfinger ihrer Hand.

Kurz vor Mitternacht brach Dana auf. Sie hatte auf den Hund als Begleitung gehofft, doch der ließ sich nicht blicken. Obwohl Hoygar heftig protestierte, durfte er nicht mit. „Pass auf die Pferde und unsere Sachen auf! Bleib im Lager! Vielleicht ist es ein Trick? Vielleicht will man uns nur fortlocken und unsere Ausrüstung stehlen?"

Der Junge vertraute noch immer ihrem sagenhaften Mut. „Es sind viele hundert Meter bis zum Touristen-Camp. Du gehst alleine durch die Dunkelheit. Die Grauen werden sich vor dir fürchten! Sie werden heulend davonlaufen." Ehrfürchtig half er Dana, den dunkelblauen Deel zu schließen. „Wie eine Khatun siehst du aus!"

„Was, wer?"

„Du! Wer sonst? Khatun nennt man die Frau eines großen Khans. Oft ist die Khatun mutiger als die Männer. Und klüger."

„Natürlich." Dana räusperte sich, denn ihre Stimme zitterte. „Khatun, aha." Zügig ging sie vom Lager fort. Das Camp war nur ein winziges Licht in weiter Ferne. Schon nach wenigen Schritten hatte sie die Nacht verschluckt. Das Schnauben der Pferde verklang, es wurde still um sie. Vorsichtig trat sie auf. Aus Angst vor Verfolgern benutzte sie keine Taschenlampe. Mondlicht lag über der Steppe. Büsche und Felsen warfen lange Schatten. Sie wankte bei jedem Schritt vor Furcht. Wie viel Angst konnte ein Mensch ertragen? Sie war noch nie ein Dunkelheitsfan gewesen und absolut keine Frau fürs große Abenteuer. Warum hatte sie nie Cowboy und Indianer gespielt? Ganz einfach: Sie hatte sich schon immer gefürchtet, ob sie nun selbst herumschlich oder angepirscht wurde. Am liebsten wäre sie umgekehrt, als sie plötzlich das Gefühl hatte, nicht mehr alleine zu sein. Sie blieb stehen und lauschte. Ein Fuchs lauerte im Mondlicht auf ein Ziesel. Er bemerkte Dana nicht. Sie schlich an ihm vorbei, ohne ihn aufzuschrecken. Dana war vollkommen überrascht. Das Schleichen lag ihr wohl im Blut? Sie, ein Topmodel mit Vergangenheit und ohne Zukunft, nahm es mit den Wesen der Nacht auf? Kiefernzweige rauschten im Wind. Eine Eule strich über die Steppe. Dana passte ihre Schritte den vielfältigen Geräuschen der Nacht an. Sie verschmolz mit ihrer Umgebung. Schwieg der Wind, dann blieb auch sie stehen, knackte und knarzte es im Unterholz ging sie weiter. Schnell erreichte sie das Camp. Halb hinter einem dürren Busch verborgen, beobachtete sie das Treiben. Im Haupthaus brannte noch Licht. Aus den Touristenjurten drangen Stimmen bis zu ihr. Türen gingen auf, Menschen traten heraus, zogen Taschenlampen hervor, riefen ängstlich nach ihren Begleitern und machten sich nur zu zweit auf den Weg zur Toilette. Niemand sah Dana in der Dunkelheit. Sie konnte jedes Wort der Touristen verstehen. Zwei Frauen kamen vom Waschhaus und gingen zum Greifen nah an ihr vorbei. Dana konnte ihr Shampoo riechen. Sie schnalzte leise mit der Zunge. Die Frauen zuckten zusammen und rannten davon. Hand in Hand stolperten sie in ihre Jurte hinein und knallten die Tür zu.

Dana huschte zum Haupthaus, vermied die flackernden Bodenlampen und den Plattenweg mit dem knirschenden Sand. Vera, eine glühende Zigarette zwischen den Fingern, trat ins Freie. Gedämpfter Lärm scholl aus dem Haus. Jemand klapperte mit Tellern und Tassen. Vera inhalierte tief und blickte sich suchend um. Dana stand hinter ihr. Vera sah sie nicht. Sie saugte an ihrer Zigarette. Dana hörte sie atmen. „Rauchen kann tödlich sein“, flüsterte Dana. Mit einem Schrei fuhr Vera herum. Sie schrie noch immer, als sie ins Haus stürzte, auf einen Stuhl sank und sich ans Herz griff. „Und es verdirbt den Teint“, fuhr Dana fort, die Vera gefolgt war. „Sie sollten mal Urlaub machen! Sie sehen so blass aus.“

Vera rang nach Luft. „Verdammt noch mal! Sie haben mich erschreckt!“

„Na, na!“, beruhigte sie Dana. „Ich hatte Sie nur im Visier. Ich wollte sie nicht erschrecken. Die Worte sind mir so rausgerutscht. Ein Versehen. Das müssen Sie mir glauben!“ Sie bestellte einen Tee bei der jungen Mongolin am Tresen. Es war schon spät, sie war allein und wollte schließen. Sie schob Dana die Thermoskanne und einen Teebeutel hin. „Später Gast“, sagte sie auf Englisch.

Vera hatte sich noch nicht beruhigt. Ihre Wangen waren fleckig, Schweißperlen glänzten auf ihrer Stirn.

„Was wollen Sie von mir, Vera?", fragte Dana. „Sie sehen doch, dass die Kleine ins Bett will. Und ich habe noch einen langen Weg vor mir. Durch die Dunkelheit."

Als müsse sie selbst allein durch die mongolische Nacht gehen, zuckte Vera zusammen.

„Es ist schwarz draußen", fuhr Dana fort. „Finster wie in der Hölle. Vielleicht suche ich mir lieber ein Plätzchen bei den Jurten?"

Die Vorstellung, Dana könne in dieser Nacht um Veras Jurte schleichen, ängstigte Vera. Hektisch griff sie nach ihren Unterlagen. Papiere fielen zu Boden und verteilten sich im Raum. Mit einem Knall flog die Tür auf, ein Windstoß fegte ins Zimmer und wirbelte Veras Blätter herum.

„Sturm kommt auf", orakelte Dana. „Bald pfeift er um die Jurte und lässt die Schnüre knallen." Sie gab vor zu lauschen. „Oder auch nicht? Sind das Wölfe, die unten am Orchon heulen?"

Vera gruselte es. Ihr Fahrer Boris war längst in seiner Jurte verschwunden. Sie war alleine mit der jungen Mongolin, die sich hinter den Tresen duckte. Wie sollte sie zu ihrer Schlafjurte kommen? Warum hatte sie darauf bestanden, allein zu sein? Alle Touristen lagen schon sicher zu zweit in ihren Jurten. Bald würde auch das Licht ausgehen und der Steinpfad in Dunkelheit liegen. Sie bebte bei dem Gedanken daran. Diese Dana war ihr unheimlich. In ihrem dunklen Deel sah sie wie ein Schatten aus, wie jemand, den man nicht greifen kann. Die Tür des Hauptbaus stand noch immer weit offen, ein finsteres Rechteck, durch das die Nacht blickte. Das Licht flackerte, Sturm brauste über das Camp. Dann wurde es seltsam still, als habe jemand alle Geräusche gelöscht. Vera erstarrte auf ihrem Sitz. Mit leisem Knarren schloss sich die Tür wie durch Geisterhand. Die Mongolin ließ ein Glas fallen. Mit einem Knall zerbarst es am Boden. Vera schrie auf, zwei Lampen verlöschten. Die Mongolin griff sich ein Räuchergefäß, streute Wacholder auf glühende Kohlen und murmelte ein Gebet.

„Wollen wir auf die Geisterstunde warten?" Dana grinste. „Ich habe Zeit."

Mit zitternden Fingern kramte Vera ihre Papiere zusammen. Sie schob Dana die Kopien internationaler Tageszeitungen hin.

Dana traute ihrem gesunden Auge kaum. Mit dem anderen sah sie ohnehin schlecht. Fast jedes Blatt brachte eine Meldung über sie: ‚Topmodel wettet um ihr Leben und verkauft Abfindung für sterbendes Pferd'. „Was?", fragte Dana. „Das ist doch Quatsch. Es geht um die Wette, nicht um die Abfindung. Das gibt's doch nicht." Sie ließ die Zeitung sinken. „Jens hat sein Geld zurückgefordert? Und er hat Recht bekommen? Was ist mit meinem Anwalt los? Vera, Sie haben meine Geschichte mit Jens in die Zeitung gebracht? Woher wussten Sie davon?"

Danas Bestürzung stärkte Vera. Die Lampen im Raum brannten wieder hell. Die kleine Mongolin kam ihren Aufräumarbeiten nach, die Tür war zu und nirgends heulte ein Wolf. Jetzt war Dana in Bedrängnis, das machte Vera Mut. „Sie selbst haben mir Ihre Geschichte erzählt. Schon vergessen?" Vera tippte auf die Tonbandtaste. Dana hörte sich von der Vereinbarung mit Jens sprechen.

„Das hatte doch überhaupt nichts mit unserer Abmachung zu tun. Und nichts mit der Wette. Ich habe dem Pferd erzählt, was bei mir los war. Sie haben die Geschichte an sich gerissen. Jens hat mir Geld geboten, damit niemand erfährt, warum er die Verlobung gelöst hat. Ich habe Ihnen kein Interview dazu gegeben. Sie hätten mich fragen müssen!"

„Ich habe Sie gefragt. Immer wieder. Sie haben mich nicht wahrgenommen. Ich war Ihnen lästig. Sie hatten nur Augen für Robert und Ihren Gaul! Dana, Sie können nicht behaupten, Sie hätten das Tonbandgerät nicht bemerkt!"

Dana zog die Zeitungen heran. Fast musste sie lachen. Sie hatte für einen Skandal in den von Scheinheiligkeit geprägten Kreisen von Jens gesorgt, der quer durch die Presse ging. Jens hatte nichts dementiert, sondern das Geld zurückgefordert. Er war nun mal ein praktisch denkender Mensch. Danas Kanzlei musste zahlen. Noch am selben Tag lieferte man Danas Rechtsanwalt mit Herzattacken ins Krankenhaus ein, las sie. „Das Geld von Jens ist futsch?", vergewisserte sie sich. „Es war viel Geld." Sie lauschte ihren eigenen Worten. Das Geld war weg. Was nun?

„Ich kann Ihnen helfen." Beinahe hätte Vera tröstend nach Danas Hand gegriffen, doch deren Blick belehrte sie eines Besseren. „Ihre Pferdegeschichte hat eine wahre Sturmflut an rührseligen Leserbriefen ausgelöst. Die Leute lieben solche Tiergeschichten. Sie wollen mehr davon. Das hat nicht unbedingt etwas mit der Wette zu tun. Erweitern wir eben unsere Abmachung! Liefern Sie uns noch so ein Rührstück. Das bringt Geld." Vera mit leicht schief gelegtem Kopf faltete die Hände wie zum Gebet.

Dana tippte sich an die Stirn. „Was? Meine Pferde sind gesund."

Vera schwieg so lange, bis Dana ein ungutes Gefühl überkam, ein Vorgeschmack auf kommendes Unheil. „Was haben Sie vor?"

„Ihr Schoßhund hat Ziegen gerissen", erklärte Vera. „So etwas spricht sich rum. Die Herdenbesitzer sind sauer. Ich habe ihn auch gesehen. Er hat Adrian angegriffen. Er ist ein Geisterhund, sagen die einen. Doi zum Beispiel. Manche fangen an zu beten und zu räuchern. Sie meinen, der Hund stamme von diesem Köter aus Dschingis Khans Ahnenreihe ab."

„Das war ein Wolf."

„Egal. Wenn Menschen etwas glauben wollen, bleibt zuerst der Verstand auf der Strecke. Ein mystisches Wesen! Ha!" Vera lachte kurz und meckernd. „Ich habe ihn fotografiert, aber etwas stimmte nicht. Ich habe kein Bild von ihm. Fast hätte ich den Quatsch vom Geisterhund geglaubt. Aber heute Nachmittag haben Touristen Fotos von ihm gemacht. Er läuft neben Ihrem Pferd; ein Hund eben aus Fleisch und Blut. Die Mehrheit behauptet, er sei ein bei Wölfen groß gewordener Hund, der wenig Scheu vor Menschen hat und die Wolfsrudel an die Herden heranführt. Wie ein Scout. Solche Hunde werden nicht geduldet. Sie werden gejagt und getötet."

„Wer will ihn töten? Die Mongolen? Adrian?"

„Adrian ist nicht nur Friedfischer, sondern auch Jäger. Er hat sich völlig selbstlos der mongolischen Regierung zur Verfügung gestellt. Er wird den Hund jagen und zur Strecke bringen."

„Warum erzählen Sie mir das?"

„Ich will Sie warnen, Herzchen. So bin ich nun mal. Ich denke an andere. Und ich brauche Ihre Mitarbeit. Das gibt tolle Fotos. Vorausgesetzt, Sie geben mir per Handy Bescheid, wenn es losgeht. Ich zeichne alles auf; die gnadenlose Hetze, die Jagd, die Fluchtversuche, den letzten Kampf, die tödlichen Schüsse und in all dies verstrickt ein Topmodel, das sich weinend über den sterbenden Hund beugt. Nach der Geschichte mit Ihrem Gaul werden mir die Leute das aus den Händen reißen. Glauben Sie mir, so etwas geht ans Herz." Vera dachte an die Auflage ihrer Zeitung. „Wir zahlen dafür ein nettes Extra." Sie blickte Dana lauernd an.

Danas Finger kribbelten. Sie wollte Vera ohrfeigen.

Die Stille im Raum wurde mächtig.

Die Mongolin verriegelte den Tresen. „Geschlossen!", bestimmte sie. Schnell wie ein Ziesel verschwand sie durch die Küche. Niemand konnte sie zwingen, bei diesen Frauen zu bleiben. Jene im Deel hatte sich gerade in eine dunkelrote Wutwolke verwandelt. Und Vera war wie ein dickes, graues Loch, das Energie aus anderen saugte. Am schlimmsten aber war der Wind. Der Wind war anders als sonst. Er war mit Geistern beladen. Sie ritten auf seinen Strömungen und griffen nach bösen Menschen. Und Sturmgeister waren so wild und ungestüm, dass sie auch friedliche Menschen zur Seite fegten, um ihre Opfer zu packen und zu bestrafen.

Kaum war die Mongolin fort, verlöschten die Lampen und die Notbeleuchtung an der Decke sprang flackernd an. Dana kämpfte den schwersten Kampf ihres Lebens. Sie wollte Vera erwürgen. Hier und auf der Stelle. Sie hatte die Kraft dazu. Ihre Hände vibrierten. Sie würde ihre langen Finger um Veras teigigen Fettnacken legen und zudrücken. Inständig hoffte sie auf Veras Verschwinden. Vielleicht ahnte Vera die Gefahr! Vielleicht ging sie von selbst!

Doch Vera verschwand nicht. Sie schob Dana einen Vertrag hin. Toter Hund gegen Geld. Dana kämpfte mit ihrer Mordlust. Sie zwang sich, an Schönes zu denken - an das Lächeln des alten Mönchs von Karakorum, an die Güte in seinen Augen. Ihr Herzschlag beruhigte sich. Das Feuer hinter ihrer Stirn brannte aus. Sie hörte sich wieder atmen und roch den Plastikgeruch flüchtig gereinigter Tischplatten. Sie sah eine Motte in ihrem Tee schwimmen, fischte das Tier heraus, trank die Tasse leer und entspannte sich. Sie ließ Vera am Leben. Gelassen stand sie auf und ging.

Durch die Tür kam der heulende Wind herein. Er kam aus dem Nichts, hatte sich nicht durch Säuseln angekündigt, entstand einfach auf der Schwelle, fuhr über Veras Papiere und wirbelte alles durcheinander. Die Blätter klatschten an die Wände, flogen über den Tresen, blieben irgendwo liegen und stiegen wieder empor, gerade als Vera sie greifen wollte. Sie stieß sich Kopf und Ellbogen, brach zwei Fingernägel ab und fluchte mächtig. Kaum hatte sie alles eingesammelt, eilte sie zur Tür. Sie wollte zu ihrer Jurte rennen. Draußen war alles still. Kein Lüftchen regte sich. Sie sah Dana am Ende des Camps zwischen Touristenjurten gehen.

Der Generator in der Versorgungsbaracke stotterte und setzte aus. Die Notbeleuchtung im Camp erlosch. Schlagartig wurde es finster. Eisiger Nachtwind blies Vera ins Genick. Sie schlug den Jackenkragen hoch und klemmte die Tasche fest unter den Arm. Ein fürchterlicher Hieb traf sie ans Schienbein. Sie stürzte zu Boden. Sie glaubte, ihr Bein sei gebrochen, abgerissenen, durchgebissen, irgend etwas in dieser Art. Der Generator sprang an, das Licht schien wieder. Heulend am Boden hockend sah sie Dana in weiter Ferne. Jemand hatte sie mit einem Knüppel geschlagen! Sie blickte umher. Niemand war zu sehen. Das ganze Lager lag verlassen da. Sie untersuchte ihr Bein. Sie sah keine Beule, kein Blut rinnen. Ihr Bein war unversehrt und schmerzte doch höllisch. Erneut heulte der Wind auf. Schluchzend taumelte Vera in ihre Jurte, verschloss die Tür, zerrte sich die Schuhe von den Füßen und verkroch sich ins Bett. Sie hörte den Wind brausen, er fuhr über die Wäscheleinen und Zeltverspannungen wie ein Geigenbogen über die Saiten. Er spielte eine Melodie, ein hohes Kreischen mit Tremolo, das direkt an den Nerven sägte. Dann wurde er leiser und verschwand säuselnd irgendwo hinter den Gipfeln des Hangay.

„Hallo, Dana! Bleibst du hier?" Ein Mann sprach Dana auf Englisch an, einer der spanischen Touristen, die Dana vom Ögiy Nuur in Erinnerung hatte. Er saß mit seinem Freund vor der letzten Jurte auf der Schwelle und trank Rotwein. Er heiße Mig, sagte er und erhob sich. Was für ein hübscher Mann, dachte Dana. Nach einigen Wochen Mongolei sah er wie ein verstaubter, lässiger Cowboy aus, war mager geworden, braungebrannt und hungrig. Abenteuerlust lag in seinem Blick und viel zu viel Testosteron, das er nicht loswurde. „Tolle Figur", fuhr Mig fort. „Tolle Wette. Habe alles über dich gelesen. Tolle Frau. Megageil." Er lachte unbekümmert und blitzte sie mit seinen Funkelaugen an. „Bei uns in der Jurte ist noch ein Bett frei. Und wir beißen nicht. Jedenfalls nicht gleich."

Dana nahm einen Schluck Rotwein. „Wahnsinn", seufzte sie genüsslich. „Wein! Und ich muss Airag trinken."

„Wir haben noch mehr davon. Komm rein. Vielleicht kommt der Sturm wieder?" Mig griff nach Danas Arm.

Sekundenlang schloss Dana die Augen und sah ein anderes Leben: Junge Menschen machten Urlaub miteinander, suchten sich abenteuerliche Ziele aus, teilten Zelt und Bett und hatten gute Geschichten und Wein parat. „Ich muss zu Hoygar", bedauerte sie. „Er wartet auf mich." Sie lachte Mig aus, als sie seine Enttäuschung erkannte. „Er ist ein kleiner Junge. Noch kleiner als du!"

„Der läuft dir nicht davon, der wartet auch bis morgen früh." Mig verströmte Piratencharme. Er wollte sie verführen, setzte seine Finger behutsam ein und strich ihr über den Rücken.

Dana roch sein Rasierwasser, den Duft sauberer Kleidung, die in Sonne und Wind getrocknet war. „Hoygar fürchtet sich allein in dunkler Nacht. Und die Pferdchen fürchten sich auch." Dana stiegen Migs Absichten und der Rotwein zu Kopf. „Ich muss ins Lager. Schnellstens!"

„Heute noch? Quer über die Steppe? Hier sind Wölfe unterwegs. Das darfst du nicht tun. Das machen die Mongolen auch nicht. Hier rennt keiner allein in der Nacht herum."

„Ihr könnt mich ja begleiten."

„Bestimmt nicht." Mig ließ ihren Arm los. „Wir sind doch nicht verrückt! Bleib einfach hier!"

Schlagartig wurde Dana nüchtern. Sie ging. Sie vergaß Mig auf der Stelle. Was sollte sie mit einem Mann, der sie allein durch die Nacht stolpern ließ? Nach drei Schritten wurde sie unsicher. Vorhin war es einfach gewesen, auf das Licht in der Ferne zuzugehen. Jetzt fehlte ihr ein Anhaltspunkt. Wo war ihr Lager? Sie sah nach den Sternen. Wo war Osten? Wo hatte der Mond gestanden? Wie weit war er inzwischen gewandert? Hatte sie die Orientierung verloren? Musste sie weiter südlich gehen? Wieso fand sie die Fahrrillen nicht wieder? Sie nahm ihre Gesichtsmaske ab. Kühle Nachtluft streifte ihre Narben. Sie war gezeichnet. Wer wollte sie im Freundeskreis haben und durch die Nacht begleiten? Sie blieb stehen. Ging sie im Kreis oder in die falsche Richtung? Leise rief sie nach Hoygar. Keine Antwort. Auf der Steppe raschelte es. Zweige brachen, Äste knackten. Etwas huschte vor ihr durchs Stachelgras. Panik brauste heran. Oben am Gipfel des Angarhay heulten die Wölfe. Ein zweites Rudel fiel jenseits der Ebene ein. Was hatte Hoygar ihr erklärt? Wölfe heulen und loten ihr Revier aus. Haben sie sich mit den Nachbarn verständigt, gehen sie auf Jagd.

Gut, sagte sich Dana. Solange die Wölfe heulen, jagen sie nicht. Ich muss das Lager finden! Sie machte einen Schritt, stolperte in ein Zieselloch, fiel auf die Knie und rappelte sich wieder auf. Da nahm sie den Geruch wahr. Der Dunst von Pferd und Leder hing über der Steppe. Dana schnupperte die Nachtluft und folgte dem Geruch. Stundenlang, das glaubte sie jedenfalls. War sie so weit in die Irre gegangen? Ein Schnauben drang an ihr Ohr. Plötzlich tauchte ein Pferd in der Dunkelheit auf. „Amrag?“, flüsterte sie und streichelte das Tier, das seinen Kopf an ihrer Schulter rieb. „Wo sind die anderen?“ Sie tastete nach der Fußfessel. Sie fehlte. Dana zog sich auf den bloßen Pferderücken. „Bring mich ins Lager.“ Sie tätschelte das Tier und fühlte, wie klebrig Amrags Wunde war. Im Lager sah sie mit der Taschenlampe nach. Amrags Fell war sauber, nur die Wunde war mit Kiefernharz verklebt. Sie blutete nicht mehr und lockte keine Fliegen an. „Baatar?“, fragte Dana leise in die Dunkelheit hinein. Dann saß sie still und wartend vor ihrem Zelt. Der Nachtwind strich über das Land und bewegte die Blätter, die im Mondlicht silbern glänzten.

Anderntags suchte Dana das Lager nach Fußspuren ab. Hoygar sah ihr dabei zu und prustete vor Lachen. „Hast du Amrags Wunde mit Harz bestrichen?“, wollte sie wissen.

„Ich? Nein. Amrag hat sich im Harz gewälzt. Unsere Pferde sind klug. Sie helfen sich selbst.“

Dana wies auf einen Falken, der rüttelnd über einem Wiesenfleck stand. „Deine Augen sind besser, Hoygar. Hat dieser Falke nicht ein rotes Lederband am Fuß? Geht ihr mit Falken auf Jagd?“

Hoygar kniff die Augen im Sonnenlicht zusammen. „Fragen vor dem Frühstück sind ungesund.“ Er ließ sich neben das Feuer plumpsen und aß. „Erst muss ich essen, dann kann ich denken.“

Dana hörte ihn nicht mehr. Sie stand neben einem Wacholderbusch und musterte den Falken, der zu ihr herabsah. Trug er ein Lederband oder täuschten sie seine rötlichen Federn? Hatte sie diesen Falken bei Baatars Jurte gesehen? Sie erklomm einen großen Stein und hielt nach dem Jäger Ausschau. Wohin sie auch blickte, das Land lag still und verlassen da.

In den folgenden Tagen überquerten Dana und Hoygar unbehelligt die Hochebene. Der wilde Hund war meist an ihrer Seite. Oben am Himmel kreisten die Vögel. Jeden Tag sah Dana den Falken, der sie zu begleiten schien. Hoygar grummelte nur, wenn sie ihn auf das Lederband ansprach. „Du willst nicht von Geistern reden!" hielt er ihr vor. Nicht von Geistern, wollte Dana erwidern. Ich glaube, Baatar folgt uns. Doch sie schwieg.

Südlich der Ebene wurde das Gelände steiler und der Wald dichter. Von den Fichtenästen hingen Flechtenbärte herab, die im Dämmerlicht silbern glänzten. Äste schlugen den Reitern ins Gesicht, trockene Nadeln rieselten in Kragen und Hose und Wurzeln versperrten den Weg. Sie hatten die Orchonquellen hinter sich gelassen und bewegten sich seit Tagen durch den Wald. Bei einer Rast erzählte Dana, dass Jagd auf den Hund gemacht werden sollte. Das beeindruckte Hoygar wenig. „Er ist ein Geisterhund. Man kann ihn nicht töten."

„Geisterhund hin oder her. Ich will nicht, dass man mit Gewehren hinter uns herläuft!" Sie kraulte den Hund zwischen den Ohren. Er wedelte mit dem Schwanz. „Sie jagen dich. Sie wollen dich abknallen. Zieh Leine!", befahl Dana. Der Hund lauschte mit schiefgelegtem Kopf und spitzen Ohren, rollte sich auf den Rücken und ließ sich den Bauch kraulen. Dana verstand nichts von Hunden, aber viel von Haut und Muskeln. Der Kerl war ein Prachtexemplar, nicht mehr ganz jung, aber durchtrainiert, zäh und riesengroß. Im besten Mannesalter würde man sagen. Im Wald knackten Zweige. Der Hund sprang auf, duckte sich und schlich dem Geräusch entgegen. Mit einem Sprung setzte er in die Büsche. Dana hörte ein fliehendes Huschen im Unterholz, dann kam der Hund zurück.

Der Hund schützte sie. Er war ein Hund durch und durch. Von Geistern keine Spur. Sie knirschte mit den Zähnen. Natürlich konnte der Hund getötet werden. Sie fühlte doch sein Herz unter den Rippen schlagen. Hatten Geister ein Herz? Sie stand auf und sattelte ihr Pferd erneut. Sie wusste, wie töricht ihre Gedanken waren. Vielleicht gab es Visionen oder Träume, aber keine Geister, die so real waren wie dieser Hund, der gerade sein Bein an einem Baum hob und sich erleichterte. Sie seufzte schwer. Der Hund war nicht ihr einziges Problem.

„Ist was?“, fragte Hoygar.

Sie mussten hintereinander im Schritt durch den Wald reiten. „Das Geld ist futsch“, rief Dana Hoygar hinterher, der gerade einen querliegenden Baum im Sprung nahm und vor Schreck über Danas Worte beinahe die Balance verloren hätte. „Ist noch Geld für Essen da?“, fragte er angstvoll zurück.

Dana lachte. „Natürlich! Du musst nicht hungern! Aber es geht um später, um Wohnungen, Autos und Versicherungen.“

Hoygar knurrte: „Es geht nicht um später, es geht um jetzt. Weißt du wie lange wir leben werden? Wenn du hungern musst, verändert sich alles ganz schnell. Dann brauchst du keine Wohnung mehr und kein Auto. Und dein Pferd hast du längst aufgegessen. *Dsud*“, folgerte er, als würde das alles erklären. „Dsud heißt Viehsterben. Wo Dsud ist, wird der Hund fett. Wenn du Dsud nicht kennst, dann jammre nicht!“

„Dsud? Ist das die Katastrophe, die dich zum Waisen gemacht hat? Wie bist du nach Ulan Bator gekommen?“

„Mit dem Schlachter.“

„Was?“

„Es herrschte Dsud. Tiere sind krank geworden und starben. Ich lag zwischen Tierkadavern im Schlachthaus. Ein Mann hat mich entdeckt. Nackt war ich, aber voller Blut mit Fellresten wie eine gehäutete Ziege. Sie wollten mich verbrennen, hörten mich weinen, erkannten, dass ich ein Kind war. Ich war sechs Jahre alt. Oder sieben. Oder fünf. Keiner weiß das.“

„Und dann?“

„Bei der Polizei gibt es ein Zentrum für solche Kinder. Polizisten mögen keine Straßenkinder. Aber sie geben ihnen Essen und Unterkunft. Manchmal kommt man in eine Familie.“

„Und du? Hat man deine Eltern ausfindig gemacht?“

Hoygar deutete zum Himmel. „Vielleicht sind sie dort oben?“

„Hat man dich in eine Familie gegeben?“

„Ja, aber ich war zu wild. Ich bin jedes Mal ausgerissen. Fremdes Kind, fremde Eltern. Sie prügeln gern, wenn du anders bist."

„Weiß man, woher du kommst?"

„Nein. Siebzigtausend Kinder sind allein wie ich. Manche haben sogar Geschwister oder einen Vater, der säuft oder eine kranke Mutter. Ich hatte nicht mal das. Ich war nichts wert."

Dana fröstelte im Sonnenschein. Was stand in Zaysans Lektüre über Dschingis Khan? Sie erinnerte sich an die Legenden, die sich um seine Herkunft rankten, auch an die Geschichten von Fell und Blut. „Deine Geschichte erinnert mich an Dschingis Khan", begann sie. „Jetzt weiß ich, warum du so besonders bist. Du bist ein Borjigin, ein Wildenten-Mann. Nur ein Nachfahre des großen Khans findet sich im Land zurecht, lernt so rasch eine fremde Sprache und reitet wie der Teufel. Die Wildentenleute sind etwas Besonderes. Sie kommen mit großem Wissen auf die Welt. Wie Dschingis Khan sind sie sprachbegabt. Schließlich regierte er ein Weltreich, weil er fremde Sprachen konnte. Auch du bist sehr sprachbegabt. Aber das ist nur die eine Sache."

„Und die andere?" Hoygar war beeindruckt. Eine Frau, die zweimal nachts unbeschadet über die Steppe gegangen war, besaß geheimes Wissen, da hatte er keinen Zweifel.

„Weißt du, was bei Dschingis Khans Geburt geschah? Er hatte einen Blutklumpen in der Hand. Der Schamane sprach vom göttlichen Zeichen eines großen Kriegers. Auch du warst voller Blut, als man dich fand. Das Blut bedeutet Macht und Ausdauer. Du hattest Fell an dir kleben. Das heißt, du wirst dich verwandeln und in vielen Welten daheim sein. Zuerst warst du ein Nomadenkind. Dann bist du in die Stadt gekommen. Jetzt bist du mein Führer. Du kommst überall zurecht. Du wirst viele Länder bereisen und Leute beraten."

Hoygar glaubte es ihr sofort. Er richtete sich im Sattel auf, straffte die Schultern und summte vor sich hin. Je mehr die Sonne sank, je näher die Dämmerung kam, desto fester glaubte auch Dana an ihre Geschichte. Vier große Klane bildeten das Kernvolk der Mongolen. Sie stammten alle von Dschingis

Khan ab. Sie hatte weder gelogen noch übertrieben. Hoygar war kein Stadtmongole. Er kannte das Hangay Bergland nicht, er wusste nicht genau, wo sie waren und wohin sie wollten. Doch er entdeckte den Weg durch das Dickicht. Er fand Wasser, saftige Weiden für die Pferde und trockenes Feuerholz. Seine Gene warnten ihn vor Gefahren, die er als Straßenjunge nicht kennen konnte. Sein Erbe führte ihn zielsicher immer tiefer in die Mongolei hinein. Der Wald war dunkel und schier undurchdringlich. Trotzdem folgte Hoygar einem unsichtbaren Pfad, der sie zu einer winzigen Lichtung brachte, einem perfekten Lagerplatz für Mensch und Tier. Wer hatte ihn hierher geleitet? Sie blickte durch die dunklen Fichten zum Himmel hinauf. Wolken zogen durchs Abendrot, und Bäume ächzten im Wind. Der Wald lebte, der Himmel war bevölkert. Hoygars Ahnen versammelten sich dort und wiesen ihm den Weg.

Das Klingeln ihres Handys riss Dana frühmorgens aus dem Schlaf. Das Geräusch war ihr fremd geworden, sie dachte an einen Überfall. Sie fuhr aus dem Schlafsack hoch, riss den Zeltverschluss auf und stürzte ins Freie. Die Pferde hoben die Köpfe, der Hund sprang vom Boden auf und das Handy klingelte weiter. Sie fand endlich ihre Tasche unter dem Schlafsack und darin das tönende Gerät.

„Dana“, erklang Roberts Stimme an ihr Ohr. „Wo bist du?“

Sie war noch immer perplex. „Ich weiß nicht so genau.“ Wieso hatte sie mitten im Wald jenseits der Orchonquellen Empfang?

„Ich bin in Bat-Olziy. Darüber bist du schon weit hinaus. Denn niemand hat dich mehr auf der Hochebene gesehen.“

„Aha“, antwortete Dana, die endlich ihre Karte hervorgeholt hatte.

„Was siehst du von deinem Standort aus?“

„Bäume“, sagte sie völlig verblödet.

„Geht es hinauf oder hinunter?“

„Ich bin auf einer Lichtung. Dahinter geht es steil bergab.“

„Mach ein Feuer! Bis gleich.“

Dana fixierte das Handy. Ein Feuer? Ein qualmendes Feuer? Sie warf frische Fichtenzweige auf die Glut und dichte Rauchwolken stiegen empor. Es dauerte nicht lange, da hörte sie Äste knacken. Sie blickte sich nach ihrem Hund um, aber der war verschwunden. Dafür trat Robert aus dem Wald. Dana bot ihm wie daheim im Wohnzimmer einen Platz am Feuer und einen Drink an. Er wählte Tee und kam gleich zur Sache. „Ich mache mir Sorgen um dich."

Dana sah Sonnenkringel im Wald tanzen. So etwas hörte sie gern. Sie war begeistert.

„Ich bin bei der Pferdezüchtertagung in Arvayheer. Große Sache. Viele Leute sind aus den Bezirken Arhangay und Ovorhangay mit Vertretern internationaler Hilfsorganisationen zusammengekommen. Es gibt ein unerfreuliches Thema: Dich und deinen Hund." Er schwieg, sie schwieg auch, der ganze Wald schwieg.

„Vera hat eine Sensationsstory aus dem sogenannten Geisterhund gemacht, richtige Schlagzeilen für die Regenbogenpresse, reißerisch und wirkungsvoll. Jeder Mongole glaubt jetzt, es handle sich um einen verwilderten Hund, der bei Wölfen groß wurde. Es wurden Schafe und Ziegen gerissen. Wölfe greifen nur an, wenn sie hungrig sind oder in die Enge getrieben werden. Dein wilder Hund ist schlimmer als ein Wolf. Durch dich verliert er seine Scheu, ohne dabei richtig zahm zu werden. Was geschieht mit ihm, wenn du aus der Mongolei verschwindest? Die Leute hier kennen das Theater mit den Touristen und den Hunden. Am Ende bleiben die Tiere zurück und reißen Schafe."

„Ich sehe keinen Hund bei mir."

Robert hielt ihr ein Foto hin. „Dieses Bild haben Touristen von dir und ihm gemacht. Erkennst du ihn? Er hat charakteristische weiße Fellflecken und ein gekerbtes Ohr."

Dana beobachtete die Vögel, die sich nahe heranwagten. Nusshäher flatterten kreischend von Ast zu Ast, und Meisen hofften auf Brotkrumen. „Auch diese Vögel werden ohne mich überleben. Genauso wie der Hund. Manchmal sehe ich ihn.

Dann ist er wieder verschwunden. Ich habe keinen Einfluss auf ihn. Was habt ihr vor?"

„Man wird den Hund töten. Adrian ist scharf darauf. Die anderen sind nicht viel besser. Versuche, das zu verstehen! Alle Mongolen haben Hunde, die ihre Herde schützen - nicht attackieren! Das Dasein ist hart genug. Gegen die Wölfe gehen sie zur Jagd, aber Wölfe sind scheu. Ein wilder Hund nicht. Sie werden ihn jagen."

Dana verlor fast die Beherrschung. „Was soll das? Ich habe wohl etwas falsch verstanden? Irgend so ein romantischer Blödmann hat mir im Flugzeug etwas von Mongolen erzählt, die in jedem Wesen einen Teil von sich selbst sehen, eins mit der Natur sind, die große Freiheit verkörpern, leben und leben lassen und den Kern urtümlichen Daseins bewahren? Für diese jämmerliche Veranstaltung, Jagd auf einen Hund zu machen, hätte ich auch in Deutschland bleiben können!"

„Du bist Gast. Misch dich nicht in das Leben der Mongolen ein!"

„Das Leben in der Natur? Wenn sie ihren Plastikmüll in den Fluss schmeißen, betrunken Wodkaflaschen zerschlagen und im Suff die Familie ruinieren?" Ein Tautropfen, der vom Baum fiel, verdampfte zischend auf Danas glühender Wange.

„Ich will dich nur warnen. Versuche, den Hund zu verjagen!"

Dana lächelte ihn nachsichtig an. „Du bist derjenige, der nichts versteht. Wo war denn dieser Hund, bevor ich hier ankam? Hat er sich bisher nur von Mäusen ernährt? Reißt er Schafe, seitdem er mich kennt? Du weißt, dass ich nicht an Geisterhunde glaube, aber dieser Hund ist mehr als ein Tier, er ist ein Symbol. Erkläre das deinen Leuten! Er taucht immer dann auf, wenn ich Hilfe brauche. Er hat Adrian nichts getan. Er hat ihn nur in Schach gehalten. Der Hund ist wie dieses Land. Er ist unbezähmbar und lässt einen trotzdem nicht los. Niemand hat sich bisher über ihn aufgeregt. Jetzt ist Vera auf die Idee gekommen, mit ihm ihr blutbesudeltes Geld zu verdienen. Plötzlich mutiert der Hund zur reißenden Bestie, von der man das Land befreien muss. Schick Vera nach Hause und die Probleme sind gelöst. Sie hat Gier und Neid hierher gebracht."

„Vielleicht hast du recht. Vielleicht kann ich die Mongolen überzeugen, aber sicher nicht Adrian."

„Dann jage ihn zum Teufel!"

„Er bezahlt die Wette, Dana! Und noch viel mehr: meine Medikamente und dein Comeback! Zugegeben, wir beide stecken in einer Zwickmühle. Aber ich sehe keinen Ausweg."

„Wir sollten gemeinsam versuchen, Vera und Adrian zu überlisten. Wenn wir zusammenhalten, finden wir eine elegante Lösung. Du bekommst dein Geld, ich bekomme einen Modelvertrag. Ich bin sicher, wir kriegen das hin, ohne einander weh zu tun."

„Das wäre Betrug."

Dana lachte ihn aus. „Lieber lässt du auf einen Hund schießen, der neben mir herläuft? Letztes Angebot: lass uns Verbündete werden!" Sie wartete vergeblich auf eine Antwort. Als Robert verbissen schwieg, brachen sie und Hoygar auf.

Erst als Robert seinen Wagen erreicht hatte, wurde ihm klar, dass er einen großen Fehler gemacht hatte. Er war ein Idiot. Seit er Dana zum ersten Mal getroffen hatte, versprühte er den Charme einer hölzernen Jurtenstange, an der man sich Spreißel einzog. Er sollte sich mit ihr zusammentun und nicht mit Vera, auch wenn diese ihn mit Geld lockte. Robert ließ das Auto stehen und ging zu Danas Lagerplatz zurück. Dort folgte er den Trittspuren der Pferde bis zum felsigen Steilhang. Dieses Hindernis zwang jeden Reiter, auf die befahrene Piste auszuweichen. Nicht so Dana und Hoygar. Von ihnen fehlte jede Spur. Waren sie über die Felsen geritten? Er kletterte hinab und fand auch hier keinen Hufabdruck. Er suchte nach ihnen, bis die Sonne im Zenit stand. Er lauschte in den dunklen Wald hinein. Dana war fort. Sie hatte sich verändert, war ein Teil dieser Landschaft geworden, war auf und davon wie ein wildes Tier, verschluckt vom Dickicht, eins mit dem Gras und dem Himmel, über den jetzt dunkle Schwaden zogen. In der Ferne blitzte es. Gelbschwarze Sturmwolken brauten sich zusammen. Robert kannte die Anzeichen. Wenn er jetzt nicht schnell seinen Wagen erreichte, setzte es Prügel. Er war hier nicht willkommen. Wald und Wind würden auf ihn einschlagen mit peitschenden Ästen und brechenden Wipfeln. Er hatte gehört, wie es Vera ergangen war. Und er fragte sich jetzt, ob sich dort am Himmel nicht mehr tummle als nur ein Gebilde aus Wasser, Eis und kochender Luft.

Dana spähte prüfend zwischen den Fichtenzweigen zur Piste. Sonnenlicht fiel schräg durch den Wald. Mückenschwärme tanzten. Wenn man ihr auflauern wollte, könnte es hier geschehen. Doch alles schien ruhig zu sein.

„Du willst die Wette unbedingt gewinnen?", fragte Hoygar, dem auffiel, wie konsequent Dana ihren Ritt fortsetzte.

„Ich will das Ziel erreichen. Nennen wir es so. Ich will nicht aufgeben, nicht verlieren. Der Ritt hat nichts mit einem Spiel zu tun, bei dem das Glück entscheidet. Hier kommt es auf Können und Biss an und auf die große Kunst, sich selbst zu besiegen." Da Hoygar schwieg, fuhr sie fort: „Eigentlich habe ich das Ganze satt. Ich möchte mal wieder baden, bummeln gehen, Kleider probieren, Freunde treffen, ins Kino und Theater gehen, ein gutes Buch lesen, Briefe schreiben. Statt dessen ... " Sie machte eine vage Handbewegung zu den Pferden hin. „Statt dessen habe ich nur ein sabberndes Pferdemaul."

„Du denkst an die Straßen einer Stadt. Weißt du noch, wie viel Angst du hattest, schmutzig zu werden?", Hoygar tippte Dana an die Wange. „Du bist ganz schwarz im Gesicht, voller Erde. Das ist nicht schön, aber gut gegen Fliegen. Was wirst du tun, wenn du zu Hause bist? Wirst du uns alle vergessen?"

Dana wedelte mit der Hand herum, um die sirrenden Mücken in Schach zu halten. Die Richtung, die sie eingeschlagen hatten, führte über sumpfigen Boden. Schmatzend saugte sich die Erde an den Hufen fest. Trotzdem trat Amrag sicher auf. Wie sollte sie diesen Ritt je vergessen?

„Wirst du mich mitnehmen?", fuhr Hoygar fort. „In die Städte mit den Gärten, von denen du erzählt hast? Dorthin, wo man sich immer die Hände waschen muss und nach dem Essen nicht rülpsen darf? Zu den Menschen, vor denen du geflohen bist?"

„Zuerst müssen wir ankommen", erwiderte Dana. Das Gespräch behagte ihr nicht. Sie fragte sich schon seit langem, was aus Hoygar werden sollte, wenn sie das Land verließ. Er hatte nur sie. Verstohlen blickte sie zu ihm hinüber. Obwohl er kräftig aussah, kam er ihr noch immer wie ein kleiner Junge vor, der ihr anvertraut war. Wie konnte sie ihm erklären, dass die mongolischen Behörden ungeheure Schwierigkeiten machen würden, wenn sie ihn mitnehmen wollte? Als Single durfte sie ihn nicht adoptieren. In ihren bösesten Alpträumen sah sie ihn allein in dieser einsamen Landschaft stehen, während sie sich für immer davonmachte. Aber es war Hoygar, der ihre Gedanken unterbrach: „Nicht denken", wies er sie an. „Reiten! Pass auf jeden Schritt auf, sonst stürzen die Pferde!"

Die Strecke wurde jetzt abschüssig und glitschig. Die unbeschlagenen Hufe ihrer Tiere fanden keinen Halt mehr. Sie glitten den Hang hinunter, stießen an Felsen und stolperten über Astwerk. Dana hatte Visionen von gebrochenen Pferdebeinen und Kehlen, die sie eigenhändig durchschneiden musste. Sie hatte nicht geahnt, wie mühevoll ein Ritt durch den Wald war. Ihre Spur war nicht viel mehr als eine Schneise im Urwald. Schloss sich der Wald hinter ihnen, als hätte es nie einen Durchlass gegeben? Spinnennetze schwebten durch die Luft. Fichtenbärte wehten im Wind. Klebrige Harze und Feuchtigkeit tropften auf sie herab. Sie ahnte die Zecken, die in Farnen, Gras und Zweigen lauerten. Es wurde immer dunkler, von mongolischer Weite war unter den Bäumen nichts zu sehen. Finstere Wolken brauten sich über dem Wald zusammen, fernes Dollergrollen erscholl, und schließlich schneite es. Zischend verdampfte der Schnee auf den Pferden. Aber es gab keinen Wetterwechsel in der Mongolei ohne Sturm! Er machte sich ohne Vorwarnung über sie her. Die Bäume neben der Schneise bogen sich peitschend. Eigentlich war Sommer, aber Eiseskälte brach hier jederzeit aus, sie mussten in

Bewegung bleiben. In Serpentinen ging es bergab, aus Schnee wurde Regen, dann wieder Graupel. Der Sturm tat sein Bestes, bewarf sie mit Nadeln, Ästen und Blattwerk und legte sich nicht.

Der Deel mit seiner Doppellage ließ sich beim Reiten teilen und umhüllte jedes Knie. Die dichtgewebte Seide hielt den Wind ab und die überlangen Ärmel schützten die Hände. Gemütlich war der Ritt trotzdem nicht, die Pferde scheuten auf dem schwammigen Boden. So würde es noch lange weitergehen. Finster war es ohnehin um sie, also ritten sie bis in die Dämmerung hinein. Ein schmales Tal bot sich ihnen an, sumpfiges Land, kaum ein ebener Fleck für das Zelt, Krüppelkiefern, Wacholder, Mücken, Blutegel und ein plätschernder Bach. „Wo sind wir?" Dana zog die Karte zurate. „Sind wir am Ongi?" Gebannt blickte sie auf das Wasser. So weit waren sie schon? Von heute an würden sie dem Ongi folgen, bis in die Gobi hinein, mitten in eine Wüste aus Felsen und Sand.

Sie waren durchnässt und so trödelten sie nicht herum. Ein Feuer wurde entzündet, das Lager errichtet, das Essen gekocht. Sie trockneten Ausrüstung und Kleider über dem Rauch, wuschen sich im Ongi, sahen nach den Pferden, hielten nach dem Hund, nach Wölfen und Feinden Ausschau. Wuschen das Geschirr ab, verstauten die Lebensmittel auf einem Baum, den ein Bär nicht erklimmen konnte, prüften Hufe und Druckstellen und legten Holz für das Morgenfeuer zurecht. Der Wind peitschte noch immer die Luft, aber die Wolkendecke riss auf. Dana erklomm eine Kuppe und blickte auf das Land hinaus.

Endlos reihten sich grüne Hügelkämme aneinander. Doch das satte Grün täuschte. Das waren nur einzelne Gräser über einem elenden Boden im Sturm. Vielleicht ein hübsches Motiv, wenn man im Bus auf Reisen war und abends Dusche, Ofen und einen Menschen zum Austausch hatte. Allein dem Land ausgesetzt, bröckelte die Romantik. Man sah das magere Weideland und fürchtete den Hungertod. Schritt sie durchs Gras, so raschelte es. Der Boden um sie herum war mit Tierknochen bedeckt. Schulterblätter fielen wie alte Bücher auseinander, Knochenseiten, die das Leben geschrieben hatte. Weit jenseits ihres Lagers sah sie den Schein eines Feuers, eine Jurte schimmerte weiß vor dunklem Hintergrund. Lange blickte Dana hinüber. Ein einzelner Reiter kam heim. Er stand im Sattel und sang. Der Wind trug sein Lied bis zu ihr hinauf. Hunde liefen neben ihm her. Seine gewaltige Stimme vertrieb die Einsamkeit. Sie winkte ihm zu. Doch er sah sie nicht. Rhythmisch schlug er dem Pferd die Lederschnur um die Ohren, um die Mücken zu vertreiben. Ein prächtiges Tier! Die ganze Zeit lief es schon Galopp, bergauf und bergab und wurde nicht müde.

In der Nacht kam der Sturm zurück. Er drückte das Zelt zu Boden. Dana öffnete den Verschluss und rang nach Luft. Eisige Schwaden peitschten über sie hinweg, bald darauf wurde es schwül. Mückenschwärme stiegen aus den Tümpeln auf, versammelten sich im Schutz des Zelts und fielen über sie her.

Tagelang folgten sie dem Ongi bergab. Sturm, Sonne und Mücken begleiteten sie. Endlich weitete sich das enge Tal. Sie zügelten die Pferde. Unter ihnen glitzerte der Ongi als Strom im Sonnenlicht. „Wie schön!" Dana war begeistert. „Machen wir Rast! Wir waschen unsere Kleider. Dann gehe ich baden."

Wundervolle, friedliche Stunden brachen an. Die Luft war warm und leicht, das Wasser sauber, die Sonne mild. Schmetterlinge gaukelten durch die Luft, Vögel zwitscherten im Birkengrün, und Federwölkchen trieben über den Himmel. Ihre Wäsche flatterte im Wind. Hoygar lag im Gras und träumte. Dana nahm ihr Waschzeug. Sie wollte ausgiebig baden. „Das kann dauern. Sorge dich nicht!" Sie wanderte weit fort. Nichts war zu sehen, was ihren Frieden bedrohte: Kein Mensch, kein Wolf, kein Bär.

Nach langem Suchen fand sie hinter einer schroffen Felsrippe ein tiefes Bachbett und eine Kiesbank. Kleidung und Handtuch legte sie griffbereit auf das felsige Ufer und stieg nackt in den Fluss. In großer Ferne weideten Yaks. Ein Tier hob den Kopf und blickte zu ihr herüber. Die Yaks sind meilenweit weg, dachte Dana und tauchte unter. Das Wasser prickelte auf ihrer Haut. Sie aalte sich darin. Sie füllte Flusswasser in ihre leere Plastikflasche, seifte sich ein und schäumte ihr Haar. Die Flasche diente ihr als Dusche. Ein Donnern ließ sie zum Himmel blicken. Der strahlte freundlich auf sie hinab. Das Donnern kam näher, und die Erde bebte. Dana glaubte kaum, was sie sah.

IX.

Über die ganze Weite der Mongolei stürmte ein Yak heran, der immer größer wurde, bis er wutschnaubend am Ufer stand, den Kopf senkte, grummelte und schnaufte, mit den Vorderbeinen im Sand scharrte und eine Menge Dreck aufwarf.

„Ist ja gut, Zuckerschnute", sagte Dana singend. Mit Seifenschaum im Haar wollte sie ihr Bad noch nicht beenden. „Ich tue dir und deinen Kühen nichts." Sie fürchtete sich nicht wirklich. Der Stier gab ihr nur zu verstehen, dass er hier das Sagen hatte. Wenn sie gelassen blieb, würde er sich beruhigen. Yaks waren gezähmte Tiere. Sie waren an den Anblick von Menschen gewöhnt. Sie waren auch keine Raubtiere, was also konnte passieren?

Sie schäumte weiter, der Stier auch. Er schnaubte jetzt wirklich beängstigend und trampelte an den Ongi heran. Meilenweit war Platz, seine Kühe in großer Ferne, aber er markierte den Dicken. Dana schätzte das steile, felsdurchsetzte Kiesufer ab. So mächtig wie der Herr der Herde war, würde er kaum den schmalen Felsgrat hinab ins Wasser steigen. Wozu auch? Sie fraß ihm hier nicht das Gras weg. Dana wusch sich weiter, jetzt ein bisschen flotter. Der Yak setzte sich wie ein Zirkustier auf sein großes Hinterteil und rutschte das Steilufer hinab.

Von einem Moment auf den anderen war es mit der Ruhe vorbei. Steine und Sand polterten in den Ongi, dahinter tauchte der riesige Yak in das Wasser ein, löste eine Bugwelle aus und brüllte. Dana verlor die Fassung, das Shampoo und die Wasserflasche. Der Fluss wurde schlammfarben und trüb. Nur einige Meter weit entfernt stand der Yak im Wasser, pisste in die jungfräuliche Flut, senkte den Kopf und stürmte heran.

In einem heftig strömenden Gebirgsbach rückwärts zu fliehen und vor Angst nicht zu wissen, wohin, war eine neue Erfahrung. Der Stier hatte schon ganz andere tot getrampelt, dessen war sich Dana jetzt sicher. Sie brauchte gar nicht nach Hoygar schreien, fürs Kreischen fehlte ihr die Zeit und der

Junge war zu weit weg. Sie rutschte an glitschigen Steinen aus, verlor den Halt und die Nerven. Sie schrie jetzt doch, leider schon unter Wasser, bekam es in die Lungen, prustete, wusste nicht, wo oben und unten war und sah über sich die Silhouette des Stiers. Das Wasser dämpfte seinen Huftritt. Da ging er in die Knie und versuchte, sie niederzuwälzen. Sie hatte Todesangst. Im Ongi wirbelten Beine auf, plötzlich waren es viel mehr, als es sein sollten. Die Hand eines Reiters griff nach Dana und riss sie heraus.

Sonnenlicht fiel auf Danas Gesicht, auf das Pferd, das sie trug, auf den Reiter, der es ritt und sie im Arm hielt. Sie lebte, sie war entkommen. Aber der Stier war noch immer gereizt. Er stampfte mit den Hufen, wirbelte Unmengen Schlamm auf und ging auf den Reiter los. Es gab einen heftigen Zweikampf im Bach. Der Stier widersetzte sich sogar der Peitsche, die der Reiter mit Macht schwang. Dana hielt er dabei fest umklammert. Endlich trollte sich das Tier und stürmte brüllend zu seiner Herde. Sie ritten an Land. Dana glitt vom Pferd und rannte zu ihren Sachen hin. Sie war vollkommen nackt. Ihre Brüste wippten auf und ab, Wasserperlen glitzerten auf ihrer Haut. Mit nassen, klammen Fingern konnte sie den Deel nicht schnell überstreifen. Sie hoffte, der Reiter hätte sich abgewandt. Den Deel fest an sich gepresst, blickte sie sich nach ihm um.

Der Mongole saß auf seinem Pferd wie ein Denkmal und sah ihr zu. Ihre Blicke trafen sich. Einen winzigen Moment lang hatte ihn Dana für Baatar gehalten. Sekundenlang glaubte sie, Baatar habe sie gerettet. Der Schock, einen Fremden vor sich zu sehen, traf sie mit Wucht. Vorbei war es mit den romantischen Gedanken, Baatar wache über sie. Die Augen des Fremden, er mochte ein Hirte sein oder ein Jäger, signalisierten ihr die Realität. Dana kannte diesen Ausdruck im Gesicht eines Mannes. Sein Blick glühte so sehr, wie sein fester Griff noch auf ihrem Arm brannte. Er war entschlossen, sich zu nehmen, was sie ihm in ihrer Nacktheit anbot. Danas Kehle wurde eng. Sie suchte fieberhaft nach einem Ausweg. Wohin sie auch rennen würde, er würde sie packen. Konnte sie ihm einen Tausch anbieten, etwas geben, das ihm wichtiger war? Schließlich hatte er ihr Leben gerettet. Sie wollte ihm danken – aber nicht so! Gehetzt blickte sie sich um. Wo war Hoygar? Weit weg. Der Junge lag meilenweit entfernt im Gras und träumte von der Zukunft. Gab es noch andere Hirten hier? Vielleicht waren irgendwo Frauen und Kinder unterwegs? Nichts. Niemand. Ihr Hund ließ sich auch nicht blicken. Von Robert oder Baatar keine Spur. Zerschlagen all die schwärmerischen Gedanken, jemand sorge sich um sie. Vielleicht war das hier ihr Ende?

Der Reiter stieg mit großer Ruhe vom Pferd. Gelassen kam er heran, bis er vor ihr stand, die Augen zu schmalen Schlitzen geschlossen, die Lippen leicht geöffnet. Er packte sie und führte sie zu einem Wiesenfleck, zu einer Mulde unter Birkenstämmchen. Er sagte etwas. Knapp und eindeutig. Dana verstand jedes Wort. Ihre Sprachbegabung hatte einen Quantensprung in ungeahnte Sphären gemacht. Ohne Anstrengung begriff sie jede Silbe der fremden Mundart. Es ging um das Eine. Das lag auch nahe, wenn man ein nacktes Weib zu sich aufs Pferd geholt, den Körper an sich gepresst und den Arm um die wohlgeformte Brust geschlungen hatte. Dana konnte es ihm nicht wirklich verübeln und bebte gleichzeitig vor Zorn. Was gab ihm das Recht zu dieser Gewalt? Baatar fiel ihr ein. Vielleicht kannte der Fremde den berühmten Ringer und ließ vor Angst oder Respekt von ihr ab? Sie sagte: „Baatar." Noch im selben Moment hätte sie sich ohrfeigen mögen. Baatar hieß Held. ‚Du bist mein Held', hatte sie dem Fremden also suggeriert. Dana biss sich auf die Lippen. Wer einen Mann auf diese Weise einlud, durfte sich nicht beklagen.

Seine Augenbrauen schossen in die Höhe. Er lachte und nickte. Er war noch jung, knochig und groß, mit Sehnen und Muskeln, denen sie nichts entgegenzusetzen hatte. Dana dachte an ihr verbranntes Gesicht, das ihn nicht abschreckte. Das machte ihr wirklich Angst. In seiner Wahrnehmung war er ganz woanders. Gewöhnlich liefen die Männer von ihr fort, jetzt griff er nach ihr. „Nein!", sagte sie fest und wich zurück. Sie stolperte natürlich über einen dicken Ast, fiel hin und kam sich dabei so blöd vor wie in einem schlechten Film. Sekunden später begriff sie, dass sein gezielter Stiefeltritt ihre Wade umgeknickt hatte. So brachte man wahrscheinlich ein Schaf zu Fall, um es zu scheren.

Er kniete nieder und drückte sie auf den Boden. Yak- und Pferdedunst wehte zu ihr herab. Die Luft über seinem Kopf flirrte im Mittagsblau. Die Augen halb geschlossen, die rechte Hand auf ihren Hals gelegt, ohne sie zu würgen, doch dazu bereit, hielt er sich nicht lange mit einer Einleitung auf. Er schob ihren Deel zur Seite und legte seine Hand auf ihr Schamhaar, das noch feucht vom Wasser des Ongi war. Auch sein Deel stand offen. Die Kleidung ist praktisch, fuhr es Dana durch den Kopf. Mode war ihr Leben gewesen, warum sollte sie nicht auch ihr Ende sein? Niemand konnte ihr jetzt noch helfen. In Danas Augen brannten Tränen. Sie spürte seine Hände auf ihrem Körper und fühlte sich seltsam leer. Erinnerungen an die Zeit in der Klinik kamen hoch. Man hatte sie vorgeführt gehabt, ihr entstelltes Gesicht gezeigt, mit unbeteiligter Stimme das Ausmaß ihrer Verstümmelung beschrieben und Studenten an ihr herumtasten lassen. Sie war sich benutzt vorgekommen so wie jetzt. Ich lebe, dachte sie, trotzdem. Und ich will weiterleben. Sie gab ihren Widerstand auf. Sie dachte an Jens zurück. War sein Verrat an ihr nicht größer, als das Unrecht des Reiters?

Sie schaute dem Fremden direkt ins Gesicht. Er sah nicht böse oder brutal aus, er schien ihr fast schüchtern zu sein und war doch seinen Hormonen machtlos ausgeliefert. Er musste es tun. Er fuhr mit rauen Fingern über ihr Gesicht, über die Brust, den Bauch, die Hüften. Er sagte, sie sei schön, begehrenswert, aufregend und hinreißend. Dana verstand jedes Wort. Sie atmete tief durch und wagte nicht, sich zu wehren. Gewalt würde ihn nicht beeindrucken. Er würde fest und grob zulangen. Er ließ sekundenlang von ihr ab. Dana schöpfte Hoffnung. Doch sie hatte sich getäuscht.

Er fummelte an seiner Hose herum. Trotz aller Angst oder vielleicht sogar deshalb, spürte Dana hysterisches Lachen aufkommen. Denn nichts auf der Welt brachte sie mehr zum

Spotten als dieses Gemurkse am Hosenschlitz. Dressmen aus ihrer Branche waren begabt, das hatte sie mehrmals in den Pausen zwischen den Auftritten gesehen. Sie zuckten einmal mit ihrem knackigen Hinterteil und zogen sich mit einem einzigen gekonnten Griff die Hose herunter. Alles, was ihr jenseits der Dressmen begegnet war, fingerte dilettantisch herum und brauchte meist beide Hände, um mit dem eigenen Körper und der eigenen Hose klarzukommen. Das ließ sie jedes Mal kichern, da konnte die Situation gar nicht dramatisch genug sein. So hatte sie bei Jens stets darauf geachtet, dass sie ihm die Hose von den Hüften zog. Das gleiche hier zu tun, hatte sie absolut nicht vor. Sie erstickte fast an ihrer Hysterie. Er würde sie töten, wenn sie zu lachen anfing. Frau lacht Mann nicht aus, wenn er in voller Pracht vor ihr kniet! Dana schwitzte und zitterte. Sie hatte den Tritt des Hirten noch nicht vergessen. Aber der Mann schwebte über ihr, fast ohne sich auf sie zu stützen und entwickelte beim Entkleiden großes Geschick.

Dana sah ihm zu, redete sich ein, dass sie eine Vorführung besuche, etwas, das nichts mit ihr zu tun habe. Ihre Aufgabe war es, einen Mann beim Ausziehen zu bewerten, denn schließlich war sie der Profi. Sie würde Noten vergeben. Dazu war sie hier und diente nebenbei als Staffage. Sie beobachtete ihn genau und verglich ihn mit Bildern aus ihrer Berufswelt. Hinter den Vorhängen des Catwalk musste es immer schnell gehen. Viele Hände rissen den Models die Kleider vom Leib, um andere darüber zu ziehen. Da waren geübte Finger gefragt. Sie gab dem Reiter in Gedanken eine Eins. Er hatte schnelle, geschickte Finger. Er behielt sie im Blick, griff zielsicher an die Knöpfe seiner Hose und öffnete sie.

Er hat im Dunkeln geübt, viele tausend Mal, dachte Dana. Wer zu jeder Zeit bei Nacht nach den Herden sehen muss, greift beim An- oder Auskleiden nicht daneben. Die Hosen hier haben ja Knöpfe, denn Reißverschlüsse gibt es bei den Nomaden nicht, lenkte sie sich ab. Sie erinnerte sich der bunten Knöpfe, die sie im Lager der Jäger angenäht hatte. Der Fremde hatte jetzt alle geöffnet. Das war ruckzuck gegangen.

Er war talentiert. Er hatte sie ja auch links im Arm gehalten und mit der Rechten den Yak abgewehrt und dabei das Pferd aus dem Wasser getrieben, das Gleichgewicht bewahrt, die Situation richtig eingeschätzt, schnell und zielsicher gehandelt, ohne zu zögern. Noch eine Eins, sagte sich Dana. Was jetzt kommt, wird schnell gehen. Gleich ist es vorbei. Ich stehe auf, gehe zum Ongi, wasche mich und reite weiter. Kein Grund durchzudrehen. Nur das nicht. Zimperlich ist er sicher nicht. Und wahrscheinlich nicht gröber als Gynäkologen in der Klinik. Was das betraf, hatte sie schon einiges erlebt. Sie würde sich entspannen, bloß nicht verkrampfen. Trotzdem hämmerte das Blut in ihren Schläfen, und die Luft zum Atmen wurde ihr knapp. Ein großer Schatten streifte sie, ein Raubvogel kreiste über der Steppe. Ich lebe noch, wollte sie ihm zurufen. Komm später wieder.

Jetzt war die Reithose zurückgestreift. Verblüfft erkannte sie Boxershorts, ein modisches Ding in Schwarz mit verschlungenen gelben Ranken. Das überraschte sie sehr. Warum hatte sie nur geglaubt, seine Lenden wären mit Fell umwickelt? Er hielt inne und nahm seine Hand von ihrem Hals. Der Moment war günstig, ihn von sich zu stoßen. Das musste er in Danas Blick gelesen haben, denn als sie sich aufrappeln wollte, drückte er sie wieder zu Boden und presste ihre Kehle ein wenig zusammen. Dana verstand die Warnung sofort. Sie schloss die Augen und nickte ihm zu. Er nahm die Hand von ihrem Hals und legte sich auf sie.

Der Boden war weich und voller Mulden. Sie lagen in solch einer Vertiefung, über ihnen bebte bei jeder Bewegung ein Birkenzweig. Dana hoffte, Hoygar, wo immer er sei, entgehe das Gerangel der Beine. Er lässt die Stiefel an, dachte sie, als sie ihn in sich spürte. So also werden sie gezeugt die Mongolen, und so sterben sie auch. In den Stiefeln.

Sie wehrte sich nicht. Sie wollte nicht, dass er doch noch zuschlug. Er strich über ihre Wangen. Seine Finger waren schwielig und rochen nach Leder und Pferd. An ihren Brüsten fand er großes Gefallen, das hatte sie nicht erwartet. Sein Schnurrbart kratzte über ihre Haut, er schmiegte sich an sie wie ein Kind an die Mutter. Diese Pause behagte ihr gar nicht. Jeden Moment konnte Hoygar kommen. Sie bewegte sich und hob das Becken an, damit ihm wieder einfalle, warum er hier zwischen ihren Beinen lag und sie auf den Boden presste. Er murmelte etwas. Es klang - verdammt noch mal, genauso wie Jens und jeder Mann davor, der das Ende hinauszögern wollte. Er hatte keine Eile. Er ließ sich Zeit. Und er war ausdauernd. Vorsichtig griff sie nach seiner Hose, die um seine Schenkel lag. Er war noch immer misstrauisch, ob sie ihm nicht doch ein Messer zwischen die Beine jagen würde, bis er verstand, dass sein grober Hosenbund auf ihren Beinen scheuerte. Er streifte die Hose weiter hinunter. Dana sah seinen schlanken Körper. Er war so dünn wie sie selbst, ein sehniger, bronzefarbener Muskelstrang. Sie fragte sich allmählich, ob er Marathon laufe und woher seine Ausdauer komme. Sein Kappenhut mit der Wollknäuelspitze war ihm vom Kopf geflogen, aber sein Atem ging immer noch ruhig.

Es war grotesk. Was ihr gewöhnlich nicht lange genug dauern konnte, fand hier kein Ende. Dabei war es nicht wirklich schlimm. Sie verdrängte ihre Empörung und erinnerte sich daran, dass er ihr Lebensretter war und sie selbst ihn eingeladen hatte. Trotzdem hoffte sie, er würde endlich fertig werden. Was, wenn Adrian sie im Visier hatte? Er würde den Mongolen erschießen und selbst über sie herfallen. Was, wenn Hoygar kam? Der würde applaudieren. Und was würde geschehen, wenn Robert sie so sah?

Der Gedanke an Robert gab ihr einen Kick. Es geht auch ohne dich, mein lieber Robert, dachte sie plötzlich. Ich hatte immer gehofft, du würdest mich trösten, die Zurückweisung von Jens auslöschen und mich zum Träumen bringen. Weit gefehlt. Jens, dachte sie dann. Er hat es doch tatsächlich gewagt, mich fortzutreiben wie eine Aussätzige. Die vielen Nächte mit ihm fielen ihr ein. Die langen Stunden gemeinsamer Zärtlichkeiten. Sie hatte geglaubt, Jens liebe sie. Er hatte alles, was zwischen ihnen gewesen war, mit einer Abfindungszahlung abgetan. Dabei hatten sie über die Zukunft gesprochen gehabt. Sie wollten Kinder haben, eines Tages, wenn

Dana nicht mehr als Model ging. Drei Kinder, das hatten sie vereinbart. Geld war genug da. Sie würden eine Familie sein, ein winziger Fleck irdischen Glücks. Alles hatte Jens ihrer Narben wegen aufgegeben. Nichts von ihren Plänen war ihm wirklich wichtig gewesen. Er hatte sie weggejagt, hatte die Frau, die er heiraten wollte, den Mongolen überlassen, Kerlen wie diesem hier, der voller Begeisterung die wichtigste Sache der Welt mit ihr an einem milden Sommertag inmitten blühender Wiesen übte.

Sie stellte sich vor, dass Jens sie sähe. Er blickte auf sie hinunter, beobachtete den fremden Mann, der nicht schwitzte und keuchte, sondern sich langsam und genussvoll bewegte. Als ob er nicht genug von ihr kriegen könnte. Champagnerflaschen und Aktienkurse waren bei ihm kein Thema. Er lebte und liebte. Jetzt. Nicht irgendwann. Nicht wenn die Wette verloren oder gewonnen war, die Medien günstig berichteten, das Pferd entwurmt und das Essen gekocht war. Plötzlich wurde für Dana alles anders. Sie jagte ihre Gedanken an Jens und Robert zum Teufel. Sie spürte ein Glühen im Bauch, einen süßen Schmerz, der sie zwang, sich heftig zu bewegen. Sie konzentrierte sich einzig auf den Hirten oder was immer er sein mochte. Wenn jemals ein Mann in ihrem Leben Verführung, Lockung und Hingabe verdient hatte, dann er. Sie hörte auf, wie ein nasser Sack herumzuliegen, spannte die Muskeln an und gab sich begeistert Mühe. Ich glaub es nicht, dachte sie Sekunden später und warf den Kopf zurück. Ihr Zorn auf Jens, all das Elend der letzten Wochen und ihre Einsamkeit fanden endlich ein Ventil. Sie amüsierte sich!

Und so kam es, dass aus Zwang Vergnügen wurde, vom Körper diktiert, denn der Verstand schwebte irgendwo oben am weiten Himmel und hatte hier gar nichts mehr zu sagen. Sie wunderte sich, wie lustvoll man an die Sache herangehen konnte, kannte man den Partner nicht. Hoygar machte ihr anfangs noch Sorgen, doch sie vergaß auch ihn. Das Pferd wanderte fort. Dana hörte auf, sich schuldig zu fühlen, der Hirte schien ohnehin frei von solchen Gedanken zu sein. Morgen konnte das Pferd straucheln, ein Wolf, ein Bär kommen, man wusste nie, was das Leben so brachte. Sie wurden heftiger, vergaßen die Welt um sich herum, das Bienensummen und Murmeln des Ongi. Gemeinsam flogen sie in den mongolischen Himmel hinein. Sie hielt den Hirten fest umklammert, im Kopf nichts weiter als süße Leere.

Kurze Zeit später schlug sie die Augen auf. Er blickte sie an. Er schien ihr ausgehungert wie ein Steppenwolf zu sein. Kaum hatte er sich erholt, da fiel ihm noch einmal ein, wie günstig die Gelegenheit sei. Zum Glück bin ich durchtrainiert, dachte sie erschrocken, als er sich erneut in ihr bewegte. Der harte Ritt seit Wochen hat auch sein Gutes gehabt. Jens fiel ihr wieder ein und seine abendliche Bettgymnastik. Vorausgesetzt, er hatte nicht zuviel Champagner intus oder einen brisanten Termin im Kopf. Ging es wirklich um das gleiche Geschehen wie hier? Jens zivilisierte Alltagsroutine ohne Versuch, ihre Wünsche zu respektieren, kam ihr jetzt genauso barbarisch vor wie die Gewalt des Hirten. Sie blickte in sein scharf geschnittenes Gesicht, sah die spektakulären Wangenknochen, die schmalen dunklen Augen, das schwarze Haar. Ein mächtiges Volk! Wie viele Europäer mochten Dschingis Khans Erbe tragen, fragte sie sich, da er jetzt einfach nicht nachgab. So sehr unterschied er sich wohl nicht im Tun von den Horden des Khans.

Er hob sie ein wenig vom Boden hoch und ihr entglitt jeder Gedanke ins Körperliche. Sie tauschte sich mit ihm aus. Etwas von dieser wilden Landschaft ging auf sie über. Die frische Luft über der Steppe wurde Teil ihres Atems, und Sonnenhitze brannte in ihrem Schoß. Leder-, Pferde- und Yakdunst tränkte ihre Haut. Sie war dem fremden Land nahe. Sie konnte es mit jeder seiner Bewegungen aufnehmen und verstehen. Sein schwarzes Haar fiel ihr ins Gesicht. Sie schloss die Augen, vergaß, wer und wo sie war und kehrte erst wieder in diese Welt zurück, als er sich erhob.

Dana kam schwankend hoch. Sie nahm ihre Sachen auf und ging zum Ongi hinunter. Voller Scheu wagten sie nicht, sich anzusehen. Sie stieg noch einmal ins Wasser um zu baden, er hielt den Yak im Blick, pfiff nach seinem Pferd und ritt schließlich davon. Sie ging rasch zum Lager zurück.

„Fertig?", fragte Hoygar.

„Wir können weiterziehen." Hatte er etwas gesehen? Er gab sich gelassen wie gewöhnlich und ritt ihr voraus.

Ein einziges Mal wandte Dana sich um. Der Hirte saß auf seinem Pferd hoch über dem Ongi und blickte ihr nach. Sein Anblick schmerzte sie. Sie wusste nicht, warum. Er und sie? Das Ungeheuerliche schwand und machte etwas Neuem Platz: Stolz, nichts weiter! Stolz auf ihren Körper, der ihn verführt hatte und Stolz auf ihren Geist, der aus Gewalt Vergnügen machen konnte. Sie hätte sterben können und hatte überlebt. Sie hätte Schaden nehmen können und war heil. Sie war gut. Sie kam zurecht. Sie meisterte die Situation, das fremde Land, die Welt weit hinter dem Ural und jeden Schicksalsschlag, der ihr bereitet wurde. Daran würde sie nicht zerbrechen! Sie lachte über alles, was geschehen war, schnupperte an ihrer Haut, die trotz Bad nach Erde und Kräutern roch, nach Mongolei. Nie würde sie diesen Duft vergessen, diese Mischung aus Erdreich, Himmel und Luft, den zarten Thymiandunst, den Hauch von Feuer, Schaf und Yak, das Aroma von Steppengras und Weite. Dieser Duft gehörte nur ihr. Es war ihr ganz spezielles Bouquet, der Duft ihrer Stärke. „Ja!" rief sie und schnalzte mit der Zunge, bis ihr Pferd tänzelnd über die Steppe sprang.

Gegen Abend verflog der Zauber des Ongi-Tals. Die grünschillernden Libellen und blaufarbenen Schmetterlinge waren verschwunden, die zarten, gelben Blumen in Flussnähe verwelkt. Nirgends zwitscherte ein Vogel. Sie trabten um eine Rippe herum und prallten fast zurück. Eine schroffe, von Kratern übersäte und zerrissene Wüstenei lag vor ihnen. Der Abend war mild, die Luft lau, aber die Umgebung blieb trostlos, eine von Geröllhalden und Schotterpisten durchzogene Ödnis.

„Ninjas - Goldgräber", erklärte Hoygar. „Illegale."

Dana musterte das aufgewühlte Erdreich. „Sie graben einfach so?“ Auf dem Fluss schwappten metallisch glänzende Flüssigkeitsschichten. „Quecksilber? Und alles läuft ungefiltert in die Umwelt?“

„Ist alles verboten. Das Quecksilber, das Goldgraben.“ Hoygar ritt abseits der Goldgräberrouten nach Süden. „Besser, wir treffen sie nicht. Niemand soll sie sehen.“

Obwohl sie sich weit ab der Goldgräber wähnten, fanden sich die Illegalen bei Dunkelheit an Danas Feuer ein. Der Weg zu Dana war weit gewesen. Sie waren hungrig. Ausgemergelte Gestalten mit tiefliegenden Augen standen um sie herum, husteten und rauchten, tranken Tee und nahmen von Danas Essen. Dana war beunruhigt. Sie hoffte, ihr Hund liege irgendwo im Finstern und bewache ihr Lager. Ein echtes Gespräch kam nicht auf. Nur bruchstückhaft erzählten die Illegalen von ihrer Arbeit. Das Graben in den engen Tunnel sei gefährlich, man schlucke Staub und ersticke langsam. Sie seien Ninjas, eine Handvoll nur von den hunderttausend ihrer Art im ganzen Land. Wer seine Herden verliere, der käme hierher. Ihre dreißig Meter tiefen Löcher und Querstollen seien wie Gräber, die Frauen und Kinder im Fluss wandelnde Leichen. Das Quecksilber zerfresse ihren Leib. Mit etwas Glück fände man Gold für ein paar Dollar. Sonst müsse man hungern. Sie spuckten auf den Boden und gingen. Dana und Hoygar waren bestürzt. „Kommen sie wieder? Wo ist der Hund?“

Er lag vor Danas Zelt. Wachsame Augen glitzerten in der Dunkelheit. „Gut so“, lobte ihn Dana. „Braver Hund. Pass gut auf!“

Anderntags ging es eine steile Sandrinne hinab, mitten in eine Furt hinein, die hohe Kiesbänke säumten. „Wir müssen hier über den Ongi.“ Hoygar sprang ab und stieg ins Wasser. Dana folgte ihm zögernd. Sie gingen den Pferden voraus, das Wasser schäumte um ihre Beine, lief in die Stiefel und tränkte ihre Kleider. Dana kämpfte mit ihrer Angst. Schmutziges, reißendes Wasser zerrte an ihr. Zweimal glitt sie aus, hielt sich am Steigbügel fest und zog sich wieder hoch. Am Ende war es Amrag, der Dana sicher hinüberbrachte. Sie war vollkommen durchnässt. So konnte sie nicht weiterreiten. Hoygar hatte längst drei widerspenstige Tiere samt Ausrüstung über den Fluss geschafft. Sie kramte trockene Kleidung hervor und zog sich um. Die Stiefel waren nass und glitten nicht über die Hose. Sie zerrte und Hoygar schob. Das dauerte alles viel zu lange. Der Hund erschien an ihrer Seite und schüttelte sich. Dann knurrte er.

„Menschen?" Sie musterten den Hügelkamm. Sie standen an einer Enge, an einem Ort, der ideal schien für einen Hinterhalt. „Fort!", schrie Hoygar alarmiert. Im Galopp ging es das schmale Ufer entlang und um die Kiesbank herum. Dahinter weitete sich das Tal. Schrottreife, russische Jeeps tauchten auf und versperrten ihren Weg. „Wir trennen uns!" Hoygar jagte mit den Packpferden zwischen den Autos gegen Westen davon. Amrag wollte hinterher, die Autos schlossen dicht auf, das Pferd setzte zum Sprung an, flog über die Kühlerhaube und stürmte ins offene Land hinaus. Der Hund, das nahm Dana mit Entsetzen wahr, hielt sich dicht neben dem Pferd. Ein Schuss peitschte ihr um die Ohren. Sie sah den Kies aufspritzen. Amrag scheute, Dana verlor den Halt, griff in die Mähne und klammerte sich fest. Die Jeeps verfolgten sie. Hier war die Steppe glatt und eben. Die Autos konnten schnell fahren und jederzeit ein Pferd einholen.

Wie oft Dana auch später an das Ereignis dachte, sie korrigierte sich nie: Zwei ähnliche, aber doch unterschiedliche Szenen spielten sich gleichzeitig ab.

In Szene Nummer eins, wie sie es nannte, näherte sich ein Jeep. Darin erkannte sie die Illegalen von gestern abend wieder. Sie schwenkten Wodkaflaschen zu Hardrocktönen aus dem Autoradio. Sie lachten, grölten und schossen auf den Hund, ohne zu treffen. Ein schneller Geländewagen mit Doi am Steuer, mit Adrian samt Gewehr und Vera mit schussbereitem Fotoapparat brauste neben ihr über die Steppe. Der Hund lief knapp neben dem Pferd und suchte dort Deckung. Die Illegalen, für ein paar Dollar angeheuert, wie sie vermutete, hetzten sie über das Grasland. Hoygar mit den Packpferden schloss wieder zu ihr auf, um sie zu schützen. Vergeblich. Es gab kein Entkommen.

Adrian stand auf dem Trittbrett des Jeeps und schoss Amrag knapp vor die Hufe. Der Wallach sprang zur Seite, und der Hund verlor die Deckung. Der zweite Schuss traf ihn. Dana sah, wie er sich mitten im Lauf überschlug und in eine kleine Senke rollte. Hoygar preschte an ihr vorbei, stand in den Steigbügeln und schwenkte die Tuschaa. Der Lederriemen war zur Schlaufe geschlungen mit einem faustgroßen Stein darin. Er wirbelte die Tuschaa durch die Luft und schleuderte den Stein Richtung Jeep. Weit ab ging das Geschoss zu Boden. Adrian hob das Gewehr und zielte auf den Jungen. Aus einer Bodensenke tauchten plötzlich wilde Pferde auf. Es schien Dana, als ducke sich ein einzelner Reiter auf einem ungesattelten Tier. Er hob den Arm, etwas flog durch die Luft, es gab ein hohes Kreischen, als habe jemand mit einer Brechstange das Getriebe des Jeeps in voller Fahrt blockiert. Der Jeep machte einen Satz durch die Luft, schlug wieder auf dem Boden auf und blieb wie ein gestrandeter Käfer liegen.

Vera kroch aus dem Wageninneren mit bebenden weißen Wangen. Doi folgte ihr. Er hatte eine große Schramme am Kopf. Adrian blutete im Gesicht. Die Wucht des Aufpralls hatte das Gewehr an seinen Mund geschlagen, die Vorderzähne fehlten ganz. Die Nase war platt. Die Illegalen sahen den Unfall und flohen zu ihren Goldadern zurück.

In dieser Szene hielten Dana und Hoygar vergeblich nach dem Hund Ausschau. Weder in der Senke noch im Grasland fanden sie eine Spur von ihm. Auch die wilden Pferde waren fort. Sie ritten zu Adrian zurück, der auf Knien in der Steppe zwischen Millionen Steinchen seine Zähne suchte.

„Du hast was in die Fresse gekriegt“, urteilte Dana ungerührt.

„Der haut ab“, orakelte Hoygar, und Dana stimmte ihm zu. Das war kein Armbruch, das war weit schlimmer. Gebrochene Arme kannte man hier. Zerschlagene Nasen auch. Aber Zahnersatz? Die Jagd war beendet ohne Halali. Sie sahen es

Adrian an. Seine Lippen quollen auf. Er stöhnte und ächzte und sehnte sich nach Anästhesie und Europa, nach weißen Sälen, der Kunst moderner Ärzte, Betäubung, Röntgenbild und Infusion. Wie sollte er essen, sprechen, schlucken und atmen?

„Halt einfach dein Maul", empfahl ihm Dana, versprach Hilfe und ritt im Schritt Arvayheer entgegen, bis sie ein Sturm zur Eile zwang.

In der anderen Szene, und Dana war überzeugt, dass es zwei Geschehen am selben Ort zur selben Zeit gegeben hatte, donnerten erdfarbene Pferde neben den Illegalen über die Steppe und drängten sie ab. Die Staubwolken nahmen Dana jede Sicht, bis die Tiere in einer Senke verschwanden und sie mit Adrian allein auf der Steppe war. Er schoss auf den Hund, eine schwarze Fellkugel rollte über das Land und war verschwunden. Ein dunkler Blitz zischte wie der Schatten eines Raubvogels über die Steppe, traf Adrian mitten hinein in sein grinsendes Gesicht, schlug Doi auf den Kopf und streifte auch Vera. Der Jeep überschlug sich. Hoygar, der nach dem Hund suchte, brüllte Dana zu: „Hier ist kein Hund, auch kein Blut!"

In dieser Szene rappelte sich Vera auf und drohte ihm mit der Kamera. „Ich habe alles geknipst. Du hast uns mit dem Stein getroffen. Du landest im Knast. Du kriegst Prügel." Dunkle Schwaden umflossen sie, wehten fort und ballten sich wieder zusammen.

„Dumme Frau!", brüllte Hoygar zurück. „Du rufst den Sturm!" Er trieb sein Pferd im Kreis um sie herum, bis Sand aufwirbelte. „Dumme, dicke Frau! Sandsturm kommt! In den Jeep mit dir! Verstopf die Fenster!"

Flach auf ihre Pferde geduckt, jagten Dana und Hoygar Arvayheer entgegen. Eine heiße Welle peitschender Sandkörner trug sie windgeschwind an die Stadt heran. Kaum hatten sie die ersten Jurten und Holzhäuschen erreicht, riss sie der Sturm fast von den Tieren. „Da hinein!", schrie Dana, ohne zu wissen warum, und zügelte Amrag. Aus einer Jurte stürmten ihr Kinder entgegen, die ihre Pferde ergriffen und hinter geflochtene Schilfzäune in Sicherheit brachten. Sie spurteten in die Behausung hinein, zu alten Leuten, die rauchend am Boden saßen. Man grüßte sie wie liebe Bekannte, lud sie zum Essen ein und schöpfte ihnen Airag in die Schale. Der Sturm heulte um das Filzzelt, und Sandkörner prasselten auf Dach und Wände. Die Jurte gab ihnen Schutz und Sicherheit.

„Unsere Tochter betreibt nebenan einen Gasthof für Pferd und Reiter, einen Unterschlupf", erklärte ein alter Mann, als Hoygar und Dana gegessen hatten. „Dorthin haben die Kinder die Pferde gebracht. Dort könnt ihr bleiben."

Dana verbeugte sich vor den Alten. „Ich danke euch. An der Ongi-Enge sind drei Menschen in einem verunglückten Jeep mitten im Sturm. Zwei von ihnen sind verletzt. Sie brauchen Hilfe."

Man nickte bedächtig und lächelte. „Das wissen wir." Man widmete sich der Nudelsuppe, die auf dem Ofen köchelte und jetzt in Schüsseln geschöpft wurde. „Es hat keine Eile. Hörst du den Sturm? Er wütet noch immer. Sie werden warten müssen."

„Sie könnten Schaden nehmen." Dana ließ nicht locker, trotz allem. Vera war hilflos und Adrian schwer verletzt. Ob Doi noch fahren konnte? Sie wusste es nicht. „Wir müssen ihnen helfen."

„Wir entscheiden nicht darüber." Die Alten wiesen zum Himmel. „Der Wind hat entschieden. Er prüft sie."

Dana horchte auf den Sturm. „Ist er nicht schwächer geworden?"

Die Menschen schlürften die Suppe und lauschten dem Wind. „Hörst du sein Lied?" Ein Alter erhob sich und sang jetzt mit dem Sturm. „Sie werden beben", übersetzte Hoygar. „Sich fürchten, um Luft ringen, Schmerzen haben und warten. Warten, warten, warten. Hoffen und bangen und warten. Sie werden Angst atmen und Unruhe trinken, sie werden sterben oder begreifen: Dies ist ein Land für Geduldige."

Das Städtchen Arvayheer gefiel Dana und Hoygar nicht. Nach der Einsamkeit von Steppe und Bergland kam ihnen das Zentrum des Aimag-Verwaltungsbezirks wie eine tosende Großstadt vor.

Wohin sie auch blickten, meist trieben Staubwirbel über den Asphalt und Plastiktüten verfingen sich an Hausecken. Frauen in sensationell hohen Stöckelschuhen staksten über den löchrigen Bürgersteig. Busse und Lastwägen stießen dunkle Dieselwolken aus, hupten ohne Unterlass und nahmen bevorzugt den kleinen Dreirädern die Vorfahrt, bis diese scharf bremsten und ihre Lasten auf die Straße kullerten. Schilder wie ‚New Tokyo' oder ‚Shanghai-Night' warben für Karaoke-Bars. Fleckige Jurten duckten sich hinter riesige Satellitenschüsseln. Die Stadt war staubig, die Sonne heiß. Baracken standen am Straßenrand, dort, wo schmucke Häuser sein sollten. Es gab kein Grün, keine Blumen. Zerlumpte Menschen querten ihren Weg, Burschen mit Zigaretten im Mund und ungewaschenen Haaren. Kinder schnieften an der Hand ihrer Mutter. Alte Frauen schleppten große Säcke. Verlebte Männer lungerten herum. Prostituierte blickten Hoygar hinterher und winkten ihm zu.

„Morgen brechen wir auf." Die letzten Einkäufe waren getan, das letzte warme Essen eingenommen. Hoygar liebte die Buuds, die fleischgefüllten Teigtaschen, die ihre Wirtin in heißer Brühe servierte. Doch nicht einmal diese konnten sie verführen, noch länger in Arvayheer zu bleiben. Sie hatten nach Robert und Vera Ausschau gehalten, doch keiner von beiden ließ sich blicken. Jedes Mal, wenn Dana einen Polizisten sah, überkam sie ein ungutes Gefühl. Würde man ihnen die Schuld an dem Unfall geben? Und was war mit den Verunglückten geschehen? Hoygar tröstete sie bei solchen Überlegungen. Der nächste Treffpunkt mit Vera lag am Ongi, gleich neben den Ruinen von Kloster-Ongi, mitten in der Gobi. Spätestens dort würden sie erfahren, wie es Vera und Adrian ergangen war.

„Bis dahin ist es noch weit."

„Geduld", antwortete der Junge.

„Ich muss noch einmal telefonieren", erklärte Dana. Sie hatte Herrn Zaysan in Ulan Bator erreicht, ein Ferngespräch zu ihrer Mutter war aber bisher nicht zustande gekommen. Von Stunde zu Stunde wurde Dana nervöser. „Komisch." Dana trat unruhig von einem Fuß auf den anderen. „Sie geht nicht ran." Ihre Mutter hatte keinen Anrufbeantworter, denn sie hasste alle technischen Finessen, also blieb Dana nichts Anderes, als auf das ferne, unbeantwortete Klingeln zu lauschen. Sie rief ihre Nachbarin in Deutschland an und hörte, dass bestimmt alles in bester Ordnung sei. Aber sie könne es doch in einer Stunde noch einmal versuchen? Dana blickte ungeduldig auf die große Uhr in der Schalterhalle. Das Postamt würde bald schließen. „Meine Mutter ist nicht da", ließ sie Hoygar wissen. „Ich habe mit der Nachbarin gesprochen. Sie sagt, alles wäre in Ordnung. Aber das reicht mir nicht. Ich will endlich mit ihr reden. Wo ist sie nur?"

„Sie ist gesund." Der Junge reagierte erstaunt. „Warum sorgst du dich dann?"

„Ich rufe an, und sie ist nicht da!"

Ein Lächeln huschte über sein Gesicht. Er nahm seine und Danas Finger zu Hilfe. „So viele Tage und Wochen sind wir im Grasland unterwegs. Deine Mutter ist immer da. Sie wartet auf dich. Du rufst sie nie an. Jetzt ist sie fort und du rufst an und sie ist nicht da. Darüber bist du böse. Warum?"

„Stimmt gar nicht." Dana ließ sich noch einmal mit der Nachbarin verbinden. Der Junge quetschte sich zu ihr in die Telefonzelle. „Leben sie zusammen in einer Jurte?", flüsterte er, als er die fremde Stimme hörte. „Nein." Dana schob seinen Kopf vom Hörer weg. Ihre Mutter solle sich ein Handy zulegen, beauftragte sie die Nachbarin im fernen Deutschland. Möglichst sofort. Sie habe es satt, in einer stickigen Zelle ihre Zeit mit Telefonieren zu vertun. Ob sie einen Zettel an die Wohnungstür ihrer Mutter hängen könne?

Hoygar war höchst unzufrieden mit ihr, als sie das Postamt verließen. „So spricht man nicht miteinander!", tadelte er Dana. „Man erzählt von den Pferden, beschreibt die saftigen Weiden, erkundigt sich nach den Herden der anderen, fragt, wie der letzte Winter war und wie viele Tiere im Schneesturm umkamen. Man spricht vom letzten Naadam-Fest und der

Schnelligkeit der Rennpferde. Man erzählt von den Ringern und Bogenschützen. Danach kann man die Nachbarn um etwas bitten."

„Wunderschön", stimmte ihm Dana zu und legte ihren Arm um seine Schultern. „Wunderschöne mongolische Lebensart. Und was ist das hier?" Sie drehte seinen Kopf zur Seite. „Was ist mit dieser Frau hier? Sie liegt betrunken vor dem Postamt. Sie lag schon dort, als wir vor Stunden zum ersten Mal hier waren. Keiner kümmert sich um sie. Wenn eine Betrunkene vor dem Postamt liegt, holen wir die Sanitäter. Wir reden nicht hübsch herum, wir handeln."

„Man kann erst reden und dann handeln." Er gab nicht klein bei.

„He", erinnerte ihn Dana. „Dschingis Khan war sehr direkt, er wählte nie einen Umweg. Deshalb hat er alle bezwungen. Niemand weiß genau, warum er so erfolgreich war, aber schöne Worte allein waren es sicher nicht. Damals war die Mongolei ein Weltreich. Sieh sie dir heute an! Es wird zuviel Wodka getrunken! Du bist mit ihm verwandt, du musst genau wie er einen geraden Weg gehen!"

Sie hatten kaum die kleine Stube im Gasthof betreten, als ihnen die Wirtin einen Besucher meldete. „Ein Offizieller", erklärte sie mit großen, erschrockenen Augen, als käme dies einem Todesurteil nahe. Hoygar und Dana erstarrten. Der Moment, vor dem sich beide zusammen und jeder des Nachts allein gefürchtet hatten, war gekommen. Dana fiel auf der Stelle eine ganze Reihe möglicher Verstöße gegen das mongolische Gesetz ein. Sicher hatte Adrian sie angezeigt. Sie war mit einem Straßenkind und gefälschten Papieren unterwegs. Vielleicht warf man ihr Körperverletzung und Kindesentführung vor? Wie sie es auch betrachtete, man würde ihr den Jungen wegnehmen. Was würde man Hoygar antun? Ihre Augen brannten. Hoygar kam ihr unglaublich klein und hilflos vor. Vielleicht war der Junge nicht einmal vierzehn Jahre alt. Seine Hose hing an seinen schmalen Hüften, die dünnen Arme schienen viel zu lang für den Körper zu sein. Dana überlegte fieberhaft. Konnte sie den Offiziellen bestechen? Vielleicht ließ er Hoygar laufen?

Der Offizielle, ein Herr im dunklen Zweireiher trat an sie heran und stellte sich vor. Er sei Beamter des Aimagzentrums, erklärte er auf Englisch. Er habe Zeugen dabei. Er schnippte mit den Fingern. Zwei Polizisten gesellten sich zu ihm. Alles ginge seinen rechten Weg, fuhr er fort und verbeugte sich. Die beiden Polizisten verbeugten sich auch. Sie grinsten dabei und ließen gelbe Zähne sehen.

Kam der Mann wegen Adrians Unfall? Hoygar stand neben Dana und rührte sich nicht. Sie spürte Hitzewellen durch ihre Narben pulsieren. Würde man sie verhaften? Sie stellte sich eine mongolische Zelle vor und wurde blass. Hoygars Gesicht sah wie graugrüner Stutenmilchkäse aus. Seine Lippen waren blutleer. „Wenn sie mich einsperren wollen, fliehe ich“, flüsterte Hoygar auf Deutsch. Dana stellte sich vor ihn. „Bleib hinter mir.“ Ihre Stimme zitterte. „So einfach kommt niemand an mir vorbei!“

„Ich habe Ihr Bild in der Zeitung gesehen“, begann der Offizielle mit sanfter Stimme. „Information ist eine gute Sache.“

Dana wurde es womöglich noch elender als zuvor. Will er eine Antwort? fragte sie sich. Von mir, von Hoygar? Der Junge war wieder nach vorn getreten und blickte starr geradeaus. So mussten sich die Krieger des Dschingis Khan verhalten haben, wenn er sie in Zehnerschaften antreten ließ, um einen Schuldigen zu finden. Allein dem Khan war es vorbehalten, zu brüllen und zu wütend, während alles um ihn herum erstarrte. Das reglose Stehen musste in Hoygars Genen liegen, selbst heute noch.

„Die Hauptstadt ist weit weg. Die Regierung muss sich auf ihre Beamten verlassen können“, fuhr der Offizielle fort. Die Polizisten grinsten noch immer. Dana fragte sich, ob sie ganz bei Trost waren.

„Schon die alten Khane haben sich auf ihre Beamten verlassen können. Daran hat sich bis heute nichts geändert.“ Der Mann machte eine unheilvolle Pause. „Niemand reitet einfach so durchs Land, wenn er ein Waisenkind aus Ulan Bator ist, es sei denn, er hat eine Lizenz. Ich muss sie sehen." Er zog ein Schreiben hervor, das seine Ermächtigung dokumentierte.

„Natürlich." Dana nahm das Schreiben, das sie nicht lesen konnte. Sie verstand weder die Schrift noch die Sprache. Aber sie gab vor, es zu entziffern, um Zeit zu gewinnen. Sie fuhr sogar mit ihren Fingern die Zeilen entlang. Sie rückte ihre Gesichtsmaske umständlich zurecht. Hoygar war ein Straßenjunge mit gefälschten Papieren. Was konnte sie tun? „Vielleicht sollten wir erst Tee trinken?", schlug sie vor. „Sicher haben Sie lange auf uns gewartet. Wir wollen nicht unhöflich sein." Dana gab der Wirtin einen Wink. Sie ließ Tee und Kekse servieren, bat um Honig und süßen Quark und fragte den Beamten tatsächlich nach dem Wohlergehen seiner Herde und den Verlusten im letzten Winter. Bei so viel unerwarteter, geschliffener Lebensart eines weißen Teufels - wie westliche Touristen gerne genannt wurden - vergaß er beinahe seinen Auftrag. Dana witterte ihre Chance und ließ Airag servieren. Die Wirtin brachte ihn in kleinen Gläsern. Sie wusste, dass Touristen nicht gerne aus einer gemeinsamen Schale trinken. Das gab Dana eine Idee. „Sag ihr, sie soll mir nur Wasser geben", raunte sie Hoygar auf Deutsch zu. „Ich trinke die Kerle unter den Tisch!" Um ihrer Bitte Nachdruck zu verleihen, legte sie gleich ein paar Dollar dazu. Aber die Wirtin hatte schon begriffen. Ihre Augen blitzten. Staatsbeamte waren selten erwünscht. Und Frauen hielten zusammen.

Inzwischen war die Gaststube bis auf den letzten Platz besetzt. Dana hatte längst die Kontrolle verloren, wer alles von ihrem Schnaps trank. Sie und Hoygar hielten sich ans Wasser, das so milchig und trüb wie Airag aussah. Trotzdem fühlte sich Dana benebelt. Das lag an der Ausdünstung der anderen und an der Anstrengung, den Beamten nach der Gesundheit seiner Tanten, Onkel und Nichten zu fragen, nicht zu vergessen die Schwägerin, das Neugeborene und den Opa. Dana kannte inzwischen die Lebensgeschichte der ganzen Sippe. Immer mehr Menschen drängten in die Stube, obwohl es keinen freien Platz mehr gab. Airag- und Rauchschwaden wallten durch den Raum. Längst hatte Dana auch Schnupftabak und Fettgebackenes servieren lassen, es wurde gelacht, geniest und getrunken, bis einer der Gäste die Augen verdrehte und zu Boden ging. Nur der Offizielle schien Airag resistent zu sein. „Die Lizenz“, lallte er, jetzt doch reichlich angeschlagen. Dana gab sie ihm. Sie wusste, wann sie verloren hatte.

Der Mann setzte umständlich seine Brille auf. Schon beim Lesen der ersten Seite beschlug sie. Er nahm sie ab, wischte sie trocken und las weiter. Die Brille beschlug erneut. Danas Nerven vibrierten. Warum ließ er sich so viel Zeit? Er genießt seinen Auftritt und die Angst, die er verbreitet. Mongolische Folter, dachte sie. Ihr luxuriöser, grob gestrickter Cardigan-Pullover mit Pferdemotiv, den sie heute trug, kratzte wie ein billiges Ding. Hoygar glich einem Denkmal. Nicht einmal sein Brustkorb ging auf und ab. Auch er trug keinen Deel, sondern ein Shirt aus Danas Sammlung. Er war in den Anblick eines Fettflecks auf seinem pinkfarbenen Outfit vertieft.

Der Beamte schnaufte jetzt durch die Nase. Die Polizisten hörten auf zu grinsen und wurden ernst. Er schnaufte wieder, und sie zuckten zusammen und nahmen Haltung an, was nach so viel Airag nicht ganz einfach war. Selbst der Beamte straffte seine Schultern. Er gab die Papiere zurück, seine Hand bebte. Dann verneigte er sich. Dana sah das dicke schwarze Haar auf seinem Hinterkopf, einen Haarwirbel so mächtig wie ein Wasserstrudel. Sie sah das feste braune Genick mit den Muskelsträngen. Sein Gesicht sah sie nicht mehr. Rückwärtsgehend reichte er ihr die Hand. „Welche Ehre, Ihnen begegnen zu dürfen. Alles Gute zwischen Himmel und Erde!“ Die Tür zur Gaststube fiel sanft ins Schloss.

Dana packte sich Hoygar mit dem wachsbleichen Gesicht. „Was steht da?“ Sie wandte sich an die Wirtin, die ausgezeichnetes Englisch sprach. „Übersetzen“, flehte sie. „Bitte! Ich bin einem Herzinfarkt nahe. Was um Himmels Willen steht in den Papieren?“

Die Wirtin las, erstarrte, las erneut und verbeugte sich ebenfalls. „Madam Dana ist eine herausragende Persönlichkeit", flüsterte sie. „Ich fühle mich sehr geehrt." Sie hielt das Dokument in das Licht einer trüben Glühbirne und übersetzte so schnell, dass es Dana schwindelte: Mit diesen Papieren habe sie die Patenschaft für Hoygar übernommen. Sie hafte mit ihrem Privatvermögen für Hoygars Ausbildung und seinen Lebensunterhalt bis zu seinem Studienzeitende in zwölf Jahren, ermögliche ihm mindestens zweimal jährlich einen Aufenthalt im europäischen Ausland oder den USA von nicht weniger als jeweils vier Wochen, kleide und ernähre ihn, stehe ihm bei Krankheit bei und verpflichte sich, ihn nach den Regeln mongolischer Lebensweise zu behandeln.

„Patenschaft, mongolische Lebensweise?", wiederholte Dana erschüttert. Hoygars vorhin noch bleiches Gesicht war jetzt hochrot. „Du und ich, wir zwei?" Sie musste an ihre erste Begegnung mit Hoygar denken, an Frau Tsaka und ihren Winkeladvokaten, das kleine Vermögen, das über die Theke gegangen war, an ihre blauen High-Heels und den Swiss-Bag. Sie fiel Hoygar um den Hals. „Mensch, Mann, Junge!" Sie weinte vor Erleichterung. Hoygar weinte auch. Das blieb nicht ohne Folgen. Die ganze Gaststube erfuhr von der Geschichte und löste sich in Tränen auf. Dana trank jetzt Schnaps aus einer Airagschale, die ihr sofort von Hoygar entrissen wurde. Sie glotzten sich an, umarmten sich wieder und tanzten durch die Stube. „Tango!", rief Dana. Sie wirbelte Hoygar herum. Irgend jemand im Saal hatte ein Tonbandgerät, Musik setzte ein. Sie schwankten im Walzerschritt über den Boden und legten ein paar Schritte Salsa auf die alten Holzplanken. Die Mongolen sprangen auf und tanzten mit, Stiefelabsätze knallten auf Holz und Schüsseln wurden wie Trommeln geschlagen. Ein Reporter kam und schoss Fotos. „Geben Sie mir ein Interview!", bat er Dana, die Hoygar gerade mittelalterlichen Kratzfuß und Handkuss beibrachte. Sie wirbelte an ihm vorbei. Hoygar war ein begnadeter Tänzer, der ihr unerschrocken folgte. „Nur eine einzige Frage!", bat der Reporter. Seine Kamera zoomte bereits ihr Bild heran. Dana wurde von allen Seiten bedrängt. Jeder Mongole wollte mit auf dem Foto sein. Der

Reporter setzte sich durch. „Was veranlasste Sie, die Patenschaft für ein Waisenkind zu übernehmen?"

Dana wurde sekundenlang nüchtern. Sie dachte an ihre Wette mit Adrian, an Zottel, um den sie geweint hatte, an den Hund, den Adrian erschossen, an Robert, der sie nicht leiden konnte, an Baatar und den mongolischen Catwalk und an den Yak-Hirten und ihre Begegnung am Ongi. „Glauben Sie mir", bekannte sie tief erschüttert. „Mit Verstand hatte das nichts zu tun."

„Kleine Mutter!", riefen die Mongolen. Diese Frau ließ sich von ihrem Gefühl leiten! Sie hatte weder die finanzielle Belastung noch die menschliche Herausforderung in ihre Entscheidung miteinbezogen, sondern allein ihr Herz sprechen lassen! Sie ließen Dana und Hoygar hochleben. *„Nermel arhi"*, verlangten sie von der Wirtin. Bei einem solchen Anlass musste es Milchschnaps geben!

„Feiern wir!", rief Dana. Ihr war alles recht. Die Wirtin sah ihren Moment gekommen: Sie tischte Hefeklöße und Ziegenfleisch, Nudeln, Gurken und Kraut in riesigen Schüsseln auf, aus denen sich ein jeder bediente. Es gab Kohlsuppe und *Boodog*, das im Tierbalg gekochte Murmeltierfleisch, gebratene Eier, geschmorte Pilze, Schafsfleisch und Hühnerschenkel, Fettes und Gesalzenes, Gelbschimmerndes und Käsigweißes. Die Gesichter glänzten vor Bratenfett und Freude. Hoygar war ein Glückskind. Jeder wollte ihm nahe sein. Der Raum wurde immer voller und die Luft stickiger. Die ersten Gäste fielen vom Stuhl und der Milchschnaps floss weiterhin in Strömen. Die Dunkelheit kam, die Schüsseln wurden neu gefüllt, Sturm tobte um die Stube, Mondschein fiel durch die Fenster und die Menschen feierten. Als das Sonnenlicht in ihren Augen brannte, hatte man sich endlich genügend Mut angetrunken, um Dana zu sagen, dass sie nicht makellos sei. „Du hast nur einen Fehler", lallte der Reporter, der noch ein paar Worte auf Englisch beieinander hatte. „Du bist großherzig und schön, aber keine Mongolin!" Sein Kopf sackte auf die Tischplatte und er schlief ein.

Das Land jenseits von Arvayheer war flach wie ein Hackklotz, auf dem sich die Sonne anschickte, sie hinzurichten. Die Pferde schlurften immer geradeaus, egal, in welche Richtung sie zogen. Nichts vor oder hinter ihnen, am östlichen oder westlichen Horizont, gab ihnen Auskunft über Distanz, Ziel und Zurückgelassenes. Dana und Hoygar mussten sich mächtig konzentrieren, um in dieser Öde nicht einfach nur im Kreis zu gehen.

„Hoygar?", fragte Dana einmal matt und fügte erst Minuten später hinzu: „Reiten wir noch nach Südosten?"

Er sagte nichts. Er fuchtelte kraftlos mit dem Taschur herum, ließ schließlich den Arm schlaff hängen und vergaß die Antwort.

Die Frage war rein rhetorisch, denn es war ja Dana selbst, die dem Jungen unterstellte, er kenne die Himmelsrichtungen nicht. Andererseits wusste sie, dass er von einem inneren Kompass getrieben, das Ziel fand. Sie hatte aufgehört, sich Sorgen um ihre Finanzen und das zukünftige Leben mit Hoygar zu machen, denn Eintönigkeit und Hitze kochten ihren Verstand ein und ließen alle Wenn und Aber schrumpfen bis zur Bedeutungslosigkeit. Wo waren sie und was taten sie hier? Unwichtig. Der gleichförmige Schritt der Pferde lullte sie ein, erst Stunden später schreckten sie hoch. Eine winzige Baracke tauchte am Wegesrand auf. „Südosten", murmelte Hoygar und zockelte weiter.

„Warum Südosten?", fragte Dana Hunderte von Metern später.

„Tankstelle", antwortete er nach mehr als einer Stunde. „Steht im Südosten von Arvayheer."

Mit großer Anstrengung zog Dana die Landkarte aus der Hosentasche, ein knisterndes Geräusch, das Zottel – möge er in Frieden grasen, zum Durchgehen veranlasst hätte. Nicht so ihren staubbedeckten Braunen, den gehorsamen Amrag. Er ließ den Kopf noch tiefer hängen und schlappte apathisch weiter. „Wir müssen nur dem Ongi folgen." Dana spähte umher. Nirgendwo konnte sie eine Veränderung der Landschaft ausmachen, die auf ein Flussbett schließen ließ.

Hoygar machte sich nicht die Mühe zu antworten. Er wies mit dem Taschur auf den Boden.

„Fließt der Ongi unterirdisch?"

Nichts. Der Junge tat, als hätte er die Frage nicht gehört. Oder hatte sie gar nicht gefragt? Dana wusste es nicht. So wie heute würde es noch tagelang weitergehen, bis sich das Gehirn der Ebene anpasste und vor dem Nichts verflachte. Die Schritte wurden kleiner, das Herz verzagte, das Gehirn schrumpelte, die Gedanken verdorrten, der Mut sank, und schließlich verging auch der Beweggrund, südwärts zu ziehen. Was wollten sie dort, hinter jener flimmernden Linie, die vor ihnen zurückwich, je näher sie kamen? Dana hatte es vergessen. Sie wollte Hoygar danach fragen, doch mit der Zeit vergaß sie auch das.

Die Zeit dehnte sich endlos, die Haut brannte, jeder neuer Tag schien länger als der vorherige, die Sonne bewegte sich nicht, es waren die Menschen, die um sie herumkrochen, immer in der Hoffnung auf Schatten. Am Abend sank die glühende Himmelskugel hinter den Horizont, oder sie kippten über den Bannkreis ihrer Strahlen in die beginnende Nacht hinein, Dana kannte den Unterschied nicht. Jetzt glühte in der Ferne eine Jurte im Abendlicht auf. Teilnahmslos trotteten sie vorwärts. Jurte war Wasser, Wasser war Leben. Sie sprachen nicht darüber. Das Land war sparsam, und die Worte passten sich an. Die Pferde hatten das Denken übernommen. Wie von Geisterhand geführt, fanden sie die einsame Jurte auf kargem Boden und den Wassertrog am Ziehbrunnenrand. Dort blieben sie stehen und senkten die Köpfe.

Minuten später stürmten die Hunde heran, Kinder folgten und schließlich die Jurtenbewohner auf Motorrädern. Ein Ziegenbock äugte aus dem Schatten der Satellitenschüssel herüber, doch fürs Aufstehen war es zu heiß. Das Windrad am Jurtenrand drehte sich kaum, die Hunde japsten und legten sich nieder, vergaßen das Beißen und Bellen, die Pferde schliefen im Stehen ein, die Sonne kroch weiter und Dana in den Schatten der Jurte.

Die Nacht kam, mit ihr der Wind, noch eben ein laues Lüftchen und jetzt schon kalt, unerbittlich und drohend über die Ebene brausend. Dana fror, sie klapperte mit den Zähnen, suchte nach Strümpfen, nach Schlafsack und Zelt. Mit klammen Fingern schlug sie die Pflöcke ein, der Wind wurde Sturm, riss die Verspannung heraus, häufte Sand und Staub an und tobte die ganze Nacht.

Nach einigen Tagen verlor sie den Zeitbegriff. Sie war in einer Endlosschleife gefangen. Alles wiederholte sich, die einsamen Jurten glichen einander wie die dunklen Gesichter ihrer Bewohner, jedes Zelt hatte Windrad, Solarenergie und TV-Empfang, zu allen Zeiten flimmerte die Glotze, sie sahen stets Serien aus USA, von einer Welt, die ihr noch fremder schien als das Leben hier. Die Stutenmilch gärte im Tierbalg vor sich hin, der Quark trocknete neben Fliegen und Staub, der Milchtee wurde gesalzen, das Fett war ranzig, der Gast willkommen, die Menschen waren still und freundlich, die Kinder meist krank mit bösem Husten, die Pferde mager, die Landschaft öde. Wie weit mussten sie heute noch reiten? Das Nachdenken peinigte sie so sehr, als müsse sie ein mächtiges Gewicht stemmen. Zum Denken und Formulieren war es zu heiß. Im Süden schwankte ein dürrer Strauch im Wind. „Jetzt sind wir in der Gobi“, behauptete Hoygar.

„Was? Wo?“ Dana sah sich um. Ihre Augen schmerzten vor Hitze. Was unterschied diese traurige Ebene von jener hinter ihr? Waren sie über eine Demarkationslinie geritten, hatten sie einen Schlagbaum passiert, auf dem stand: ‚Willkommen in der Gobi, Weiterreiten nur für Verrückte?‘

Der dürre Busch war jetzt zum Greifen nah. „Saxaul“, erklärte Hoygar und nickte der Pflanze zu, als handle es sich um einen alten Bekannten. „Saxaul wächst nur in der Gobi.“

Kaum ausgesprochen, versanken die Pferdehufe im Sand. Ein weißer, feiner Puder legte sich wie ein Schleier auf Danas schwitzende Haut. Sie durchquerten eine Senke, saßen ab und führten die Tiere durch die Düne. Jeder Schritt quälte, die Stiefel fanden kaum Halt im Untergrund. Sie erklommen eine

Kuppe und saßen wieder auf. Eine Schotterebene löste den Sandstreifen ab, noch staubiger, trostloser und steiniger als alles bisher Gesehene.

Sie ritt durch die Gobi!

Dana erschauerte. Sie dachte an die Strecke, die sie bisher bewältigt hatte und an das, was noch vor ihr lag. Als Kind hatte sie mit Gänsehaut von den Abenteurern gelesen, die durch die Gobi zogen. Diese sagenhafte Wüste lag mitten im Nirgendwo, lag jenseits aller Ziele, die sie je hatte erreichen wollen. Und jetzt ritt sie mitten hindurch! Sie wurde so munter und wach wie seit Tagen nicht mehr. Sie, das Topmodel, dem man nichts zutraute, wagte dies! Sie, die für immer durch Narben entstellt war, die weder Spuren lesen konnte noch Buscherfahrung hatte und auf die Robert nichts gab, war so weit gekommen! „Ich bin mächtig stolz!", erzählte sie Amrag.

Kurz darauf wurde das Wasser in den Flaschen heiß, und die Pferde keuchten. Unbeeindruckt ritt Hoygar voran, halb im Sattel stehend. Das Reiten war sein Elixier. Meist hing er nur mit einer Backe auf dem hölzernen Gestell, die andere schwebte zur Lüftung darüber. Dana versuchte es auch, kippte zur Seite und erschreckte das Pferd. Doch sie gab nicht auf. Zwei Stunden später hing sie wie Hoygar im Sattel.

‚Die aus der Hölle kamen', so hatte man die Horden des Khans, die Tataren, genannt. Es musste genau jene Hölle gewesen sein, die sie eben querten. Plötzlich schritten die Pferde munter aus. „Was ist los?"

„Große Siedlung? Die Pferde riechen Wasser."

„Wasser!" Der letzte Ziehbrunnen lag schon zwei Tage zurück. Längst schon wuschen sie sich mit Sand. Er schliff die Haut glatt. Sie rochen nach Pferdeschweiß und rauchigen Kleidern. Die Luxuslabel unter dem Deel waren verblasst, die Oversize-Shirts waren gefragt, der Wüstenwind-Lagenlook, das Sandfarbene und Hufbraune. Für Geld gab es hier nichts. Mit den Jurtenbewohnern tauschten sie Essen, Kleider und freundliche Gesten. Sie waren draußen daheim. Seit Tagen, seit Wochen, wie lange schon? Die Pferde fielen in Galopp. Niemand hatte sie dazu angetrieben, und niemand hielt sie zurück. Pferde waren klug. Sie wussten, was sie wollten. Und Hoygar konnte ihr Verhalten deuten. Ein kleiner Ziehbrunnen hätte sie nicht so ermuntert. Es musste etwas Größeres, weit Besseres sein. „Kloster Ongi!“, brüllte er vor Begeisterung. „Das muss es sein.“

Kloster Ongi bestand nur aus Ruinen, die seit vielen Jahren dem Unbill des Sturms ausgesetzt waren. Dana hatte sich imposante Bauten vorgestellt, die der Wüste trotzten, doch nur ein kleiner hölzerner Bau war restauriert worden. Der Wind heulte durch die Mauerreste niedergebrannter Tempel und zerstörter Gebäude. Die Bruchstücke der Anlage waren über den ganzen Hügel verteilt. Der Wind häufte Sand auf und deckte die Trümmer zu. Böen peitschen über das Kloster, legten die Ruinen wieder frei und schliffen sie blank. Bröckelnde Mauern lagen wie Skelette im Abendlicht. Ein alter, hagerer Mönch saß auf einem Schuttkegel, als warte er seit Tagen auf ihre Ankunft.

„Ich will nicht mit ihm sprechen.“ Hoygar wollte weiterreiten. Seine Begeisterung, am Kloster Ongi angelangt zu sein, war verflogen.

„Und warum nicht?“ Dana wollte endlich aus dem Sattel kommen. Sie zügelte Amrag.

Der Lama war blind. Dana erkannte es, als er den Kopf hob. Seine Augen lagen bleifarben in dunklen Höhlen. „Der Junge“, sagte der Mönch mit seltsam hoher Stimme. „Der Junge hat immer Hunger. Doch wer satt ist, träumt schlecht.“

„Was ist hier passiert?“, fragte Dana. „Wann wurde das Kloster zerstört?“ Sie hoffte, ein Gespräch über die Ereignisse, halte ihn davon ab, Hoygar Angst zu machen. Sie raschelte mit Geld und hielt es dem Mönch hin. Er lauschte und griff zielsicher nach den Scheinen.

Die Bauten seien unter dem mongolischen Stalin zerstört worden, erklärte er, als spule er ein Tonband ab. Dieser Staatsbeamte sei ein grausamer Befehlshaber gewesen, der auch alle Klosterbewohner erschießen ließ. „Er befahl seinen Schergen, täglich hundert Mönche zu erschießen“, erzählte der Lama.

„Über Wochen ging das so. Hier lebten einmal mehr als zweitausend Mönche. Als fast alle Mönche bis auf fünfzehn tot waren, holten seine Soldaten fünfundachtzig Männer aus den umliegenden Jurten, damit die Zahl hundert erfüllt sei, und erschossen sie. Nach diesem Verbrechen flohen die Menschen im Umkreis von vielen hundert Kilometern. Das Kloster ist verlassen, das Land am Ongi verödet."

Dana schwieg entsetzt.

„Nehmt euch Wasser!", fuhr der Mönch fort. „Ich habe es für euch geschöpft."

Dana erkannte einen gut gefüllten Trog im Schatten der Mauer. Sie tränkten die Pferde. „Er ist blind, deshalb hört er gut", flüsterte Dana dem Jungen zu. „Er hat gehört, wie wir über die Steppe geritten sind." Sie bedankten sich bei dem Lama und wollten fort.

„Damals blieb ich allein in der Jurte zurück", fuhr der Mönch mit seiner hohen Stimme fort. „Vater war bei den Schafen im Grasland. Ich habe gegessen. Niemand war da, der es mir verboten hätte. Nur einen Bissen noch und noch einen, dann wollte ich Vater vor den Männern im Kloster warnen. Noch ein kleines Häppchen Fleisch, nur dieses eine noch aus dem Topf, dann wollte ich gehen. Ich habe süßen Rahm gefunden und Teigtaschen von gestern. Wie die schmeckten in der heißen Brühe! Gleich wollte ich fortlaufen, Vater entgegen und den Brüdern. Ein Stückchen Quark noch, nur ein einziges." Eine Windböe peitschte Sand auf. Der Lama starrte mit blinden Augen in die Staubwolke hinein. „Keine Tränen habe ich mehr. Ich bin ausgetrocknet und verdörrt wie der Ongi. Wer satt ist, träumt schlecht. Jede Nacht träume ich vom Essen. Jeder Bissen hat mich einen Bruder gekostet, einen Onkel, meinen Vater. Seitdem esse ich nicht mehr."

„Lass dir keine Angst machen!" Nur flüsternd verständigten sich Dana und Hoygar, als sie von den Ruinen fortritten. „Wer weiß, ob die Geschichte stimmt."

„Ich träume auch“, wisperte der Junge. „Er hat meine Träume gesehen.“

„Und was träumst du?“

Der Junge antwortete nicht. Dana sah sein Gesicht mit den schreckgeweiteten Augen. „Wir müssen fort. Ich bleibe nicht hier. Die Geister der Toten! Sie wurden alle hier umgebracht. Ich kann ihre Schrei hören.“

„Das ist der Wind, Hoygar.“ Die Ruinen am Berghang und die düstere Schlucht, aus der der Ongi bei Regen wieder zu Tage trat, gefielen auch Dana nicht. „Wir müssen zum Ger-Camp. Vera wartete dort auf uns. Wir können dort lagern, die Pferde unterstellen, uns im Ger-Camp waschen und essen gehen.“

„Ich will nicht essen, ich will fort.“

Dana wurde es Angst um Hoygar. Noch nie hatte er das Essen verweigert.

„Hallo!“, rief Vera vom Rand des nahen Ger-Camps zu ihnen hinüber. Sie schien bester Laune zu sein und winkte ihnen mit der Kamera. „Nicht so schnell, ich brauche Fotos!“ Schon kam sie über die Steinstufen hinabgelaufen. Sie strahlte über das ganze Gesicht. „Dieses Abendlicht!“ Sie war energiegeladen und voll freudiger Erregung und tänzelte um Dana und Hoygar herum. „Ein Foto mit dem Jungen!“, bat sie. „Dana, Sie glauben nicht, wie sehr die Waisenkindgeschichte den Leuten gefällt. Das hätten Sie mir auch schon früher verraten können! Aber egal, es hat eingeschlagen wie eine Bombe! Wir haben die Auflage verdoppelt. Erst machen wir eine Fotoserie zu Pferd und jetzt absitzen. Ja, kommt schon, schön brav, so ist es ausgemacht.“ Sie dirigierte Hoygar an Danas Seite. „Dieser Waisenkindkram ist noch besser als der erschossene Köter. Jetzt den Kopf ein bisschen heben, nein nicht so.“ Sie fummelte tatsächlich an Hoygars Haaren herum. „Nach dieser Serie gehen wir hinauf ins Kloster. Diese niedergebrannten Ruinen, diese Hoffnungslosigkeit und das Waisenkind, was für ein hübsches Motiv! Was machen Sie mit dem Jungen, wenn Sie in Dalanzadgad sind, Dana? Irgendwann müssen Sie ihn auch wieder loswerden. Das hätte ich gerne als

Foto! Aber darüber können wir später reden, Dana, machen sie ein freundliches Gesicht, warum schaut der Junge so ängstlich, nein, sagen Sie jetzt nichts, später."

„Schluss", sagte Dana. „Wir gehen nicht zu den Klosterruinen."

„Aber wir könnten Bilder vor der Wand machen, wo damals die Mönche erschossen wurden? Die Leute wollen unterhalten und informiert sein." Vera ließ die Kamera sinken.

„Wie geht es Adrian?", fragte Dana.

„Oh!" Ein böses Lächeln entstellte Veras Gesicht. „Er will aussteigen, ist natürlich zurückgeflogen, kann man ja verstehen. Er will sein Wettversprechen nicht halten. Aber keine Bange. Die Anwälte kümmern sich darum. Robert bekommt sein Geld, dafür sorge ich."

„Und falls wir gewinnen?" Dana konnte und wollte sich diese Frage nicht verkneifen.

„Alles wie abgemacht." Vera winkte ab. „Aber Sie gewinnen nicht, Dana. Nicht nach dieser Patenschaftsstory. Wollen Sie den anderen hungernden Familien wirklich das Geld wegschnappen? Nein, nein, nein. Das glaube ich nicht. Wir treffen uns bei Bulgan, so hundert Kilometer vor Dalanzadgad. Spielen Sie nicht die Heldin! Sie müssen aufgeben, so ist es vereinbart. Das gestehen Sie ein, ob es Ihnen passt oder nicht. Auch wenn Sie noch so munter sind. Was heißt munter?" Vera musterte den Himmel, über den Sturmwolken zogen. „Sieht nach üblem Wetter aus. Vielleicht passiert ja noch was? Man kann nie wissen! Wenn Sie mich fragen, dort oben jagt ein Geisterschwarm über den Himmel. Die erschossenen Mönche, Sie wissen schon. Man kann Geister rufen, nicht wahr, Jungchen? Dann träumt man schlecht." Sie fuchtelte vor Hoygar herum und labte sich an seiner Furcht. „Du spürst schon, wie sie mit gierigen Fingern nach dir greifen? Habe ich recht?"

Hoygar sprang auf sein Pferd, zerrte an den Zügeln der Packtiere und war auf und davon.

„Hoygar!", rief Dana und trieb Amrag hinter ihm her. „Spinn doch nicht!" Der Junge ritt viel zu schnell in die Dämmerung hinein. Sie konnte ihn nicht einholen. Sie stürmte hinterher, um den Anschluss zu halten. Hoygar ritt wie ein Besessener. Erst als der Mond am Himmel stand, wurde sein Pferd langsamer. „Bist du verrückt geworden?“, schimpfte Dana. „Du lässt dir von Vera Angst machen?“ Sie griff nach dem Zügel seines Pferds. „Wir müssen das Lager aufschlagen. Die Pferde brauchen Ruhe.“ Erschrocken fuhr sie zurück. „Was ist los, Hoygar?“

Der Junge sank vom Pferd und blieb am Boden sitzen. Dana tupfte an seine Schulter, er fiel um wie eine Puppe und rührte sich nicht. „Bist du krank?“ Sie fühlte seine Stirn und horchte auf seinen Herzschlag. Seine Stirn war heißgeschwitzt, sein Atem ging flach, und das Herz raste.

„Ich fass es nicht!“ Dana legte eine Decke über ihn und versuchte, das Lager allein aufzuschlagen. Zuerst musste sie den Pferden die Beinfesseln anlegen, abladen, das Zelt hervorkramen, im Wind aufstellen, ein Feuer machen und das Essen richten. Eine winzige Flamme züngelte in der Nacht und verlosch in der nächsten Sturmbö. „Wir hätten im Ger-Camp bleiben können.“ Sie war richtig wütend. „Wir hätten die Pferde unterstellen, in Jurten übernachten und duschen können. Aber du musst ja den Durchgedrehten spielen.“ Sie reichte Hoygar Kekse und Wasser, die der Junge nicht annahm. Das war wirklich bedenklich. Zwei Stunden lang redete sie auf ihn ein. Sie sprach mit dem Wind oder der Zeltwand, doch keinesfalls mit einem Menschen. Der Junge glich einem lebenden Toten. Sie bot Hoygar Honig und Kaugummi an, sie schwenkte ein Stück Trockenfleisch vor seiner Nase herum. Sie kramte ein klebriges Bonbon hervor, das er nicht haben wollte. Sie holte diese fürchterliche, fette Wurst aus dem Sack, die Hoygar so liebte, schnitt sie vor seinem Mund in kleine Stücke und schob ihm die Bissen zwischen die Lippen. Er spuckte sie wieder aus. Sie fluchte und bettelte, nichts half. Da gab sie auf. Sie packte Hoygar in den Schlafsack, legte sich daneben und schlief völlig erschöpft ein.

X.

Der Morgen dämmerte noch nicht, da hörte sie Hoygar weinen. Er wälzte sich auf dem Boden von einer Seite zur anderen, hielt seinen Kopf, als drohe dieser zu platzen, und wimmerte wie ein Säugling. Sie rüttelte an seiner Schulter. „Was ist los mit dir?"

„Er weiß es", schluchzte der Junge.

Dana knirschte mit den Zähnen. Ohne Abendessen und ohne sich zu waschen, war sie todmüde ins Zelt gekrochen. Rücken und Hüften schmerzten, die Knie auch, sie fühlte sich klebrig und ausgelaugt, außerdem war es bitterkalt und sie fror. „Wer weiß was?"

„Der Mönch hat mich gesehen. Ich habe alles aufgegessen. Deshalb mussten die anderen sterben."

Dana wünschte sich in ihren Schlaf von vorhin zurück. Sie verstand nur mühsam, um was es ging. Sie wollte auch gar nicht verstehen. Sie wollte schlafen, schlafen, schlafen. Konnte er mit seinen Horrorgeschichten nicht bis morgen warten? Sprach Hoygar von der Katastrophe, die ihn zum Waisen gemacht hatte? „Du warst noch ein Kind", versuchte sie, ihn zu trösten. „Was wissen Kinder schon. Du warst ja noch klein. Also was soll es. So viel konntest du gar nicht essen. Wenn die Hungersnot so groß war, dass deine Familie starb, konnte sie das bisschen, was du verdrückt hast, auch nicht mehr retten. Der Mönch weiß gar nichts. Der hat seine eigene Geschichte. Und Vera hat inzwischen herausgefunden, wie man hier den Leuten Angst macht. Niemand weiß irgend etwas von dir. Geister gibt es nicht. Schlaf jetzt endlich."

Hoygars Hand zitterte am Boden. „Es geschah hier."

„Du meinst hier, wo wir gerade lagern?"

Er ruderte wie ein Ertrinkender mit den Armen durch die Luft. „Sie kommen!"

Dana wagte nicht, ihre Taschenlampe auszuknipsen. Langsam machte ihr der Junge große Sorgen. „Stammst du aus dieser Gegend?", fragte sie vorsichtig. „Vielleicht erinnerst du dich an dies und das. Das ist doch ganz normal. Wenn die

Sonne aufgeht, reiten wir weiter. Morgen geht es dir besser." Er klammerte sich jetzt tatsächlich an sie. Er roch nach Schweiß und Pferd. Sein Haar war ungewaschen und fettig. Er heulte und durchnässte ihr T-Shirt. „Bei Dschingis Khan und allen guten Geistern!", rief sie. „Du wolltest doch die Wette gewinnen? Lass uns schlafen!"

Hoygar hörte nicht auf sie. Bis ein neuer Tag anbrach, schrie und weinte er an Danas Seite. Sie kroch völlig erschöpft in den eiskalten Morgen hinaus. Der Himmel war blassgrau, die Sonne versteckte sich hinter düsteren Staubwolken. Dana verrichtete ihre Toilette, der Junge schrie noch immer im Zelt. Mal wimmerte er wie ein Kleinkind, mal heulte er lauter als der Sturm. Irgendwann, so sagte sie sich, während sie mit zitternden Fingern versuchte, im Wind Feuer zu machen, würde er erschöpft aufhören. Sie zog ihren Kalender zurate. Die Zeit drängte. Sie mussten weiter. Sie hatte endlich Tee gekocht und reichte Hoygar einen Becher mit reichlich Honig darin. Er wollte ihn nicht. Mit einem Löffel träufelte sie Tee auf seine Lippen. Vergeblich. Er spuckte ihn aus und schob sie weg. Der Junge war viel stärker als sie. Sie konnte ihm nichts aufdrängen.

Aus dem Morgen wurde Mittag. Dana rannte den Pferden hinterher und erneuerte die Beinfesseln. Ein Falke stand rüttelnd über der Ebene. Sie versuchte, ihn mit Trockenfleisch zu locken. Ein schriller Pfiff ertönte und der Falke verschwand. „Baatar?" Dana musterte den Horizont. Nichts.

Der Himmel war grau, trotzdem wurde es brüllend heiß. Der Junge döste im Zelt. Seine Stirn glühte, seinen Lippen waren spröde. Sie tropfte ihm Wasser ins Gesicht. Er schlug nach ihr. Dana ging nach draußen. Eine Falkenfeder lag vor ihrem Zelt. Behutsam griff sie danach. Der Himmel über ihr glich einer bleiernen Decke. Nirgends ein Hinweis auf Leben. Aber das täuschte. „Danke", murmelte sie und steckte Hoygar die Feder ins Haar. „Wir sind nicht allein, jemand wacht über uns." Sie nahm seine Hand. „Ein großer, schöner Vogel begleitet uns. Er weiß genau, wo wir sind. Er hofft, dass wir nicht aufgeben. Wir wollen die Wette gewinnen, das hast du immer gesagt. Und dann hat jeder einen Wunsch frei. Ich wünsche mir ein ausgiebiges Bad und du?“ Da er nicht antwortete, zählte sie auf, was ihr in den Sinn kam: Ein Pferd, so schnell, dass er am Naadam-Fest teilnehmen würde, einen Sattel mit Silberblech beschlagen, neue Stiefel und einen Deel aus alten, kostbaren Seidenstoffen, gefüttert mit getrocknetem Edelweiß, ganz so wie Dschingis Khan ihn getragen habe. Sie erinnerte ihn an die Patenschaft, die sie für ihn übernommen habe, sie schwärmte ihm von Europa vor, von den Reisen und Aufenthalten in fremden Ländern. Sie erzählte von ihrer Mutter und all den Menschen, die Hoygar kennenlernen würde. Doch er hörte sie nicht. Gegen Abend schwieg Dana. Sie hatte keine Stimme mehr. Sie wusste nicht, womit sie den Jungen noch locken konnte. Er hatte weder getrunken noch gegessen. Lange würde er das in der Gobi nicht durchstehen. Sie musste Hilfe holen. Sie suchte nach ihrem Handy, doch hier hatte sie keinen Empfang.

Die Nacht kam. Hoygar lag mit offenen Augen in der Dunkelheit. Sie knipste ihre Taschenlampe aus. Vielleicht würde er schlafen, vielleicht war morgen alles anders. Kaum war es finster, fing er zu schreien an. Er fürchtete die Dunkelheit. Seine Kehle war so trocken, dass er nur krächzen konnte. Es klang schaurig. Dana floh aus dem Zelt. Sie stolperte in die Nacht hinaus. Schwieg er, wenn sie fort war? Noch weit entfernt hörte sie ihn brüllen. Sie ging wieder zurück und knipste die Lampe an. Er wurde leiser. Er wimmerte. Sie ließ das Licht brennen, bis es nach Mitternacht von selbst verlöschte. Hoygar schrie auf. Der Tanz begann von vorne: Brüllen, wimmern, kreischen. Dana verlor die Nerven. Einige Minuten lang schrie auch sie. Auch das half nicht. Als der Morgen graute, war sie selbst dem Wahnsinn nahe. „Wenn du nichts isst und trinkst, wirst du sterben!“, brüllte sie ihn an.

Er nickte schwach.

„Was sagst du? Du willst sterben? Toll. Ich aber nicht. Und du wirst es auch nicht tun.“ Dana stürzte sich auf den Jungen, um ihn nach draußen aufs Pferd zu schleppen. Er schlug um sich, bis Dana blaue Flecken hatte. Es hatte keinen Sinn.

„Du wirst schwächer", flüsterte sie. „Von Stunde zu Stunde. Ich kann dabei zusehen. Wenn du erst bewusstlos bist, binde ich dich aufs Pferd. Und gewinne die Wette. Das wolltest du mit mir doch genauso machen."

„Nicht gewinnen", sagte Hoygar plötzlich. Seine Stimme klang noch erstaunlich fest. „Wenn wir gewinnen, müssen die anderen hungern. Die anderen sind meine Verwandten."

Dana fuhr kerzengerade in die Höhe und stieß sich den Kopf an der Giebelstange des Zelts. „Du hast die Seiten gewechselt? Du willst, dass Robert gewinnt? Ist ja interessant. Bis Ongi warst du ganz anderer Meinung." Sie dachte nach und witterte ihre Chance. „Es gibt eine Prämie je weiter wir kommen, weißt du noch? Wir sollten erst kurz vor dem Ziel aufgeben. Wenn du weiter hier herumliegst, gibt's keine Streckenprämie für deine Tantchen und Onkelchen." Sie schwieg und wagte kaum zu atmen. Wenn Hoygar erst wieder aß und im Sattel saß, würde er schnell Verstand annehmen. Aber sie hatte nicht mit seiner Sturheit gerechnet. Er blieb den ganzen Tag liegen und verweigerte jede Nahrungsaufnahme. Inzwischen fürchtete sich Dana vor der Nacht. Ihr graute es vor Hoygars Schreien. Doch diesmal blieb er still. Er wimmerte nur. Und manchmal kicherte er. Sie schlief für Minuten ein und fuhr wieder hoch. Weinte Hoygar oder heulte ein Wolf? Sie lauschte in die Dunkelheit hinein. Hoygar lachte neben ihr. Dann schluchzte er. Sie spürte kalte Schauer über ihren Körper kriechen. Der Junge wurde verrückt.

Ein neuer Tag kam mit Sturm und Hitze. Hoygars Wangen waren hohl, seine Augen tief in die Höhlen gesunken. Dana sah nach den Pferden und weinte an Amrags Fell. Der Junge war ihr anvertraut, jetzt starb er ihr unter den Händen weg. Sollte sie ihn liegen lassen, zurück zum Ger-Camp reiten und Hilfe holen? Würde sie das Camp finden? Sie wagte einen letzten Versuch. „Die Streckenprämie", lockte sie. „Viel Geld. Wenn wir noch ein Stück weiterkommen, gibt es noch mehr Geld für das Hilfsprogramm. Für deine Verwandten."

Hoygar stützte sich mühsam auf.

„Trink etwas!“ Sie hielt ihm einen Becher Tee an die Lippen. Er trank ihn in winzigen Schlucken.

Dana brauchte Stunden, ehe sie die Pferde eingefangen, das Lager abgebaut, die Sachen verpackt und Hoygar verladen hatte. Der Junge war schwer krank. Er glaubte sich schuldig am Tod seiner Familie. Dieses Schuldgefühl würde ihn töten. Sie brauchte keinen Arzt, um ihren Verdacht zu bestätigen. Hoygar war dehydriert, halluzinierte und steigerte sich in seine Wahnidee hinein. Für diese Erkrankung gab es sicher einen hochgelehrten Ausdruck, den Dana nicht kannte. Gab es auch ein Mittel dagegen? Hatte der Wassermangel sein Gehirn schon geschädigt? Sie überlegte, in welche Richtung sie reiten müsse, trieb die Tiere an, zerrte an den Packpferden, kam nicht voran, stieg wieder ab und band schließlich Hoygars Pferd an das ihrige. Im Schritt ging es weiter. Sie wagte nicht zu rasten. Der Junge hing schlapp im Sattel und nahm nur gegen Mittag einen winzigen Schluck aus der Flasche. Sie langte zu ihm hinüber. Seine Haut war nicht mehr heiß und trocken, sondern kalt wie alter Stein. Dana rannen Tränen über die Wangen. „Ich brauche dich noch, Hoygar! Ohne dich sterbe ich auch. Willst du das? Noch einen Toten? Soll ich dir auch in ein paar Stunden als Geist erscheinen?“

Keine Antwort.

Am späten Nachmittag blieben die Pferde einfach stehen. In einer Senke stand eine Wasserlache, daneben wuchs ein wenig Stachelgras. Hoygar rutschte aus dem Sattel und stürzte zu Boden. Dana hob seine Augenlider an. Seine Pupillen reagierten nicht auf den Lichteinfall. War er tot? Sie schleppte ihn zu der schlammigen Lache, in der die Pferde standen und legte ihn ins Wasser. Sie bespritzte sein Gesicht, hielt ihm die Trinkflasche an die Lippen, weinte, bat, bettelte und fluchte übergangslos. Plötzlich hustete der Junge und wälzte sich zur Seite. Sie zerrte ihn aus dem Wasser, riss mit bebenden Fingern die Säcke von den Packpferden, baute das Zelt auf, bettete ihn in den Schatten, rieb seine Wangen und benetzte seine Lippen. „Die Wette ist nicht wichtig, hörst du? Wir müssen nur Vera treffen, wir müssen ihr nur absagen.

Robert bekommt das ganze Geld. Aber wenn wir hier in der Steppe liegen bleiben und sterben, weiß doch niemand, dass wir aufgegeben haben. Wir müssen nach Bulgan kommen. Dort ist der nächste Treffpunkt."

„Bulgan?", flüsterte Hoygar.

„Weißt du, wo es liegt?" Dana schöpfte neue Hoffnung.

„Bulgan", wiederholte er. Er schien einer Stimme zu lauschen, die allein in seinem Kopf zu hören war. Das Wort Bulgan erinnerte ihn an Ereignisse, die lange zurücklagen. Dana reichte ihm Wasser. Langsam trank er die Flasche leer. Auf den Knien kroch er aus dem Schatten und blickte sich um. „Bulgan liegt dort."

Konnte sie ihm vertrauen? Hoygar hatte die Augen fast ganz geschlossen und wies in die entgegengesetzte Richtung, die sie einschlagen würde. Erinnerte er sich? Was sollte sie tun? Dieser Teil der Gobi unterschied sich durch nichts von der Ödnis, die sie die Tage zuvor durchritten hatten. Woran orientierte sich Hoygar? Hoch oben über ihren Köpfen flog ein Vogelschwarm nach Süden. Die Vögel folgten ihrem Instinkt, der sie zurück an ihre Brutplätze, Raststellen und Futterquellen brachte. Sie orientierten sich am Magnetfeld der Erde, dem Sonnen- und Sternenstand und den Landmarken. Hoygar, der die Himmelsrichtungen nicht kannte, lauschte noch immer in sich hinein. „Dort", sagte er und wies mit der Hand in die flimmernde Hitze hinaus. Fand er zurück wie ein Zugvogel? Er nahm noch einen Schluck Wasser, verweigerte aber feste Nahrung. Immerhin ritt er ihr jetzt im Schritt voraus. An Trab oder Galopp war nicht zu denken. Sie ritten bis weit in die Nacht hinein. Dana hatte jede Orientierung verloren. Wusste der Junge überhaupt, wo sie waren? Auch in dieser Nacht weinte er. Dana wollte ihn trösten, doch er schlug ihre Hand fort.

Viele Tage zogen sie über das Land. Hoygar war dünn wie eine Jurtenstange geworden. Er sah bleich, elend und krank aus. Nur seine Augen glühten, als habe ihn der Wahnsinn gepackt. Er trank ein paar Schluck Wasser, mehr nahm er nicht zu sich. Wenn sie ihn ansprach, gab er keine Antwort. Dana glaubte nicht mehr daran, irgendwo anzukommen. Dieses Land schien endlos zu sein. Ritten sie seit Tagen im Kreis? Sie blickte sich um. Waren sie hier nicht erst gestern vorbeigekommen? Weit in der Ferne stieg eine Staubwolke auf, die zügig näher kam. Dana zügelte das Pferd. Ihr Herz klopfte. Das war ein Jeep. Veras Jeep.

„Hoygar!", rief sie dem Jungen zu. „Vera kommt. Du hast den Treffpunkt gefunden."

Zum ersten Mal seit Tagen kam wieder Leben in den Jungen. „Willst du wirklich aufgeben?", fragte ihn Dana. „Wir sind fast am Ziel. Noch ein paar Tage, und wir haben es geschafft. Wenn ich die Wette gewinne, werde ich viel Geld verdienen. Ich kann Robert Geld spenden, sobald ich es habe. Jedenfalls einen Teil davon. Ich werde den Leuten hier helfen, das verspreche ich. Mach doch jetzt keinen Unsinn, Hoygar!"

„Wenn du gewinnen willst, sterbe ich."

„Das ist Erpressung! Lass uns die Wette gewinnen, dann helfen wir deinen Leuten! Du wirst nicht sterben. Das Leben geht weiter. Das Leben ist schön!"

„Ich habe Schuld", flüsterte er.

„Verdammt noch mal, das stimmt nicht. Du warst noch ein Kind. Deine Leute werden nicht wieder lebendig, wenn du jetzt aufgibst. Wir müssen erfolgreich sein, dann können wir anderen helfen!"

Dana sah Verzweiflung in Hoygars Augen. Nur flüsternd wagte er zu sagen: „Sie kommen jede Nacht. Sie irren durch meinen Kopf und fressen mein Gehirn. Alle Toten der Hungersnot."

„Du wirst selbst bald tot sein, wenn du nichts isst!"

„Wenn du aufgibst, werde ich gesund. Das verspreche ich. Die Geister werden verschwinden."

Dana studierte ihre Karte. „Nur noch hundert Kilometer", beschwor sie ihn. „Du bleibst hier, ich reite alleine weiter."

„Du findest nicht hin."

Veras Jeep kam angebraust. Die Journalistin stieg aus, den Fotoapparat in der Hand. Zwei weitere Personen folgten ihr.

Sie trugen eine Kamera. Schweigend starrten sie die Gruppe an.

„Wie seht ihr denn aus!“, rief Vera plötzlich. „Wir haben von Bulgan aus im weiten Umkreis nach euch gesucht. Wisst ihr, welchen Tag wir haben? Ich habe schon nicht mehr mit euch gerechnet. Morgen sind sechs Wochen um. Ihr seid noch nicht am Ziel.“

„Ein gutes Pferd schafft hundert Kilometer am Tag“, gab Dana mit fester Stimme zurück. „Und ich reite ein gutes Pferd.“ Sie hatte ihre Stärke wiedergewonnen. Sie würde sich weder von Hoygars Schuldgefühlen abschrecken lassen noch von der letzten Strapaze.

„Dein Pferd ist krank“, sagte Hoygar. „Es lahmt. Schon seit gestern. Wenn du jetzt noch so weit reiten willst, wird es sterben.“

Dana sprang aus dem Sattel und untersuchte die Hufe. Wieso hatte sie das nicht bemerkt? Die Pferde waren unbeschlagen. Amrags Hufe waren abgetreten. Er konnte nicht mehr über die steinige Ebene galoppieren. Und Hoygars Pferd? Dem ging es nicht besser. Gab es hier keine Pferdezüchter? Konnte sie nicht irgendwo ein Pferd kaufen?

„Hier gibt es nichts mehr“, sagte Vera. „Nur die große Verlassenheit. Sie sind in der Gobi, Darling.“ Sie machte Fotos. „Sind Sie bereit für die Kamera? Mein kleines Team wartet auf Sie.“

Die drei umringten Dana und Hoygar. Veras Fahrer Boris grinste über das ganze Gesicht über die Köpfe der anderen zu ihnen hin.

Dana wurde es glühend heiß. Jetzt ging es um Alles oder Nichts. „Willst du das wirklich, Hoygar? Willst du aufgeben?“

„Ich muss es tun. Seit Tagen und Nächten träume ich von den Menschen, die hier verhungern. Es werden noch mehr verhungern, wenn wir nicht helfen.“

Dana blickte über das Land, über die elende Steinwüste mit den windgepeitschten Büscheln aus Stachelgras. Mitten im Nirgendwo gaben sie auf. Sie waren zu spät und abseits der Strecke. Keine dramatische Kulisse umrahmte ihr Ende. Keine steile Düne, kein zackiger Felsgrat, nichts. Nur Öde, so weit der Blick reichte. Sie gaben auf, einfach so, hier oder dreißig Meter weiter südlich, was unterschied diese Stelle von der nächsten? „Nicht mit mir!", beschloss sie. „So nicht!" Ihr Pferd war leistungsfähig. Sicher hatte sie sich vorhin getäuscht. Sie sah sich noch einmal Amrags Hufe an. Das Horn war abgetreten. Amrag brauchte Ruhe. Sie inspizierte einen Huf nach dem anderen. Das Pferd stand still, schlug weder mit dem Schweif, noch trat es nach ihr. Als sie ein Vorderbein anhob, schnaubte Amrag leise an ihrem Kragen. Seine Nüstern fuhren über ihre nackte Haut. Seine Lippen bebten an ihrem Hals. Boris tauchte neben Dana auf. „Du kannst noch reiten", sagte er. Er grinste bös. „Wenn du es mächtig schlägst, wird es noch laufen. Vielleicht bis Dalanzadgad. Danach schneid ihm die Kehle durch!"

Dana fuhr zu ihm herum. „Hau ab! Dich hat keiner gefragt." Tränen brannten in ihren Augen. Der heiße Wind trocknete sie. Ein Zittern lief durch das Pferd und ging auf Dana über. Dunkle Schweißflecken bildeten sich auf Amrags Hals. Dana löste den Bauchgurt, nahm den Sattel ab und verlud ihn auf den Packpferden. „Ich gebe auf. Ich bin gescheitert", flüsterte sie und glaubte es selbst. Sie wiederholte es, als man die Kamera auf sie richtete. Sie hörte sie schnurren, sie hörte sie klicken. Sie sah Veras Grinsen, den hässlichen Triumph in ihrem Gesicht. Sie selbst sah dabei so elend aus, dass Veras Herz vor Freude hüpfte. „Das ehemalige Topmodel Dana hat sich überschätzt", sprach Vera in das Mikrophon hinein. „Wir berichten Ihnen live aus der Gobi, in der Dana und das Waisenkind gescheitert sind. Große Ziele verlangen großes Können. Geistige und körperliche Qualitäten sind dabei genauso Voraussetzung wie Durchhaltevermögen und Biss."

Dana hörte nicht weiter auf Veras Reportage. Sie nahm Amrag am Zügel und schritt ihm voran Richtung Nordwesten. Vera begleitete sie ein Stück. „Wohin gehen Sie?"

„Hoygar sagt, dort hinten stehen Jurten."

„Hoygar sieht krank aus", hakte Vera nach. „Was ist passiert?"

„Wir sind am Ende", antwortete Dana. „Ganz wie Sie es wünschen." Sie ging Hoygar voran, der bleich und wankend im Sattel hing. Das Gehen in den Reitstiefeln fiel ihr schwer. Nach kurzer Zeit schon schmerzten die Füße. Gobisteine, scharfkantig und hart, drückten durch das Leder. Alle Kraft hatte sie verlassen, aller Schwung war fort und die Hoffnung zu Staub zerfallen. Amrag lahmte. Bald schon lahmte auch sie. Die Packpferde schlurften über die Ebene. Gnadenlose Gluthitze lag über dem Land. Der Himmel war trüb, diffuses Sonnenlicht flimmerte über die Steppe. Es verzerrte die Silhouette der Tiere und gaukelte Trugbilder vor. Zogen sie allein durch die Gobi? Dunkle Luftwirbel folgten ihnen auf dem Fuß. Es war, als hafte eine Karawane finsterer Geistgebilde an ihren Fersen. Dana war schmutzig und zermürbt. Niemals hätte sie wetten dürfen. Sie hatte Schuld. Warum kam Robert nicht und dankte ihr? Sollte das jetzt alles sein? Wo war er? Warum trampelte nur Vera neben ihr einher mit rotverschwitzten Backen und Häme im Blick?

Dana konzentrierte sich auf ihr neues Ziel am Horizont. Doch die Jurte dort hinten am Ende der Welt kam nicht näher. Es war ihr, als trete sie auf der Stelle. Hoygar hing über der Kruppe seines Pferdes. Vera schoss ein letztes Foto von den beiden. Die Kamera surrte, die Pferde keuchten. Dana humpelte neben den lahmenden Tieren durch Steine und Sand.

Hoygar brauchte fünf Tage, um sich zu erholen. Fünf Tage im Zelt nahe einer Jurte an einem grünschillernden Tümpel, aus dem Pferde und Kamele tranken, die Jurtenkinder das Wasser schöpften, die Speisen gewaschen, das Geschirr gespült und das Teewasser bereitet wurde. Das Wasser roch nach Sumpf und Verwesung. Dana wusch sich mit Sand. Sie teilte ihre Vorräte mit den Jurtenbewohnern. Sie sprach kaum. Hoygar hatte wieder zu essen begonnen, aß sich aber niemals satt. Seinen halbvollen Teller schob er den Kindern hin. „He", sagte Dana eines Tages. „Hör auf, den Heiligen zu spielen.

Wir haben alles versaut oder auch nicht. Die Wette ist verloren, du kannst wieder lachen."

Er zeigte sein bekanntes Trotzgesicht. „Ich war krank. Ich erinnere mich nicht."

„Hör bloß auf! Die Wette ist verloren. Fang jetzt nicht zu jammern an! Es ist aus und vorbei!" Wütend stapfte sie in die Steppe hinaus. Es war ein Unfall gewesen. Ein Unfall in Hoygars Kopf. Oder in ihrem? Hätte sie die Anzeichen erkennen und verhindern können? War es Versagen oder Schicksal? War es das Land, die Gobi, die Mongolei? Hatte das Land Schuld an Hoygars Verwirrung? Unfälle ereignen sich. Sie sind plötzlich da. Hinterher ist alles Grübeln umsonst. Sie hatte verloren. Aus.

Dana starrte in die Ferne. Nichts als Leere umgab sie. Weite, so groß, dass Augen schmerzten und Ohren sausten. Sie ging zum Zelt zurück und verkroch sich im Schlafsack.

Mongolen kamen. Sie hörte sie flüstern. „Du hast sie nicht geschlagen", wisperten sie. „Das Pferd und den Jungen." Sie stupsten sie an. „Prügel hätte geholfen. Ist besser als Worte." Sie gingen fort und kamen wieder. „Du hast ihn hergebracht. Was willst du tun?"

Dana scheuchte die Stimmen fort wie die lästigen Fliegen. Die Stimmen kamen immer wieder. Wurde auch sie verrückt?

Anderntags reichte ihr Hoygar den Tee. Dana war nicht aufgestanden. Sie lag im Zelt und sah den Mücken zu. „Tee?", fragte der Junge. Seinen Augen waren groß und dunkel. „Bist du krank? So wie ich?" Er tippte sich an die Stirn. „Hier drin? Willst du weinen und schreien? Das ist die Gobi. Sie macht verrückt." Er schob ihr Essen hin. „Ich komme wieder", versprach er. „Warte auf mich!"

Sie hatte sich zum Narren gemacht. Sie kannte sich mit Pferden nicht aus, konnte sich nicht orientieren, kam mit der Psyche Hoygars nicht zurecht, hatte sich die Zeit nicht richtig eingeteilt und war deshalb gescheitert. Es war nicht der Junge gewesen, sie hatte versagt. Sie legte den Kopf in die Arme und weinte.

Mitten in der Nacht erwachte sie, weil alles anders war. Inzwischen kannte sie das Schwanken des Zelts im Sturm, das Schlagen der Verspannung und das Säuseln des Sands über die Gobi. Wolkenfetzen zogen über den Nachthimmel, der Mond schien zum Greifen nah. Im hellen Licht starrte sie auf ihre Hände. Fünf Finger an jeder Hand, so musste es sein. Doch sie sah sechs, dann zwei, schließlich gar nichts mehr.

Sie war krank.

Kälteschauer krochen über ihren Körper. Sie tastete sich ab. Diffuse Schmerzen überall, ein wenig Übelkeit und Hitze in der Wange, als brenne das Feuer des Autounfalls noch immer dort. Sie klapperte mit den Zähnen und fror und schwitzte zugleich.

Eine Mongolin beugte sich über sie. Ihr schwarzer Zopf fiel auf Danas Gesicht. Sie zog ihn fort und berührte Danas Narben. „Shumuulaas“, sagte sie.

„Mücken“, wiederholte Dana. Das Wort kannte sie seit langem. „Du sagst mir nichts Neues. Das weiß ich selbst.“

Als sie ein anderes Mal erwachte, spürte sie Milchtee auf ihren Lippen. Man fütterte sie wie ein Kind. Die Mongolin fächelte Wacholderrauch über ihr Gesicht. „Wo ist Hoygar?“, flüsterte Dana.

Die Frau wies in die Gobi hinaus und lupfte die Augenbrauen. „Ömnö, Baruun?“, sagte sie. „Süden? Westen?“ Sie strich Dana über Stirn und Wangen, bis sie einschlief.

Alarmiert erwachte Dana, ohne sagen zu können, ob es Stunden oder auch nur Minuten später war. Ihr Kranksein hatte eine neue Dimension erhalten. Etwas geschah mit ihr. Etwas war bei ihr und trachtete nach ihrem Leben. Im Zelt war es finster und still. Sie war ganz allein. Ein Feuer brannte in ihrem Inneren. Sie tastete ihre Wangen ab. Von dort ging das brennende Jucken aus. Eine dicke Fettschicht bedeckte ihre Haut. Sie kratzte daran. Man hatte ihr Gesicht mit Tierfett gesalbt wie einen alten brüchigen Ledergurt. Ihre Haut stank erbärmlich. Dana wühlte sich aus dem Schlafsack heraus und kroch vor das Zelt. Draußen hing eine bleiche Mondsichel am Himmel. Sie griff in den Sand und schrubbte sich das Gesicht. Der Juckreiz hörte nicht auf, obwohl sich Fettstränge lösten. Dana sah sie in ihrer Hand. Was war das? Die Fettstränge bewegten sich. Ein dicker Strang krabbelte über ihren Daumen und plumpste in den Sand. Dana schrie gellend auf wie nie zuvor. Mit beiden Händen warf sie sich Sand ins Gesicht, schrubbte und rieb, bis die Haut glühte. Noch mehr Würmer lösten sich und fielen ab. Von unvorstellbarem Grauen gepackt, schabte sie mit einem Stein über die Narben. Jetzt wusste sie, was ihr geschah: Sie wurde aufgefressen bei lebendigem Leib!

Sie schoss in das Zelt zurück und wühlte in ihrer Tasche. Nie war sie so schnell gewesen wie jetzt. Sie riss ein Streichholz an und hielt sich die Klinge ihres Messers vors Gesicht. Eine rote Fratze starrte sie an, auf der Maden krabbelten. Das Streichholz verlöschte. Sie kippte die Tasche aus. Irgendwo musste noch ein Spiegel sein. Sie fand keinen. Bis zum Morgengrauen tastete sie ihre Haut Millimeter für Millimeter ab. Insekten hatten Eier in ihre Narben gelegt. Jetzt waren die Maden geschlüpft. Sie hatten sich von Danas Fleisch ernährt und waren rund und dick geworden. Sie waren nicht länger als einen halben Zentimeter, waren gelblich weiß mit einem schwarzen Kopf. Die Vorstellung durchzuckte sie, wie diese Maden durch ihre Haut und Muskeln ins Gehirn drangen. Sie verbat sich den Gedanken daran. Es ging um ihr Leben, da war kein Platz für selbstgemachten Horror. Sie suchte weiter ihre Gesichtshaut nach den Fleischfressern ab.

Als die Sonne aufging, hörte sie Hoygars Stimme. „Hoygar!" Er stand unmittelbar vor dem Zelt, doch sie brüllte so laut, dass er einen Satz rückwärts machte. Sie klammerte sich an ihn. „Mein Gesicht, sieh dir bloß mein Gesicht an! Ich werde aufgefressen!"

Hoygar blieb ruhig. Die Gobi hatte viele Gesichter. Der Anblick eines von Maden wimmelnden Fleisches war nur eins von ihnen. Mit Danas Pinzette zog er die letzten Tiere aus dem Narbengewebe. Jetzt, da er bei ihr war, wurde sie vollkommen hysterisch. Sie suchte ihren Körper ab, riss sich in

Panik das T-Shirt herunter, weil sie es überall krabbeln spürte. Da war nichts, nur Sand und Wind auf nackter Haut. „Sie kommen aus dem Tümpel", flüsterte sie. „Fleischfressende Fliegen. Sie bringen mich um." Sie schlug nach einem Tier auf ihrem Bein, sprang auf, rannte ein paar Schritte in die Ebene hinaus und stürzte wieder zu Hoygar zurück. „In meinem Ohr! Sie sind in meinem Ohr!"

„Da ist nichts mehr. Komm, reiten wir fort!"

Wie besessen rieb sie sich mit Sand ab. Erst als ein kühler Wind über ihre Haut strich, beruhigte sie sich ein wenig. „Sind sie fort?", wollte sie immer wieder von Hoygar wissen. „Siehst du noch welche?" Geduldig sah der Junge nach. Er fand keine Maden mehr. Dana nahm langsam die Welt um sich von Neuem wahr. Hoygar brach das Lager ab. Sie war noch zu benommen, um ihm zu helfen. „Wo sind die Pferde?", fragte sie plötzlich.

„Ich habe sie getauscht. Gegen Kamele."

Überrascht sah sie, wie Hoygar drei Tiere heranführte. Die zweihöckrigen Kamele waren riesengroß mit wolligem Fell. „Amrag habe ich nicht getauscht. Er weidet hinter dem Hügel dort am Horizont bei einem Pferdezüchter. Er wird wieder gesund. Dann kannst du ihn wiederhaben."

Staunend sah Dana, wie er das mächtigste Kamel zu ihr brachte. Zwischen seinen Höckern lag eine bunte, gewebte Wolldecke mit Troddeln und Steigbügeln. Ein einfacher Strick führte zu einem Holzpflock in der Nase. Das Fell des Kamels war gelockt, rotbraun und dicht. Nur das Gesicht war glatt und wenig behaart. Braungraue Haut und dunkle, kluge Augen unter schwarzen, langen Wimpern schufen ein edles Tierantlitz. Dana öffnete ihre Hände. Gemächlich beugte sich das Kamel hinab und schnupperte an ihrer Haut. Sie schloss die Augen. Lederartige Lippen schnoberten über ihr Gesicht und bliesen die Fliegen fort. Die Lippen knabberten an Danas Haaren, zupften an ihren Ohren und wandten sich ihrem Genick zu. Das Tier schnaufte an ihrem Hals. Dann hob der Kamelwallach gelassen den Kopf und brummte. Die Inspektion war beendet.

„Wie heißt er?", flüsterte Dana. Das Tier war so groß und majestätisch, dass sie kaum zu atmen wagte.

„Sie haben keine Namen." Hoygar lachte. „Du bist wieder gesund. Wieder gesund verrückt. So wie immer."

„Müffi", sagte Dana. Sie spitze die Lippen. „Müffi", wiederholte sie. „So riechst du, und so sollst du heißen. Mein großer, schöner Müffi." Das Kamel blickte in die Ferne und spielte mit den Ohren. „Du bist herrlich, prachtvoll!" Fast singend ging sie um das Tier herum. Sie erzählte von ihrer Reise, von der Wette, die sie verloren habe und ihrem narbenentstellten Gesicht. „Gibt es Wölfe hier?", fragte sie das Trampeltier. „Du wirst sie vertreiben. Du bist stark." Sie zerzauste sein Fell. Die Mähne war dick wie ein wolliger Teppich. „Was für ein Tier!" Ihre Augen strahlten. Das Kamel rülpste und zermahlte den Nahrungsbrei mit seinen Zähnen. Dana klopfte auf seinen mächtigen Hals. „Was für ein Schwung, was für eine Kraft!" Das Kamel wendete den Kopf zu ihr und grunzte leise. Es mümmelte mit seinen Lippen an Danas Fingern herum und rieb seine Nase an ihrer Hand. „Ich bin noch nie auf einem Kamel geritten. Was soll ich tun?"

Hoygar winkte ab. „Kein Problem."

Staunend sah sie, wie das Tier auf Zuruf in die Knie ging, als klappe es erst vorne, dann hinten und noch einmal vorne ein, bis es schließlich friedlich liegen blieb. Sie saß auf, gurtete nach und schnalzte mit der Zunge. Ziehharmonikagleich erhob sich das Trampeltier und entfaltete seine imposante Größe. Majestätisch schritt es den anderen über den Sandboden voran. Eine neue Welt tat sich für Dana auf. Endlich konnte sie über die Gobi blicken. Die Weite wurde klein unter den schwingenden Schritten des Tiers. Der Wind wehte kühlend um ihr Gesicht. „Herrlich!", jauchzte Dana. „Das ist königlich!" Am Horizont zeichneten sich Hügel und Berge ab. Gelassen, doch unbeirrbar ging das Tier darauf zu. Sein Schritt wiegte sie ruhig und sanft. Sie musste an Baatar in der Jurte am Waldrand denken. Sie fing zu träumen an. Sie vergaß ihr Elend, die verlorene Wette, ihr Gesicht, Robert, Adrian und Jens. Sie lebte, sie atmete, sie wurde eins mit der Gobi. Nichts war ihr mehr fremd. Sand, Sonne und Wind gehörten zu ihr. Sie war Teil der Elemente.

Sie fühlte die gewaltige Kraft unter ihrem Sitz und spürte den Großmut des Tiers, ihren Wünschen zu folgen. Ein leichtes Ziehen am Nasenstrick genügte für einen Richtungswechsel, ein sanfter Schenkeldruck, um zu traben. Die Galoppsprünge waren sensationell hoch und weit. Dabei wurde es Dana Angst. Wer aus dieser Höhe auf den steinigen Boden stürzte, lebte nicht mehr lange. Doch Trab und Galopp ritten sie selten. Sie gingen, nein sie schritten wie Könige durch den Sand. Einmal blickte sie sich um, da lag die Jurte schon in weiter Ferne. Sie war nur noch ein winziger weißer Punkt am Horizont. Dana flüsterte mit dem Kamel. Sie erzählte, was ihr am Herzen lag, und Müffi hörte auf sie. Er spielte mit den Ohren, ein gehorsamer, halbwilder Koloss, der freiwillig den Menschen diente. Dana machte sich nichts vor. Vergaß sie den Respekt vor dem Tier, würde es sie vernichten. Seine riesigen gelben Zähne mahlten den Dornbusch zu Brei, konnten Knochen brechen und Wölfe packen. Doch Müffi liebte sie von Anfang an, so wie sie das Tier liebte. Sie erinnerte sich an Robert und seinen Vortrag im Flugzeug. Nachträglich gab sie ihm recht. Etwas Unerklärliches verband sie mit dem Tier. Etwas in ihnen beiden schwang im selben Rhythmus durch das Leben. Sie ritten in Harmonie und vollkommener Eintracht. „Wo geht es hin?“, fragte sie irgendwann aus reiner Routine heraus.

„Zur Geierschlucht“, sagte Hoygar. „Zum magischen Spiegel. Nach Dalanzadgad. Wir kommen dort an, wie ausgemacht. So habe ich es versprochen, damals in Ulan Bator. Zeit spielt keine Rolle. Zeit ist wie Sand. Sie rinnt durch die Finger, wenn du sie greifen willst.“ Hoygar war kein Kind mehr. Er war ein junger Mann geworden. Er hielt das Gelände im Blick, achtete auf das Kamel mit ihrem Gepäck, prüfte den Himmel nach Anzeichen eines Sandsturms, ließ die Tiere an Dornbüschen grasen und führte Dana beständig ihrem Ziel entgegen. Er sprach nicht, denn die Ruhe zwischen ihnen tat beiden wohl.

Nur säuselnd fuhr der Wind über das Land. Die Kamele schritten gleichmäßig aus. Manchmal grunzten und schnaubten sie. Kein Flugzeug flog über den Himmel. Sie waren allein mit den Tieren und der Einsamkeit. Grasbewachsene Dünen und glitzernde Steinflächen wechselten sich ab. Am Horizont stieg ein blaugrauer Schatten aus der Ebene empor.

„Das ist kein Berg", erklärte Hoygar. „Sieh genau hin."

„Eine Düne?" Dana glaubte, ein Gebirge zu sehen, dass den Horizont versperre.

„Eine Düne. Über dreihundert Meter hoch." Hoygars Stimme glich einem Flüstern. „Hongoryn Els, der singende Sand. So nennen wir sie. Wenn du Glück hast, singt sie für dich. Diese Düne schützt die Mongolei. Dahinter liegen einsames Land und die Grenze zu China. Die Gobi selbst hat die Hongoryn Els erschaffen. Am nördlichen Rand staut sich das Wasser. Gräser und Blumen wachsen dort. So wird sie von grünen Wiesen gesäumt, auf denen Pferde grasen. Kamele können sie überschreiten. Es gibt einen Weg über die Düne. Sie ist über hundert Kilometer lang und steht niemals still. Mal kommt sie heran, mal weicht sie zurück. Man kann sie fürchten oder lieben."

Ein Owoo tauchte vor ihnen in der Gobi auf. Zackige, messerscharfe Steine waren zu einem hohen Turm geschichtet. Widderhörner krönten ihn. „Lass uns rasten!", bat Dana. Sie saßen ab und umrundeten den Owoo. „Er ist schön. So wie das Land hier." Hier lag kein Abfall herum, weder Wodkaflaschen noch Plastikmüll verunstalteten die Landschaft.

„Wenig Menschen", bemerkte Hoygar.

„Wir sind im dünnsten besiedelten Land der ganzen Erde", las Dana aus Zaysans Lektüre vor. „Hier kommen auf einen Einwohner zwei Kamele." Sie wanderten ein Stück in die Gobi hinaus. Harte Sandkörner, wie Messer glitzernd, knirschten unter ihrem Schritt. Dana nahm Sand in die Hände und wusch sich das Gesicht.

„Dieser Sand ist anders. Er ist besonders", erklärte Hoygar und ließ Körner über seine Finger rinnen. „Er ist aus Dinosauriern entstanden."

„Ich weiß. Nicht weit von hier hat man ihre Reste gefunden. Ganze Skelette und versteinerte Saurierereier." Dana sah sich die Sandkörner genauer an. Sie waren bunt und schillernd wie winzige Edelsteine. „Das ist der schönste Sand, den ich jemals sah."

„Es sind Juwelen darunter." Hoygar sortierte winzige farbige Steinchen aus. „Rubine, Kristalle, Granaten und Diamantenstaub. Sie sind läuseklein, aber sie sind da." Dana zupfte ein wenig Wüstenwacholder ab und verbrannte ihn neben dem Owoo. Sie fächelte den Rauch in die Luft. „Danke, euch allen."

Im Abendlicht glühte die Hongoryn Els rot auf. Mit erhobenen Köpfen schritten die Kamele darauf zu. „Munk lebt hier." Dana deutete auf das ferne Wüstenland. „Robert hat mir von ihm erzählt. Er lebt in dieser Gegend nahe der Geierschlucht. Vielleicht treffen wir ihn?"

„Munk", wiederholte Hoygar mit dumpfer Stimme. Er kannte ja die Geschichten um ihn und wusste von seinen Besuchen bei Dana, als sie in der Klinik lag. „Munk habe ich gesucht, als du krank im Zelt gelegen bist. Ich wollte ihn zu Hilfe holen. Er war der mächtigste Schamane hier, so hat man mir erzählt. Tagelang bin ich von Jurte zu Jurte geritten." Mit einem unheilvollen Schweigen beendete er seinen Bericht.

Wenn Hoygar schweigen wollte, war Dana machtlos. Sie hatten diesen Zustand schon wochenlang erprobt. Hoygar erklärte sich, wenn er es für angemessen hielt. Neugierige Frauenfragen prallten an ihm ab. Danas Gedanken kehrten zu Munk zurück. In ihrer Erinnerung sah sie sein freundliches, kantiges Gesicht unter der Kappe mit der Wollknäuelspitze. Doch ihre Träumereien wurden jäh unterbrochen. Der Wind trug Hoygars zitternde Worte an sie heran: „Munk ist schon lange tot. Er starb letztes Jahr."

Dreißigmal schritt ihr Kamel aus, ehe die Information Danas Verstand erreicht hatte. „Seit einem Jahr tot?" Wie lange trieb sie sich schon in der Mongolei herum? Wann hatte sich ihr Unfall ereignet, der ihr Gesicht zerstörte? Sie rechnete und zählte ab. Sie gab den vergangenen Wochen noch reichlich Tage dazu, doch wie sie es auch drehte und wendete, Munk war schon tot gewesen, als er ihr in der Klinik erschienen war. „Und jetzt?“ Geister gab es nicht. Was also war geschehen?

„Gemeinsamkeit“, versuchte Hoygar eine Erklärung. Er hatte seinen Verstand weit mehr beieinander als Dana. „Etwas zwischen dir und ihm gehört zusammen. Er kann ein Bild in dir hervorrufen. Wie eine ... “

„Satellitenschüssel?“, ergänzte Dana. „Ich mache ihn sichtbar?“ Die Vorstellung, Munk kreise irgendwo in einer Parallelwelt und sende Signale aus, die sie wie ein fleischgewordener Empfänger in die Umwelt projiziere, ließ sie lachen. Ein helles, fröhliches Lachen, das jäh auf ihren Lippen erstarb. Auch Müffi hob den Kopf und witterte. „Siehst du, was ich sehe, Hoygar? Oder etwa nicht?“

Hoygar blinzelte in das Abendlicht hinein. Er bedeckte seine Augen mit den Händen, nahm die Finger fort und studierte erneut den huschenden Schatten in der Ferne. „Das ist unser Geisterhund.“

„Hat er ein gezinktes Ohr? Und weiße Flecken im Fell? Ich kann nichts erkennen. Es kann irgendein Hund sein. Ein schwarzer Hund, der unserer Spur folgt.“

„Warum fragst du dann? Gibt es etwas Natürlicheres als einen Hund? Er hofft auf Futter.“

„Seltsam“, sagte Dana eines Tages, als sie ihren Kalorienverbrauch überschlug und mit ihrer täglichen Ration verglich. Das Eine passte nicht zum Anderen. In dieser Landschaft, die kaum zum Überleben geeignet war, herrschte die Notwendigkeit von ausreichend Wasser und Nahrung. Trotzdem kamen sie mit einem Minimum zurecht und fühlten sich wohl dabei. Es ließ sich genauso wenig wissenschaftlich belegen, wie das Verhältnis zwischen ihr und ihrem Kamel, wie der Hund, der parallel zu ihnen durch die Wüste lief, ohne näherzukommen. Wirbelnder Sand versperrte ihnen stundenlang die Sicht, doch die Kamele fanden auch mit geschlossenen Augen die Wasserstelle. Dana hörte auf zu analysieren.

Sie lebte einfach mit den Wesen und Elementen, die sie umgaben. Als sie abends die Silhouette des Hunds im Mondlicht sah, murmelte sie: „Schön, dass du da bist. Pass gut auf!"

Eines Morgens, als die Sonne wie eine Gottheit über den Kamm der Hongoryn Els stieg, als Dana und Hoygar schon längst im Sattel saßen und die weite Sandebene unter den Schritten ihrer Kamele schwand, rief sie aus: „Marco Polo! Sven Hedin! Endlich verstehe ich euch!" Was sie jetzt erblickte, hatte die Forscher vor ihrer Zeit von Venedig und Stockholm hierher getrieben, hatte sie alle Entbehrungen und Gefahren ertragen lassen, hatte sie gepackt gehabt wie ein Wolf, der seine Beute nicht loslässt: Wüstenwacholder schwankte im Wind, und Dornbüsche lockten mit gelben Blüten. Sand und Steine wichen der Grassteppe, Wüstenlauch wurde von Stachelgras abgelöst, bis auch dieses in blühende Wiesen überging. Vor der Kulisse der Hongoryn Els lag ein schmaler, grünschimmernder Grasteppich, ein Streifen Paradies.

Sie ließen die Tiere rasten und bestiegen die Düne. „Sieh dir das an!" Weit unter ihnen grasten die Kamele auf dem Wiesenband mit seinen kleinen Tümpeln. Aus der Ferne leuchteten Jurten zu ihnen hinauf. Hoygar ging ihr sicher voran. Er suchte die windverblasenen Stellen im Steilhang, wo der Sand zu festen Körner gepresst war. Kurz vor dem Gipfelkamm reichte er Dana die Hand. „Gemeinsam", bestimmte er.

Dana fühlte Augen und Kehle brennen, als sie oben standen. Unendlich weit lag die Gobi zu ihren Füßen ausgebreitet da. Sie drehte sich im Kreis. Im Süden lag China, ein schimmerndes gleißendes Band am Horizont. Im Osten türmten sich Felsen und Bergmassive auf. Dort, verborgen zwischen den Gipfeln fast dreitausend Meter hoher Berge, lag die Geierschlucht, Yolyn Am. Sie barg den magischen Spiegel und das Ziel ihrer Reise. Hoygars Hand wies nach Norden. Von dort waren sie gekommen. Irgendwo, meilenweit fern lag Ulan Bator. „Gemeinsam", bestätigte Dana. Das war das Zauberwort. Sie lachten sich an. Sie klopften sich auf die Schultern. Einer gratulierte dem anderen. Sie hätte noch Stunden hier stehen können, doch ein schneidender Wind trieb sie zum Aufbruch. Hand in Hand sprangen sie in die steile Nordwand der Düne hinein. Der Sand rauschte unter ihren Füßen davon. Die Düne sang. Es klang wie fernes Glockengeläut, wie ein Gong, der tief in der Erde geschlagen wurde. Millionen Sandkörner kamen in Bewegung, rieben sich aneinander und lösten den Klang aus.

Am Dünenfuß sprudelte klares Quellwasser zwischen Grasbüscheln hervor. Dana spritzte sich Wasser ins Gesicht. Seit dem Angriff der Fliegen trug sie die Ledermaske nicht mehr. Die Haut war zu dünn geworden. Ich muss furchtbar aussehen, dachte sie, aber hier kümmert es keinen. Hier gibt es nur Hoygar und die Tiere.

„Wollen wir ewig hier bleiben, die Geierschlucht und Dalanzadgad nie erreichen?", neckte sie Hoygar eines Tages.

Dana war in die Kamele verliebt. Sie wollte sich nie mehr von ihnen trennen. Vor Tagen waren sie über einen Pass über die Hongoryn Els geritten, hatten das steinige Land jenseits der Düne erkundet, waren mitten unter freigrasende Kamele geraten, deren Hirten aus China kamen. Es waren Mongolen, die hier und jenseits der Grenze lebten. Politik interessierte sie nicht, Landesgrenzen waren Linien im Sand, die der Wind verwehte.

Wohin Dana und Hoygar auch zogen, der Falke und der schwarze Hund folgten ihnen mit großem Abstand. Morgens fanden sie Wolfsspuren im feuchten Sand und lachten darüber. Sie sahen Füchse durch die Gobi schleichen und Milane mit Sturmwolken über den Himmel ziehen. Und eines Tages standen sie am Eingang zur Geierschlucht.

„Gefällt mir nicht", murrte Dana. „Touristenkram." Man musste ein Ticket kaufen, um die Schlucht zu betreten. In einer schäbigen Bude am Eingang wurde Trödel verkauft, was Dana weit von sich wies. Aber dann trafen sie auf einen Mongolen, der ihnen Schnitzwerk anbot. Dana wählte ein Holzkamel aus und roch daran. „Wüstenwacholder“, urteilte sie fachkundig.

Der junge Mann mit seinen Schnitzereien aus Speckstein und Holz tippte gegen den Boden des Kunstwerks. „Dort steht der Name des Künstlers.“ Sein Englisch war gut zu verstehen. „In europäischen Buchstaben. Zum Andenken für die Touristen. Souvenir.“

Dana sah nach dem Namen. Vier Buchstaben waren ungelenk ins Holz geschnitzt, als habe der Künstler keine Übung in fremder Schreibweise. Sie wurde blass. Munk stand dort eingeritzt. „Munk?“, flüsterte sie. Der junge Mann nickte begeistert. Sie habe eine gute Wahl getroffen. Dies sei das letzte Stück, denn Munk, der Schamane und Künstler, sei tot. Seit einem Jahr schon. Er sah Danas Erschrecken und wies auf die Felsen der Geierschlucht. „Yolyn Am, die Geierschlucht. Siehst du die Vögel? Er fliegt mit den Geiern über sein Land. Er ist noch immer hier. Wir sind nicht allein.“

In der Geierschlucht wurde es nach wenigen Metern dunkel und kalt. Blanker Fels türmte sich zu beiden Seiten auf. In feuchten Rissen wuchsen Moose und Farne. Sie hätten einen guten Tag erwischt, erklärte Hoygar während ihrer Wanderung. Keine Touristen. Sie wären zu ihrem Glück ganz allein. Touristen wären laut und albern. Sie scheuchten die Vögel auf und vertrieben die Ziesel. Aber nicht alle wären so. Es gäbe auch andere. Das wisse er jetzt.

„Ist es noch weit?“, wollte Dana wissen. Sie waren seit mehr als einer Stunde unterwegs. Die Schlucht wurde immer enger, die Felswände wurden steiler. Es gab keinen Steig oder Pfad. Sie mussten dem Bach folgen, mussten über glitschige Felsen klettern, kleine Stromschnellen überwinden und Wasserfälle absteigen. An manchen Stellen konnten sie die beiden Felswände mit ausgestreckten Armen gleichzeitig berühren. Unter ihren Füßen tobte und schäumte der Bach. Gurgelnd verschwand er unter Steinplatten. „Sind wir da?“, rief Dana Hoygar hinterher, der sie aufgeregt heranwinkte. „Sind wir am Spiegel?“

Hoygar verschwand in einem finsteren Spalt zwischen den Felsen, die zweihundert Meter hoch aufragten. In Augenhöhe war hier das mongolische Staatswappen in altmongolischer Schrift in den Stein geschlagen. Ein einziger Sonnenstrahl fiel darauf. Sojombo-Symbol nannte man es. Yin und Yan Zeichen standen für das Gleichgewicht der Kräfte, zwei Balken verwiesen auf die Balance zwischen Mann und Frau. Himmel und Erde waren abgebildet, die Landesgrenzen, das Licht des Ostens und die Macht des Volkes.

„Gefällt mir", erklärte Dana den schweigenden Felsen.

„Kommst du?", rief Hoygar mit dumpfer Stimme aus dem Spalt heraus.

Dana kletterte über das Wasser zu ihm heran. Sie nahm ihre Maske ab, die sie hier mit Rücksicht auf Besucher angelegt hatte. Im Felsspalt war es unheimlich still. Das Tosen des Bachs war verstummt, nur Wassertropfen klatschten auf Steine. Und es war kalt. Dana fröstelte. Ihre Augen gewöhnten sich an die Dunkelheit. Ganz oben leuchtete ein schmaler Streifen blauen Himmels. Andächtig strich Hoygar über die Felsen.

„Eis?", fragte Dana. Die Felsen waren vereist. Und das mitten in der Gluthitze der Gobi! Das also war das Wunder!

„Deswegen kommen die Touristen hierher", erklärte Hoygar.

„Und der Spiegel?" Dana fühlte Enttäuschung aufsteigen wie bittere Galle. War das alles? War das die Magie?

„Davon wissen die Touristen nichts, aber ich." Hoygar wisperte nur noch. Er wies zum Himmel. „Einmal am Tag fällt ein Sonnenstrahl zwischen die Felsen. Gleich ist es soweit. Dort oben hängt der Spiegel. Siehst du das glitzernde Eis? Steig auf meine Knie und dann dort hinauf in die Spalte. Du kannst in den Spiegel blicken."

Dana tat wie geheißen. Sie zog Hoygar nach. Zitternd vor Kälte und Aufregung verspreizten sie sich im Fels. Langsam tastete sich der Sonnenstrahl heran. Er traf eine Eisplatte, so spiegelblank wie venezianisches Glas. Sekundenlang starrten sie beide hinein. Dana sah eine Frau, die sie nicht sein konnte: schön und ebenmäßig waren ihre Züge, von Narben und

Entstellung keine Spur. Daneben lugte Hoygar aus schlitzförmigen Augen zu ihr hinüber und strahlte über das ganze Gesicht. Kopf an Kopf waren sie zu sehen, ehe der Spiegel verblasste. Hoygar ließ sich in die Schlucht plumpsen und fing Dana auf.

Sie tastete über ihre Wangen. „Die Narben?", fragte sie. „Wo sind sie hin? Warum hast du mir nie etwas davon gesagt?"

Mit einer Verbeugung reichte ihr Hoygar einen Spiegelsplitter, den Rest eines billigen Plastikteils. Einst hatte er einen Waschraum geziert, dann war er im Abfall gelandet. „Mehr Spiegel habe ich nicht", entschuldigte er sich. „Zu teuer."

Bebend nahm ihn Dana zur Hand. Sie musterte sich, sah ihr Gesicht und glaubte es kaum. Die Narben waren fort. Ihre Haut war glatt und straff. Ein entschlossener Zug lag um ihren Mund, ein ungläubiges Staunen in ihren Augen. „Was ist passiert?"

„Vielleicht waren es die Mücken?", schlug Hoygar vor. „Die Maden? Der Sand, der Wind, die Sonne, Munk? Der alte Mönch? Sie sind alle eins. Sie können helfen, wenn sie wollen. Ein Wesen - ein Wille, wer weiß?"

Über ihnen kreisten Geier. Sie schwebten hoch am Himmel und flogen zu ihren Horsten unter dem Gipfelkamm. Überall bauten sie ihre Nester auf kleinen Vorsprüngen. Die Felswände darunter waren weiß von ihrem Kot. Dana folgte Hoygars Blick zu den bekleckerten Felsen. Sie kannte ihn gut genug, um sein Grinsen zu deuten. Sie griff sich in die Haare. Sie wusste jetzt wie sie aussah. Kalkweiß im Gesicht vor freudigem Schreck mit asymmetrisch geschnittenem Haar. „Wie sehe ich aus?", fragte sie den Jungen, ohne eine Antwort zu erwarten. „Wie Pferdearsch und Geierscheiße, aber ohne Narben?"

Sie sank auf einen Stein. Wasser sprudelte über ihre Stiefel. Sie spürte es nicht. Sie prüfte den Spiegel. Sie drehte ihn in ihren Händen. War dort ein Bild aufgemalt, ein Foto von ihr geschickt unter das Glas gelegt? Die Narbe am Mund war fort, der dunkle Trauerflor um ihr Auge verschwunden. Wange und Stirn waren glatt. Sie sah ganz anders aus, als sie sich in Erinnerung hatte. „Ich habe ein Gesicht bekommen", stammelte sie.

Hoygar blickte sie fragend an.

„Früher", erklärte Dana, „war ich eine Leinwand, eine makellose Fläche, die man bemalen konnte. So ausdrucksstark wie eine fehlerfreie Porzellanschale. Aber jetzt ... " Sie tastete an die Stirn, schob ihr Haar zurück. „Ich sehe streng aus", fand sie und lachte probehalber. „Schon besser." Sie zwinkerte sich zu, verzog die Lippen, krauste die Nase, streckte die Zunge heraus, schloss ein Auge und betrachtete sich von allen Seiten. „Mein Gesicht, unverwechselbar." Probehalber nahm sie dunklen Schlamm auf und tupfte ihn auf ihre Lider. Sie streute Sand darauf. Er glitzerte mystisch und geheimnisvoll.

Drei Tage lang feierten sie ein Fest. Sie luden die Holzschnitzer und Ticketverkäufer ein, sie erwarben Fleisch und Airag von den nahen Jurten, sie errichteten Owoos und tanzten ums Feuer. Drei Tage lang weideten ihre Kamele den Wüstenlauch der Yolyn Am, bis Dana Angst bekam, ihre Bäuche könnten platzen. Die Sorge um die Tiere und der fürchterliche Gestank, der sie umwehte, ließen sie wieder in die Gobi ziehen.

„Dalanzadgad ist nicht mehr weit", erklärte Hoygar.

„Habe ich gemerkt", gab Dana zurück. „Mein Handy geht." Sie studierte eine SMS, die ihre Mutter gesandt hatte und betrachtete nachdenklich das einsame Land. Mit den Staubwirbeln in der Ebene nahmen ihre Ideen Gestalt an. Ein neues Modelabel, dachte sie. Kostbare Kleidung aus den Stoffen, die das Land bietet: Leder, Kaschmir, Kamelhaar und Schafwolle, verwebt mit den Schätzen der Seidenstraße, die einst die Mongolei querte; Goldfäden aus der Takla Makan und chinesische Seide von den Züchtern jenseits der Schamo. Stoffe, bleigrau wie der Himmel über der Gobi und sandfarben wie die Hongoryn Els; leuchtend grün wie Birkenblätter am Ongi, lehmfarben und schwarz wie Feuerstellen, schäfchenweiß wie Jurtenwände, auch safrangelb und curryfarben wie die Kutten der Lamamönche von Erdene-Zuu. „Gobi-Line“, murmelte sie probehalber. Darüber den Hauch ihres Parfums, den Duft ihrer Stärke, das Aroma von Leder, Yak und Pferd, von Rauch und Wacholderharz, von Thymian und Steppengras. Khatun werde ich mein Parfum nennen, das seine Trägerin wie der Geist einer mächtigen Frau umweht; Khatun, die Geliebte von Dschingis Khan. Dies und viel mehr kam Dana jetzt in den Sinn. Ihre staubbedeckten Stiefel, selbst ihre Gesichtsmaske aus weichem, rostroten Leder mit Nieten, der langärmelige Deel mit seinem genialen Schnitt und ihre asymmetrische Frisur inspirierten sie, doch das Beste sollte Alan – die Schöne – heißen. Prüfend ließ sie Gobisand durch ihre Finger rieseln.

„Ist etwas passiert?“, versuchte Hoygar, Danas Grübeln zu deuten.

„Unendlich viel. Was bis jetzt geschehen ist, ist erst der Anfang. Ein neues, aufregendes Leben beginnt und wir beide sind mitten drin.“

„Ich bin dabei? Was soll ich tun?“

Dana antwortete nicht. Sie lenkte seine Aufmerksamkeit auf eine mächtige Staubwolke am Horizont. „Wir bekommen Besuch.“

Ein Jeep kam über die Schotterebene und hielt direkt auf sie zu. Das Auto setzte wie ein Tier über Furchen und Steine, nahm Rillen mit Schwung und hüpfte zu ihnen heran. Es stand kaum, da sprangen zwei Männer heraus. „Endlich“, keuchte Robert. „Dana! Wir suchen dich. Seit Tagen schon.“

„Seit Monden“, verbesserte ihn Baatar, der Jäger vom Orchon. Er ließ die Kamele niederknien und rollte Steine zum Sitzen heran.

„Ich war hoch im Norden, als du hier unten warst.“ Roberts Augen waren umschattet. „Die verdammte Wette! Ich dachte, du wärst verunglückt. Vera ist ein Miststück, weißt du das? Und Adrian ist natürlich ausgestiegen. Aber das ist jetzt nicht wichtig. Südlich Arvayheer bin ich auf Baatar gestoßen. Er hat mir von dir erzählt. Er hatte Angst um dich, ich hatte Angst um dich. Warum hast du mir nichts von dem Schuss gesagt? In den Jurten habe ich die schlimmsten Sachen gehört." Er ließ den Kopf hängen, als habe er Schuld an allem, was geschehen war. Schließlich klopfte er Baatar auf die Schulter. „Er hat dich gefunden. Er ist den Spuren seines Pferdes gefolgt, den Geschichten der Menschen, die euch sahen."

„Wie lange folgst du uns schon, Baatar?", fragte Dana. „Ich habe deinen Falken mit dem roten Lederband gesehen. Und ich habe mich über deine Geschenke gefreut. Manchmal ging es uns sehr schlecht. Warum hast du uns nicht geholfen?"

„Du bist immer erfolgreich gewesen", antwortete er durch Hoygar. „Auch ohne mich. Du bist stark, zäh und ausdauernd. Wir mischen uns nicht ein, wir sehen nur zu. So werden die Menschen furchtlos und frei."

„Und was geschah, als man auf meinen Hund schoss?"

Baatar pfiff auf zwei Fingern. Der Falke stieß aus dem Himmel zu ihm herab und ließ sich auf seinem Arm nieder. „Falken sind schnell wie der Blitz und genauso gefährlich." Seine schmalen Augen glitzerten. „Falken haben alles im Blick und berichten es ihrem Herrn."

Robert nahm den dargebotenen Wasserbecher und musterte seine Stiefelspitzen. „Es ist schön, dass du da bist, Dana." Seine Hand zitterte. Er verschüttete Wasser und schimpfte leise vor sich hin. „Ich bin ein Idiot, der für Geld dein Leben aufs Spiel setzte. Ich wusste nicht, was wirklich wichtig ist."

„Wirklich wichtig? Ein Pferd vielleicht?", kam ihm Dana zu Hilfe. „Amrag ist in Sicherheit", erklärte sie Baatar und verhaspelte sich. „Amrag, Liebling, so habe ich dein Pferd genannt, verstehe das richtig. Hoygar, jetzt übersetz doch mal etwas flotter! Ich meine, Amrag, dem Pferd geht es gut", führte sie in einem Schwall weiterer Erklärungen aus und fuchtelte hilflos mit den Händen in der Luft herum. „Ich habe ihn Amrag genannt, weil ich dachte, es wäre dein Lieblingspferd, verstehst du?"

Alles, was sie sagen wolle, wisse er bereits, ließ Baatar übersetzen. Sein Blick ruhte auf Dana. „Amrag, Liebling", wiederholte er und lachte. „Das höre ich gern."

Hoygar kicherte wie ein Mädchen.

Robert blickte verstört auf. Was gab es zu lachen? Er sah Dana zwischen den Mongolen sitzen. Sprachlos geworden starrte er sie an, sprang auf, fuhr mit seinen Fingern über ihre Wangen, wollte sich wieder setzen, stolperte über einen Stein, stieß sich das Schienbein und ging in die Knie. „Die Narben?“, keuchte er. „Sie sind weg! Du bist schön!“

„Sie ist schön“, bestätigte Baatar. „Das habe ich immer gewusst. Seit jener Nacht.“

„Seit jener Nacht?“ Robert fuhr zu Baatar herum. „Was soll das heißen?“

„Nichts“, sagte Dana.

„Alles“, widersprach Baatar.

„Hast du das Geld für die Wette bekommen?“, wechselte Dana das Thema.

Er nahm Sand auf und warf ihn hinter sich. „Sie streiten noch immer darüber. Adrian will nicht zahlen, Vera tobt und der Winter ist nicht mehr weit. Mein Hilfsprojekt?“ Er zuckte die Schultern. „Alan hat es von Anfang an gewusst. Die Wette war schlecht. Es war meine Schuld. Ich hätte es wissen müssen.“ Wind kam auf und trieb Sand über die Gobi. Körner prasselten auf das Wagenblech, dann seufzte die Luft, als sei sie müde geworden. „Was hast du jetzt vor?“, fragte er Dana.

„Ich werde Geld verdienen. Für dich und die Menschen hier. Das Land hat mir meine Seele zurückgegeben und ich gebe etwas dem Land.“ Sie blickte in erstaunte Gesichter und fuhr fort: „Seht euch den Sand an, seht mich an! Was ist geschehen? Ich habe sanftes Peeling mit hochverfeinertem Kristallquarzstaub erhalten. Mikrofein gemahlenes Edelsteinpulver mit Dinosaurieranteil hat die Narben geschliffen. Dieser besondere Sand lädt die Zellen mit Biophotonen auf. Je mehr Biophotonen man hat, desto gesünder ist die Haut. Das weiß man schon lange. Deshalb gibt es heilenden Sand aus Malachit, der Fältchen glättet. Aber dieser Sand hier ist etwas Besonderes.“ Sie rieb ihn über ihre Hände. „Der harte Edelsteinstaub wirkt wie Schmirgelpapier. Ich bin der Beweis dafür. Ich wurde mit mongolischem Sand im Windkanal geglättet, abgeschliffen und rundum erneuert. Das ist besser als jedes Skalpell, das ist mehr als Hauttransplantation, das ist sandgestrahlt. Die Mongolen sollen ihren Sand zu Kosmetik vermarkten. Ich handle die Bedingungen für sie aus. Keiner ist so gnadenlos im Umgang mit Firmen wie ich. Eine Gesichtscreme aus Gobisand, benannt nach Alan, der Schönen. Und ich werbe für das neue Produkt, als Model mit und ohne Maske."

Sie nahm ihr Handy und klickte die Nachricht ihrer Mutter an. „Dana, du bist großartig", las sie vor. „Das habe ich als deine Mutter immer gewusst. Jetzt wissen es auch die anderen. Sie stürmen meine Wohnung, wollen Verträge mit dir, egal, wie du aussiehst. Das Model mit der Maske - das Model und die Mongolei. Mir schwirrt der Kopf. Melde dich! In Liebe Deine Mutter. Und vergiss nicht: Denke an den Sand der Gobi! Bring ihn mir mit!"

Dana ließ das Handy sinken. „Versteht ihr jetzt? Ich werde den Sand vermarkten. Er hat mir geholfen. Er kann auch anderen helfen. Er glättet die Falten, reinigt die Poren und strafft die Haut."

„Die Gobi macht schön!", fasste Robert zusammen. „Schön und kreativ!"

Baatar wies über die Ebene. „Das sind die Geister der Ahnen. Das Land hat meine Vorfahren erfolgreich und mutig gemacht. Sie haben Stärke mit Schönheit verbunden. Du bist einen weiten Weg gegangen. Jetzt bist du am Ziel."

Dana dachte zurück an Ulan Bator und Hoygar, das Straßenkind, an die Wölfe im Grasland, an Zottel, der sterben musste und an ihren Hund mit den weißen Flecken, der dort drüben in einer Mulde lag, mit aufgestellten Ohren und achtsamem Blick. Frau Tsaka und der alte Mönch von Erdene-Zuu, die Wirtin von Karakorum und Baatar hatten sie beschützt. Jedoch nicht immer. Dana lächelte bei diesem Gedanken. Sie war dem Hirten am Ongi begegnet. Sie allein und niemand sonst hatte das Finstere seines Tuns in Lebenskraft verwandelt. Und ein Trampeltier, das ihr seelenverwandt war, hatte sie bis hierher durch die Wüste getragen. Sie war ausgezogen, um das Leben wiederzufinden und sie hatte es neu entdeckt. Aus Abneigung war Empathie geworden und aus Verzweiflung Lebensfreude.

Dana blickte über den steinigen Sandboden. Scharfkantiges Geröll, diamantharter Sand, kaum ein Busch, der Schatten spendete. Weit im Norden erhob sich der Gobi-Altai mit seinen tausend Meter hohen Felszacken und Schroffen, im Süden lag die Hongoryn Els, dahinter die Schamo, die chinesische Wüste. Wer hier überleben konnte, erwarb sich geistige Widerstandskraft bei jedem Schritt. Hatte sie sich zu Beginn ihrer Reise gefragt, was den Horden des Dschingis Khan die ungeheure Macht verliehen hatte, so wusste sie es jetzt: Die Mongolei macht stark, wenn man den Fuß vorsichtig aufsetzt, dem Sturm trotzt und behutsam mit den Geistern spricht! Sie musterte die Landschaft, die ihr Zuhause sein würde, ihre Jurtenheimat nahe Dalanzadgad. „Hoygar und ich werden hier leben. Dann und wann", schränkte sie ein. „Und wir werden weit in der Welt herumkommen", versprach sie dem Jungen. „Genauso wie deine Ahnen." Sie stieg in den Sattel. Die Kamele erhoben sich. Flirrend stand die Luft über der Gobi.

„Dana?", bat Robert mit belegter Stimme. „Bleiben wir in Kontakt?"

„Dana", unterbrach ihn Baatar. Es war das erste Mal, dass er sie bei ihrem Namen nannte. In Danas Ohren klang es vertraut und aufregend zugleich. „Es steht eine Jurte am Orchon, hinter fünfzehn Bergen, zwanzig Sonnenaufgänge fern, ganz nah bei meinem Herzen und meilenweit fort." Er musterte ihr Gesicht und ein Lächeln schlich sich bei ihm ein. „Amrag ist ein schnelles Pferd. Es wird den Weg zu deiner Jurte finden. Immer wieder."

„Unsinn", mischte sich Hoygar ein. Er sprach deutsch und mongolisch zugleich, damit jeder ihn verstehe. „Gesäusel. Geschwätz!" Er klopfte auf sein Herz. „Dana ist frei, hier drin. Kommt später wieder."

„Seit wann bestimmst du für mich?“, fragte ihn Dana. Wenn sie sich aufregte, stand neuerdings auch ihr Haar vom Kopf ab wie Hoygars Igelfrisur. Und sie regte sich auf. Über die Maßen sogar. Eines Tages würde Amrag vor ihrer Jurtentür weiden und eines Tages auch wieder verschwinden. Baatar war wie Sturmwolken, er ließ sich nicht fangen. Doch der Sturm gehörte zur Mongolei und auch zu ihrem Leben. Federleicht und unabhängig wie die Wolken am Himmel fühlte sie sich. Sie war sich selbst nicht mehr ausgeliefert und endlich frei.

Sie fühlte sich gefordert, war wieder angekommen in einer Welt, die ihr bis gestern verloren schien. Vor langer Zeit hatte auch Robert ihre Träume belebt, hatte sie hoffen und bangen lassen. Dann war die Erinnerung an ihn verblasst. Das Wasser des Ongi hatte das Feuer gelöscht, und die Nacht in Baatars Jurte sein Gesicht verdunkelt. An Jens denke ich schon lange nicht mehr, fiel ihr ein. Der bohrende Schmerz war fort, die Not, gefallen zu müssen und Anerkennung zu finden. Doch sie dachte an den kommenden Winter und das Leid, das er bringen würde. Sie dachte an ihre Pläne und blickte Dalanzadgad entgegen. Dort, in einem staubigen Wüstennest nahe der Grenze zu China würde sie einen Schatz heben: Den Sand der Gobi!

Hoygar ritt neben ihr und wusste genau, was sie dachte. Dana trug ihre Gedanken auf ihrem Körper spazieren. Aufrecht saß sie im Sattel wie eine echte Khatun. Würdevoll schritt das Kamel aus und trug sie von den Männern fort. Solche Haltung zeigte nur, wer unabhängig und stark war und verlangende Blicke in seinem Rücken wusste. Wind kam auf, strich durch Haare und Kleidung. Er glättete das Fell der Tiere, die Haut der Menschen, die Stirn und die Sorgen darin.

Dreifach ist Dana verwandt mit dem Wind, dachte Hoygar: Ihr unbezähmbarer Geist, ihre stürmische Kraft und das Linde, das in ihrem Handeln liegt, erinnern an den Wind. Das hatte er gleich geahnt, als er sie zum ersten Mal in Ulan Bator gesehen hatte. Vom Wind zerzaust und geschüttelt, hatte sie ihm die Stirn geboten, war von Narben entstellt und von

Menschen herausgefordert einfach weitergegangen in ein fremdes Leben hinein. Der Sturm hatte ihr Kraft gegeben und Geister bewegt, um sie zu schützen. Verehre die Kräfte, die du nicht siehst, dachte Hoygar. Die Kräfte, die du nicht fangen und lenken kannst.

Galsan Tschinag

ist Stammesoberhaupt der Tuwa, eines Nomadenvolkes aus dem Altaigebirge der Westmongolei. In den sechziger Jahren des letzten Jahrhunderts kam er nach Deutschland und studierte in Leipzig Germanistik. Seitdem verfasst er seine literarischen Texte auch in deutscher Sprache. Er versteht sich als Mittler zwischen den Kulturen. Sein Anliegen ist es, die Kultur der Tuwa zu fördern und am Leben zu halten. Heute lebt Galsan Tschinag vorwiegend in Ulan Bator, ist aber auch häufig auf Lesereisen im Ausland unterwegs. Bei einer Lesung im April 2000 in Bad Tölz erhielt ich von ihm die im Buch abgedruckten persönlichen Widmungen. Seine Werke haben mich sprachlich sehr beeindruckt und letztendlich auch dazu beigetragen, die Mongolei zu bereisen.

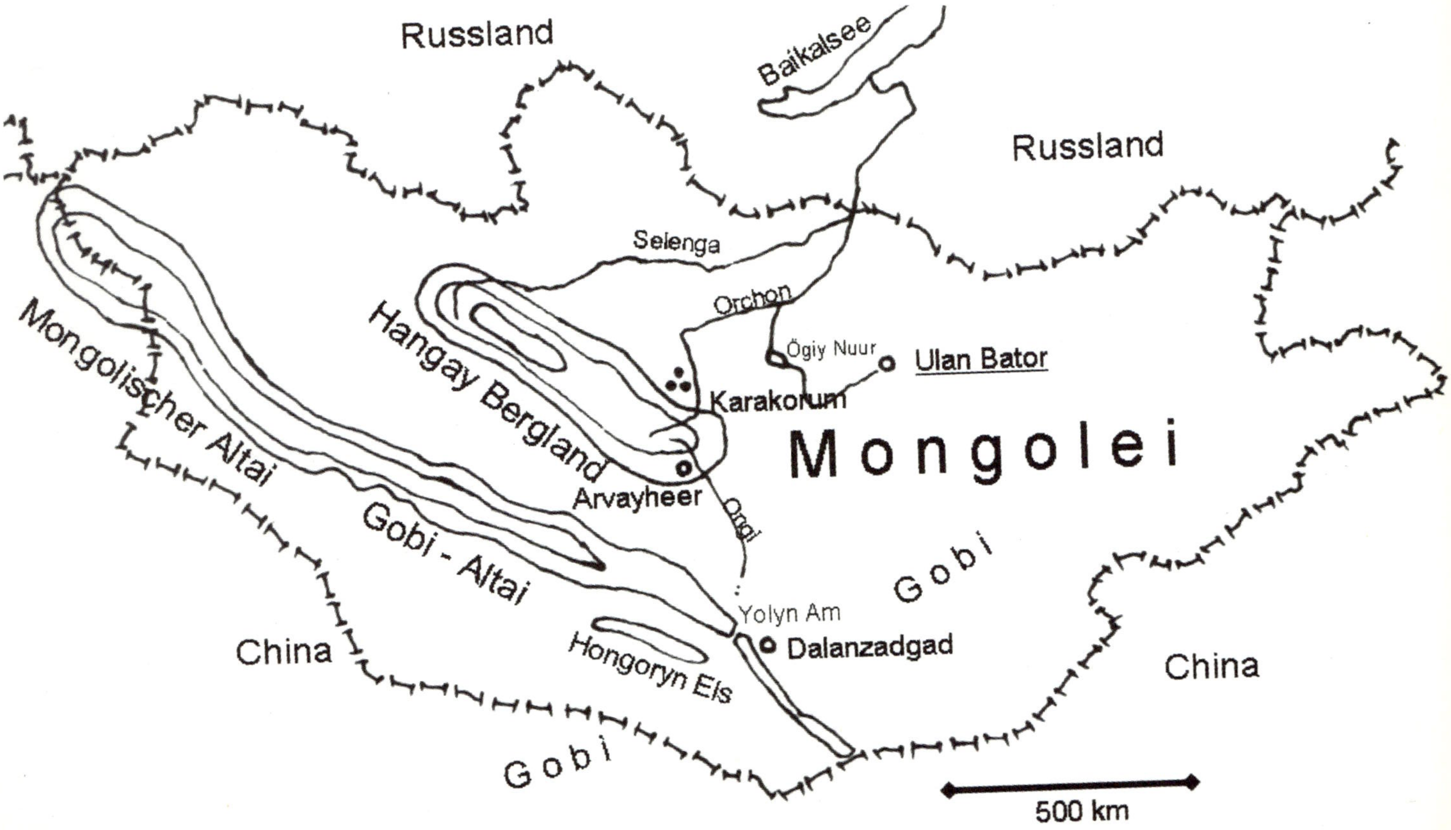

Russland
Baikalsee
Russland
Selenga
Orchon
Ögiy Nuur
Ulan Bator
Karakorum
Mongolei
Hangay Bergland
Mongolischer Altai
Arvayheer
Ongi
Gobi - Altai
Gobi
Yolyn Am
Dalanzadgad
Hongoryn Els
China
China
Gobi
500 km

Claudia Gudelius

In Vorbereitung für den

Gryphon Verlag

Die sieben Siegel des Salomon

„Wissen Sie was Spillover ist?" fragt der weltberühmte Kannibalismusexperte Professor Jonas Strauss seine Vertraute Ava Desilva. „Spillover nennt man die Fähigkeit eines Erregers, die Artengrenze zu überspringen."

„Medizin ist nicht mein Fachgebiet. Ich bin Historikerin, Expertin für schwarze Magie, Voodoo und satanische Messen, kurz gesagt für Okkultismus." Ava Desilva hält die zitternden Hände des alten Gelehrten.

„Genau deswegen sind Sie hier. Es geht nicht um Krankheit, das wäre zu einfach. Es geht um die sieben Siegel des Salomon, magische Symbole aus dem Mittelalter geschrieben mit Fledermausblut. Jemand hat versucht, sie zu enträtseln. Und dieser Jemand ist tot."

✵

1. Kapitel

Da ging der erste Engel und goss seine Schale auf das Land, und es entstand ein böses und übles Geschwür an den Menschen, die das Zeichen des Tieres trugen und die sein Blut anbeteten.

NT Johannes 16,2

Stonehenge, Samstag, 8. November, Gwynn Ap Nudd, das Fest des Königs der Unterwelt. Der zunehmende Mond steht im Zeichen des Stiers. Saturn ist der Tagesregent.

Ava Desilva, die schlanke Frau mit dem kurzen Blondhaar kniete nackt vor dem Hohepriester. Ihre Hände waren auf den Rücken gefesselt, ihre Augen verbunden. Der hell angestrahlte, weltberühmte Fersenstein von Stonehenge gab eine prächtige Kulisse für das Spektakel ab. Die Pfeilersteine und Trilithen ragten wie Riesen aus der Anderswelt in den Nachthimmel hinauf. Und der Mond, der den Kult in Stonehenge weit mehr geprägt hatte als die Sonne, verkroch sich hinter Wolkenschleiern.

„Draußen muss es höllisch kalt sein", entschied der Mann im Nadelstreifenanzug. Auf der Windschutzscheibe seiner dunklen Limousine sammelten sich erste Schneeflocken zu einem weißen Belag. Von seinem Standort aus konnte er sieben Gestalten in schwarzen Kutten ausmachen, die um die Nackte tanzten. Der Hohepriester zog einen Dolch. Ärgerlich runzelte der Beobachter die Stirn.

„Sir?" Der Fahrer des Streifenwagens, der neben der Limousine parkte, klopfte gegen die Fensterscheibe. „Sollen wir eingreifen?"

„Noch nicht." Der Mann im Anzug wehrte ab. „Wooley?" fragte er seinen Begleiter auf dem Rücksitz, ohne den Kopf zu wenden. „Wie lange wird der Zirkus dauern?" Ein leichtes Vibrieren lag in seiner Stimme, vergleichbar mit dem Grummeln eines Vulkans, das einem Ausbruch vorausgeht.

Professor Adam Wooley war die angespannte Stimmung nicht entgangen. Er hatte nichts mit der Sache zu tun und würde trotzdem den Zorn des Ministers abbekommen. So war das immer mit Seinesgleichen - den Leuten vom Bodensatz. Sein Vater, ein einfacher Fischer, aber mit klarem Verstand gesegnet, hatte ihn von einer Hochschulkarriere gewarnt. ‚Dort nehmen sich die Leute zu wichtig', hatte er orakelt. ‚Du wirst sehen, das gibt nichts als Ärger und schlechte Bezahlung.' Wooley lockerte den Sitz seiner Krawatte. „Ich bin kein Experte für Einweihungsriten bei Hexentreffen."

ISBN 978-3-935192-89-7
206 Seiten, Softcover

Im August 2001 starten der Autor und seine Lebensgefährtin auf ihrem über zwanzig Jahre alten Motorrad, nur das Allernötigste auf einem alten Fahrradkorb zusammengeschnürt, eine abenteuerliche Reise durch eine phantastische Hochgebirgswelt abseits aller Touristenpfade. Ihre Reise führt sie zunächst zwischen Pamir und Hindukusch die tiefe Schlucht des reißenden Pjandsch-Flusses hinauf, der Tadschikistan von Afghanistan trennt. Auf afghanischer Seite kämpft die Taliban erbittert gegen die schon fast geschlagene Nordallianz, auf tadschikischer Seite versuchen russische Grenztruppen mit ihren tadschikischen Verbündeten den Opiumschmuggel und das Einsickern von Taliban-Kämpfern zu unterbinden. Unzählige Straßensperren müssen überwunden werden, gefährliche Situationen wechseln sich mit der herzlichen Gastfreundschaft der Tadschiken ab, bevor Chorog, das Tor zum Pamir, erreicht wird.

Gryphon